北京物资学院青年科研基金

（项目名称：数智化电商无人仓装箱配载优化策略与绿色循环模式研究；项目编号：2023XJQN14）

电商仓储装箱决策智能优化研究
——基于数据驱动

DIANSHANG CANGCHU ZHUANGXIANG JUECE
ZHINENG YOUHUA YANJIU
JIYU SHUJU QUDONG

杨江龙　柳虎威　周　丽　著

首都经济贸易大学出版社
Capital University of Economics and Business Press
·北京·

图书在版编目(CIP)数据

电商仓储装箱决策智能优化研究：基于数据驱动 / 杨江龙，柳虎威，周丽著. -- 北京：首都经济贸易大学出版社，2023.8

ISBN 978-7-5638-3554-6

Ⅰ. ①电… Ⅱ. ①杨… ②柳… ③周… Ⅲ. ①电子商务—仓库管理—智能决策—研究 Ⅳ. ①F713.365.1

中国国家版本馆 CIP 数据核字(2023)第 131055 号

电商仓储装箱决策智能优化研究——基于数据驱动
杨江龙　柳虎威　周丽　著

责任编辑	杨丹璇
封面设计	风得信·阿东 FondesyDesign
出版发行	首都经济贸易大学出版社
地　　址	北京市朝阳区红庙（邮编 100026）
电　　话	(010)65976483　65065761　65071505(传真)
网　　址	http://www.sjmcb.com
E - mail	publish@cueb.edu.cn
经　　销	全国新华书店
照　　排	北京砚祥志远激光照排技术有限公司
印　　刷	北京九州迅驰传媒文化有限公司
成品尺寸	170 毫米×240 毫米　1/16
字　　数	444 千字
印　　张	28
版　　次	2023 年 8 月第 1 版　2023 年 8 月第 1 次印刷
书　　号	ISBN 978-7-5638-3554-6
定　　价	86.00 元

前　言

在"绿色发展"理念与"高质量发展"理念的政策指引下,减少碳排放,提高企业生产经营运作过程中的"无人化"和"智能化"程度,从而实现"双碳"目标,已成为社会各界的共识。随着电商物流的迅猛发展,全国快递包裹量已攀升至每年 800 亿件以上。其中,很多包装箱空间利用率非常低,且包装箱尺寸标准化程度低,回收困难,快递拆箱后随意丢弃现象严重。这不仅导致了高昂的包装与运输成本,大量完好的包装箱被丢弃造成严重的经济浪费,相应增加的生活垃圾也污染了城市居民的生活环境。电商仓储领域的快递包装箱合理装箱与回收利用,日益成为与广大居民社会生活密切相关的重要问题。

本书从电商仓储领域的装箱实践出发,构建了从制订订单装箱方案到包装箱回收利用的"全覆盖"策略体系;针对包装箱回收和重复利用的"绿色低碳"治理模式,抓住提升装箱方案的装载率和优化包装箱尺寸这两个关键要点进行深入研究。本书将智能装箱策略作为研究焦点,构建了贯穿始终的"多元共生"算法系统,提出了算法体系中针对不同算法的智能选择机制,设计了一系列启发式装箱策略及其组合方法,并将其与智能算法框架结合设计了智能装箱策略。本书还提出了不同于基础模数分割的包装箱尺寸设计方法,即基于订单物品信息特征进行包装箱尺寸优化。为了尽可能便捷地将智能装箱策略应用于电商仓储领域的实际装箱作业活动中,本书设计了全自动智能装箱系统;在人工装箱操作环境下,还设计了智能装箱辅助决策系统,为装箱操作人员提供三维可视化的直观指引。根据基于历史订单信息的包装箱尺寸优化方法,本书提出了定期提供优化包装箱标准化尺寸的具体改进建议。

本书的主要研究内容和创新之处具体包括以下几个方面:

(1)为了使智能装箱策略在电商仓储领域真正发挥作用,实现装箱方案的数字化升级和改造,本书针对装箱方案在节约计算耗时与提升订单装载率水平方面进行了深入的研究。在梳理前人已有研究成果的基础上,本书重点关注电商仓储领域装箱的实践情境,以箱子使用数量最少和装载率水平最高为优化目标,考虑离线状态下的三维装箱问题,借鉴了前人在相关问题研究成果中采用的装箱策略、模型与算法。本书经过分析发现,多种箱型的前提条件,同一订单物品尽可能装入一个箱子的现实要求,装箱方案计算耗时最小化和装载率最高的策略优化目标,以及包装箱尺寸的动态可变性,共同构成了电商仓储领域装箱问题的特殊性。

(2)针对电商仓储领域的具体情境,本书构建了多种箱型三维装箱问题的混合整数规划模型,静态刻画了装箱方案的优化目标与约束条件。在设计装箱环节的启发式策略时,本书将静态模型转换为动态过程,对不同装箱环节的启发式策略进行有机组合,形成了装箱问题启发式策略组合求解的方法体系,得到了秒级时间内响应的装箱方案计算结果,使得行业真实数据集上的订单平均装载率达到了 68%。为了进一步优化装箱方案、提升订单装载率水平,在计算耗时适当放宽或订单物品数量规模较小的条件下,本书兼顾计算耗时、问题规模与装载率之间的均衡优化,在启发式策略组合方法体系的基础上,融合了混合遗传算法、蒙特卡洛树搜索算法以及深度强化学习算法框架,实现了装箱策略的智能优化,使得真实数据集上的订单平均装载率达到了 70%。

(3)将启发式策略组合方法与智能算法框架融合,构建智能装箱策略体系,不仅可以持续改进装箱方案效果,也可以对比分析不同策略与算法之间的优化程度。在融合混合遗传算法方面,本书设计了"点位变换"等一系列改进算子,与传统方法相比在求解性能和优化程度方面均有明显提升;在融合蒙特卡洛树搜索算法方面,本书设计了与装箱问题相适应的神经网络结构,并通过强化学习框架训练神经网络,用于改进树搜索过程中的"扩展"与"选择"环节,解的优化程度明显高于传统的蒙特卡洛树搜索算法,求解速度比混合遗传算法提升了24.84%;在融合深度强化学习算法方面,本书设计了物品装箱顺序选择(主要是将物品装箱过程转换为时序决策过程)与启发式装箱策略组合选择(主要是根据陆续到达的订单信息匹配最优的策略组合)两种方法,并通过数据集中的实例计算验证了深度强化学习算法在复杂组合优化领域解决多种箱型三维装箱问题的可行性,以及在求解效率方面的优势。

（4）为了充分挖掘电商仓储领域装箱问题优化策略的潜力，本书将包装箱型号种类数量与每种型号的包装箱尺寸作为可变条件，在三维装箱基本启发式策略与智能优化策略研究的基础上，通过优化包装箱尺寸提高订单装载率水平。这不仅节约了包装箱耗材的使用量，降低了包装成本和运输成本，也为包装箱尺寸标准化提出了新的方法。在包装箱尺寸优化的研究中，本书分别针对无固定尺寸的物品空间堆叠与聚类策略、一维和二维尺寸固定的物品空间堆叠与聚类策略，构建混合整数规划的数学模型，并设计了启发式策略组合与混合遗传算法框架相结合的智能优化策略与算法。真实数据集上的计算实验表明，相同包装箱种类数量的条件下，在启发式策略组合的方法中，二维固定尺寸的物品空间堆叠与聚类策略达到了同类算法中的最优表现，订单平均装载率达到了74%；在启发式策略组合与混合遗传算法融合的智能优化策略下，订单平均装载率水平实现了更大幅度的提升，达到了78%。相较于原有包装箱尺寸下的启发式策略组合方法，订单平均装载率水平提升了10%以上。

综上所述，本书关于电商仓储领域装箱问题的研究表明，启发式策略组合与智能算法融合的智能优化策略，以及订单包装箱尺寸优化的研究角度，充分考虑了电商仓储领域的装箱作业实践情况，在实现装箱问题的"绿色低碳"治理模式、节约包装耗材、降低装箱方案计算耗时、提升订单装载率水平、改进包装箱尺寸标准化方法等方面有明显的优化效果。

路漫漫其修远兮，吾将上下而求索。在本书稿结稿之际，将我的感谢记录于此，来表达此刻激动的心情。本书在编写过程中得到很多同事、朋友、老师和同学的支持——北京物资学院的张玉硕士、石飞洋硕士，以及参与编辑校对的孔令婕、经风梅、单曼、张鑫尧、任泽武等同学，感谢他们为本书稿的耐心付出。由于作者水平有限，书中难免有错误和不足之处，欢迎广大读者批评指正。

目　录

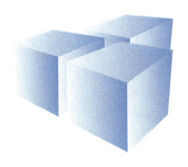

第 1 章　绪论

1.1 研究背景与意义

本书来源于笔者攻读博士期间主持并参与的以下科研项目：

①主持 2021 年度中国物流学会、中国物流与采购联合会课题"智能装箱系统设计与优化研究"（课题编号：2021CSLKT3-245）。

②参与国家社科基金后期资助项目"物流服务品质提升及低碳治理机制研究"。

③参与北京社会科学基金重点项目"基于大数据技术提升首都物流服务品质的策略研究"（项目编号：18GLA009）。

④参与 2021 年度中国物流学会、中国物流与采购联合会课题"仓储拣选系统的布局改进与路径优化研究"（课题编号：2021CSLKT3-010）。

⑤参与首都经济贸易大学 2021 年科技创新学术型项目"柔性仓储拣选系统的优化设计与运作机理研究"。

1.1.1 研究背景

近年来，中国物流业步入蓬勃发展的崭新阶段，发展能力、规模和质量等各方面水平都得到了快速提升。中国国家邮政局的有关统计资料表明，2021 年中国邮政业业务收入（不包括邮政储蓄银行的直接营业收入）完成 1.27 万亿元，同比增长 15%，全国邮政业务经营总额完成 1.36 万亿元，同比增长 24%；2021 年我国快递业务收入为 1.04 万亿元，同比上升了 18%，我国全年快递业务量完成了 1 083 亿件，相比 2020 年增长了 30%。2021 年我国网络零售额达到 11 万亿元，新增社会就业人数超过 20 万人。此外，我国农村地区快递业发展速度可观，2021 年全年农村地区的快递总量达到了 370 亿件，极大地推动了农产品走出农村、工业产品进入农村，超过 80% 的农村地区实现了"快递进村"，在发展迅速的苏、浙、沪等地区，农村快递网络已经搭建完成。

2015 年 10 月，党的十八届五中全会提出"绿色发展"理念，将环境保护作为实现可持续发展的重要支柱。2018 年末，国务院常务会议上，李克强总理对物流、快递和电商物流领域做出了重要指示，在物流领域，"放管服"的改革进度要加速，对于供应链物流、快递和电商物流等新模式要加大力度培养，推动物流体系智能化、高效化、便利化以及绿色化发展①。但高速发展的快递行业显露了较多的行业弊端，其中，单日处理的巨额快递业务量给相关企业、大多数电商自营快递以及第三方快递的打包环节带来了严峻挑战；同时，巨量快递会产生巨量的快递垃圾，这给环境带来了极大压力。国家"十四五"规划纲要指出，提升供应链现代化水平，要打造新兴产业链，推动传统产业高端化、智能化、绿色化，发展服务型制造。电商仓储领域作为物流行业的重要部分，应积极响应加快发展现代服务业的政策号召。例如，菜鸟物流自绿色行动推广以来至 2018 年底，已经累计优化超过 5 亿个包裹，相当于节省了 1.15 亿个邮政 6 号纸箱，减少的碳排放超过 1.5 万吨，相当于多种了 848 044 棵梭梭树。通过绿色科技和模式创新，菜鸟引领物流业加速绿色升级②。因此，为贯彻落实绿色发展理念，电商仓储领域作为物流业的关键环节，其发展目标为：一方面，推动生产性服务业向专业化和价值链高端延伸，加快发展研发设计、现代物流、法律服务等服务业，加快推进电商仓储行业数字化、自动化和智能化建设；另一方面，积极贯彻落实国家绿色发展理念，在电商仓储工作实践的各个环节落实绿色环保的可持续发展战略。

2017 年 10 月，中国共产党第十九次全国代表大会提出"高质量发展"理念，并指出中国经济由高速增长阶段转向高质量发展阶段。据统计，2018 年我国的快递业务量达到 507.1 亿件。相关报告③显示，2019 年，我国的快递企业单日处理快递数量超 1.7 亿件，同 2018 年相比增长 25.3%，而全国的快递业务量超过了 600 亿件，累计完成快递 635.2 亿件业务量，同比增长 25.3%，连续两年快递业务量增量超过 100 亿件。2020 年，全国电商交易额为 37.21 万亿元，比上年增长 4.5%，全国快递包裹的数量超过 800 亿件，其

① 资料来源：人民网（http：//politics.people.com.cn/GB/n1/2018/1122/c1024 - 30414541.html）。

② 资料来源：央广网（https：//baijiahao.baidu.com/s？id=1622265071331100964&wfr=spider&for=pc）。

③ 资料来源：运输人网（https：//www.yunshuren.com/article-22707.html）。

中八成左右为电商包裹①。通过对各大电商平台的装箱问题整体情况进行实际调研后发现，很多快递包裹的装箱空间利用率仅为 50% 左右，部分快递包裹的装箱空间有效利用率仅为 30% 左右或更低。

在电商仓储领域，物品装箱操作速度高度依赖工作人员的经验和熟练程度，新手装箱的速度非常缓慢，且装箱方案的空间利用率往往较低，造成运输环节成本增加，物品交付迟缓，顾客的满意度降低。快递企业单日处理快件的数量超数亿件，如此巨大的业务量给一些企业、快递的打包环节带来巨大的压力。目前，在一些企业、大多数电商自营快递以及第三方快递的打包环节，智能化程度不高，某些实行智能化的企业在打包环节能够实现机器或机械手包装，但是这些包装手段一般适用于比较规范化的产品；而对于非规范化产品，更多的是人工包装。在打包台工作的人员一般分为熟练工种和非熟练工种，熟练工种进行人工包装时，能够根据订单物品的大小快速匹配相应的包装，非熟练工种就会出现很多尝试性错误，使得打包环节的效率大大降低。因此，快递业务量对一些企业、大多数电商自营快递以及第三方快递的打包环节发出了挑战。同时，电商仓储领域面临"无人仓"与"智能化"的转型趋势，有待突破"人工速度慢，装箱效率低"的瓶颈。

2020 年 7 月，市场监管总局、国家发展和改革委员会、科技部、工业和信息化部、生态环境部、住房城乡建设部、商务部、邮政局等八部门联合印发《关于加强快递绿色包装标准化工作的指导意见》，提出到 2022 年，全面建立严格有约束力的快递绿色包装标准体系，逐步完善标准与法律政策协调配套的快递绿色包装治理体系，推动标准成为快递绿色包装的"硬约束"，支撑快递包装减量化、绿色化、可循环取得显著成效。2021 年 3 月 12 日，《邮件快件包装管理办法》正式实施，该办法规定寄递企业应采购使用符合国家规定的包装物，优先采用可重复使用、易回收利用的包装物，优化邮件快件包装，减少包装物的使用，减少填充物，遏制过度包装等违法违规行为，鼓励寄递企业建立健全工作机制和回收流程，对包装物进行回收再利用。

但是，分析社会管理成本不难发现，处理快递包装垃圾需要付出高昂的

---

① 资料来源：光明网（https：//m.gmw.cn/2021-06/08/content_1302347402.htm）。

成本。平均每吨快递垃圾填埋所需的处理费用为 705 元，其中填埋场占用土地产生的成本最大。以 2018 年为例，填埋 138.13 万吨快递垃圾需垃圾处理费用 9.75 亿元，其中土地占用成本 5.22 亿元、运营与基建费用 2.79 亿元、清运费用 1.61 亿元、环境污染成本 1 265 万元。焚烧 1 吨快递垃圾所需平均费用为 511 元，根据住建部发布的《中国城市建设统计年鉴》，2016 年我国生活垃圾填埋比例高达 60%，而焚烧比例为 38%。依此比例推算，2018 年快递包装焚烧量为 81.27 万吨，处理费用也增至 4.15 亿元。虽然生活垃圾焚烧发电产生了部分经济效益，但效益远低于成本。2018 年垃圾焚烧效益虽达到 1.46 亿元，但净成本也增长到了 2.69 亿元。

关于快递包装全生命周期的碳排放情况，2010 年快递包装产生 61.15 万吨碳排放，2018 年激增到 1 303.10 万吨，须种植 7.1 亿棵树木才能中和掉。若不采取有效的绿色化政策，2025 年我国快递包装在全生命周期的碳排放量将达到 5 706.10 万吨。快递包装材料碳排放主要来源于瓦楞纸和塑料薄膜包装袋。2018 年，在我国快递包装材料生命周期各阶段中（不包括再生），原材料阶段（71.56%）的碳排放所占比重最大，处置阶段占比较小（焚烧 9.79%，填埋 6.68%），生产阶段（11.97%）占比最小。2018 年焚烧快递包装材料的碳排放量为 137.53 万吨，其中塑料包装为 64.86 万吨，占总排放量的 47.16%。可见，面对激增的快递包装碳排放，电商平台和快递公司制定和施行快递包装绿色化管理的要求和任务十分紧迫[1]。

相关研究报告[2]显示，2018 年，我国共消耗了 941.23 万吨快递包装材料，快递包装材料主要有纸类包装材料和塑料类包装材料，其中大约消耗了 856.52 吨纸类包装材料，84.71 吨塑料类包装材料。该报告还特别指出，2000 年至 2018 年，我国一些特大城市新增的快递包装垃圾总量已经占到新增的生活垃圾总量的 93%，而这一数据在部分大型城市的比例为 85% 至 90%。按照这个速度，5 年后，由我国电商和快递物流行业产生的快递包装垃圾将增加至现在的 3 倍，预计将超过 4 127 万吨，这将给环境带来巨大负担。因此，

---

① 资料来源：《中国快递包装废弃物产生特征与管理现状研究报告》。
② 《中国快递包装废弃物产生特征与管理现状研究报告》。

快递包装垃圾已经成为亟待解决的问题。解决快递垃圾问题的一个主要途径是包装回收利用，包装回收利用的一个有效前提是包装尺寸的标准化。

"绿水青山就是金山银山。"绿色发展是世界发展的重要方向，也是我国全局发展所特别重视的重要发展理念和可持续发展不可或缺的选择。将来的物流行业会继续向智能化、绿色化、节约化方向发展。在响应号召的前提下，面临如此巨额的快递订单业务量，改善快递包装环节的效率尤为重要。因此，本书在此背景下，首先对现有快递的包装箱尺寸进行调研，结合相关的国家标准，制定普件快递的标准化包装箱尺寸，这对于规范快递包装市场具有一定的积极作用；其次，针对普件快递不同物品建立智能装箱模型，从而有效打破企业、大多数电商自营快递以及第三方快递的打包环节的效率瓶颈。

新冠疫情期间，在习近平总书记和党中央的战略部署下，物流行业着重于"打通大动脉"，保证重要干线的物流运输，在此基础上"畅通微循环"，搭建完善的物流网络，尽全力为疫情防控和经济社会发展提供保障。2021年，中国物流产业绿色经济发展形成了新的亮点，可供公司和消费者利用的可循环包装袋利用率达到87%，物流产品二次包装率实现了69%，而一次性包裹材料也选用了环保型、节约型的材料，包装比例实现了94%，同时新建了3.5万家包裹处理网点。中国未来的物流产业将进一步向现代化、绿色化、节能化方向蓬勃发展，为统筹推进经济社会发展做出积极贡献。

近年来，国家出台了不少物流包装技术标准，如国际集装箱技术标准、食品包装规范、物流信息管理规范等。不过目前标准仍在探讨阶段，实施过程中也出现了很多问题，如各种物流方法与包装技术标准不统一、物流贮藏技术标准和物流运输技术标准之间缺少合理衔接、物流包装空间使用率较低，使得运输成本加大，物流服务质量较低。因此，本书使用聚类算法和遗传算法研究包装箱尺寸标准化，降低物流包装和运输成本，为物流包装标准化建设提供支持。

针对三维装箱问题，目前的研究主要集中于离线装箱，具有代表性的研究方法是传统数学方法，在医药装箱、大宗物品装箱、农产品装箱等多个方面都有应用，而针对在线装箱的研究较少。本书用启发式算法研究规则物品离线装箱和在线装箱问题，推动装箱出库环节智能化研究，使机器代替人工，提高装箱空间利用率，帮助规范快递包装市场，也为三维装箱问题的进一步研究提供参考。

1.1.2 研究意义

本研究旨在促进电商仓储领域贯彻落实"绿色发展"理念，实现绿色包装，为此提出电商仓储包装箱标准化方法，为包装箱回收利用做好准备，同时提高包装出库环节效率，推动电商仓储领域实现高质量发展。具体理论意义与实践意义如下：

（1）理论意义

针对电商仓储领域多种箱子类型、多种物品类型的三维装箱问题，本书建立了混合整数规划的数学模型，提出了解决复杂现实问题的"多元共生"算法系统（BSAS，详见1.3.3节），将包装箱的尺寸优化纳入电商仓储装箱问题的研究范围，结合装箱问题的基本性质以及模型构建、策略与算法设计等内容，对包装箱尺寸进行优化，从而提出包装箱尺寸标准化的新型方法。包装箱尺寸的确定为后续优化研究提供了研究基础。传统的运筹学求解算法在物流领域、包装领域有非常好的应用场景；运用强化学习算法求解物流领域中的组合优化问题是一种新的求解思路，且带有订单拆分的装箱模型为拣选系统的智能化奠定理论基础。具体而言，在模型构建、装箱环节策略设计、智能装箱算法设计、包装箱尺寸优化策略与算法设计等方面，本研究的理论意义主要体现在以下方面：

①在模型构建方面，通过混合整数规划的模型刻画了多种箱型三维装箱问题求解的数学表达形式，以静态模型呈现动态装箱过程的最终结果，构建了求解电商仓储三维装箱问题的理论基础，并为从装箱过程角度研究各环节装箱策略做了充分准备。

②在装箱环节策略设计方面，采用装箱环节启发式策略组合方法，在物品装箱空间分割的基础上，设计每个装箱环节的多种启发式策略，综合形成每个装箱环节策略算子集合的多种算子组合，构建了装箱环节启发式策略组合方法体系。

③在智能装箱算法设计方面，设计三维装箱问题情境下的群体智能算法、

蒙特卡洛树搜索算法与深度强化学习算法，并将每种智能算法与装箱环节启发式策略组合方法进行融合，建立电商仓储领域实时有效的算法体系，提升算法的优化程度、求解效率与稳定性。

④在包装箱尺寸优化方面，提出根据电商仓储历史订单的大数据信息，构建包装箱尺寸优化的数学模型，采用各种启发式策略进行物品的空间堆叠与结果聚类，并结合智能优化算法进行求解，提升订单平均装载率水平，为电商仓储包装箱标准化体系的建立奠定基础。

⑤在理论创新的应用方面，根据电商仓储领域三维装箱的实际数据，提炼行业属性特征，生成具有实际属性的数据集测试平台，搭建了迅速实时响应并生成可视化装箱方案的智能辅助决策系统。

(2) 实践意义

在电商仓储实践工作中，装箱出库作业往往成为仓储活动的瓶颈环节之一。本书从电商企业仓储拣选装箱的实际需求出发，寻求切实有效的装箱策略，并设计针对不同现实条件和具体要求的装箱算法，用于优化装箱方案。本研究对于国家经济发展而言，有利于推动绿色发展理念的落实，促进社会经济向着高质量发展方向迈进；对于物流行业发展而言，有利于提升行业科学管理水平，改善行业粗放式发展的局面；对于电商仓储企业而言，有利于提升自身的装箱工作效率，突破装箱出库环节效率低的瓶颈，提高企业经济效益；对于公众而言，实现绿色低碳的物品包装和高效的物流服务水平，有利于为公众营造良好的社会消费环境，提升社会公众的满意度。从企业的角度看，包装箱尺寸标准化为智能装箱奠定了基础，快速装箱能够提升企业打包环节效率，解放劳动力，降低企业劳动成本，更好地衔接拣选和出库，对物流系统的平滑运转具有一定的促进作用，最终实现包装标准化、智能化。从社会的角度看，标准化的包装箱尺寸能够规范化物流市场的包装，优化市场包装结构，为将来绿色包装回收提供管理决策支持，推动逆向物流的发展。

因此，本研究的实践意义综合体现在以下几个方面：

①在电商仓储领域装箱问题的解决过程中，贯彻落实绿色发展理念，在现有条件下，优化多种箱型的三维装箱方案，使包装更加低碳环保。

②根据高质量发展理念，聚焦电商仓储领域包装环节效率低的瓶颈问题，研究自动化装箱场景下所需的装箱方案，设计电商仓储领域实际有效的智能装箱算法，搭建智能装箱辅助决策平台，提升装箱工作效率。

③构建电商仓储领域包装箱尺寸优化模型，并以历史订单信息为基础，提出电商仓储包装箱标准化体系方案，为实现包装箱回收和重复利用做好准备工作。

1.1.3　包装标准化的意义

从理论角度讲，包装标准化从货物本身的角度出发进行研究，是物流包装标准化的创新，可以为包装系统的设计优化提供参考，也为后续智能装箱模型的构建以及下一步绿色物流回收利用奠定理论基础，推进人工智能发展。

从实际角度讲，包装规范有利于我国对物流业务的统一管理与规范，对整个快递行业规范物流市场有着正面意义。对于公司而言，能够提高包裹的空间使用率，降低运输成本，有利于包装材料的循环回收利用，提高物流打包环节和运输环节的效率，也为进一步优化和改进包装设计提供参考。对消费者来讲，包装标准化可以循环利用包装材料，减少包装消费。

1.1.4　智能装箱的意义

从理论角度讲，运用传统数学方法研究装箱问题为求解物流领域的组合优化问题提供了一种新的思路，其装箱模型为拣选系统的智能化奠定了基础。此外，本书使用启发式算法研究在线装箱问题，考虑到物品稳定性等因素，提出了组合优化的放置规则，为在线装箱的研究提供了新的思路。

从实际角度讲，智能装箱模型的构建可以解决电商仓储企业的实际需求，提高电商仓储拣选出库环节的工作效率，用智能算法为快递企业提供可落地的装箱方案，提高自动化水平，也为企业采用智能装备替代拣选装箱人员奠定了基础。

1.2 研究目标与研究内容

1.2.1 研究目标

本研究要达到的具体目标与效果包括以下几个方面：

(1) 构建"从包装到回收"全覆盖的智能装箱策略体系

构建从订单物品装箱到包装箱回收与重复利用的全面策略体系，是电商仓储领域智能装箱策略研究的根本目标，也是落实绿色发展理念与高质量发展理念的重要措施。建立全面的智能装箱策略体系，既需要从实际问题出发设计"绿色低碳"的治理模式，又需要聚焦电商仓储领域装箱问题的关键环节，明确问题特点，界定核心问题，还要针对具体问题给出切实可行的解决方法。因此，本书所研究的智能装箱策略体系不仅是定性研究的理论模式，更是在定性研究的基础上针对关键的装箱策略问题进行的定量研究。

(2) 筛选"计算耗时优先"的装箱环节启发式策略组合

在当前电商仓储领域，包装箱装载率较低的问题依然较为突出。从企业的实际情况出发，提出可行的三维装箱优化方法仍然是很多企业所需要的。同时，在多种物品类型多种箱子类型的装箱问题中，关于物品装载位置与方向的计算方法也为有效地堆叠物品并优化包装箱尺寸提供了基础。因此，需要在电商仓储现有包装箱尺寸的前提下，以现行的包装箱型号种类与尺寸为前提，提出优化装箱方案的启发式策略算子，并将其进行有机组合，筛选出计算耗时最短、包装箱装载率最高的装箱策略组合，优化多种箱型的三维装箱方案。

(3) 优化"兼顾计算耗时与装载率"的智能装箱策略

虽然用启发式策略的组合求得订单装箱方案的做法可以使计算耗时缩短到非常小的程度（一般为秒级时间），但是仅仅依靠启发式策略的方法不能实现装箱方案的寻优和改进。因此，需要将基本的启发式策略与智能算法的框架相结合，才能实现更高程度的算法优化。同时，融合智能算法框架的做法必然会导致计算耗时的增加。所以，必须适当放宽计算装箱方案时对计算耗时的要求，平衡计算耗时与订单装载率水平这两个方面的指标，使得算法能够在计算时间相对宽松的情况下得到更好的装箱方案优化效果。

（4）结合智能装箱策略，提出包装箱标准化策略，优化装箱效果

笔者通过电商仓储领域的实际调研发现，优化包装箱尺寸是当前装箱实践领域非常重视的一个问题。不同于从国家标准规定的装箱基础模数出发优化箱子尺寸，本研究通过与电商仓储领域的从业人员访谈交流，考虑从电商仓储的历史订单信息和物品大小特征出发，优化包装箱尺寸，提高包装箱装载率，并进一步提出包装箱标准化方案，实现包装箱回收利用。

（5）搭建电商仓储领域多种箱型的三维装箱智能决策辅助系统

电商仓储三维装箱算法的落地还需要专业的信息技术作为必要支撑。在采用人工包装方式的离线三维装箱情况下，智能装箱辅助决策系统可以提供装箱方案的可视化呈现，帮助装箱人员提高工作效率。智能装箱辅助决策系统不仅能将结果可视化，用以指导装箱人员的实践操作，也可以导入箱子标准化尺寸，与原有箱子尺寸条件下的装箱方案进行对比分析，实现装箱问题的数字化模拟，帮助电商仓储企业提高决策水平。

1.2.2 研究内容

本研究从电商仓储领域的装箱实践出发，针对多种箱型的三维装箱优化问题进行系统研究，包括装箱策略体系设计、订单装箱方案求解、箱子尺寸的优化设计，以及不同前提条件与参数设定的装箱问题灵敏度分析等。具体的研究内容包括以下几个方面：

（1）电商仓储装箱策略体系设计思路

本书从电商仓储快递装箱领域的实际问题出发，提出通过智能装箱策略优化包装箱的装载率；进一步结合电商仓储领域的企业装箱操作实践，聚焦多种箱型多种物品的三维装箱问题，明确界定了问题的研究范围；通过聚焦关键问题，集中精力攻克包装箱"绿色低碳治理"模式中订单装箱方案与包装箱回收利用过程中的重要难点；基于装箱环节的启发式策略与智能算法框架，设计了针对电商仓储领域多种箱型三维装箱问题的优化算法，作为优化订单装箱方案、改进包装箱标准化尺寸的重要方法。

（2）电商仓储三维装箱环节的策略设计

本书的研究内容主要涉及多种箱型的三维装箱问题，需要选择箱子的种类和数量，确定物品的装箱位置和方向，以期最大化地利用装载空间。因此，本研究属于输入价值最小化（input value minimization，IVM）问题，即所有的物品需要装入若干个箱子，使所需箱子数量最少（一个订单装入一个箱子）或剩余空间最小。在针对多种物品装箱的算法中，我们习惯将每个物品都单独归为一个类型，即使有两个一模一样的物品，也视之为不同物品，然后通过构建整数规模模型，刻画离线状态下多种物品多种箱子类型的装箱模型。由于问题本身的复杂性，需要设计有针对性的算法进行求解。我们应从装箱过程的角度出发，根据专家经验设计每个环节的不同装箱策略，从箱型种类选择到物品装箱顺序选择，再到物品装箱方向与位置选择等，覆盖整个装箱过程；将不同环节的装箱策略进行有机组合，得到针对多种箱型三维装箱问题的多种求解算法。结合行业数据集的订单实例特点，从中可以筛选出适合不同数据集实例特征的装箱过程启发式策略求解方法。

（3）电商仓储三维装箱智能策略的优化升级

虽然装箱环节的启发式策略是通过总结装箱实践经验与专家意见提出的，能够使订单装箱方案的计算耗时极小，且装载率水平达到较高的程度，但是启发式装箱策略是基于固定规则的计算过程，需要进一步融合智能优化算法的框架，才能使装箱方案得到更高程度的优化。具体可以融合的智能算法框架包括群体智能算法中的遗传算法、树搜索算法中的蒙特卡洛树搜索算法以及人工智能算法中的深度强化学习算法。智能算法与装箱环节策略的有机融合需要明确算法框架的结合点，主要研究包括将智能算法应用于优化箱型种类选择、物品装箱顺序选择、物品装箱方向以及装箱问题的选择等环节。其中，采用智能算法框架优化物品装箱顺序选择环节成为主要的研究内容。另外，装箱顺序选择环节与其他环节的联合优化也有待进一步研究，进而判断装箱过程两环节甚至多环节共同优化的可行性。在融合智能算法升级装箱策略的过程中，对智能算法本身的改造也是本书的研究内容，需要结合电商仓储装箱实践的特殊性对原有的算法框架进行改造，才能真正适合本书研究问题的解决。针对遗传算法的改进，除了需要设计混合遗传算法之外，还需要设计更多的改进算子，提升算法的有效性；针对蒙特卡洛树搜索算法，引入神经网络和强化学习机制，使得计算耗时与装载率之间的平衡进一步得到改善；针对深度强化学习算法，需要从不同的优化视角出发，研究除物品装箱顺序选择之外的装箱环节策略组合的优化选择，使算法能够有效地发挥作用。

（4）电商仓储多件物品装箱尺寸标准化策略

对于多件物品的三维装箱问题，最重要的是难以避免物品之间的位置重叠。多件物品装箱的尺寸优化需要考虑物品之间的堆叠策略，使物品堆叠后整体占据的三维空间最小。建立电商仓储领域的包装箱标准化策略，不仅要研究物品空间堆叠策略，还要考虑与物品空间堆叠结果的聚类策略相结合。由于电商仓储领域的装箱问题需要设计多种箱型，除了研究基于数据集订单实例中的物品空间堆叠之外，还需要根据一定的箱型种类数量进行聚类，以最终聚类后得到的箱型尺寸确定订单装载率水平。同时，要考虑持续产生的订单大数据信息，根据订单信息的特征进一步确定多种箱型的尺寸信息。相对于单件物品的箱子尺寸确定而言，多件物品装箱的多种箱型尺寸信息确定更加复杂，模型和算法的设计需要考虑更多的前提条件和现实约束，并具有较强的动态性，订单信息的任何变化与波动都将导致物品出库频率以及多件物品出库的组合方式不同，从而影响最优的箱子尺寸设计。因而这一部分的研究内容需要在单件物品装箱尺寸的基础上进一步体现智能装箱策略的灵活性和适应性。

（5）不规则物品装箱与在线智能装箱问题研究

针对几类不规则物品，考虑在同一维度上旋转，本书建立颗粒度装箱模型，运用强化学习中的DQN算法对模型进行了训练，并且得到了较好的装箱结果。此外，本书针对三维在线装箱问题，优先考虑现实的装箱业务场景，以空间利用率最高为目标完成模型建立，运用启发式算法完成算法设计，最后通过算例验证算法的有效性。

（6）电商仓储装箱计算实验与策略分析

关于计算实验部分，一方面，本书提炼装箱活动实践操作的专家规则，设计了基于经验模拟的启发式策略，并结合智能算法框架设计了针对多种箱型三维装箱问题的智能算法；另一方面，本书将行业实例数据集作为数据来源，或者采用带有行业属性的实例生成器生成实例数据，如订单物品数量与尺寸信息。关于结果分析部分，本书通过对比不同前提条件和参数设定的情况下各种结果指标的变化，对算法的有效性进行评估，并进一步对问题相关参数的灵敏度进行分析。这一部分内容对于探讨电商仓储领域装箱操作实践活动的规律非常重要，尤其是对不同类型的电商仓库或不同种类物品的销售订单，能够形成具体的对策建议。在优化包装箱尺寸、促进包装箱尺寸标准化方面，本书根据计算结果进一步提出绿色包装的建议措施，并提出有针对性的包装箱回收策略。

1.3 关键研究问题的提出

电商仓储领域有各种现实约束条件的装箱问题，属于多种物品类型和多种箱子类型的三维装箱问题。因此，本研究的根本目的是：在充分考虑电商仓储实际情况的前提下，附加现实约束条件，以使用箱子数量最少或空间利用率最高为优化目标，求解多种物品类型和多种箱子类型的三维装箱问题。不同于简单优化装箱策略的研究内容，本研究将多种箱型的三维装箱策略与包装箱尺寸和型号的优化进行联合研究，通过设计带有启发式策略的算子并进行组合，构建启发式策略算法体系；将装箱过程中启发式策略算子组合的方法与智能算法相融合，设计装箱活动的智能优化策略，改进装箱方案的效果；将装箱环节的启发式策略算子作为物品空间堆叠的基本规则，设计订单物品堆叠与聚类策略，优化包装箱尺寸，提出实现包装箱标准化的方法，持续提升装箱策略与包装箱尺寸优化效果，促进包装箱回收与重复利用。因此，从"问题模型构建"到"启发式策略设计"再到"智能算法设计"，本书需要解决一系列理论层面的关键问题，具体包括以下几个方面的内容。

1.3.1 三维装箱空间划分与物品装入问题

(1) 空间划分与极大空间组合

三维空间划分策略构成了求解三维装箱问题的基本出发点，已有研究中的空间三分策略（旁空间、前空间和上空间）并不能完全刻画多种物品装箱过程的空间划分状况。通过分析可知，随着物品逐个被装入箱子，箱子内部的三维空间将被不断划分为多个子空间。当一个箱子的内部三维空间中存在 n 件物品时，该箱子内部的三维空间实际上被划分为 $(2n + 1)$ 个细分空间，这些细分空间可以进一步组合为极大空间，用以判断是否可以继续装载后续物品。本研究所涉及的装箱策略建立在三维空间划分与细分空间组合而成的极大空间的基础上，这样才能充分利用箱子的装载容积。如何快速、准确地求得所有潜在的极大空间，成为决定三维装箱效果优劣的关键问题。

(2) 物品装箱位置与旋转方向

基于三维空间划分策略的物品装载，还需要设计一定的规则，使物品在装入箱子所容纳的三维空间时满足非重叠约束和非越界约束。将物品装入箱子所容纳的三维空间时，首先根据极大空间列表确定装载位置坐标，得到当前装载位置坐标集合；然后以一定顺序依次尝试装入剩余物品，根据既定规则选择各个物品的可行装载位置，并确定相应物品的可行装载方向；最后设计生成可行装箱方案的整体启发式策略，包括箱子类型选择、物品装入顺序、物品最终装载位置、物品装入方向等。物品装入箱子的启发式策略设计，将会对装箱结果优劣产生重要影响，如何得到优化程度较高的启发式策略是求解三维装箱方案的关键问题。另外，在物品装箱位置与装箱方向选择时，将同一库存量单位（stock keeping unit，SKU）的物品看作一个尺寸动态变化的复合环节整体进行装箱，还是将其与不同 SKU 的物品以相同的策略进行处理，也是有待研究的关键问题，需要结合数据集实例的具体特征进行策略分析。

1.3.2 多阶段组合优化问题

(1) 装箱方案组合优化

三维装箱问题属于经典的组合优化问题，不同类型三维装箱问题涉及的具体情况也有所不同。本书重点研究电商仓储领域在短时间内需要处理大量订单的实际问题。另外，要解决多种物品与多种箱子类型的三维装箱问题，需要在物品装箱顺序、物品装载旋转方向、物品装载位置等多个相关环节进行优化。因此，本书将研究问题界定为大规模、多阶段的组合优化问题。多种箱型的三维装箱问题至少存在四重组合优化问题的叠加：第一，针对订单物品需要选择尝试装入的箱子型号；第二，物品装箱顺序的优化；第三，物品装入方向的优化；第四，物品装箱位置的优化。多重组合优化问题相互叠加，导致装箱问题的解空间随着问题规模的增加而呈现爆炸性增大。例如，在优化装箱顺序的同时，还需要进一步考虑物品的装箱方向，这样将导致装箱问题求解过程的优化速度非常慢，尤其是当问题规模较大时，难以求得最优解，只能利用启发式方法或智能算法寻求方案优化程度的改善和提升。

(2) 包装箱尺寸组合优化

本书基于历史订单和物品特征属性，结合物品的装箱策略，在包装箱种类数量一定的情况下，计算可行且优化的包装箱尺寸方案。在根据已有物品信息设计并优化箱子的尺寸时，需要求解构建的数学模型，设计相应的算法。电商仓储领域往往存在多种箱子类型，只有确定每种箱子的具体尺寸，使每种物品都可以至少装入一种箱子，并且每种箱子都至少能容纳一种物品，这样才能形成箱子尺寸优化模型的可行解。但是，鉴于上述条件，这一可行解的生成和寻优存在一定的复杂性，并不是简单的集合覆盖问题，而存在多个维度约束的集合覆盖问题，并且需要通过设置偏置算子才能使计算过程中的方案迭代具有可行性。因此，针对该问题进行求解和寻优直接影响最终装箱方案的优化程度。

1.3.3　高效稳定智能算法设计问题

(1) 智能算法的改进与实现

在多种物品类型与多种箱子类型情况下，装箱方案的装载率与计算耗时是需要重点考虑的两个指标。当订单量暴增时，为了满足秒级时间内响应的现实要求，需要考虑使用启发式方法和人工智能算法进行求解；当订单量平稳、淡季订单量较少或者装箱作业有充分的提前期时，可以考虑将启发式策略算法与智能算法融合，采用群体智能算法（如遗传算法、粒子群算法等）或树搜索算法（如深度优先、广度优先的树搜索算法或蒙特卡洛树搜索算法等）。但是，从目前算法的应用情况来看，以深度强化学习算法为典型代表的人工智能算法在很多方面需要进行改变，才能处理当前的装箱问题。例如，启发式方法产生的结果如何作为标签帮助进行神经网络的训练；强化学习框架如何与启发式策略结合,才能顺利得到装箱方案的可行解;装箱动作在物品装载顺序、装载位置和装载方向等方面如何设计多头的输出结构,才能完成装箱作业。这些问题在当前人工智能领域与三维装箱问题结合方面有待深入研究。

(2) 智能算法的速度与稳定

本书考虑将启发式策略算法与群体智能算法、树搜索算法以及人工智能算法结合,设计"多元共生"算法系统(binary symbiosis algorithm system, BSAS)。其中,"多元"分别指的是启发式策略算法框架、群体智能算法框架、树搜索算法框架以及人工智能算法框架,"共生"指的是将"多元"部分的不同算法框架进行相互融合,使不同的算法之间能够相互促进,提升算法的求解质量和智能化程度。

具体而言,"多元"中的启发式策略算法并非单一规则的启发式,而是多种不同启发式策略算子的组合,针对不同的问题数据择优给出高质量的求解方案。群体智能算法主要研究了混合遗传算法,将遗传算法的基本框架与多种箱型的三维装箱问题情境相结合,基于启发式策略算法中的多种算子组合,针对物品装箱顺序进行寻优,在适当增加计算耗时的前提下提高装箱方案的装载率水平。蒙特卡洛树搜索算法结合启发式策略算法的基本规则及其算子组合,将物品装箱顺序的优化过程视为树搜索过程,并结合神经网络改进其中的"选择"与"扩展"环节,在装箱方案的装载率水平和计算耗时方面寻求更加平衡稳定的改进。人工智能算法框架包括有监督和无监督的两种算法,针对不同情况选择不同的神经网络优化方式。"共生"机制可以划分为两个阶段:前期启发式策略算法可以生成较高质量的解,并且为有监督的人工智能算法提供"标签",在一定程度上弥补人工智能算法求解不够稳定的缺陷;后期无监督的人工智能算法通过大量的数据训练可以得到更高质量的解,并且通过分析这些解的计算规律得到更加丰富的启发式策略。

由于本书所研究的复杂装箱问题的特点,对于不同的订单数据,在装箱方案计算耗时与装载率指标方面,"多元共生"算法系统中的不同算法各有优劣,需要多元共生机制逐步促进算法性能的提升,这也是本书的创新点之一。

装箱方案计算耗时和装载率指标之间存在天然的背反现象，本书在启发式算法层面已将单个订单的装箱方案计算耗时最短控制在 0.2 秒左右。但是，为了进一步优化智能算法的计算效果，本书做了多方面的探索，并结合具体情境进行算法的变化调整，以构建"多元共生"算法系统，使算法能够更好地符合实践要求。通过对比与选择算法体系中的不同算法，本书发现融合神经网络的人工智能算法表现最佳。当然，后续的研究还需要继续深入，持续向着计算耗时和装载率同时最优的方向努力。

综上，本书将基于历史订单信息的包装箱型号尺寸优化作为研究的关键科学问题，并将装箱策略与包装箱尺寸优化联合考虑，作为更进一步的科学问题。在研究路径方面，本书优先研究装箱策略，为研究包装箱尺寸优化做好前期准备工作，同时表明装箱策略的优劣既受制于包装箱的型号尺寸，又影响包装箱尺寸的优化设计。

1.4　研究方法与技术路线

1.4.1　研究方法

为了实现研究目标、解决关键问题，本书在不同的研究内容方面采用不同的研究方法。例如，在文献综述部分主要采用文献分析法，对装箱领域的文献进行综述和评论；在问题界定方面主要采用因素分析的方法，提炼关键的前提条件，明确问题的研究范围；在模型构建方面主要采用量化分析的研究方法，构建装箱问题、物品堆叠与聚类问题的混合整数规划模型；在装箱策略与算法设计方面主要采用启发式方法与智能优化方法；在计算实验部分主要采用实证研究的方法，根据电商仓储企业的真实数据集进行计算分析；在结论与展望方面主要采用归纳分析的方法，总结本书的研究结论并展望未来的发展趋势。其中，本书重点采用的研究方法主要包括以下几种：

（1）启发式方法

面对规模大、复杂性高的 NP 难问题，启发式方法往往被认为是快速求解的有效方法。基于对问题的直观分析和专家经验积累，可以设计一系列启发式策略作为进一步构建算法的基本算子，在可接受甚至很低的计算耗时条件下，得到优化程度较高的解决方案。本研究根据因素分析的结果，针对三维离线装箱策略设置划分为多个环节的装箱过程启发式策略。除了基本的启发式策略算法以外，本研究还在装箱环节算法的基础上融合了群体智能搜索算法与树搜索算法的基本框架，加入改进算子提升装箱方案的装载率水平。另外，在求解电商仓储领域多种箱型的三维装箱问题基础上，本书结合三维装箱策略的基本思想、模型和算子，设置包装箱尺寸标准化的启发式策略和算法设计。

（2）深度强化学习方法

深度强化学习方法被认为是人工智能领域最有可能代替人类处理复杂问题的方法之一，有着广阔的应用前景。其中，深度神经网络结构与强化学习框架的结合，能够使该方法在持续的训练过程中不断调整优化算法参数、积累学习经验，并能在后续处理新情况时达到较高的智能优化效果。本研究针对三维在线装箱的情况，根据强化学习算法的基本框架，结合深度神经网络的基本结构，设计人工智能算法。除了常规调整参数以优化算法效果外，更重要的是进行动作输出的结构设计，以及用于生成可行装箱方案的偏置算子设计。另外，关于算法训练方面，需要通过提取真实数据集的特征，生成带有行业现实属性的训练集和测试集数据，并通过训练集数据的输入优化算法参数，通过测试集数据验证该方法的有效性。

（3）实证分析方法

将电商仓储领域的三维装箱算法和包装箱尺寸标准化的方法应用于电商仓储装箱操作的实践领域，是本书非常重要的内容，也是本书的研究目标之一。为了推动方法落地，需要通过对电商仓储领域物品装箱情况的实际调研，获取电商仓储领域三维装箱的真实数据集，并搭建该领域专业的测试平台，验证模型与算法的有效性。另外，本书以企业实际应用为导向，搭建电商仓储三维装箱智能辅助决策平台，嵌入成熟的智能装箱算法以实时求解订单信息中的物品装箱方案，并将装箱方案可视化，从而指导装箱人员的实际装箱操作。

（4）模型研究法

对于物品的三维装箱问题，本书以剩余装箱空间最小和装箱成本最小为目标，考虑物品的方向、重量、尺寸、性质等因素，分别构建规则物品智能装箱模型和不规则物品智能装箱模型，对装箱问题模型进行研究，模型的求解方法分别采用启发式算法和深度强化学习算法。针对三维离线装箱问题，本书以空间利用率最高为目标，考虑物品的装载方向、装载顺序等因素，构建规则物品的三维离线装箱模型；针对三维在线装箱问题，以空间利用率最高为目标，考虑在线装箱的实际应用场景，构建规则物品的三维在线装箱模型，模型的求解方法均采用启发式算法。

1.4.2　技术路线

本书的研究思路有两条主线：一是"问题情境"导向的研究线索，即"'三多一快'① 的三维装箱问题→动态箱子尺寸的三维装箱问题→优化箱子尺寸的三维装箱问题"；二是"策略算法"导向的研究线索，即"建立组合优化问题的混合整数规划模型→设计基于多种启发式策略算子组合的方法并进行求解→融合群体智能算法、蒙特卡洛树搜索算法以及深度强化学习算法的优化策略改进"。

在依次解决"问题情境"线索中不同阶段的装箱问题基础上，本书的章节安排凸显了"策略算法"的研究线索。本书通过分析"三维装箱问题"这一经典组合优化问题，进行策略算法体系构建，以适应不同情况下的订单物品装箱实践，设计适用于本书研究问题的群体智能算法（混合遗传算法）与树搜索算法（带有神经网络的蒙特卡洛树搜索算法）。另外，本书根据装箱动作特征将其转换为"时序分类"动作研究，并提出策略算子组合选择的思想，扩展基于神经网络的智能算法的应用范围，转变研究视角，提升传统组合优化问题的求解效率与效果，增强智能算法求解组合优化问题的实用性。

针对电商仓储领域的装箱实践，问题、模型、策略与算法是构成本书研究内容的关键部分：问题的界定明确了研究范围，模型的构建是对研究问题

---

① 多种包装耗材，商品数量多且种类多，需要秒级时间内快速求解。

的量化描述，策略研究要明确的是解决目标问题的思考角度，算法设计则是求解目标问题的具体方法。由于电商仓储领域多种箱型三维装箱问题的特殊性，虽然在问题求解过程中模型与算法的作用往往容易被凸显，但是需要说明的是，装箱策略的研究才是解决电商仓储领域装箱问题的关键。本书不同的装箱策略决定了思考问题的角度，直接影响问题的研究范围，而模型的构建是问题导向的，也会明显受到影响。至于算法方面，由于三维装箱领域大多采用启发式策略算法，装箱策略直接关系到启发式策略的设计。因此，基于以上分析，本书认为应该将装箱策略作为电商仓储领域多种箱型三维装箱问题研究的关键。

本书从电商仓储领域装箱活动的实际需求出发，聚焦电商物品订单信息的基本特征，结合前人关于装箱问题的相关研究，参考现有研究成果中关于装箱问题的前提设定与现实约束条件、常见的装箱策略与模型构建方法以及求解装箱问题数学模型的经典算法，设计的技术路线如图 1-1 所示。

本书技术路线的关键内容主要包括以下几个方面：

（1）问题的界定

基于电商仓储领域装箱实践的具体情境，本书以提高订单平均装载率为主要优化目标，在兼顾计算耗时的现实条件下优化物品装箱方案，并将多种箱型尺寸的标准化纳入问题研究的范围，设计并优化多种箱子的尺寸，进一步改善电商仓储实践的装箱效果。具体而言，一方面，在固有箱子尺寸的基础上研究不同订单的装箱方案，改进求解多种箱型三维装箱问题的实际效果，使物品装箱方案计算耗时最少的同时，其空间利用率达到最大；另一方面，根据订单信息中物品的数量与尺寸大小，优化多种箱型包装箱标准化尺寸的取值，将包装箱尺寸大小作为影响装箱效果的可变因素，扩展装箱问题所考虑的基本前提条件，进一步挖掘电商仓储领域装箱作业的优化潜力。

（2）模型的构建

从装箱问题不同的前提假设和约束条件出发，根据不同的优化目标，需要构建不同的数学模型。关于装箱方案的优化设计，需要考虑箱型种类与尺寸信息、订单装箱物品的数量与尺寸信息以及装箱结果中多件物品之间是否需要满足现实约束（例如非重叠约束、非越界约束）等，构建针对多种箱型

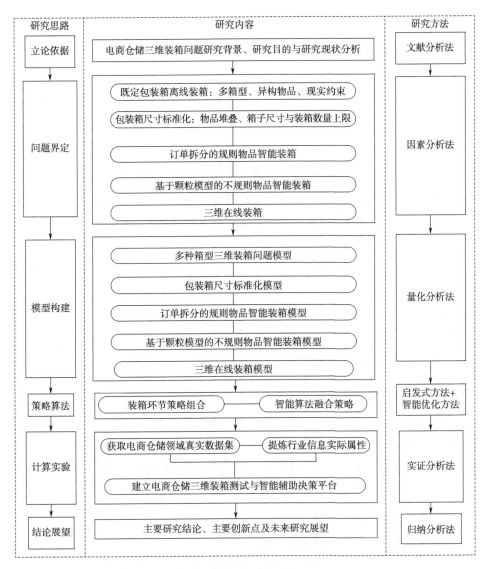

图1-1　电商仓储装箱决策智能优化研究技术路线

三维装箱问题的数学模型。关于箱子尺寸的优化设计，需要根据订单物品的形状（正方体或长方体）、尺寸以及各种物品的数量构建不同的数学模型。由于一个订单包含多件物品，箱子尺寸的优化还需要考虑物品的堆叠策略；物品空间堆叠后，还需要根据堆叠结果的外接长方体，按照一定的箱型种类数量进行聚类，因而模型将更为复杂。本书将其划分为物品空间堆叠与聚类两个模型，分别进行模型构建与策略研究。

(3) 策略与算法

参考装箱问题的已有研究文献发现，精确算法一般仅限于较小规模的装箱问题。电商仓储实践领域的装箱操作属于较大规模的装箱问题，其求解方法往往采用启发式策略算法，这也是由装箱问题本身的 NP 难属性所决定的。本研究在策略与算法的选择方面主要采用启发式方法，设计装箱过程中各个环节的多种装箱策略，并将不同环节的装箱策略进行有机组合，形成求解多种箱型三维装箱问题的基本策略组合与算法体系。本书以装箱环节策略组合为基础，融合群体智能算法、树搜索算法以及深度强化学习算法等智能算法框架，改进智能装箱优化策略，并针对不同装箱环节的智能策略优化设计了一系列有针对性的智能算子，如装箱环节策略算子集合、初始群体优选、点位交叉算子、邻域搜索算子以及神经网络算子等，从而使算法求解问题的过程能够更快收敛，寻优效果更好。

总之，从本书研究框架和整体结构来看，核心章节为第 4 章至第 11 章。具体结构框架表现为：首先，明确电商仓储领域三维装箱问题的情境与特点，设计覆盖电商仓储装箱问题全过程的低碳治理模式；其次，针对电商仓储装箱问题的特点——不存在一种算法在任何订单算例上的装箱效果都优于其他算法，设计基于装箱策略的算法体系以对抗问题的复杂性，同时以计算耗时最少为优先目标；再次，针对同一订单、不同数量级的物品情况与非订单高峰期对计算耗时要求不高的情况，引入智能优化算法，提升订单装载率；最后，在装箱问题基本算法体系与智能优化机制相结合的基础上，进一步剖析多种箱型尺寸的情境，将优化包装箱尺寸也纳入改进装箱策略的范畴，拓展装箱问题的研究范围，研究结果也证明确实使装箱效果得到了提升。另外，本书还研究了考虑订单拆分的物品装箱问题与在线装箱问题，提出了改进不同情境下装箱方案的优化算法。

本章小结

　　本章首先介绍了电商仓储装箱决策智能优化的研究背景与研究意义，在绿色发展理念和高质量发展理念的指引下，电商仓储领域的装箱操作活动也朝着无人化和智能化的方向发展；其次，对装箱问题的分类、组合问题的求解方法以及应用的相关国内外研究现状做了相应的文献综述，进一步明确本书研究的问题；最后，阐述了本书的主要研究内容、所用的研究方法、创新点及全书的技术路线。本书不仅在理论层面研究装箱问题的求解策略，也积极地将智能装箱策略应用于电商仓储领域的装箱实践，为提高订单的装箱效率与装载率水平而不断探索。本书以建立从订单物品装箱到包装箱回收利用的全覆盖绿色低碳模式为根本目标，以降低装箱方案的计算耗时和提高订单装载率水平为关键环节，通过一系列计算实验筛选有效的装箱策略，并将其应用于装箱实践，以改善当前的电商仓储装箱活动现状。其中，需要解决的理论问题包括空间划分、三维物体空间摆放、多阶段的复杂组合优化问题以及低耗时高效率的智能策略设计。

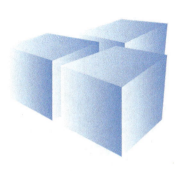

第 2 章 装箱问题相关研究述评与发展前景

2.1　装箱问题文献综述

　　装箱问题是指存在一些物品和包装物，要求把所有的物品放入包装物内，目标是让包装物的使用数量尽可能少或者空间利用率最高，并且每个包装物内的物品体积之和不得超过包装物的体积。为了能够对已有研究进行较为清晰的梳理，本研究多角度拆解相关研究文献，总结装箱问题相关研究现状、基本特点和发展趋势。关于装箱问题整体文献综述内容分类如图2-1所示。其中，标注红色横线的部分为已有研究中存在的研究角度与本书研究角度交叉重合的部分，即为本书研究内容中各方面研究角度的整合；本书拓展内容是在分析前人研究文献的基础上，根据实践场景的需求提出的新增现实条件和研究角度，在已有研究中长期被忽略的内容。本书的研究内容与拓展内容共同构成了全部的研究空间，将多种包装箱型号可供选择的电商仓储装箱实践条件与优化包装箱尺寸相结合，使三维装箱问题的智能装箱策略研究得到进一步丰富和发展。

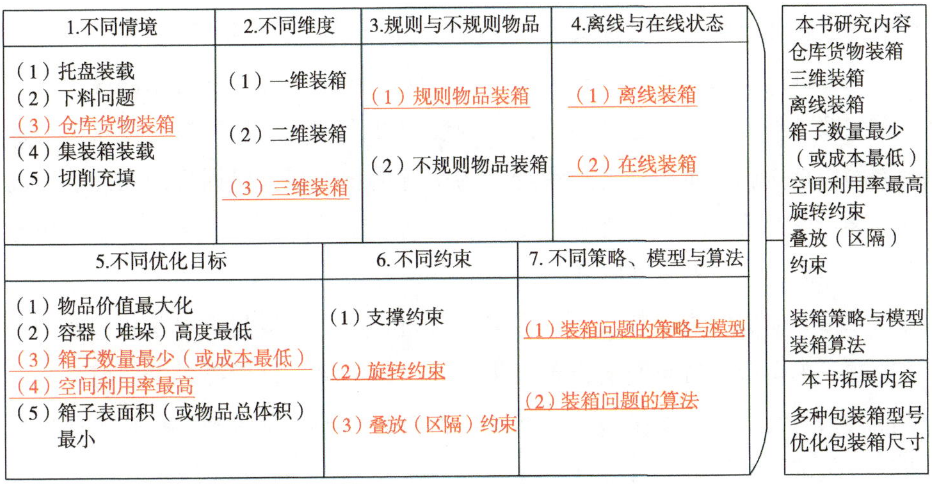

1.不同情境	2.不同维度	3.规则与不规则物品	4.离线与在线状态	本书研究内容
（1）托盘装载 （2）下料问题 （3）仓库货物装箱 （4）集装箱装载 （5）切削充填	（1）一维装箱 （2）二维装箱 （3）三维装箱	（1）规则物品装箱 （2）不规则物品装箱	（1）离线装箱 （2）在线装箱	仓库货物装箱 三维装箱 离线装箱 箱子数量最少 （或成本最低） 空间利用率最高 旋转约束 叠放（区隔） 约束 装箱策略与模型 装箱算法
5.不同优化目标	**6.不同约束**	**7.不同策略、模型与算法**		**本书拓展内容**
（1）物品价值最大化 （2）容器（堆垛）高度最低 （3）箱子数量最少（或成本最低） （4）空间利用率最高 （5）箱子表面积（或物品总体积）最小	（1）支撑约束 （2）旋转约束 （3）叠放（区隔）约束	（1）装箱问题的策略与模型 （2）装箱问题的算法		多种包装箱型号 优化包装箱尺寸

图2-1　装箱领域文献研究内容分类

　　关于装箱问题的研究主要可以从几个关键问题出发进行分析，包括装箱问题所涉及的实际情境，不同维度（一维、二维和三维）的装箱问题，物品是否规则，装箱过程是在线还是离线，需要达到不同的优化目标，需要满足的约束条件，以及装箱问题的优化策略、模型和算法。从这些主要的基本问题出发，还可以对其中一些问题做进一步的细分。迪克霍夫（Dyckhoff，1990）、瓦舍尔等（Wascher et al.，2007）分别于1990年、2007年在不同的方面对前人关于装箱问题的探索做出了总结，对所探索的装箱问题也做出了分析，并进行了详细的介绍。本书根据不同的标准对装箱问题进行分类，主要考虑物品所属空间、物品形状、物品送达时限和包装物数量四个方面，具体分类情况如下：

①空间可以分为一维、二维、三维，装箱问题同样可以分为一维装箱问题、二维装箱问题和三维装箱问题。一维装箱只考虑一个因素，如高度、容积大小等；二维装箱考虑两个因素，比如考虑长度和宽度，把一张纸剪出大小不一的形状；三维装箱比二维装箱更进一步，考虑三个因素，一般指立体空间的装箱，比如将一些物品放入给定容器中。

②装箱物体按照形状可分为规则物品与不规则物品两类。规则物品外表比较规范，比如圆柱体、长方体等；不规则物品外表复杂，是指具有任意几何形体的物体，不能直接抽象为立体图形，比如桌椅、衣物等。

③根据已装箱物品的送达时限，可将装箱问题分为在线装箱问题与离线装箱问题。在线装箱问题是指假设一种装箱算法在装入物件时仅使用了当前物件的信息内容，而不知道后续物品的所有信息内容，根据物品到达次序随到随装；离线装箱问题则是指在物件装箱之前就早已获取了全部的物件信息内容，然后统一处理全部物品。

④按照使用包装箱数量，可将装箱问题分为单箱型装箱问题和多箱型装箱问题。单箱型装箱问题是指包装物种类只有1种，只需要考虑如何将待装物品装入包装物内；多箱型装箱问题是指包装物种类有多种，在装箱前需要先选择包装箱的类型，再进行装箱。

2.1.1 不同情境的装箱问题

装箱问题的研究涉及很多实践领域，如托盘装载、下料问题、仓库货物装箱、集装箱装载以及切削充填问题等。

（1）托盘装载问题

托盘装载问题是指将多件物品根据一定的算法或规则放置于一定尺寸大小的托盘之上，一般希望该装载方案使得物品在托盘上堆放的高度最低。很多学者的研究涉及托盘装载问题（pallet loading problem，PLP），有学者研究了混合托盘装载，也有学者提出了托盘装载的完美解决方案。

（2）下料问题

下料问题是指将一整块布料、玻璃、皮革或其他材料，根据要切割的物品形状，按照一定的规则进行切割得到最终的物品。下料问题的研究涉及很多行业，如纺织、服装、钣金切割、家具制造、鞋业、玻璃、造船、皮革工业、纸张、木材行业、汽车工业等。其中，大部分研究关注二维下料（二维装箱）问题，也有研究关注不规则形状的下料问题。

（3）仓库货物装箱问题

仓库货物装箱问题是指根据订单信息对仓储货物进行装箱出库，也是装箱问题研究的重要领域。有学者研究了不规则零件的装箱出库问题；也有学者研究了电子商务环境下箱子大小不固定的灵活装箱问题；还有学者研究了装箱出库环节中将货物装载进车辆的装箱问题。

（4）集装箱装载问题

集装箱装载问题（container loading problem，CLP）是指将多件物品装入集装箱中，在满足支撑约束、稳定约束等条件的前提下使集装箱装载率最高，或使用的集装箱总数量最少。货物被包装成标准集装箱，以便于用轮船、卡车或铁路车辆运输。另外，航空货物的三维装箱问题和多集装箱装载问题也成为研究的关注点。

（5）切削填充问题

切削填充问题是指在特殊的工业领域，将一些物品填充进一个既定的空间，使得空间利用率最高或占用的空间总体积最小。许多学者都致力于切削填充问题的研究，多面体填料在工程设计中的应用是一个有趣的例子，最困难的是将复杂形状的3D物体放置到给定的空间（容器）中的优化。

2.1.2　不同维度的装箱问题

以维度划分装箱问题的类型是非常常见的一种分类方式，主要包括一维装箱问题、二维装箱问题和三维装箱问题。

(1)　一维与二维装箱问题

一维装箱问题的研究较多，但大部分一维装箱问题与本研究的关系不大，在此不做过多赘述。关于多种箱子类型数量这一角度，早期学者关于一维装箱问题的研究曾有所涉及，即要求在箱子种类数量有限且个数无限的情况下装入所有货物，目标是所用箱子的体积总和最小。

关于二维装箱问题的研究也非常丰富，不论是二维铡刀式背包包装问题还是带切刀约束的二维带材包装问题，都要求一组物品必须在不重叠的情况下被打包到一个二维的箱子中。根据物品形状不同，二维装箱问题又可以具体分为规则物品二维装箱问题和不规则物品二维装箱问题。

关于二维规则物品装箱，一般用矩形包装问题（rectangular packing problem，RPP）来描述矩形条形包装问题（rectangular strip-packing problem，RSPP）。关于二维不规则物品装箱问题（two-dimensional irregular bin packing problem，2DIBPP）的研究，有的涉及下料问题，切割的小块具有不规则形状；有的涉及条形包装问题，需要在一个矩形物体内放置一组多边形；有的涉及开放维度的不规则物品二维装箱问题、非凸不规则物品的二维装箱问题，以及均匀多箱不规则物品的二维装箱问题。

(2)　三维装箱问题

三维装箱问题是经典的一维和二维装箱问题的自然推广，很多研究将三维装箱问题转化为二维装箱问题并进行求解。近年来，在这一问题上的研究和出版物迅速增多。一般来说，三维装箱问题可以分为以下几类：

①箱柜装载问题（3D bin packing problems，3D-BPP）：给定一组不同大小的物品和一些箱子，尝试将所有物品装入最少数量的箱子。

②背包装载问题（3D knapsack loading problems，3D-KLP）：将每一件物品装载到一个背包中，就会产生相应的价值，目标是使装入背包的物品价值总和最大。

③容器装载问题（3D container packing problems，3D-CPP）：物品必须装在一个容器中，目的是使该容器体积最小或装入的物品总体积最大。

其中，3D-BPP可以进一步分为规则物品的装箱问题、不规则物品的装箱问题。规则物品的装箱问题根据物品和箱子类型多少以及形状大小的差异，又可分为同构装箱问题（identical 3D-BPP）和异构装箱问题（heterogeneous 3D-BPP）。与物品分类已经引入的问题类别相似，箱子分为同构箱子（identical large objects）、弱异构箱子（weakly heterogeneous large objects）和强异构箱子（strongly heterogeneous large objects）。其中，"同构"是指箱子或物品类型单一且尺寸相同，"异构"是指箱子或物品类型多样且尺寸不同。有学者研究了单一箱型的三维装箱问题，也有学者研究了弱异构物品、同构箱子的三维装箱问题，还有学者的研究考虑了物品强、弱异构的不同情况。

在结合实际情况进行三维装箱的研究方面，有学者研究了三维切割和包装问题，强制执行非重叠约束；有学者研究了物流平台的集装箱装载问题。集装箱装载问题可以细分为多集装箱装载和零担装载（拼箱）。

另外，在单箱装载问题中，有研究考虑了运输优先权，即所有高优先级的箱子必须在低优先级的箱子之前装进集装箱；还有研究在经典几何约束基础上加入了实际问题中的多点约束，即添加多个投递限制，要求当到达每个投递点时，相关的盒子必须可用，而不重新安排其他盒子。

2.1.3　规则与不规则物品装箱问题

装箱物品的形状是否规则也是划分装箱问题的一个重要维度，可分为规则物品装箱和不规则物品装箱两种装箱情况。规则物品形状较为整齐、规整，如常见的长方体、圆柱体等，但在研究中，规则物品通常指长方体物品，其他规则物品的研究偏少。不规则物品装箱主要指待装物品的形状比较特殊或形状在不同的状态下不唯一，例如日用百货中的碗、钥匙扣、衣架、毛巾等。在目前的装箱问题研究中，规则物品的研究占比较高，如集装箱物品的装箱、飞机舱装载及托盘堆货等；不规则物品在工业发展中也大量存在，但用于研究时，一般对不规则物品进行规则假设。从使用的包装容器数量角度，可将装箱问题分为单容器装箱和多容器装箱两类。不管是二维装箱问题还是三维装箱问题，大部分研究都集中在规则物品的装箱问题。

关于不规则物品的装箱问题，有很多研究集中于二维不规则物品的装箱。不规则二维装箱（条形包装）问题要求将一组给定的二维多边形放入一个矩形容器中，使每个多边形都不与其他多边形重叠或从容器中凸出，且每个多边形都不一定是凸的。研究二维不规则物品装箱问题使用的模型包括混合整数线性规划模型、非线性规划模型和约束规划模型等。有学者在数学模型中采用了栅格点法、正交三角法、phi-函数法和非拟合多边形法。其中，光栅渗透地图被应用在解决不规则物品的二维装箱问题上，以降低重叠值的在线计算成本；通过提出不适合栅格的新概念，设置受限的放置规则，可以便捷地处理位置重叠约束，以减少搜索空间，并使用不匹配的栅格加速碰撞检测。另外，点状板模型允许货物在集装箱内自由移动，为不规则包装问题创造了一个大的连续解决空间。二维装箱问题针对非拟合多边形的外部区域如何分区差异很大，比较有代表性的是采用水平切片法，属于连续精确算法。

三维装箱问题是组合优化领域公认的 NP 难问题，不规则物品的三维装箱难度更大。三维不规则装箱问题（也称为嵌套问题）属于更一般的切割和包装问题，包括分配一组不规则和规则件到较大的矩形或不规则容器，同时使用的材料最少或空间的浪费最小。来自对瓷砖行业的研究要求每一块都有一个固定的方向，并跨箱分配物品位置，提出的改进局部搜索受到碎片大小和箱子大小之间比例的影响。

phi-函数和拟 phi-函数已被广泛而成功地应用于各种填充问题的建模，学者们构造基本自由的拟 phi-函数来解析描述凹多面体的非重叠约束，并构造了调整后的拟 phi-函数来解析描述凹多面体之间的最小允许距离，建立了凹多面体最优装箱问题连续非线性规划问题的精确数学模型，考虑了旋转并计算得到五件物品的最佳空间布局。

2.1.4　离线与在线状态的装箱问题

如果在装箱时所有物品的信息，即尺寸、数量等都是已知的，则称该类装箱问题为离线装箱问题；如果在装箱时只知道当前装箱物品的信息，而后续装箱物品的信息是未知的，则称该类问题为在线装箱问题。大部分研究在没有特别说明的情况下，都是在研究离线装箱问题，包括二维离线装箱和三维离线装箱。其中，三维离线装箱问题的研究多集中在箱子尺寸固定的情况。

在离线装箱问题研究方面，宁爱兵等（2009）主要研究了城市物流中多类型物品的三维装箱问题，他们把车厢和货物都看成长方体，并设计了一种新的求解算法。钟石泉等（2009）将物品都看成具有长宽高的物体，并且对于物流企业使用的集装箱的数量、类型及装载方案进行了研究。邢斌等（2011）主要研究了农产品物流配送中的多物品装箱问题，并且将物品都进行了规则化。柳赛男（2016）将不规则的物品进行规则化，并在拣选和包装的基础上提出装箱模型。颜瑞等（2016）对于三维装箱约束的车辆路径问题进行了研究，第一次构建考虑多车场情况下三维装箱约束车辆路径问题。张长勇等（2019）提出的启发式算法引入了 K 聚类及"关键点"思想，对航空行李码放问题进行了研究。桂黎红等（2020）为解决箱柜类大件货物装箱过程中存在的效率低下、物流成本高的问题，对箱柜类货物的装箱问题展开研究。李伟等（2020）从实际装箱问题出发，对集装箱物流领域进行研究，以集装箱空间利用率最大化为目标，建立了装箱优化模型。王素欣等（2020）考虑了货物与集装箱的关系，加入了考虑转弯时的重心约束。姚鑫（2016）考虑了规则化药物的装箱，主要研究了单箱型单件、单箱型多件、多箱型药物的装载模式，在符合药箱有效性体积制约，即符合药箱长、宽、高制约的情形下，科学合理地设定各件药品在药箱中的装载高度，使药箱的有效体积使用率最大化。吕雪菊（2020）根据三维装箱问题，在考察货物的稳定性、定向性和充分分割制约下，以汽车空间效率的实现为优化目标建立了模型，并通过零点半径多样化的小生境遗传算法对模型问题进行了求解。丁纺（2021）分别对两类、三类、四类货物往固定尺寸的 ISO 集装箱进行装箱，以使货物集装箱的空间效率最高，并确保货运最大量的比例要求。刘胜（2020）提供了一个可以解决三维装箱问题的多层树搜索算法，该计算可以通过箱子图—片—线—层—实体的排序产生装载方案。格塞拉（Gzara，2020）使用 SOCP 约束执行负载支持，为托盘装载问题提供了完整的解决方案。亚如·苏（Yaru Su，2021）将化学反应优化算法与贪婪算法相结合，求解三维装箱问题。

在在线装箱问题研究方面，李哲宇（2019）根据实际应用场景，提出了带有期望重量的多约束变尺寸果蔬装箱模式，以解决类椭球式果蔬在线装箱问题，并提供了基于批次到达的 BRF-K 算法。郭晓雯（2019）提供了一个在线的约束性不同的球体三维装箱难题，并提出了解决该问题的办法。张明会（2019）针对装箱问题，重点研究了带常数大小缓冲区和有界空间的二类在线模式。王艳芳（2020）结合现实约束条件和优化目标，研究出适用于客机货仓内部的行李在线码放规划算法。赵等（Zhao et al., 2020）提出当装箱物品信息有限且物品到达后需立即包装时，可以将其看作一个约束马尔可夫过程，并通过实例采用约束深度强化学习算法进行求解。

早期关于在线装箱的研究关注三维包装问题，即将一列矩形盒子包装成一个单位方形截面的柱，提出并分析了几种在线包装算法，使包装的高度最小。有的研究虽然不限制在线装箱算法的复杂度，但是高效算法依然是重点考虑的方向，并针对离线算法和在线算法对装箱效果的影响进行了比较。有学者重点研究了矩形在线打包问题，结果表明存在乘法误差渐近于 2e 的在线算法，其中 e 为自然对数的底数。也有研究考虑了在线计算的设置和建议，证明这些问题中的任何一个都有可能任意地接近竞争比率 1。

有学者考虑了一些装箱问题经典推广的近似和在线算法，如几何装箱、矢量装箱和各种其他相关问题。有一些研究关注条形包装问题的在线算法以及它们的推广（多维箱包装、多条形包装和不同宽度的条形包装）。也有学者研究了基数约束的装箱问题，在参数 $k \geq 2$ 的在线情况下，尺寸在（0，1］的物品被一个个地呈现成单位容量的箱子，这样箱子的容量不会超过 1，并且每个箱子接收的物品都不超过 k 个。关于并行在线算法，k（固定整数）个并行过程的集合在同一事件序列上执行在线决策形成了 k-copy 算法，对于任何给定的时间和输入序列，总体性能由 k 个个体总结果中的最佳情况决定。

最近关于在线装箱问题的研究运用了人工智能的相关算法。基于深度强化的学习框架的 Double DQN 算法，以显示仓库当前状态的图像作为输入，以需要放置的像素位置作为输出，将一个进入的对象放置在已经放置的物品旁边，这样就可以保留最大的分组空白区域供未来放置。当装箱物品信息有限且物品到达后需立即包装时，可以将其看作一个约束马尔可夫过程，采用约束深度强化学习算法，引入可行性预测器作为放置动作的可行性遮罩，监督和帮助智能体有效地学习可行性策略，该方法可以达到人类水平的性能。还有的研究提出了一种深度强化学习（deep RL）算法来解决任意箱数和任意箱大小的在线三维装箱问题，该方法在经验竞争比和体积效率方面优于目前最先进的在线装箱启发式方法。

另外，有研究提到半在线算法，其执行装箱的过程和在线算法一样，但是允许部分移动前面已经装好的物品。也有研究讨论了半在线装箱算法和分批装箱算法的渐近竞争比的下界构造问题。

2.1.5　不同优化目标的装箱问题

（1）物品价值最大化

由于大量复杂的约束和目标的存在，现实世界的问题并不总是令人满意地得到解决。有研究的目标是将一组矩形选择并打包成固定尺寸的板材，并使所选矩形的利润最大化。背包集装箱装载问题的目标是将一组矩形盒装载到一个固定尺寸的矩形盒中，使已包装的盒子的体积最大化。下料问题的目标是在固定尺寸的纸片上选择并切割一组矩形，使所选矩形的总利润最大化。

（2）容器（堆垛）高度最低

容器（堆垛）高度（或长度）最小化问题的研究，其目标是找到一组多边形的布局，使容器的长度最短。有学者研究了二维规则物品装箱问题，将一些矩形打包成一张给定宽度和无限长度的带材，以使所需的高度最小化；也有学者研究了二维不规则物品的装箱，以最小化所需长度为目标，在固定宽度的矩形物料表中安排一组无重叠的二维不规则形状的嵌套。

三维单箱装载问题的研究，其目标是将一组大小不等的矩形箱装在一个集装箱内，以使集装箱内所占空间的长度最短，或者最小化箱子的一个或两个尺寸。也有学者研究了将三维不规则物品集合打包成最小高度长方体的问题，或者称为"总势能最小，高度最低"。另外，还有学者研究了将圆筒和平行六面体装载到指定区域的包装问题，以使占据部分的高度最小，并且物品之间的距离大于要求的距离。

(3) 箱子数量最少（或成本最低)

有学者以装箱数量最少为研究目标，将给定的一组矩形物品正交装入最小数量的三维矩形箱中，即找到最少的箱子数量来装载所有物品。另外，多集装箱装载成本最小化问题（multiple container loading cost minimization problem, MCLCMP）是运输行业中一个实用的问题，其目标是将不同尺寸的产品装入不同尺寸的集装箱中，以使总运输成本最小化。翟钰（2009）研究了多种物品多容器结构三维装箱问题，容器结构与物品均用长方体描述，主要目标是求各个容器结构的布置模型，在装入所有物品并符合各种约束的前提条件下，使容器结构总的使用成本最小化。

(4) 空间利用率最高

关于装箱空间利用率的研究，有学者关注最大限度地利用装载空间，或者尽量减少使用空间，使装载集装箱的容积最小化。其中，二维不规则装箱研究的目标是使利用率最大化。也有研究关注的问题是将给定的一组矩形物品中的一个子集装入矩形容器，从而使包装物品体积最大化，以达到最大限度利用集装箱容积的目标。单集装箱装载问题（single container loading problem, SCLP）的目的是将三维的盒子装进一个三维的集装箱中，使集装箱的容积利用率最大化。多箱尺寸的箱包装问题（multiple bin size bin packing problems, MBSBPP）的目标是最小化未使用的容积。

(5) 箱子表面积（或物品总体积）最小

有研究专注于设计一个可以装载所有物品的表面积最小的箱子，或者将一组长方体物品装入箱中，以使总容积最小化。另外，不规则物品装箱的研究以总体积最小为优化目标。

2.1.6　不同约束的装箱问题

装箱问题在不同的应用场景下会产生不同的实际约束，有些研究着重强调问题的实践性与特殊性，呈现出从侧重理论逐步过渡到侧重实际应用的趋势。

(1) 支撑约束

实际应用中遇到的广泛的约束集有稳定性、物品的脆弱性、重量分布和旋转箱子的可能性等，既包括其他类型的现实约束，如完全支持的盒子和承载强度，也包括限制总重量和重量支撑约束。

一般情况下，人们会通过在电商仓储包装箱内填充不同类型的填充物解决物品支撑问题。关于托盘装载问题的研究需要充分考虑实际约束的垂直支撑、承重、平面图排序和重量限制等。

传统的集装箱装载问题（CLP）通过对箱底施加完全的支撑约束来保证货物的静稳定性，这个约束过度地限制了容器空间的使用，并且限制了为这个问题开发的算法。另外，装载稳定性和集装箱内的重量分布也被考虑在内。

车辆装载问题的研究将负载平衡视为一个硬约束，并采用车辆专用图，根据车辆的具体技术特点，确定货物重心位置的可行性域，从而满足并遵守现实世界的法规。车辆装载主要考虑三种类型的约束：几何约束，使托盘完全躺在卡车内部，不重叠；重量限制，定义卡车和每个轴所支持的最大重量、货物重心的位置；动态稳定性约束。

(2) 旋转约束

很多关于装箱问题的研究中，盒子的脆弱性、稳定性和方向性，以及特殊形状的箱子和它们的重量能力都被考虑在内。其中，关于物品的方向性，也就是要考虑物品是否旋转的附加约束。在大多数精确解中通常不考虑物品方向旋转，即物品的方向是固定的，例如有研究关注二维装箱物品不能旋转的情况。

关于规则物品三维装箱的情况，每个长方体物品必须按照它的一种可能的方向放置，一件物品最多有六种可能的方向；对于不规则物品的三维装箱问题，无方向限定时物品可旋转任意角度，导致装箱方案变得十分复杂。

(3) 叠放（区隔）约束

玻璃、工艺品、农产品、化学品等物品是禁止挤压的，需考虑叠放次序，且易碎品之间需留出一定的空隙作缓冲区，添加泡沫板等隔离材料。因此，常将不同种类的物品赋予不同的颜色，以示对制定性质的区分，然后增加对于颜色的相关约束，此类问题也称为染色装箱问题（bin coloring problem）。另外一些情况下，装箱还需要考虑对不同类型物品进行区分，针对空间区域加入平面分隔，最相似的物品应该尽可能地打包（例如生鲜、服装、饮料等）。

2.1.7 不同策略、模型与算法的装箱问题

（1）装箱问题的策略与模型

装载策略是指生成物品在箱子中具体摆放位置的方法，包括对空间的划分和装箱基点的确定等。装箱模型是指在装箱策略的基础上对装箱问题的数学描述。所以，不同的装箱策略将影响装箱模型的构建。

早期关于装箱策略的研究使用单一的三维矩阵表示对象和空白空间，将其作为可变正交格子的组合，每个三维矩阵由一系列二维矩阵组成，这些二维矩阵代表了等厚水平层的细节。后续相关研究做了进一步改进，不涉及水平层矩阵的创建，需要一个单独的二维矩阵来表示容器顶部的视图。

很多关于装箱问题的研究，在装箱策略方面采用空间划分和层生成的策略。关于三维装箱问题中的托盘装载问题（PLP）的完整解决方案，采用基于层的列生成方法，利用二阶锥规划解决垂直支撑问题，用图形表示跟踪载荷分布来满足承载要求。也有学者提出了一种新的启发式方法，该方法将问题分解为若干层，再将问题分解为若干条。条形物品的包装可以用容量等于容器宽度或高度的背包问题来确定和优化，每一层的深度以及每条带的厚度通过一种分支界定的方法来决定。

有研究使用"空间三分策略"，使用极大空间表示来管理空白空间。空间三分的方法基于这样的假设：在包装空间中放置一个盒子后，剩余未使用的空间会被分为三个新空间，这种构造空间的方式排除了一个有突出块的面的存在——它必须有一个台阶轮廓。后续学者们的研究考虑了空地细分的其他变体，也有学者将非不相交的空格指定为最大空格。还有学者提出了一种整理碎片的技术，将碎片空间组合成一个连续的可用空间。

要获得高质量解决方案，关键是选择合适的块放置到容器中合适的空闲空间长方体（或剩余空间）中，为此，有学者提出了一种新的评估残差空间适应度的启发式方法。为了产生和追踪最大空闲空间（empty maximal-spaces，EMSs），有学者开发了差分程序（difference process，DP），使用最大空间表示来管理箱子中的空闲空间。另外，有学者提出"复合块"的概念，后续研究

基于此概念采用深度优先搜索，大大提高了算法的有效性。还有学者提出了新的物品排序评价函数。

关于装箱问题的研究大多建立整数规划的数学模型。有学者提出了一种新的混合整数模型，其中二元决策变量与棋盘的每个离散点以及每一种棋子类型相关联，比以前提出的公式更灵活，并解决了嵌套问题的最优性较大的实例问题，其代价是其精度依赖板离散化。也有学者在航空运输领域提出了一个混合整数线性规划。凸分解项的鲁棒混合整数线性规划模型也被应用于求解装箱问题，得到了略微改进的结果后，学者又引入新的对称破坏约束，对模型进行了改进。

（2）装箱问题的算法

对于装箱问题的研究主要聚焦在装箱问题的求解算法方面，对于不同维度的装箱问题，其对应的求解算法也不尽相同。下面对一维装箱、二维装箱及三维装箱这三种装箱情况的研究方法进行文献综述与分析。

①一维装箱的研究方法

一般这样定义一维装箱问题：给定一个物品集合 $A = \{f_1, f_2, \cdots, f_n\}$ 和一定数量的包装箱容器，第 i 个物品负载（可为重量、长度、体积等）p_i，$i = 1, 2, \cdots, n$，每个包装容器的负载为 t，对任一 p_i 均有 $0 < p_i < t$。最终得到一个方案，将所有物品均装载到包装容器中，并使用最少数量的包装容器，其中，每个包装容器都能够承载所有物品。

1930 年初，坎托罗维奇（Kantorovich，1990）提出了一维装箱问题，在此之后，装箱问题得到了更广泛的关注，学者们围绕其研究提出了众多有效求解装箱问题的算法。在 1999 年前后，一些近似求解算法以组合优化为中心被依次提出。佩特拉·施威林等（Petra Schwerin et al.，1997）提出了降序首次适应算法，另外还有降序下次适应算法、降序最佳适应算法等，张贵川等（Zhang Guichuan et al.，2000）提出了线性时间常数空间在线算法。古普塔等（Gupta et al.，1999）提出了一种新型的启发式算法（MBS）。弗莱萨等（Fleszar et al.，2002）基于最小 bin-slack（MBS）启发式算法提出新的启发式算法和基于可变邻域搜索元启发式算法。洛（Loh，2008）提出了一种利用重量退火的概念来求解一维装箱问题的新方法问题。弗莱萨（Fleszar，2011）

针对启发式算法早期在装箱过程中倾向于使用小项目的问题，提出了一种用面向箱子的启发式方法来控制包装物品的平均重量的方法。多克罗格鲁等（Dokeroglu et al.，2014）提出了一种面向大规模并行遗传算法的并行启发式算法。阿尔贝勃等（Arbib et al.，2017）提出了一个时间索引混合整数线性规划公式，该公式可以通过列生成下放到单仓的方法进行分解和求解，使用目标函数的（个别项）边界来解决激活约束的奇异性。库克耶尔马兹等（Kucukyilmaza et al.，2018）提出了一个新的可扩展的并行 GGA（IPGGA）来解决著名的组合优化问题 1dbcp（1DBPP）。罗飞等（2019）提出了 IAMBS 算法，将随机思想应用到搜索装箱问题的局部最优解算法中，并进一步得到全局最优解。

②二维装箱的研究方法

二维装箱问题通常这样定义：给定一个比较规则的纸张（或皮革、布料）等，在上面根据要求剪出所使用的部分并使得浪费最少。在工业中二维装箱问题具有较为广泛的应用，如木板的切割问题、布料的剪裁问题、停车场的车位划分问题、广告版面的排版问题等。二维装箱问题只考虑两个方向上的约束，如长、宽，对于求解方法，学者们提出的近似求解方法一般是在一维装箱问题的降序首次适应算法、降序最佳适应算法的基础上进一步扩展获得的。

吴等（Wu et al.，2016）提出了一种特殊的中心矩形（RPAMP），它被称为 CR-RPAMP，必须位于最终版图的中心，可以在合理的范围内合理地改变最终版图的长宽比；针对 CR-RPAMP 问题，他们提出了一种新的启发式算法（HACR）。孙棣华等（2010）把货箱在车上的摆放方式抽象为矩形或二维平面上的布置，货箱均是长方体，虽然长度有所不同但都低于列车长度，构建了单车的多型配载管理模式，使用遗传算法，考虑物品依次放置的场景，求解算法时加入布局方法。胡等（Hu et al.，2017）提出了一种支路和价格算法来精确求解具有分段线性成本函数的二维向量包装问题（2DVPP-PLC）。波利亚科夫斯基等（Polyakovskiy et al.，2018）依次应用迭代约束规划（CP）和混合整数规划（MIP），并将启发式搜索与 MIP 相结合。它嵌入了一种新的前瞻策略，防止不可行的搜索方向，并将搜索限制在改进方向上，因此不同于传统的前向波束搜索。拉巴迪等（Laabadi et al.，2020）采用 sigmoid 变换对 CSA 进行二值化，使之适用于求解 2D-BPP 问题，并将其实验结果与粒子群优化算法和著名的启发式有限优先拟合算法进行了比较，证明该算法在求解质量和计算时间上是有效的。韦等（Wei et al.，2020）提出了一种基于动态规划的分支定界方法。夫拉等（Fira et al.，2020）采用无拟合多边形、左下填充等启发式方法和模拟退火（SA）等元启发式方法解决矩形包装问题（RPAMP）。

③三维装箱的研究方法

三维装箱问题一般定义为：存在一些三维包装容器和待装物品，物品三个维度的尺寸均不能超过容器的尺寸，然后将待装物品互不重叠地装载到容器中，使得使用容器数量最少或在一定的包装容器中装载价值总量最大。三维装箱问题是二维装箱问题的扩展，考虑的因素比二维装箱问题多一个维度。三维装箱问题分为规则物品的装箱和不规则物品的装箱，研究方法主要有传统的数学方法和智能算法中的强化学习方法，下面主要从这两个方面进行综述。

（a）传统数学方法

三维装箱的研究会考虑不同的约束条件，如物品放置方向、容器及物品的承载能力、物品的稳定性、物品易碎性条件等。因此想要求解满足这些约束条件的最优解是很困难的，甚至有一些问题是无法求得精确解的，只能通过近似求解的方法解决此类问题。但目前有较多学者研究其算法，得到了不错的效果。

由于三维装箱问题是 NP 难问题，因此，较多学者集中在近似算法和启发式求解算法上进行研究。国内学者中，彭煜（2009）提出了启发式的分层搜索算法；张德富等（2012）为了高效求解三维装箱问题而提出多层启发式的搜索算法；刘胜等（2015）为求解而提出启发式的二叉树搜索算法；崔会芬等（2018）提出了人工智能算法，其算法是在遗传算法上进行的改进，用来实现针对三维单箱装箱问题所建立的优化模型；李孙寸等（2018）提出多元优化算法对三维装箱问题进行近似求解，算法使用了局部调整和随机放置的策略；张钧等（2019）运用了模拟退火、混合遗传与三空间分割启发式装载算法对模型进行求解，算法融入了保存局部最优解策略，能够有效避免局部较好的解在后续的求解过程中出现适应度降低的情况而被淘汰；尚正阳等（2019）提出了一个三维的剩余空间最优化算法，算法在求解过程中无需额外的预处理和搜索的操作。

国外学者中，沙伊特豪尔（Scheithauer，1991）最先提出了三维装箱问题的近似算法。另外，有众多不同类型的启发式算法依次被提出，如克拉伊尼克等（Crainic et al.，2009）提出的禁忌搜索算法，法罗等（Faroe et al.，2003）提出引导式的局部搜索启发式算法，克拉伊尼克等（Crainic et al.，2008）提出的基于极点的装箱启发式算法，康等（Kang et al.，2012）提出的混合遗传算法等。罗迪等（Lodi et al.，2002）引入一个禁忌搜索框架，用于评估邻域的新建设性启发式算法。希奥等（Shiau et al.，2010）从货品大小的角度出发，在拣选和装箱的基础上提出了混合算法。安纳等（Ana et al.，2010）研究在一定的放置限制下将盒子打包到包装箱中，使包装箱的数量最少的问题；提出了另一种选择三维装箱打包的非线性公式以及新设计的启发式算法，用于使用特殊尺寸的包装箱和盒子以逼近最佳解决方案。扬等（Yong et al.，2010）研究了三维装箱打包问题的变体，其中包装箱的高度可以根据其包装的纸箱进行调整；设计了一种基于装箱指数的特殊箱装箱算法，并将其用作 3D-BPP 设计的遗传算法的基础；还研究了使用一种以上类型的纸箱的情况，并提供了使用遗传算法包装一批纸箱的启发式方法。康等（Kang et al.，2012）考虑了一个三维装箱包装问题：将各种体积的对象打包到单个包装箱中，使打包的对象数量最大化；并使用混合遗传算法解决这种装箱策略的三维装箱问题。吴等（Wu et al.，2017）研究了一个可以由三个三维包装问题组成的新的现实问题，即三维不规则包装尺寸可变纸箱问题、三维尺寸可变的装箱问题和单一的集装箱装载问题，并且用每个子问题提出的数学模型和三阶段启发式算法来解决这个新问题。帕凯等（Paquay et al.，2018）考虑了三维纸箱尺寸的纸箱包装问题：将一组长方体盒包装到各种形状的容器中，同时最大程度地减少未使用的空间。他们还开发了两阶段启发式算法，考虑了盒子的方向性、稳定性、易碎性箱子的特殊性以及承重能力，使用 EP 寻找可行点，通过迭代计算可行解。西尔瓦等（Silva et al.，2019）

提出三维切割和包装问题的对象是一组必须包含在一个或多个较大的项目（容器）中的项目，这样的问题强加了非重叠约束，还确保了分配的较小物品完全适合各自的容器。研究的主要目标是提供针对最重要的精确方法的比较研究，例如单个大物体放置问题和单个背包问题。在精确解算法方面，陈等（Chen et al.，1995）建立了混合整数规划模型，考虑了多尺寸包装箱的情况。马特罗等（Martello et al.，2003）提出了一种分支定界算法，并且进行了数值实验。该实验验证了算法能够在可接受的时间内获得最优解，装箱问题的物品数量均在90个以内。

（b）强化学习方法

不同学者在机器学习和组合优化问题两个研究领域内已经分别研究了数十年，但是将机器学习方法应用在组合优化问题的求解方面的研究比较少。机器学习的一个重要研究内容是设计和开发的算法能够自行依据实际中的数据进行"学习"。这些算法能够自动挖掘隐藏在数据中的模式和规律。在研究中，通常会以超启发式算法为基础，在设计方面加入强化学习的思想。纳耶克（Nareyek，2003）在更新选择启发式算法的可能性上运用了基于非平稳强化学习的方法。布克等（Burke et al.，2013）探讨的超启发式算法大部分是在学习机制的基础上的。另外，布克等（Burke et al.，2003）将禁忌搜索渗入了强化学习思想并进行了应用研究。雷姆德等（Remde et al.，2009）将二元指数补偿的超启发式算法引入了强化学习的思想。后期，贝罗等（Bello et al.，2016）运用神经组合优化（neural combinatorial optimization）的框架渗透了强化学习思想，在求解旅行商问题（TSP）问题和背包问题（knapsack problem）时也使用了此框架，还看到了强化学习在解决组合优化问题的潜力。强化学习在装箱问题的具体应用方面，胡等（Hu et al.，2017）基于能够有效解决某些组合优化问题的深度强化学习方法（pointer network）来优化物品的放入顺序。楚等（Chu et al.，2019）提出了一种新的物体包装方法——重新包装，即将一系列相同的图像对象通过一个带有加强的 CNN 密集排列到一个矩形画布上学习，方法是将一个新对象添加到现有对象的图像包中，由 CNN 建模为可能的包配置分类。为了迭代地强化 CNN，构建包树来识别对象重叠，并找到更密集的包配置以进行强化训练。维尔马等（Verma et al.，

2020）提出了一种深度强化学习（deep-RL）算法来求解任意数量和任意尺寸的三维装箱问题：假设要打包的整个对象集不是先验的，加载系统只能看到固定数量和即将出现的对象，必须按照这些对象到达的顺序进行加载；目标是为每个对象找到一个位置和方向，最大限度地提高箱子的整体包装效率；当学习到的模型设计与随机问题实例一起工作后，不需再学习。赵等（Zhao et al.，2020）解决了三维装箱问题的一个具有挑战性但实用的变体，一件物品必须在到达后立即包装，而不需要缓冲或重新调整，物品的放置也受到避免碰撞和物理稳定性的限制。他们将此在线 3D-BPP 描述为一个受约束的马尔可夫决策过程，并在 actor-critic 框架下提出了一种有效且易于实现的约束深度强化学习（DRL）方法，引入了一个可行性预测器来预测位置动作的可行性掩模，并用它来调节在训练过程中输出的动作概率。这种对 DRL 的监督和转换有助于 agent 有效地学习可行的策略。

三位装箱问题在离线装箱问题算法研究方面也有一定的研究成果。隋树林（2005）使用启发式算法求解集装箱装载问题。张德富等（2007）假设物品与容器均为立方体，在此基础上研究装箱问题。为了便于求解，研究时不考虑容器和物品的重量以及物品装载的稳定性，只考虑物品和容器的体积，并提出了一种组合启发式算法。罗迪等（Lodi et al.，2012）将禁忌搜索框架应用于评估邻域，提出建设性启发式算法，并通过大量数据验证该方法的有效性。希奥等（Shiau et al.，2015）从物品角度出发，提出了一种将拣选与装箱活动组合的算法。彭煜（2016）根据三维装箱问题给出了一个启发式分层搜索算法：假设容器和盒子的基本形式都为长方体，通过结合一个块装载的基本启发式计算，就得到了复合块的定义。其中，复合块是指在特定的空间限制条件下包含任何数量、任意类型的东西。同时，在以深度优先检索方式为基准的前提下，该算法还进一步提供了层次搜索算法，即在根据启发式的每一次装载过程中通过层次搜索的方法来判断当前选择是否正确，从而逐步趋向最优解。石泉等（2015）对多箱型三维装箱做出了详细解释。他们把待装物品都视为规则的立方体，结合实际的物流业务场景，考虑集装箱重量、包装方式等，以集装箱装箱成本最低为目标展开深入研究，并提出了求解该问题的禁忌算法。张德富等（2017）给出了一种有效解决三维装箱问题的多层启发式搜索算法，该计算采用了块装载的思路，根据块选择算法决定在各个阶段使用的方块，进而以一个相对稳定的装载方法装载块，直到无法继续装载。康等（Kang et al.，2017）研究了一个三维装箱问题，将各种体积的物品打包到单个包装箱中，目的是使包装箱装下更多数量的物品，并使用遗传算法求解该问题。刘胜等（2018）提供了一个可以解决所有三维装箱问题的启发式二叉树搜索算法。柳赛男（2018）首先将不规则的物品实现了规则化，并以极小化装箱后的残余空间、最大剩余承载力以及因重量而产生的不稳定性为优化目标，给出了一种采用分拣与打包技术的集成装箱模式，对商品订单按照包装容器的总体积与最大承负重做出了划分，进而在选定包装容器后依序对商品订单实施打包，并给出了一个采用云文化算法的装箱算法。崔会芬等（2018）针对三维单箱装箱问题，提出一个通过修改遗传算法的人工智能算法，用于完成所构建的优化模式。李孙寸等（2018）用多元优化算法（multi-variant optimization algorithm，MOA）对三维装箱问题展开求解，算法通过随意设置、部分调整以使结果逐步接近最优解。张钧等（2019）使用了混合遗传、模拟退火与三空间分割启发式装载算法求解模型，在计算过程中加入了局部最优预测解的策略来防止在随后的计算过程中出现适应度下降的现象。尚正阳等（2019）以剩余空间最优为目标，提出一种新的算法，在算法设计过程中不需要对装箱问题进行预先操作，实现了该问题的高效求解。王素欣（2020）将乌鸦搜索算法应用于三维装箱问题，为该问题研究提供新的思路。陈元文（2021）针对以空间效率最高为出发点的三维装箱问题，提出了采用优先保持决策的改进遗传算法，并对之加以解决。

关于二维和三维装箱问题的研究，一些学者通过设定一系列假设前提，将三维装箱问题转换为二维装箱问题进行研究，或者将二维装箱算法应用到三维装箱问题，但是这样做可能会导致较差的空间利用率。例如，有学者提出了一种基于贪心策略的求解方法，首先生成由一些物品组成的高质量堆栈，然后将这些堆栈打包到垃圾箱的地板上，将由此产生的问题视为一个二维的垃圾箱打包问题。

学者们所提出的精确方法数量非常有限，这些方法只能解决规模有限的问题，或带有个别或部分约束条件的问题。三维装箱问题通常采用精确算法来解决小尺度问题，目前有研究采用列生成算法，其中定价子问题是一个二维的层生成问题。另外，也有研究采用分支定价算法求解带时间窗的装箱问题。关于三维单箱尺寸装箱问题（3D-single bin-size bin packing problems, 3D-SBSBPP）的精确方法，有学者采用分支定界法。也有学者提出了一种基于阶梯的最佳拟合分支定界法来解决这一问题。另外，关于类约束装箱问题（class-constrained bin packing problem, CCBPP）的分支-定价框架，有学者探讨了设计分支-定价算法的几种选择，对于等价于类约束背包问题（class-constrained knapsack problem, CCKP）的定价问题，提出了两种动态规划算法和一种分支定界法。也有学者采用动态规划算法对变尺寸装箱问题进行研究。

在现实中，启发式策略算法优先用于解决大规模问题。根据实际问题的不同，可以分阶段采用启发式方法求解复杂问题。除了基本启发式策略算法外，还有诸多增强启发式策略算法。并且，有学者对不同的启发式策略算法进行了比较。

根据物品和箱子的同质化情况，可以采用不同的启发式方法求解。基于最小总势能原理的三维不规则包装问题，HAPE3D算法是新提出的启发式策略算法，涉及包装一组形状不规则的多面体到固定宽度和长度的容器（但无约束高度），该算法可以处理任意形状的多面体，可以围绕每个坐标轴以不同角度旋转，其最突出的优点是不需要计算非拟合多面体。优先级启发式策略算法通过优先级策略为给定的位置选择一个可用的物品，然后将剩余的空间分成两个矩形箱，递归打包。

基于竞争算法，为了同时解决分配和布局问题，有学者提出了一种启发式的方法。有学者提出了一种贪婪启发式策略算法来生成所需的块排列，利用树搜索对贪婪启发式策略算法得到的解进行了改进。也有学者结合应用领域中几种类型的约束，提出集装箱包装问题的启发式解决方案。

关于装箱问题，有学者提出有偏随机密钥遗传算法（biased random-key genetic algorithm, BRKGA）。根据牛顿运动定律推导出刚体静力平衡条件，作为新的静态稳定性判断依据，有学者采用多种群有偏随机密钥遗传算法求解。偏随机密钥遗传算法也可以用来控制物品序列和物品的旋转。后续研究针对多种群有偏随机密钥遗传算法引入了一个新的适应度函数，该适应度函数考虑了静态稳定性和负载平衡。

有学者提出了一种多轮部分波束搜索方法，在评估问题的部分解的潜力时明确考虑了航运优先级。有研究表明波束搜索方法和多种群有偏随机密钥遗传算法表现出良好的性能。但是，波束搜索算法和遗传算法在面对额外的约束条件（如承重、重量限制或重量分布等）时，只能在完成装载布置后才能进行评估，因而显得不够灵活。

采用模拟退火算法控制项目的放置顺序也是比较常见的方法，或者利用元启发式模拟退火算法在求解空间上进行搜索，利用线性规划模型在搜索过程中生成邻域。在类似的群体优化算法中，蚁群算法也是研究装箱问题常见的求解算法。

另外，有学者提出了一种求解三维集装箱装载问题的树搜索算法；也有学者提出了一种基于随机局部搜索的二分搜索启发式策略算法，用来解决优化问题；还有学者给出了快速构造起点、搜索局部极小值的方法，以及一种特殊的局部极小值非穷举搜索方法，以获得对全局极小值的良好逼近。

在不同算法的融合方面，有学者为了加快求解速度，利用贪心启发式法根据局部解生成完整解，并引入了分支定界法的迭代应用；还有学者提出了一种混合算法来解决不规则条形包装问题，包括一个元启发式引擎（例如遗传算法），它决定了布局启发式处理多边形的顺序，研究了非拟合多边形作为获取局部最优的布局工具的应用。

关于人工智能算法的研究表明，传统人工智能机器学习的主要缺点是特征工程的自然局限性，如维度诅咒和特征选择质量。可以通过引入一种深度学习方法，应用一个大的训练数据集、自动特征选择和快速、准确的标记来克服这些缺点。另外，基于数据驱动与自行寻优的智能算法已经开始兴起，阿里菜鸟物流的研究人员使用基于指针网络（pointer network）的深度强化学习方法来优化物品的放入顺序。尝试最大化某种准则（无论该准则是什么）的系统与搜索平衡态的系统在本质上有所不同，而具有最大化准则的系统才是理解自然智力的重要方向，是构建人工智能的关键。基于强化学习算法的装箱问题研究逐渐增多，物流装箱研究及人工智能相关算法在求解装箱问题上的研究是未来可能的研究热点。

　　其他关于装箱问题的算法研究还包括：有学者针对三维不规则物品装箱，提出了一种基于非拟合多面体的离散逻辑表示算法；也有学者针对多集装箱优先装载问题（multiple container loading problem with preference，MCLPP），研究开发了两阶段算法：在第一阶段，根据子问题求解器的性能统计来估计求解空间中最有希望的区域；在第二阶段，通过求解一系列三维正交布局问题，在有希望的区域找到一个可行的解。

　　在算法求解质量的判断方面，有学者探讨使用参考值（预测器）代替数据挖掘技术获得的边界，来评估问题的启发式解决方案的质量；也有学者通过设计一种技术生成具有可验证的最优已知解决方案的测试实例，用已知的最优解决方案为这个问题生成测试实例。

　　综上所述，笔者通过梳理前人的研究成果确定了本书的研究内容在整个装箱问题研究领域的位置，明确了本书与已有研究的不同之处，开拓了属于本书的研究空间。与前人的研究相比较，本书的研究内容主要包括仓库的货物装箱的实践情境、属于三维装箱的维度类型、订单物品信息已知的离线装箱、箱子数量最少（1个订单装入1个箱子）、以空间利用率最高为优化目标、物品在6个方向上旋转、物品叠放满足非越界与非重叠约束、设计装箱策略、构建装箱模型、优化装箱算法等。但是，这并非本书研究的全部内容，与已有研究中仅考虑一种箱型的装箱问题不同，本书将电商仓储实践领域的多种箱型作为研究的重要前提条件，需要在订单物品装箱时选择合适的箱型计算装箱方案。虽然有些车辆装载问题在计算物品的装车方案时也会考虑车辆的型号不同，但是与电商仓储领域动辄十几种甚至几十种箱型的情况相比，企业的车辆型号可能只有有限的几种。另外，包装箱尺寸的优化也是本书的重点内容，与车辆的型号尺寸固定不可变动不同，包装箱的型号种类数量和尺寸设计是可以灵活变化的，难点在于如何根据订单物品信息以及装箱策略确定箱型种类数量与箱型尺寸大小。因此，本书结合三维装箱的基本研究内容，考虑多种箱型的前提条件，将包装箱型号尺寸优化也纳入本书的研究范围，形成了相对完整的研究结构，并且能够很好地适应电商仓储装箱领域的实践要求。

2.2　装箱问题研究评论与分析

2.2.1　装箱问题研究涉及的潜在条件

结合相关文献的研究情况分析可知，就装箱空间利用率这一关键目标而言，仅单纯强调空间利用率的高低并不具备现实意义，因为行业属性、具体装箱情境和模型假设前提都会对装箱空间利用率产生重要影响。因此，结合电商仓储领域的具体问题，应考虑与行业实际属性相关的四个方面潜在条件：

第一，装箱问题数据集中箱子与物品之间的相对大小关系，对装箱空间利用率的影响是非常明显的。如果单件物品的体积与箱子总体体积相差很大，则装箱方案更容易得到较高的空间利用率；反之，得到较高空间利用率的难度更大。

第二，箱子与物品自身长、宽、高的差值会影响装箱空间利用率。越接近正方体形状的箱子或物品越容易达到较高的空间利用效率；反之，形状过于细长或过于扁平的箱子或物品在装箱时会降低装箱利用效率。

第三，不同物品之间的体积与形状差异会影响装箱空间利用率。如果物品体积形状差异较大，装箱时则更难寻找空间利用率高的方案；反之，物品体积形状差异不大，则寻找优化方案相对容易。

第四，装箱方案中使用的箱子数量与箱子型号差异会影响装箱空间利用效率。如果使用的箱子型号单一，或只研究单个箱子装箱方案的空间利用效率，则求解装箱方案相对容易；如果考虑多个箱子且箱子型号尺寸不同，则装箱方案的优化更为困难。

数据集本身具有较强的特殊性，衡量每项研究的算法是否有效，其实高度依赖数据集的数据特征，这也是装箱问题（尤其是三维装箱问题）一个重要的特点。这也说明，在一个数据集上取得优质结果的算法并不一定适用于其他数据集，并且当问题略有变化时，这种情况将更加明显。

由此进一步分析不难得出，在三维装箱领域，算法与数据集之间的高度依赖性有可能降低普遍意义上优化算法的有效性，需要设计针对具体行业实际的算法。因此，本书研究的内容坚持从实际出发的原则，聚焦电商仓储领域的实际装箱问题，以行业实际的属性特征为依据，明确装箱物品尺寸特征和出库频率，优化箱子的尺寸大小，使之更适合不同电商仓储环境的具体情况，并在此基础上进一步优化装箱方案，这样才能使电商仓储装箱问题的解决方案得到全面的优化和提升。

2.2.2 研究现状总结与分析

首先，从研究装箱问题的分类上看，目前关于规则物品的三维装箱问题有较多的学者进行研究，包括装箱策略、装箱算法等；而不规则物品的三维装箱的情况较为复杂，研究的人员偏少，且研究的深度不够。其次，在研究装箱问题的方法方面，三维装箱方面的研究方法主要是传统的数学方法，如遗传算法、模拟退火算法、启发式的搜索算法、二叉树启发式搜索算法等，智能算法研究得还较少，如强化学习算法。最后，在装箱问题的应用方面，三维装箱问题主要应用在集装箱、药品、农产品、箱柜类大件货物等方面，在电商物品装箱领域研究较少。因此，本书不仅用传统启发式算法研究规则物品装箱，还运用了强化学习算法对不规则物品装箱进行了初步探讨，而且将装箱模型应用在电商物品的装箱领域。

2.2.3 装箱问题的应用及研究发展分析

分析已有的相关文献可知，装箱问题主要存在两种研究途径：一是从简单纯粹的理论问题出发，略微增加某种实践中的条件，以理论分析为主，强调模型和算法的同时，所研究问题的复杂性与实践性反过来受到模型和算法局限性的制约，以致无法完全适应实践问题的要求；二是从复杂多变的实践问题出发，直接构建符合实践问题要求的模型，事先不考虑某种或某类算法的局限性，而是综合各种算法框架，以提高求解实践问题的有效性为主要目标。本书将这两种研究途径的不同总结为"数理思维"与"工程思维"的碰撞。数理思维推崇数理推导，以符号化和公式化为其典型特征，强调对经典数理问题的修修补补，既依赖经典数学算法求解，又受到算法的严重限制，有时候不得不将问题模型简化甚至"削足适履"，以保证模型符合算法的适用条件,在研究过程中往往无法从"理论"大步地迈向"实践",因为这样会脱离经典模型和算法的适用范围,而导致问题的研究无所适从。而"工程思维"的逻辑起点直接就是现实问题,以有效地解决问题为导向,完全将模型和算法看作"工具",而非依附或"崇拜"的对象,针对实践中无法仅凭单一理论解决的复杂问题,采用理论交叉的方式,以计算实验为检验方法有效性的主要手段,并在总结经验策略的基础上提炼出适用于某类复杂问题且有一定实践基础的理论方法。除了明显的"实践导向"且以"有用性"作为研究目标之外,"工程思维"往往还会将混合交叉解决某一问题的多种方法作为不同的环节模块,通过不断改进每个方法环节的优化能力和求解效果,以及提升整个混合交叉方法体系的合理性,从而实现复杂问题优化水平的持续提升。另外,必须说明的是,这两种研究途径不应该有高低优劣之分,仅是学术研究的具体方向不同而已,并且两者并非完全对立,而是不可分割地交织在一起。

本书主要遵循第二种研究途径,从电商仓储领域装箱问题的实践要求出发,构建符合装箱实践的模型,综合启发式策略算法、遗传算法、蒙特卡洛树搜索算法、深度强化学习算法等多种算法框架,得出求解多种箱型三维装箱问题的算法体系,以适应不同订单物品信息特征的具体要求,不断改进和优化订单装箱方案的装载率并缩短装箱方案的计算耗时。

已有文献反映出来的研究发展趋势包括以下几个方面:

第一,下料问题与集装箱装载问题的研究较多,也有一部分研究仓储领域的仓库出货装箱问题,尤其是电商仓储领域的研究也陆续有学者涉及,但是研究仍然偏少,而且与电商仓储的环境结合并不紧密,并未全面考虑电商仓储环境下装箱问题涉及的约束条件和具体问题特征。

第二,关于二维装箱问题的研究相对较多,其中既包括规则物品的装箱,也包括不规则物品的装箱。关于三维装箱问题,虽然也有部分研究涉及不规则物品的情况,但鉴于其问题自身的复杂性,更多的研究集中于规则物品的装箱,并通过设定一系列的假设前提,对问题本身的特点进行严格限定,尤其是针对多种物品和多种箱子类型的情况,虽然与现实很多仓库出货的情境一致,但研究相对较少。

第三，绝大部分的研究集中在离线装箱领域，物品尺寸信息全部已知，物品装箱顺序完全可控；而对在线装箱以及半在线装箱的情况虽然也有研究，但整体较少并且考虑各种约束条件，结合不同现实情境的在线装箱问题并不多见。

第四，优化目标和约束条件的确定需要从装箱问题的实际情境出发，根据具体要满足的现实需求提炼约束条件并明确优化目标。提高箱子的空间利用率、减少空间浪费是装箱问题的本质要求，但是在具体表现形式上仍有所不同，例如物品在容器中的堆叠高度最低、装箱物品价值最大、装入箱子的物品数量最多等。其中，多种箱型情况下使用箱子数量最少的研究并不多见。约束条件集中于箱子的重心约束、支撑约束和方向约束；虽有部分研究涉及区隔约束，但仍不充分。

第五，关于装箱策略的研究以空间划分方式为主，构建的数学模型多为整数规划模型，使用的算法除了少数情况下的精确算法外，最常见的是启发式策略算法、遗传算法、波束搜索算法和模拟退火算法等。另外，与神经网络有关的人工智能算法也正在不断兴起，并被应用到装箱问题离线和在线问题的研究。

因此，本研究聚焦电商仓储领域，针对多种物品与多种箱子类型的三维装箱问题，从当前实际需求出发，结合"无人仓"智能装箱的自动化趋势，研究离线与在线装箱的不同状态，基于启发式策略构建三维装箱的混合整数规划模型，设计启发式策略算法与人工智能算法优化装箱方案；分析影响装箱效果的潜在条件，将包装箱尺寸优化纳入三维装箱问题的研究范围，提出了推进包装箱标准化的数据驱动方法。

2.3 包装箱标准化与装箱实践前景

2.3.1 电商仓储包装箱标准化政策

近年来，由于物流服务业的迅猛发展，互联网购物服务为百姓的日常生活带来了很大的便捷，而与此同时快递公司每日快件处理量已达数亿条，极大地增加了包装环节的压力，大量包装物的消耗也导致了资源浪费和污染，在中国不少城市的物流包裹生活垃圾数量甚至占到生活垃圾数量的 90% 以上，给经济社会发展造成阻碍。物流包装材料标准化能够有效提高包装物使用率，降低包装物损耗与污染，响应国家绿色物流的号召。目前，关于包装箱尺寸标准化的研究逐渐深入，在包装标准、包装箱设计、包装作业流程和绿色物流等方面都有相关研究成果。

在包装标准方面，2009 年，国家发布《快递封装用品》系列国家标准，标准中对外包装耗材提出了要求，但没有对内部填充材料做明确规范。自 2012 年 5 月 1 日起，《快递服务》系列国家标准开始执行，内容分为基本术语、组织要求和业务环节三个部分，规范了快递服务的过程。2016 年 12 月，工业和信息化部和商务部共同发布《关于加快我国包装产业转型发展的指导意见》，明确提出以包装物国家标准促进包装物的减量和循环使用，并推行以 400mm×600mm 为标准的包装物基本模数，推进包装物规范化建设。包装环节作为快递服务链条中非常重要的一环，在我国的相关快递系列标准中缺乏具体规定，不利于我国快递服务水平的提升。物流包装尺寸规范主要包括对运输包装物的空间尺度制定规范，以及对在运送过程中所使用到的空间尺度进行规格化处理，从而提升运输中各个环节的效率。

在包装箱设计方面，张伟等（2002）对瓦楞纸箱标准化展开研究，考虑瓦楞纸箱的性能等因素，优化瓦楞纸箱的包装结构和尺寸。岳卫东（2008）根据已有的托盘标准，设计出符合托盘标准的包装容器的尺寸。莫森等（2008）结合国内外较为典型的包装箱系列尺寸，以运输包装为切入点，详细阐述了研究物流包装标准化和物流运输规范化的重要意义，以包装箱尺寸分割作为理论依据，将其应用在制定物流运输包装尺寸上，构建出包装箱尺寸标准化的模型，为包装箱尺寸标准化研究提供了参考，推动了我国快递行业物流包装标准化的进程。李波（2010）从汽车零部件角度出发，提出了适用于该领域的物流包装标准化的要求。张帅（2012）从服装、鞋帽类产品出发，结合消费者喜好以及包装设计进行包装标准化研究，丰富了包装设计的考虑范围。曾敏刚（2015）等针对不同的业务场景，提供了三种规范运输包装尺寸的方案，并依据不同场景构建不同的模型进行研究。郭靖（2015）基于快递包装的现状，在包装设计中充分考虑人的需求，为快递包装的改进提供了新的思路。孙光晨（2015）以快递包装设计问题为出发点，分别对互联网消费商品的外包装附加值、功能需求、标准化设计等进行详细分析。斯托克斯（Stokes，2019）分别对美国国内和国外的包装、集装箱、运输设备的现状进行了分析，在此基础上提出包装容器尺寸规范，并通过构建模型制定出不同包装容器的尺寸组合及其在不同托盘上进行装载时的利用率。

在包装作业流程方面，冯梦珂等（2016）从多角度出发，结合我国关于包装标准化的现状，阐述了一些对包装标准化的认识，并为包装规范化作业流程提出了非常有价值的建议。刘立琼（2017）整体把握快递包装环节，结合仓储、加工、运输、流通、打包等多个环节的实际业务场景，提出一种可以使各环节相衔接的包装箱尺寸标准化系列；同时，在现有包装体系的基础上对电商商家提出了包装标准化要求，为整个行业的包装标准化提供了参考。张孝利（2018）通过深刻解析保鲜包装对冷链物流行业发展的重要性以及现在存在的问题，并结合生鲜品的生命周期，提出电商冷链保鲜包装标准化构建方案。李梦迪（2020）将工业工程的标准化和优化思路运用到物流行业中来解决物流行业的问题，并根据某企业的实际装箱情况，提出物流包装尺寸标准化模型。

在绿色物流方面，杨砚砚（2018）提出将绿色包装理念应用到电力物资管理中，并对电力物资标准化以及储存单元化展开研究。曾烁瑶（2020）根据我国绿色食品包装的有关规范和该行业的发展，建立了绿色食品包装通用规范系统，并为绿色包装标准化发展提出了实质性建议。宋敏（2020）通过分析我国快递包装的现状以及其存在的问题，结合目前快递包装标准化建设的研究，提出后续推进快递绿色包装标准化建设的意见建议。邓裕晨（2021）基于协调原理对包装分类、材料使用等提出标准要求，从国家、行业和企业层面为相关标准的颁布实施、宣传推广等提出建议。姚涵菁（2021）聚焦快递绿色包装问题，从循环发展角度出发，对快递包装目前的问题进行深入分析，对快递包装材料的选用与设计、相关标准规范、节约使用、包装箱的回收利用等维度进行深入研究。喻琤（2021）通过分析绿色包装的流程，将绿色包装应用于电力物资行业，提出电力物资标准化包装方案和电力物资仓储系统优化建议。在包装箱尺寸标准化方面，主要推动力量来自政府相关部门，另外还需要各电商快递企业积极响应。但是，目前快递包装箱标准化的推进尚未取得令人满意的效果。究其原因，电商快递企业进行装箱操作的目标是尽可能提高箱子的装载率，同时尽可能减少箱子的使用数量；而国家方面为了实现绿色包装和统一规范的目标，按照政策导向中的国家标准，根据托盘尺寸确定包装箱标准尺寸的基础模数，并未考虑装箱物品尺寸以及订单信息中的物品种类和数量。

　　2020年8月国家八部门联合印发的《关于加强快递绿色包装标准化工作的指导意见》中提到，要修订《硬质直方体运输包装尺寸系列》（GB/T 4892）国家标准，统筹考虑适应实体渠道和电商渠道销售的商品包装及快递包装需求，确立三者协调的模数标准。这也启示我们从电商仓储与快递包装的实际需求出发，以降低包装成本提高企业经济效益为基本点，同时响应国家绿色包装政策的号召，根据电商仓储历史订单数据与物品种类尺寸建立包装箱尺寸优化的数学模型，改进包装箱标准尺寸的基本模数标准。

2.3.2　电商快递企业装箱算法实践前景

　　目前，实际企业中已有关于装箱问题的一些研究和应用，尤其在电商仓储领域，由于其行业特性，物品种类繁多、出库频繁，对装箱操作的要求较多。菜鸟装箱算法通过大数据算法，根据一个订单所有商品的特性，比如长、宽、高，有没有味道，可不可以堆叠、轻压等，推荐最优的箱型和智能装箱方案，打包员只要按图操作即可，非常方便省力。但是，从更加广泛的研究和普及方面来看，仍有很多企业很少深入考虑装箱优化操作的应用，只停留在粗放的人工操作阶段。本研究从电商仓储实践出发，系统优化装箱方案，使研究结果能够适用于诸多电商企业的仓储拣选出库环节。

2.3.3　装箱算法软件与硬件实践前景

　　为了更好地将理论研究的策略、模型与算法应用于电商仓储管理实践，本研究结果可以通过可视化的软件手段，与电商仓储的装箱作业人员的作业活动进行融合。通过输入装箱物品信息，并借助智能算法的计算和分析，可以实时显示可视化的装箱方案，加强装箱人员与智能设备的互动，从而提升装箱人员的工作熟练程度和装箱效果的优化程度。装箱问题优化算法的这种应用模式在实践中已经初步得到应用，如装箱大师软件。但是，依然有很多需要提升和改进的地方，如数据输入的便捷性（尤其是针对动态信息的输入）、装箱物品的异构性（缺乏对强异构物品的研究），以及处理复杂约束的能力。因此，如果能够更加有效地解决相关缺陷，装箱问题的研究结果将会实现更加广泛的应用。

考虑机械手臂自动化条件下的在线装箱也具有广泛的应用前景。2020年11月，在第三届中国国际进口博览会的技术装备展区，日本那智不二越展位的十多个机械手臂在无人生产线演示装箱操作，用机械手臂代替人工进行抓取装箱。机械手臂智能抓取货物的研究与应用不仅受到学术界的关注，在企业实践领域的应用也越来越普遍。自动化的装箱操作系统是解决装箱环节效率低下问题的重要研究方向，机械手臂的装箱动作代替人工操作，可以摆脱仓储装箱工作效率对工人操作熟练程度的依赖，并且能够有效降低装箱操作错误的概率，提升装箱操作的准确性。

本章小结

本章从不同角度梳理了关于装箱问题的现有文献，根据装箱问题的实际情境、装箱问题的维度、装箱物品是否规则、装箱形式为在线或离线、装箱问题的优化目标、装箱问题的约束条件以及装箱问题求解的策略、模型与算法等，对装箱问题的研究成果进行类别划分，并从中找到本书的研究空间。本书通过进一步分析影响装箱问题的潜在条件，明确提出装箱策略的优劣表现对计算实验的数据集呈现高度的依赖性，在一个数据集上表现良好的装箱策略，在另一个数据集上很可能表现较差。笔者在对现有文献进行评述时发现，除了研究方向在诸多方面的逐渐转变以外，理论层面存在深受已有算法局限性影响而无法切实符合实践需求的情况。本书结合电商仓储装箱问题的实际情况，对通过分析已有研究成果明确的研究空间做进一步拓展，引入多种箱型的装箱条件与包装箱尺寸动态可变的潜在前提，使得本书的研究更加符合实践要求。另外，装箱方案求解的时效性、同一订单的物品尽可能装入同一个箱子，以及不同订单信息特征需要采取不同的装箱策略等内容，也将是本书研究的重要方面。本章在最后对电商仓储领域的实践发展前景进行了分析，介绍了包装箱标准化政策的推出、装箱算法在企业中的应用，以及结合装箱策略与算法的软、硬件产品在面对实际需求的升级和改造等内容。智能装箱策略与数字化装箱方案的呈现，必将为电商仓储装箱实践的效率提升与效果优化提供强大助力。

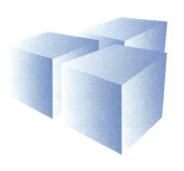

第 3 章　相关理论概述

本章对物流包装标准化、在线装箱、K-M聚类算法、集装模数分割法、启发式算法、DQN算法和遗传算法的相关理论进行概述。

3.1 物流包装标准化

3.1.1 物流标准化的概念与内涵

物流标准化是以整个物流系统为基础，包括运输、仓储、装卸、包装、流通加工、物流信息管理、物流网络、物流组织管理、物流成本管理等。物流标准化以整个物流系统中每一个具体的、重复的事物或概念为对象（包括技术、管理和工作对象），通过制定标准、组织标准、监督标准的实施，实现整个系统的协调统一，从而获得最佳秩序和经济效益。

物流标准化以使物流企业为客户提供全面的物流服务，提高物流企业的服务质量和竞争优势；同时，密切企业之间的联系或合作，有效加速物品的周转速度，改善货物的储存条件，缩短货物的运输时间，提高配送效率，减少暴力分拣的可能性，从而有效保护物品，提高顾客满意度。

3.1.2 包装标准化的概念与内涵

国家标准《物流术语》（GB/T 18354—2006）中，包装的定义为：在流通过程中保护产品、方便储运、促进销售，按一定技术方法而采用的容器、材料及辅助物等的总体名称，也指为了达到上述目的而采用容器、材料和辅助物的过程中施加一定技术方法等的操作活动。包装是物流活动的重要组成部分，因此，包装标准化也是物流标准化非常重要的一部分，包装标准化能有效推动物流标准化。

包装标准是对各种包装标志，包装所用材料规格、质量，包装的技术规范要求，包装的检验方法等的技术规定。这些规定是相互联系的，它的制定是在整个物流供应链中实行统一考虑的，在整个物流环节能够实现对产品的保护，保证物流信息管理的合理性、物流组织管理的有序性、物流网络的控制性、物流成本的低成本性和物流运作综合高效性。

伴随中国市场经济的迅速发展以及运输规范化和与之相匹配的物流规范的逐渐制定，实现包装箱的规范化将是摆在公司眼前的重大任务。包装箱尺寸标准化，可以提高搬运容器的空间使用率，减少搬运设施的种类数量，促进公司信息化、标准化建设，是通过现代货物交通运输技术提升公司物流质量、降低经营成本的首选手段，也是推动公司信息系统规范化的重要加速器。所以，伴随搬运业务规模化、集装化和高效率化的推进，包装箱尺寸标准化将会在降低公司运输成本中发挥巨大作用。

3.1.3　包装标准化现状分析

快递包装是物品生产活动的终点、物流活动的起点，包装的合理性关乎物流的整个流程，对快递进行合理包装是进行物流活动的重要基础。中国针对包装尺寸系列提出了一些包装箱尺寸标准：针对硬质直方材料，为了进一步推进更合理的物流活动，制定了相应的运输单元尺寸标准，主要分为集装单元化和运输托盘化两个大的方向，以保证打包和运输环节的规范性；针对圆柱形包装材料，则首先对其制作材质进行一定的限制，并以最大直径为约束增加了尺寸规范，保证圆柱体包装物运输过程中的安全性；针对袋类包装材料，也对其制作材质做出一定的要求，并且规定其形状更适用于单元物品进行运输包装。虽然我国针对快递包装制定了一系列包装箱尺寸标准，但是在其落实过程中存在着很多的问题。

第一，包装容器种类繁多。过去大多数包装工作从保护内部物品、便于人工搬运装卸工作和节约包装材料的角度考虑，对物流的其他作业环节、其他运载工具的关联性考虑得不多。但随着物流搬运的机械化和自动化程度的不断提升，物料的搬运装卸大多由机械来完成，包装尺寸与运载工具之间的协调变得尤为重要。但是我国快递企业众多，发展水平参差不齐，导致包装容器种类特别复杂，在物流配送过程中各物流环节缺乏协调配合，增加了时间、人力和经济成本。

第二，包装箱和集装箱缺乏协调。随着快递行业的迅猛发展，运输形式和运输规模不断变化，物品种类繁多，批量越来越大，因此，集装化运输因其运输方式效率高、成本低而成为企业进行物流运输活动的首选，而与之相对应的集装化运输标准也应运而生，我国主要采用与国际一致的运输标准。但是，我国快递企业众多，包装箱尺寸不一，没能使集装箱的空间得到很好的利用，造成物流环节事故频发、效率低下，最终导致物流管理和物流配套服务水平落后。此外，考虑实际业务场景，需要复杂的数学来进行相关算法研究，帮助企业制定合理的装箱方案，才能提高物流企业的效益和核心竞争力。

第三，包装箱尺寸标准化人才短缺。近年来，随着物流行业的发展，在物流各个环节都存在着一些问题，对专业人才的需求也逐渐增大。以包装箱尺寸标准化来说，很多快递企业规模较小，按照经验进行打包，不正规并且不利于统一管理，需要有专业人才组成的专业队伍，才能帮助物流行业摆脱目前的境况，才能带领物流行业朝着绿色化、节约化、智能化方向发展。

相比之下，发达国家更加重视物流标准化建设，也重视本国物流与国际物流的接轨。例如，日本特别注重包装箱尺寸的标准化，为此制定了大量标准，包括运输包装尺寸标准、集装单元尺寸标准、塑料和托盘相关的标准等，以帮助物流行业各个环节协调运作。欧洲和美国针对物流设备进行了统一规范，并且在包装容器方面进行了标准化处理，以保证物流系统的运作效率。澳大利亚着力于搭建智慧物流系统，通过信息化系统帮助企业更好地落实物流活动，提高整个物流体系的效率。

3.1.4 物流包装尺寸标准化

物流包装是指在物品流动过程中对物品起到保护作用的外包装。物流包装尺寸是外包装的大小及三维尺寸的具体尺度。物流包装尺寸标准化是对包装的类型、规格、使用的材料、包装容器的结构形式、印刷标志、产品贮存、缓冲措施、包装方法、术语、检验要求等统一的政策和技术措施。

物流包装尺寸标准化是物流包装标准化的重要组成部分，其对象是包装规格。目前，大多数企业仅从自身利益出发，不会结合整个供应链考虑，制定适合自身产品的包装。但由于运输多样化，物品在运输中会经历多种运输工具的转换，企业往往会忽略运输工具与物品包装尺寸之间的联系，在物品转换运输工具的过程中，由于尺寸不匹配，既可能需要重新计算物品的放置方案，又可能会随机进行装箱，因而容易产生较大的包装空间剩余；这两种情形均会增加企业的物流成本，这也是一些企业的物流成本居高不下的一个重要原因。因此，实现物流包装尺寸标准化具有重要的实际意义，而物流包装尺寸标准化不仅是科学管理的一部分，也是实现物流现代化的重要手段，它可以提高运输效率和运输空间的利用率。

目前，物流包装尺寸标准化研究主要在集装箱领域。在集装箱领域实现物流包装尺寸标准化能够大幅度降低物流成本，其中，集装箱尺寸的标准化能有效适应货物多式联运，并且可以提高集装箱的运作效率，实现与国际接轨。但物流快递行业还没有实现物流包装尺寸标准化，即包装箱尺寸的标准化。随着电商的快速发展，包装箱尺寸标准化需要尽快落实。现阶段，有一些学者对包装尺寸进行了研究。岳卫东（2008）制定了与不同尺寸托盘相适应的包装容器的系列尺寸。莫森等（2008）对国内外具有代表性的包装尺寸进行了分析，并对怎样设计合适尺寸的物流运输包装进行了说明。李波（2010）主要针对汽车行业中的零部件包装提出了建议。张帅（2012）主要研究了服装行业的货物包装，并且在设计中将客户的消费体验加入其中。曾敏刚等针对运输流通中所涉及的包装尺寸进行了设计。郭靖（2015）对现阶段在线购物的包装进行了总体分析，并探讨了改进包装的方法及前景。孙光晨（2015）对现在这个网购时代中的快递包装设计问题做了分析与总结。冯梦珂等（2016）对现阶段国内的包装规范化情况进行了分析，并浅析了包装标准化。刘立琼（2017）根据物品在流通中所涉及的环节，制定了物品外包装的标准化尺寸。斯托克斯（tokes，2000）主要阐述了其国家与国外的一些包装、集装箱的标准化对于物流系统的意义。

现阶段，学术界对于包装尺寸标准化的定量分析偏少，且现有有关包装尺寸标准化的研究主要集中在物流包装领域，主要从物品的外部包装、运输方面对包装尺寸进行标准化研究；而本书通过实际调查，对物品包装箱尺寸进行实际测量，并运用聚类方法标准化包装箱尺寸。

总的来说，物流包装尺寸标准化具有以下重要意义：

(1) 加强了电商企业与第三方物流企业之间的联系，提高物流服务质量

随着电商和物流行业的快速发展，线上购物已经成为常态，许多电商已经做到"当日达""次日达"的高效配送，但这些电商通常利用自有物流系统。选择第三方物流企业，则配送时间稍长。若能实现物流包装尺寸标准化，在货物装卸搬运时，就能够充分利用托盘，有效提升拣选速度，使得总运输配送时间缩短，从而提高电商和第三方物流企业的竞争力及整个环节的物流服务质量。

(2) 提升装卸环节机械化水平，有效保护物品

快递业务量的上升增加了快递"最后一公里"配送的压力。物流包装尺寸标准化能够实现快递包装箱的分类存放与运输以及货物的分批拣选，从而提高配送效率。

(3) 有助于推动绿色物流的发展，实现快递包装箱回收

伴随快递业务量的增加，逐年增加的快递垃圾现已成为环保问题的一个焦点。因此，包装箱的回收能够有效缓解快递垃圾产生的不利影响，同时节约包装材料，保护环境。目前，菜鸟和天猫超市合作倡导物品原箱发货，不再进行二次包装，并使用回收的包装箱进行发货。据统计，现阶段，天猫超市超过七成的快递包裹没有使用新的包装纸箱，这样每年最少能够减少40万吨水和木材的浪费。此外，由于快递包装箱杂乱无章，工作人员需要整理、回收，把"不小不大、干净漂亮、没有变形和被污染的箱子"挑选出来，再运到包装区，供分拣员选用。物流包装尺寸标准化使得包装箱回收规模化、高效化，从而推动了绿色物流的发展。随着电商及快递企业的发展，包装标准化成为未来的发展趋势，而包装箱尺寸标准化是包装标准化的重要内容。当包装箱尺寸能够适应整个供应链时，物品在供应链中流动会更为顺畅；而包装箱尺寸不统一甚至比较混乱，不仅会降低承载工具的使用效率，还会增加物品装卸搬运装载的难度。标准的包装箱尺寸不仅能够规范化物流快递企业的包装环节，还能够为绿色物流、逆向物流的发展提供有利条件。

3.1.5 包装箱尺寸标准化的意义

包装箱尺寸标准化是包装标准化的重要环节，包括公路运输、轮船运输、铁路运输等多个场景，在运输过程中，需要对运输包装进行统一规范以提高运输环节的效率，这就是包装过程规范化。这一概念的基础是货物流通的科学化、合理化。包装过程规范化是科学管理的组成部分，是组织现代化流通的重要手段，可以从生产制造到运输配送整个流程进行把控，整体提升物流效率。包装箱尺寸标准化的意义主要表现在以下三个方面：

第一，包装箱尺寸标准化的目的是合理使用资源、去除重复性工作，减少物流活动中无效的劳动。包装箱尺寸的标准化有利于优化整个物流系统的工作，推动快递包装减量化、绿色化，建立快递包装箱回收和循环利用模式，形成绿色包装、绿色回收、绿色仓配的闭环回收体系，为绿色物流发展提供有力保障。

第二，包装箱尺寸标准化是在现代集装运输的背景下产生的，也是推进物流标准化的必由之路。集装化运输形式作为企业的首选，运输成本较低，但是在运输过程中企业需要对包装箱尺寸进行标准化处理，以提高集装箱的空间利用率，提高运输过程的效率，保证运输过程的安全性，而包装箱尺寸标准化之后，不仅方便运输搬运、利于优化装箱方案，也为后续集装化系统搭建奠定基础。

第三，包装箱尺寸标准化不仅可以帮助企业提高效率，降低物流成本，也可以打通与其他企业的物流联系，使整个供应链体系的各部分无缝衔接。

3.2 在线装箱

假设一种装箱算法在放入物品时仅利用了先前物品的信息，而不知道后续物品的所有信息，并根据物品到达次序随到随装，则称该算法为在线算法，在这个情形下的装箱问题就叫作在线装箱问题，例如对从传送带上下来的东西进行装箱。

在线装箱根据物品的到达顺序进行依次装载，不了解后续物品的装载信息，而且装箱方案不允许回溯。在线装箱问题可以抽象为一个马尔科夫决策过程，假如包装箱现处于状态 s，一个货物传送过来，有 n 种放置方式，组成动作集合 A，每种动作 a 对应不一样的奖励值 R，以 P 概率选择动作 a，π 是针对目前状态选择的决策。

3.2.1 在线装箱模型研究

装箱问题模型主要分为离线装箱模型、在线装箱模型和半在线装箱模型。

离线装箱模型指提前知道待装物品的所有信息，包括包装箱和物品的尺寸信息等，需要选择合适的包装箱，确定物品的装载顺序以及每个物品在包装箱中的位置，目标为空间利用率最高，直至将订单中的所有物品装载完成，最终得出合理的装载策略。

在线装箱模型相比于离线装箱模型来说，缺少全局的信息，待装物品的信息是未知的，仅能通过传送带获取当前物品和已装入物品的信息，处理完一个物品，再处理下一个物品，并且物品放入包装箱后不允许进行调整或者重新放置。

半在线装箱模型处于在线装箱模型和离线装箱模型之间，可以更多地考虑到物品的相关信息，一般具有以下特征：

①待装物品可以进行组合摆放或物品到来前按照某种规则排序；

②已装物品允许回溯，可以重新调整装载位置；

③处理当前物品时，可以获取后续物品的部分信息。

按照装箱过程中打开包装箱的个数是否受限制，在线装箱又分为非有界空间装箱（unbounded-space）和有界空间装箱（bounded-space）。非有界空间装箱指在装箱过程中不限制同一时间打开包装箱的个数，而有界空间装箱指装箱过程中在同一时间打开多个包装箱的最大数量为 K。在实际应用场景中，假设规定仅能打开有限个包装箱，那么有新物品从传送带传送过来后，物品只能选择已打开的包装箱进行装箱，如果所有打开的包装箱都装不下该物品，则只能打开新的包装箱进行装箱，但是按照有界空间装箱的规则，此时必须关闭一个包装箱，才能满足"有界"的装箱条件。在现实中，有界空间装箱更符合实际的装箱场景。

3.2.2　在线装箱算法研究

在研究问题时，如果在研究前所有的输入信息都是已知的，那么该类问题属于离线问题，求解该类问题的算法则为离线算法。离线算法需要在求解完问题后立刻给出输出结果；如果输入信息在问题研究初是未知的，随着问题研究过程依次展现，那么该类问题属于在线问题，求解该类问题的算法则为在线算法。在线算法通过序列的形式对输入信息依次进行处理，在处理完最后一个输入信息后再给出输出结果；此外，还有一类问题介于两者之间，在研究前有一部分输入信息已知，另一部分输入信息未知，该类问题属于半在线问题。

离线算法的目标为寻求最优解，在线算法的目标则不同。由于在线算法中并不知道所有的输入信息，所以算法执行中对于某些输入信息的处理并不是最优的，而是基于当前环境所做出的决策，目的是保证结果能够向好的方向发展，以至于最后的结果不会太差。在处理在线问题时，可以通过修改离线问题的相关规则将信息输入形式规定为在线输入，再用在线算法求解问题。

3.3　K-M聚类算法与集装模数分割法

3.3.1　K-M聚类算法

通常依据样本之间的相似性（亲疏性）或相互之间的距离，将距离较小或比较相似的样本归为一类（簇），最终形成多个差异性较大的簇，这样的分析过程被称为聚类分析。

在机器学习算法中，K-means是应用比较广泛、易于理解的一种算法。K-means算法也称为K-平均或者K-均值，算法的主要步骤如下：

假设输入样本为 $T = X_1, X_2, \cdots, X_m$（使用欧几里得距离公式）：

①选择初始化的 k 个类别中心 $a_1, a_2, \cdots, a_k$；

②对于每个样本 X_i，将其标记为距离类别中心 a_j 最近的类别 j；

$$label_i = \mathrm{argmin}\left\{\sqrt{\sum_{i=1}^{n}(x_i - a_j)^2}\right\}, \ 1 \leqslant j \leqslant k \qquad (3\text{-}1)$$

③将属于各个不同种类的中心点 a_j 的所有样本更新均值：

$$a_j = \frac{1}{N(c_j)}\sum_{i \in c_j} x_i \qquad (3\text{-}2)$$

④重复②、③两步操作，直到所有中心点的值不再变化，停止，输出 k 个聚类中心。

K-M 聚类算法基于调研数据，对调研数据进行统计分析。首先，对包装箱在长度、宽度、高度三个维度上随机选取 k 个聚类中心；然后，按照 K-M 聚类算法步骤计算聚类中心，得出各类包装箱尺寸。

3.3.2　集装模数整数分割法

集装模数的定义为：依据常用托盘尺寸，以托盘高效承载待包装物品为基础，为了减少待包装物品在流通中的阻碍而设计的基础集装单元尺寸。在集装箱装箱问题研究中，集装模数整数分割法通常将集装箱作为目标运输单元，其长与宽分别被以 1 开始的连续整数除，得到 $\left(M, \dfrac{M}{2}, \dfrac{M}{3}, \cdots, 130\right)$，

$\left(N, \dfrac{N}{2}, \dfrac{N}{3}, \cdots, 50\right)$，然后将得到的不规整的尺寸依据四舍五入的方法进行取整，方便后续计算。在普件快递包装研究中，可以以最大容纳包装箱容器的边长进行整除，或以托盘的长、宽边长进行整除。分割后最大尺寸规格为 $M \times N(\mathrm{mm})$，最小为 $130 \times 50(\mathrm{mm})$，分割尺寸列表如表 3-1 所示。

表 3-1　整数分割尺寸列表

分割数	长 M（mm）	宽 N（mm）
1	M	N
2	$M/2$	$N/2$
3	$M/3$	$N/3$
⋮	⋮	⋮
n	130	50

在确定尺寸时，可不局限于表中对应的尺寸，随机组合，例如：当一边取 $M/2$ 时，另一边可以取 $(N, \dfrac{N}{2}, \dfrac{N}{3}, \cdots, 50)$。部分平面整数分割方式如图 3-1 所示。

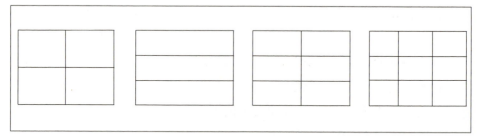

图 3-1　整数分割实例

国家标准规定包装箱的基础模数的尺寸为 600mm×400mm，这是以减量化、绿色化、可循环、科学合理性为标准而制定的。因此，下文以 600mm×400mm 为集装模数尺寸设计包装箱的平面尺寸。

使用整数去乘或除包装基础模数尺寸便能得到运输包装件的平面尺寸。通过调研数据可知，包装箱平面尺寸的长度范围为 100~300mm，宽度范围为 50~250mm，因此，物品平面尺寸表是根据 600mm×400mm 模数尺寸得到的（见表 3-2 和图 3-2）。

表 3-2　模数分割尺寸　　　　　单位：mm

模数分割尺寸				
600×400	300×400	200×400	150×400	120×400
600×200	300×200	200×200	150×200	120×200
600×133	300×133	200×133	150×133	120×133
600×100	300×100	200×100	150×100	120×100
600×80	300×80	200×80	150×80	120×80
600×67	300×67	200×67	150×67	120×67
600×60	300×60	200×60	150×60	120×60
600×50	300×50	200×50	150×50	120×50

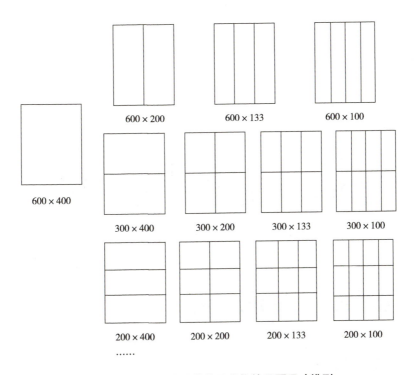

600×200   600×133   600×100

600×400

300×400   300×200   300×133   300×100

200×400   200×200   200×133   200×100

......

图3-2 模数尺寸计算单元货物的平面尺寸排列

3.3.3 集装模数组合分割法

组合分割法的步骤如下：

首先根据包装的长、宽以一定的比例做分割，得到分割基数，下面使用 c、d 表示将运输包装长度和宽度按一定比例分割，然后进行组合：

$$\begin{cases} nc + md + A = N \\ n'd + m'c + A = M \end{cases} \quad (3\text{-}3)$$

M 通常为承载工具（如容器或托盘）的长度，N 为容器或托盘的宽度，m 为宽度 d 在容器宽度方向上能放的横向包装数，n 为长度 c 在容器宽度方向上能放的纵向包装数。n' 为宽度 d 在容器宽度方向上能放的纵向包装数，m' 为长度 c 在容器宽度方向上能放的横向包装数。A 和 A' 表示对容器宽度和长度进行比例分割后的剩余尺寸。c/d 构成比值有很多，组合分割法可以得出很多种不同的组合方式，进一步构成包装尺寸规格（如图3-3所示）。

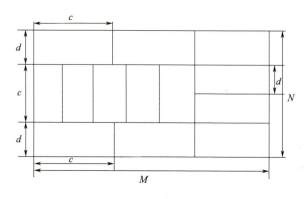

图3-3　组合分割示例

3.4　启发式算法与DQN算法

3.4.1　启发式算法

启发式算法是根据人们在工作中获得的经验确定搜索方法，并在整个解空间中依据搜索原则获得一个较为合理或满意的解，其不同于最优化算法，不需要找到最优解，能够在有限的时间和解空间中搜索近似最优解。因此，其不仅在很大程度上减少了搜索次数，还节省了大量的求解时间，在求解复杂问题的求解速度上也具有明显的优势。

三维装箱问题是一个"组合爆炸"问题，用最优化算法求解需要大量的时间和空间，若规模较大，用最优化算法求解是比较困难的。因此，人们在装箱实践中总结了一系列的装箱规则，如装载货物时，一般会遵循"从下向上""从左到右""从里到外"的物品摆放规则，若考虑到物品的优先级问题，会选择"先到后装"的装箱顺序等。根据这些经验可以确定装箱规则，相比最优化算法，能够在接受的求解时间范围内得到近似最优解。

3.4.2 DQN 算法

深度 Q 网络（deep Q-learning network，DQN）算法是 Google DeepMind 团队的代表作，他们基于强化学习提出一种用于解决控制策略求解问题的深度学习网络模型，开启了深度学习的新纪元。

在传统的 Q-Learning 算法中，当 Q 表过大时难以存储和搜索，若状态是连续的，用 Q 表存储更是不切实际的。此时可使用一个函数来拟合 Q 表，因此，有学者提出了神经网络和 Q-Learning 相融合的 DQN 算法，其中神经网络用来代替 Q 表，以获得状态和动作对应的 Q 值，即 DQN 算法是通过使用神经网络来估计 Q 函数的。

在 DQN 算法中，将状态和动作作为神经网络的输入值，并得到相应的输出——对应的 Q 值。也可以只输入状态，输出所有的动作值，然后挑选值最大的动作作为下一步要采取的动作。在对神经网络进行训练时，需要设置损失函数，但是在该问题中又是没有标签数据的。可以将损失函数设为：

$$L(\theta) = E\left[(Q_{\text{target}} - Q_{\text{evalue}})^2\right] \tag{3-4}$$

Q_{target} 和 Q_{evalue} 就是 Q-Learning 算法中的对应值。该损失函数和 Q-Learning 算法中 Q 表更新公式的含义相同，都是用 Q_{evalue} 逼近 Q_{target}。

3.5 遗传算法

遗传算法（genetic algorithm，GA）最初是由美国科学家约翰·霍兰德（John Holland）在 20 世纪 70 年代提出的，该算法是基于自然界中生命体演进规则而建立并进行的，是模仿达尔文生物演化论的天然筛选与遗传学原理对生物学演化过程的统计模拟方法，是一个利用模拟自然演进过程寻找最优估计解的科学方法。该计算过程采用了数学分析的方法，并利用了计算机模拟算法，可以把复杂问题的解决过程转换成类似于生物学演变中的染色体变异基因的交叉、突变等过程。当解决比较复杂的组合优化问题时，相对于一些常规的优化计算，遗传算法往往可以比较快地得到较好的优化成果。遗传算法的基本计算流程主要包括：

①初始化：设置进化代数计数器 $t=0$，再设定最大的进化代数 T，并随机生成 M 个个体为初始种群 P（0）。

②个体评价：计算群体 P（t）中各个个体的适应度。

③选择运算：使选择算子作用于群体。选择的目的是把优化的个体直接遗传到下一代或通过配对交叉产生新的个体再遗传到后代。筛选方法是构建在对族群中个人的适应性评价基础上的。

④交叉运算：使交叉算子作用于群体。遗传算法中处于核心地位的是交叉算子。

⑤变异运算：将变异算子作用于群体，即对群体中的个体串的某些基因座上的基因值作变动。对群体 P（t）进行选择、交叉、变异运算之后得到下一代群体 P（$t+1$）。

⑥终止条件判断：若 $t=T$，则以在进化流程中所得到的符合最高满足度的个体为最佳解输出，停止计算。

本章小结

本章主要介绍了本书应用的相关理论知识，包括物流包装标准化、K-M聚类算法、集装模数分割法、启发式算法和 DQN 算法、在线装箱、遗传算法等。K-M 聚类算法、集装模数分割法是包装箱尺寸标准化的主要方法，启发式算法、DQN 算法和遗传算法用于研究装箱问题。因此，本章的相关理论为后续研究工作提供了一定的理论依据。

第 4 章　电商仓储智能装箱
策略体系构建

电商仓储智能装箱策略体系的构建是开展本研究的基础。本章阐述了包装箱绿色治理模式提出的缘由，明确了订单装箱方案的优化对于提高装载率、节约包装及运输成本起到的重要作用，同时说明包装箱尺寸的优化对于进一步改善装箱方案及包装箱回收与重复利用的重要性。本章根据智能装箱策略体系设计的基本思路，深入分析电商仓储领域的装箱实践问题，提炼问题特点，界定问题情境，提出解决方法的基本设想，为后续研究规划了基本的研究路径。

4.1 智能装箱策略体系设计思想

电商仓储装箱策略的设计思路是：从电商仓储快递领域所遇到的包装箱实际问题出发，进行包装箱成本节约与收益提升的量化分析，设计包装箱回收与重复利用的绿色模式，结合企业实际探索与理论分析，提出初步的装箱策略设想，为深入研究电商仓储领域的智能装箱策略做准备。

4.1.1 电商仓储快递包装箱实际问题

(1) 简单丢弃增加垃圾分类处理的压力

日常生活中，人们对于快递包装箱的处理方式一般是把包装箱扔进小区的分类垃圾桶，有时会把包装箱放在门口，让小区的保洁人员收走。在随机调查采访的 30 多名居民中，有 70%以上的居民表示会将快递包装箱直接扔到小区的垃圾箱里面，循环回收的非常少。其中反映出的问题是，居民对于快递包装箱回收利用的意识普遍淡薄，或者附近没有便捷的包装箱回收设施。

(2) 快递箱子作为废品卖给废品收购站

一部分居民会将快递包装箱收集起来，作为废品卖给废品收购站。纸箱子的市场价格为 0.5 元/斤，一般十几个快递箱子只能卖 2 到 3 元。而且，这些箱子一般都是体积比较大、质量完好的箱子，完全可以重复利用。

据中国再生资源回收利用协会估算，每 1 吨废纸回炉化浆能生产 0.8 吨的再生好纸。1 吨可重复利用多次的纸盒纸箱如果用一次就被扔掉，即使能 100%回收纸浆，最后也只能得到 0.8 吨的新纸盒纸箱，仍有 0.2 吨的缺口要靠伐木造纸来解决。另外，包装箱生产过程中要消耗煤、电等能源，对水、大气等也会造成污染。因此，对于取出快递物品即为废品的包装箱，最好的节能环保出路还是回收再利用。

（3）缺少快递包装箱循环使用的激励措施

少数居民选择把用过的快递包装箱送给快递员，让包装箱可以循环使用，减少浪费，保护环境。一名圆通快递员表示："如果客户想让包装箱循环使用，我们可以免费回收，但是目前还没有听说公司有相关优惠激励政策。"虽然大家都知道循环使用包装箱更加绿色环保，但是多家快递公司的快递员均表示，还没有明确收到公司下达的回收包装箱的相关优惠激励政策。

（4）不同快递公司的包装箱不能混合使用

根据圆通、申通、中通等快递公司的政策规定，在包裹邮寄过程中不能出现带有其竞争对手名称和任何标识的快递包装箱，否则会受到罚款惩罚。换句话说，带有某家快递公司信息的包装箱只能在该快递公司内部流转，其他快递公司不能使用，即使尺寸合适且质量符合要求。在实际调查中，苏宁快递员也表示："我们只回收苏宁快递的箱子，免费回收，没有优惠政策，其他快递公司的包装箱不回收。"因此，快递包装箱在社会整体物流体系中的回收和循环使用无法实现快递企业间的共享，增加了包装箱重复利用的成本和回收难度。

4.1.2 电商仓储快递包装箱绿色模式

当包装箱数量巨大时，如果能将其进行回收和重复利用，不仅减轻了环保压力，而且节约了快递包装成本，可谓一举两得。经调查发现，很多包装箱在一次性使用之后，质量依然相对完好。尤其是拥有自建物流的平台，物流服务过程中对包装箱的装卸搬运比较小心谨慎，使得包装箱在物流过程中很少受到严重的损害。但是，很多快递公司认为包装箱回收成本高且存在破损情况，没有动力积极回收快递包装箱。下面分别从快递包装箱回收的成本-收益分析、涉及的各方参与主体以及回收和重复利用的模式提出相应的对策建议。

（1）快递包装箱回收的成本–收益分析

调查发现，快递包装箱的型号主要有12种（如表4-1所示）。其中，"拆平体积"是指包装箱回收时被压扁后的体积（以压扁的厚度为0.5cm计算）；"使用体积"是指包装箱承载物品进行快递运输时的正常体积；"平均价格"是指同一型号、不同材质的包装箱市场价格的平均值；"整体平均值"是指不同型号的包装箱对应指标取均值。

表4-1 快递包装箱型号与成本

型号	长（cm）	宽（cm）	高（cm）	拆平体积（cm³）	使用体积（cm³）	平均价格（元/个）
1	13.0	8.0	4.5	89.25	468.00	0.13
2	13.0	8.0	9.0	136.50	936.00	0.22
3	14.5	8.5	10.5	169.62	1 294.12	0.27
4	17.5	9.5	11.5	219.37	1 911.87	0.39
5	19.5	10.5	13.5	281.25	2 764.12	0.52
6	21.0	11.0	14.0	312.00	3 234.00	0.58
7	23.0	13.0	16.0	405.00	4 784.00	0.82
8	26.0	15.0	18.0	522.75	7 020.00	1.08
9	29.0	17.0	19.0	632.50	9 367.00	1.33
10	35.0	19.0	23.0	877.50	15 295.00	1.95
11	43.0	21.0	27.0	1 200.00	24 381.00	2.93
12	53.0	23.0	29.0	1 539.00	35 351.00	3.32
整体平均值				532.06	8 900.51	1.13

由表4-1可知，不同型号的包装箱市场价格不同，整体平均价格为1.13元/个，即为每节省1个快递包装箱可以节约的成本。如果乘以使用包装箱的快递包裹总数量，每年可以节约上千万元的快递包装费用。当然，快递包装箱回收也会产生逆向物流的运输任务。通过"拆平体积"和"使用体积"的整体平均值可知，包装箱回收导致物流运输任务量增加的比率为5.98%（532.06÷8 900.51≈5.98%）。配送末端的快递员返回快递站点时，配送车辆

往往有较大的空闲空间。在配送网络上级的运输网络方面，不到 6% 的运量波动是完全可以承受的，况且包装箱回收物流任务可以通过错峰运输的方式实现，不会对运输网络的能力上限造成影响。

在收益方面，不考虑改进包装箱材质和设计的情况下，如果 1 个快递包装箱回收和重复利用的次数为 3 至 5 次，则可以节约 66%~80% 的包装箱耗材成本。此外，还可以省去包装箱回炉化浆再生对能源的消耗以及对环境的污染等。因此，快递包装箱实现绿色循环利用，比直接扔掉或者卖给废品收购站更加有意义。

(2) 快递包装箱回收与重复利用主体

①政府部门：出台相关政策，积极引导。政府应主导全面建立严格有约束力的快递绿色包装标准体系，逐步完善与法律政策协调配套的快递绿色包装治理体系；在快递包装方面，规定寄递企业应采购使用符合国家规定的包装物，优先采用可重复使用、易回收利用的包装物，鼓励寄递企业建立健全工作机制和回收流程，对包装物进行回收再利用。

②快递企业：研发新型包装箱，构建回收体系。2018 年，顺丰快递推出名为"丰·BOX"的共享循环包装箱，顾客收到用"丰·BOX"包装的快递后，快递员随即将快递箱回收。2019 年，山东各地邮政公司推出了一款"绿色循环包装箱"，其最大优势就是不用封箱胶带、可以循环使用、绿色环保。除了研发新型包装箱外，各快递公司应建立成熟的包装箱回收体系，并辅以相关激励政策，建立绿色环保循环回收体系。

③社会公众：增强环保意识，积极响应号召。尽管有居民愿意将包装箱交给快递点进行再循环利用，但跟快递总数比，真正被再循环利用的包装箱还很少。要让社会公众认识到快递包装箱回收利用的潜在价值和重要意义，提高居民收集包装箱并交给快递人员或相关站点的积极性。这方面的行为和意识提升可以参考垃圾分类的相关措施。

④第三部门：社区提供便利，环保组织广泛宣传。在这方面，有的小区做得比较好，菜鸟驿站会有诸如循环箱、社区回收台等，效果不错，也是推荐市民选择的处理方法。社区中快递包装箱的回收可以与垃圾分类处理协同进行。目前，在社区范围内，推广快递包装箱回收和重复利用的宣传标语还

很少见。环保组织对于快递包装箱回收和重复利用的宣传应该聚焦具体的快递收取情境，使居民切身感受到快递包装箱的绿色回收机制对改善社区环境、落实绿色发展理念有着重要意义。

（3）快递包装箱回收与重复利用模式

如图4-1所示，构建快递包装箱回收与重复利用模式，除了涉及政府部门、快递企业、社会公众和第三部门等参与主体外，还需要解决"政策-制度""标准-共享""成本-收益"等核心问题。首先，需要通过政策、法规、制度等手段，规范行业标准，推行共享模式，采取激励措施调整包装箱回收的成本和收益结构；其次，成本与收益作为包装箱回收主体中快递公司与社会公众考虑的重要内容，通过提高收益降低成本，将社会效益与生态效益纳入考虑范围，可以进一步提高快递企业与社会公众的积极性；最后，通过采用快递包装箱标准化的方法，构建企业快递网络之间的包装箱共享机制，打破快递企业各自回收自己包装箱的单打独斗局面，提高快递包装箱回收效率与重复利用率。

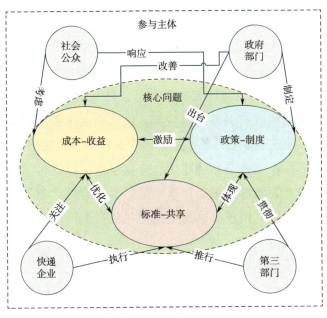

图4-1　快递包装箱回收与重复利用模式示意图

　　具体到各个参与主体，政府部门要陆续制定一列政策法规，对快递包装箱的回收进行政策引导，逐步细化相应的规章制度，建立健全快递包装箱回收与重复使用工作的实施细则，出台快递包装箱的标准化文件，引导建立跨部门、跨企业的快递包装箱共享机制。

　　快递企业作为包装箱回收与重复利用的重要主体，应该贯彻落实政府出台的行业标准，积极响应并参与快递包装箱回收与重复利用的共享机制，在关注成本和收益的同时考虑社会效益和生态效益，树立良好的企业形象。快递企业可以联合起来在大学校园、企业密集区、居民密集区等场所重点设置一些快递包装箱回收装置，并做好宣传，让人们了解回收装置的位置、功能等信息，给人们投放包装箱提供方便——比如，定期派人回收包装箱，或者提供拆箱送货服务，或者鼓励消费者就近拆箱自取。快递网点工作人员可以为用户准备拆快递的工具，用户现场直接拆开快递箱子、取走快递，然后把箱子放在回收箱里面。

　　社会公众作为快递包装箱的使用者，在回收快递包装箱方面发挥着重要作用，除了考虑自身参与回收包装箱需要付出的时间和精力成本外，还需要认识到回收工作改善自身居住环境带来的生态效益，并增强自身响应国家政策号召、落实绿色理念的思想意识。

　　第三部门主要涉及社区居民组织与非营利性环保组织。社区居民组织在落实垃圾分类政策的组织结构基础上，可以增加快递包装箱的回收功能，帮助快递企业迅速回收被丢弃的包装箱。快递企业没必要在既有的垃圾分类系统之外开设快递包装箱回收系统，因为那样既会造成回收资源的浪费，也难以发挥出回收快递包装箱的作用。环保组织可以宣传国家政策法规等相关制度，引导并鼓励居民把完整干净的纸箱保存好，等下次取送快递时返还给快递员。环保组织还可以通过宣传相关行业标准与共享机制助推包装箱回收。

　　需要注意的是，在快递包装箱回收与重复利用的过程中，应抹去带有用户信息的物流标签，保护用户隐私，并且进行包装箱的清理与消毒，以防病毒通过快递包装箱传播。

4.1.3　电商仓储智能包装策略的提出

(1) 电商仓储智能装箱策略探索

近年来，电商购物带动了我国快递行业的高速发展，但与此同时，物流包装材料等生产资料需求大幅增加，资源消耗和环境问题日渐突出。数字化、智能化、绿色化成为电商智能装箱策略构建的核心理念，其中数字化是优化装箱问题的基础，智能化是解决装箱策略、改善包装箱标准的手段，绿色化是实现经济效益、社会效益以及生态效益等多方面共赢的最终目标。

目前我国快递业务量增长迅速，年增长率可达 20%，2020 年、2021 年、2022 年快递业务量分别达 830 亿件、1 082 亿件、1 105 亿件。伴随着快递物流的快速发展，快递包装绿色转型成为各方关心的话题。从电商仓储包装箱的实际问题出发，在本书所提出的包装箱绿色模式中，最为关键的环节之一就是包装箱标准化。只有建立电商仓储领域的包装箱标准化规则，才能真正推动绿色、共享、多赢的包装箱低碳治理模式落地。

已经有多家企业积极响应国家政策号召，推进电商仓储包装箱回收与重复利用。除了前面提到的顺丰快递推出名为"丰·BOX"的共享循环包装，以及山东各地邮政公司推出"绿色循环包装箱"之外，京东集团也迅速行动，提出了"清流计划"，采取试点的方式探索包装箱回收利用的具体实践。2021年，京东物流在海口投放了一万余个循环包装箱，并首次试点循环快递袋，探索逐步减少使用一次性 PE 塑料包装袋。此外，京东物流将在不同业务场景中试点循环共享模式。对箱子的回收和管理是循环包装的一大难题，京东物流在集包、逆向回收上采用"一箱一码"管理模式，循环箱唯一码同物流面单、循环集包袋唯一码进行绑定，实现全流程可视化管理，循环快递包装集包后，逆向回收交接环节中只需扫一次码即可，从而大大提升了循环包装运营管理效率。该项目的主要目标是通过使用循环包装，对快递业包装材料特别是塑料包装进行源头减量。

(2) 电商仓储智能装箱策略提炼

在进行电商仓储领域快递包装箱标准化的过程中，需要将订单物品装箱策略和包装箱尺寸优化策略协同考虑。一方面，突破以往研究仅从物品装箱策略单方面优化装箱效果的思路；另一方面，利用包装箱尺寸优化结果，有利于包装箱回收利用，实现绿色包装。具体而言，装箱策略的改进与提升要与箱子尺寸的优化过程同步进行，只有这两方面相互匹配，才能真正改进最终的装箱效果。如果只改进单一方面，那么很有可能无法达到真正的优化效果。例如，假设有一个订单包含 20 件物品（如图 4-2 所示），另有 10 种不同型号的箱子以供选择（如图 4-3 所示）；要求在不同的装箱策略下，选择订单物品装入的箱子型号，并确定物品装箱的顺序、物品装箱的位置以及物品旋转方向，将一个订单中的 20 件物品装入该选中型号的箱子中。分析不同装箱方案的订单装载率可知，由于装箱策略不同，箱子型号的选择与物品装箱顺序、位置和方向的选择均不尽相同，导致该订单最终的装载率存在较大差异。因此，本书的研究焦点之一就是根据订单信息与箱子型号尺寸信息优化具体的装箱策略。

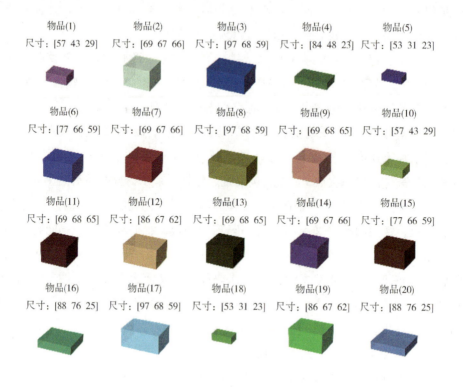

图 4-2　订单装箱物品示例图

箱型(1)　　　箱型(2)　　　箱型(3)　　　箱型(4)　　　箱型(5)
尺寸：[228 193 184] 尺寸：[154 240 224] 尺寸：[199 192 238] 尺寸：[211 223 229] 尺寸：[194 193 215]

箱型(6)　　　箱型(7)　　　箱型(8)　　　箱型(9)　　　箱型(10)
尺寸：[206 200 234] 尺寸：[152 232 244] 尺寸：[239 187 216] 尺寸：[165 200 244] 尺寸：[206 240 190]

图4-3　多种箱子型号示例图

另外，从本示例中不难看出，如果不同箱子型号的具体长、宽、高尺寸取值不能得到优化，也将影响最终的订单装载率，即如果单纯优化装箱策略而不考虑优化包装箱尺寸，则只能是阶段性和局部的优化问题，不能达到更高程度的全面优化效果（如图4-4所示）。因此，本书聚焦的另一关键问题则是在综合考虑装箱策略的基础上联合优化装箱策略与包装箱尺寸。

装箱方案(1)　　装箱方案(2)　　装箱方案(3)　　装箱方案(4)　　装箱方案(5)
选择箱型尺寸：　选择箱型尺寸：　选择箱型尺寸：　选择箱型尺寸：　选择箱型尺寸：
[228 193 184]　[154 240 224]　[199 192 238]　[211 223 229]　[194 193 215]

装箱方案(6)　　装箱方案(7)　　装箱方案(8)　　装箱方案(9)　　装箱方案(10)
选择箱型尺寸：　选择箱型尺寸：　选择箱型尺寸：　选择箱型尺寸：　选择箱型尺寸：
[206 200 234]　[152 232 244]　[239 187 216]　[165 200 244]　[206 240 190]

图4-4　不同装箱策略的物品装箱方案示例图

4.2　电商仓储装箱实践问题提炼

对电商仓储领域的装箱实践问题提炼，是指从装箱操作的实践情况出发，根据企业实际操作过程中面临的具体问题，明确多种箱子类型的情况下三维装箱问题的复杂性质。为了全面优化装箱策略，本研究制定了优化装箱策略与包装箱型号尺寸大小的可行操作步骤，并且在此基础上进一步明确界定每个阶段需要解决的关键问题，从而完成对电商仓储领域三维装箱实践问题的整体提炼。

4.2.1　电商仓储领域装箱实践问题

本研究立足电商仓储领域装箱问题的具体情境，从行业实践出发提炼关键问题，以期根据行业实际数据，生成带有行业实际属性、可供研究的实例数据。本书根据对电商仓储领域的实际调研情况，以京东为例，详细说明电商仓储三维装箱问题的实际情况。

京东电商仓储采用"以储代运""自建仓库""仓配一体"的业务模式，根据京东 2021 年第一季度公布的信息，其仓库数量已超过 1 000 个，日均包裹数超过 400 万个，年包裹数量为 15 亿个左右。京东自营拥有数百万个 SKU，截至 2020 年底，京东物流共有员工超过 25 万人，其中仓储、快递、客服等一线员工超过 24 万人。据京东物流内部人员介绍，即便提高 1% 的装箱效果优化程度，也将节约上千万元的包装成本。

对京东等电商仓储领域企业进行实际调研发现，企业实际面临的多种箱型三维装箱问题主要分为三种情况（如图 4-5 所示）。

情况 1： 订单中的商品数较少时 [一般包括单件商品的订单或者物品为数不多（小于 10 件）的情况]，业界普遍采用整数线性规划方法进行三维装箱问题的建模，并且可以求得最优解。在使用商业求解器（例如 CPLEX、Gurobi 等）的情况下，求解一个订单的物品装箱方案需要的计算时间为 0.5min 左右。

情况 2： 商品数多但品类唯一，也就是说一个订单中的物品数量虽然比较

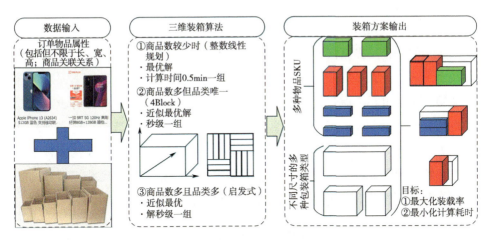

图4-5　电商仓储三维装箱问题实践情况总结

多，但是每件物品的长、宽、高尺寸都是一致的，这在装箱领域也被称为同构物品。针对这种订单的装箱情况，一般采用4Block方法。这种方法是企业实践领域提出的求解方法，带有启发式策略算法的特点，类似于模数分割的方法（将物品以不同方向旋转，在长、宽、高方向上组合不同数量的物品以匹配箱子的尺寸，争取得到最高的装载率）。虽然4Block方法求解速度很快，计算时间为秒级一组，但是其应用场景限于物品同构（尺寸相同）的情况，并且仅可以求得近似最优解，无法保证解的最优性。

情况3：商品数量多且商品种类多，也就是一个订单中往往包含几十件甚至一两百件物品，并且物品的种类并非一种，不同种类的物品尺寸大小均不相同，也被称为三维异构物品装箱。在这种情况下，业界一般采用启发式方法进行求解，但是启发式策略的制定往往差异很大，实际进行装箱操作时，由于装箱物品情况的复杂性，整个装箱过程往往存在较高的随机性特征。这种情况下用启发式策略算法求得的时间与物品数量和可选择的箱子种类有密切关系，在单个订单包含100~200个数量级的物品情况下，求解1个订单的装箱方案需要耗时1min左右，并且启发式策略算法仅可以求得近似最优解，难以保证解的最优性。同时，面对多种箱型多件物品进行装箱的复杂情况，如何优化设计启发式策略算法中的启发式策略，也存在很大的困难和挑战。

通过对目前电商仓储领域三维装箱问题的实践情况进行分析可知，最大的难题主要集中在处理第 3 种情况，即"商品数量多且商品种类多"的情况。比较直接的目标是提高多种箱子类型三维装箱问题的装载率，但是根据对企业装箱实际从业人员的走访调研发现，想要提高包装箱装载率，不仅需要优化装箱策略，也要考虑优化包装箱种类和尺寸，这也与本书对已有研究文献的理论分析结论一致。因此，本书将研究问题聚焦于装箱策略和包装箱尺寸两个方面，具体优化目标也包括相辅相成的两个方面：一是最大化多种箱型三维装箱问题的装载率；二是优化包装箱尺寸，提出包装箱尺寸标准化的新方法，节约运输成本，实现包装箱的回收和重复利用。

4.2.2　电商仓储领域装箱问题特点

根据上述电商仓储领域的情境描述，电商仓储三维装箱问题的具体特点如下：

第一，与单箱型的三维装箱问题不同，电商仓储领域的三维装箱问题一般存在多种尺寸型号的箱子可供选择。假定每种箱子的数量不限，在人工装箱作业的情境下，面对一个待装箱的订单，如何选择合适的箱子类型是高度依赖操作人员工作经验的，往往很难一次性选对匹配订单物品的箱子型号。装箱人员将部分物品装入箱子，而剩余物品无法装入时往往才会发觉箱子选择错误，这时需要更换更大尺寸的箱子；但是，如果选择的箱子型号尺寸过大，则会产生装载空间的浪费，而装箱人员为了节约打包时间一般不会再更换尺寸合适的箱子。

第二，电商仓储领域的装箱问题一般为三维规则的长方体物品装箱，或将形状不十分规则的物品视为长方体物品进行装箱。虽然现实情况下有很多物品的形状是不规则的，但是为了简化问题，业界一般将其作为规则的形状进行处理。另外，从电商领域的具体实践出发，物品出厂时也会有自身的商品包装，为了保护内部物品本身免于损坏，也为了方便物品的批量运输，上游厂商大多将商品本身的包装设计为比较规则的长方体形状。

第三，根据电商仓储领域装箱实践的要求，一般不同订单中的物品不能混合装入相同的箱子中，即使面对同一个客户的多个订单，也不会进行不同订单物品的混合装箱。究其原因，仍然与仓储拣选的订单复核以及运输和配送环节的工作特点有关。虽然同一个用户的多个订单物品进行混合装箱有可能提高箱子的装载率，减少箱子使用数量或降低运输成本，但是为了保证订单拣选和配送的准确率，企业仍然会将不同订单的物品分别进行装箱。

第四，在电商仓储领域装箱实践过程中，装箱人员会尽可能地将一个订单中的所有物品装入一个箱子中。即使订单中的物品数量过多，企业也倾向于设计尺寸更大的箱子，或者将订单从一开始就进行拆分，以保证同一个订单的物品全部装入同一个箱子。这主要是为了方便同一个订单的物品统一进行装箱操作，因为在装箱之前订单物品会经过两轮甚至更多次的订单物品拣选复核环节，装入同一个箱子可以避免出现订单物品多装、漏装或错装的情况。另外，同一个订单的物品装入同一个箱子也便于后续的运输与配送，避免箱子数量过多导致同一个用户订单的处理发生错误。

4.2.3　电商仓储领域装箱问题界定

根据上述电商仓储领域装箱问题的特点分析，可以进一步明确多种箱型的三维装箱问题在实践中的具体要求。另外，基于装箱物品特征与装箱策略进行包装箱标准尺寸优化，可以采用"三步走"策略，每一步分别解决相应的关键问题，三个步骤循环往复、渐近优化，从而不断提升包装箱标准尺寸的优化程度。具体而言，电商仓储三维装箱策略与包装箱标准尺寸优化的三个步骤分别为：

首先，优化多种箱型多种物品的三维装箱策略，获得装箱策略的优化方法，这对于日常装箱操作非常重要。装箱策略的标准化与箱子尺寸的标准化是相辅相成的关系，如果没有一个好的装箱策略，即使箱子尺寸设计得足够合理，但是由于装箱操作人员不知道如何装箱，也不能达到理想的效果。

其次，在装箱策略优化的基础上进一步优化箱子种类与尺寸，则需要突破传统装箱问题仅研究装箱策略的限制，将箱子种类数量与箱子尺寸视为变量而非常量，将物品装箱策略转换为三维空间下的物品堆叠策略，即箱子尺寸动态可变的装箱策略，以物品堆叠后外接长方体体积最小为优化目标，寻求更优的物品堆叠策略提升订单物品堆叠密度，作为包装箱尺寸优化的基础。

最后，基于动态箱子尺寸的物品堆叠策略，根据箱子型号种类数量的上限（一般为根据企业具体情况设定的常量参数），通过聚类统计分析的方法，将整个考察批次所有订单物品空间堆叠的结果作为聚类样本，以每个订单空间堆叠结果的外接长方体长、宽、高尺寸数值作为三维空间点坐标，聚类得到新型箱子每种型号的具体标准尺寸，以此保证每个订单的物品都能够被装入同一个包装箱中。

以上三个步骤并非执行一次就能实现装箱策略和包装箱标准尺寸优化，而是一个首尾相连循环上升的优化过程。实际上，装箱策略与包装箱标准尺寸的联合优化是一个先"破"再"立"的过程，为了获得更优的包装箱标准尺寸，需要打破原有包装箱种类和尺寸限制，确定新的包装箱标准尺寸后，需要继续对装箱策略进行优化，进入新的迭代循环。根据装箱策略与包装箱标准尺寸优化"三步走"策略，进一步提炼的关键问题如图4-6所示。

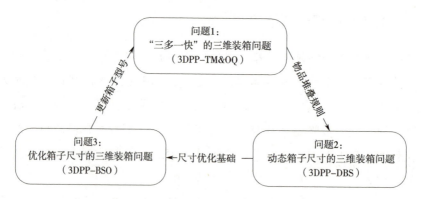

图4-6　电商仓储三维装箱关键问题示意图

对比已有研究成果，基于创新性研究视角，从理论角度提炼电商仓储三维装箱领域的关键科学问题如下：

问题1： 电商仓储领域的三维装箱主要是多种包装耗材、商品数量多且种类多、需要秒级时间内求解的三维装箱问题，即"三多一快"的三维装箱问题（three dimensional packing problem of treble multiple and one quick，3DPP-TM&OQ）。

从提高包装耗材的装载率的优化目标出发，根据该问题本身的特点，耗时较长的算法不能满足问题要求，因此一般采用启发式策略算法进行求解，设计有效的启发式策略成为解决问题的关键环节。从理论角度分析，由于神经网络结构的记忆性，采用带有深度神经网络结构的人工智能算法，如深度强化学习算法，通过设计神经结构并进行网络训练得到优化的装箱策略，用于解决该问题，具有一定的可行性和创新性，且已有文献中尚无成熟的研究。

问题2：在问题1的基础上，进一步研究物品堆叠问题，即动态箱子尺寸的三维装箱问题（three dimensional packing problem of dynamic box size，3DPP-DBS）。

该问题仅考虑物品之间的非重叠约束，不考虑物品装箱的支撑约束和非越界约束，将箱子视为尺寸大小可变的长方体，根据问题1中的物品装载策略设计物品空间堆叠策略。每个订单的物品集中堆叠在一起，不同订单的物品不可以混合堆叠放置，以订单中所有物品堆叠放置后整体外接长方体的体积最小为优化目标。在三维装箱领域，虽然有高度不确定的三维容器装箱和托盘装载问题，但是尚未见到箱子长、宽、高尺寸全部动态可变的三维装箱问题研究，因此该研究角度具有一定的创新性，能够为优化包装箱尺寸做好准备工作。

问题3：在问题1与问题2的基础上，提出优化箱子尺寸的三维装箱问题（three dimensional packing problem of bin size optimization，3DPP-BSO）。

该问题以物品空间堆叠策略为前提条件，根据历史订单信息和商品SKU信息，在进行物品空间堆叠的基础上，通过优化包装耗材的种类和尺寸，进一步提高包装耗材的装载率。已有的三维装箱问题研究一般认为包装耗材的种类和尺寸是固定不变的，尚未见到已有研究通过优化包装耗材的种类和尺寸提高装载率，因此该研究角度具有一定的创新性。从该角度进行研究时采用的方法包括统计方法、聚类算法和人工智能算法（深度强化学习）。

4.3　电商仓储装箱问题解决思路

根据以上对电商仓储领域三维装箱实践问题的提炼，本书将研究的重点聚焦于多种箱子型号多种物品类型的三维装箱问题（即4.2.1节所描述的情况 3），本部分关于问题解决策略方法的提出也主要针对该类问题。但是，由于情况 3 相较于情况 1 与情况 2 的复杂性更高，情况 1 与情况 2 在某种程度上属于情况 3 的特例。换句话说，情况 3 更具有普遍性。本部分所提出的解决方法不仅适用于情况 3 所描述的箱子种类、物品种类与数量均较多的情况，同样适用于情况 1 与情况 2 所描述的问题。从广泛应用于不同情况三维装箱实践问题的实践经验与专家规则出发，本书设计了从启发式策略及其组合到智能优化策略的方法体系，提出了基于数据实验驱动与专家知识驱动相融合的寻优方法，有利于实现电商仓储装箱方案智能优化的目标，也为人工智能算法在组合优化领域的应用进行了一定的探讨和尝试。

4.3.1　电商仓储装箱问题的启发式策略

在研究电商仓储三维装箱问题时，订单物品装箱方案的计算时间是非常重要的考量因素。在大多数研究文献中，对于物品数量较多的三维装箱问题基本上都侧重提升其空间装载率，对于计算耗时指标的考察仅限于物品较少的情况。在物品数量较多的情况下，多种箱型的三维装箱问题计算耗时相较于单箱型的情况往往会大幅度增加，以至于追求超高精度的求解方法无法在现实中得到有效应用。面对复杂的装箱情况以及低耗时的现实要求，业界往往采用启发式策略算法，以用专家规则提炼的启发式策略为主要手段，在保证求解速度的前提下尽可能提升装载率。本书也将启发式策略作为解决电商仓储领域三维装箱问题的基本方法。本书在实例分析的基础上，通过仿真模拟的方法，从数据量、时间、结果优化程度等方面对各种算法的收敛性和收敛速度进行说明。

另外，多种箱型的三维装箱问题是组合优化领域的 NP 难问题，难以求得最优解，甚至由于三维装箱问题复杂的空间几何特性，获得有效的上下界都是非常困难的。该领域以往的研究文献大多对比不同算法之间求解效果的差距，或者在经典数据集上与前人著名的研究结果作对比。因此，本书在总结熟练装箱工人的操作经验的基础上，模拟设计基于实际经验的启发式策略，从而提出经验启发式的装箱策略，并将电商仓储领域的人工装箱作业实践水平作为装箱策略对比分析的参照依据；在保证启发式装箱策略得以实际应用的同时，也将其作为对比智能装箱策略有效性的基本参照。

4.3.2　电商仓储装箱问题的策略有机组合

将电商仓储装箱实践操作看作一个由多个环节组成的装箱过程，可以根据每个环节设计的不同启发式策略进行有机组合，形成求解订单装箱方案的装箱环节策略组合方法。除了与电商仓储装箱实践的真实水平对比之外，不同装箱策略组合之间的对比分析也是非常重要的，可以根据实际装箱订单信息的不同特征，筛选有针对性的装箱策略组合。

通过梳理前人的研究文献并分析三维装箱问题的特征可知，研究成果最关注装箱方案的计算耗时与装载率水平两项指标，这两项指标与计算实验部分的箱型种类和尺寸以及订单物品种类、数量和尺寸之间存在高度依赖的关系。之所以设计不同的装箱策略组合，是因为在某些情况下表现优秀的策略在其他情况下可能表现得并不好。需要通过在不同装箱策略数据集上进行计算实验，实际检验不同算法组合的有效性，以适应不同箱型与订单信息数据集特征的具体情况。为了进行有效的对比分析，一方面需要采集电商仓储行业的真实数据，另一方面需要根据真实数据生成带有行业属性的实例集合，作为方便测试不同策略的计算实验数据。只有结合不同的数据集进行计算实验，才能全面分析不同装箱策略组合下订单装箱方案的计算耗时与装载率水平的指标结果。

4.3.3　电商仓储装箱问题的智能优化策略

经验启发式策略的固有特性导致该类启发式策略算法面对具体订单的不同情况时求解装箱方案的智能化程度有限。单纯依靠有限的经验积累和启发式策略设计，无法实现真正的智能装箱目标。

为了实现电商仓储装箱策略的智能化，需要将装箱环节策略组合方法与智能优化算法相结合，针对装箱策略组合中的某一个或多个环节的策略进行智能化改造。本书主要融合群体智能算法、树搜索算法以及人工智能算法框架，在物品装箱顺序选择环节设置智能优化策略，以适当放宽订单装箱方案计算耗时要求为代价，获得装载率水平的提升。在群体智能算法方面，主要采用混合遗传算法，结合改进算法优化算法效果；在树搜索算法方面，结合装箱实践领域的具体问题规模特点，采用蒙特卡洛树搜索算法，提高算法效率；在人工智能算法方面，采用深度强化学习算法，以 DQN 算法框架为基础，结合装箱环节策略组合方法，综合平衡改善订单装箱方案的计算耗时与装载率水平。

其中，蒙特卡洛树搜索算法与深度强化学习算法都用到了混合神经网络的结构，用以智能优化算法寻优过程。构建电商仓储领域三维装箱问题的混合神经网络，也为人工智能算法的进一步优化打下了基础。混合神经网络训练结果的有效性可以进一步证明神经网络与动作过滤器函数相结合用于拟合装箱策略的可行性。将各个环节的装箱动作转换为神经网络的分类结果，这一研究视角下的建模思想转换不仅为多种箱型的三维装箱问题模型构建提供了新的思路，也为普遍意义上的组合优化问题求解进行了新的有益尝试，为传统启发式策略算法与神经网络结构的融合在实践应用层面做出了一定的探索。

同时，基于三维装箱问题基本几何特性的部分启发式策略将与神经网络结构以及人工智能算法的基本框架相结合，从而更加有效地获得三维装箱问题的可行解，增强神经网络输出结构的合理性，并且提高人工智能算法的寻优速度。设计电商仓储领域装箱问题的混合神经网络算法是改善多种箱型三维装箱问题求解效率和效果、提升算法智能化程度的新探索阶段。将基于经验的启发式策略与极具函数拟合特性的神经网络相结合，是提升算法智能化程度的重要探索途径。但是，由于神经网络结构的特点，面对三维装箱问题复杂的空间几何特性，需要借助基本的启发式策略才能实现较好的融合。因此，需要在神经网络基本框架的基础上设计与之匹配的动作过滤函数，在箱型选择、物品装箱顺序与装箱方向选择等方面提高装箱动作的合理性和可行性，从而针对多种箱型三维装箱问题和物品空间堆叠问题搭建起完整的混合神经网络框架，并利用监督学习领域的深度学习框架对混合神经网络进行训练，实现其准确识别分类动作的目标。

根据混合神经网络算法的研究可知，在神经网络与动作过滤器的共同作用下，可以实现较高的经验动作拟合度。如果获得的装箱动作经验足够丰富，混合神经网络将拟合结果应用于指导装箱操作，将大大提升装箱效率并提高包装箱的空间利用率。但是，如何获得丰富的装箱经验是一个非常困难的实际问题。一方面，在装箱操作的实践过程中，同步采集熟练操作人员的装箱方案很难实行；另一方面，不断改进经验启发式策略，提高模拟策略下的包装箱装载率，需要利用专家的经验知识，想要做到持续不断的改进和优化也是非常困难的。由于这两方面的原因，本书采用深度强化学习算法中的自我提升机制，通过探索和学习不断发掘新的经验，并通过调整优化神经网络参数进行经验积累。在不需要更多实际经验动作采集和专家先验知识的基础上，进行持续的学习和策略改进，这也是深度强化学习算法的优势所在。

综上所述，本书从"构建混合整数规划模型，设计经验启发式策略"到"融合智能算法框架优化装箱动作策略，设计混合神经网络改善装箱策略"，再到"构建订单物品空间堆叠与聚类模型，设计启发式策略组合方法与智能优化策略"的研究思路，提出了基于混合神经网络的人工智能算法，针对电商仓储领域的智能装箱策略和包装箱型号尺寸进行联合优化，为电商仓储领域三维装箱作业的效率优化以及包装箱尺寸标准化问题提供了新的解决途径。

4.3.4　电商仓储自动化智能装箱系统

为了更好地将电商仓储装箱问题解决策略与绿色低碳的治理模式进行有效的结合，适应"无人化"和"智能化"的行业发展趋势，除了人工操作环境下的智能装箱辅助系统，本研究还设计了全自动的数字化自动装箱系统（如图4-7所示）。该数字化自动装箱系统主要包括三个模块，运行顺序是：从模块三的订单物品输入开始，经由模块二对物品装箱顺序与方向进行调整，最后在模块一完成订单物品的装箱操作。

如图4-7所示，订单物品完成拣选后进入模块三，通过带有重力感应装置的底盘，可以核验每个底盘上所放置的物品是否与相应订单的信息一致，完成订单拣选物品的第一次复核。通过1号机械臂与1号摄像头的配合，将当前订单中的物品从底盘上依次取下并放置在模块二的传送带上，订单物品由此进入顺序与方向调整环节。模块二的传送带旁设置有红外扫描装置，通过对依次通过的物品进行扫描，获取物品SKU信息，同时可以得到当前物品

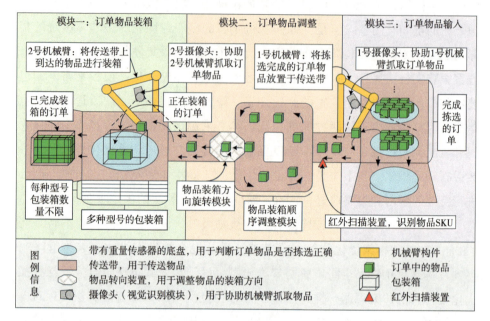

图4-7 数字化自动装箱系统示意图

在传送带上的先后顺序，从而比对原始订单信息，完成第二次订单信息的复核。在模块二中，根据智能装箱策略计算得到的装箱方案，对1号机械臂放置的订单物品顺序和物品方向进行调整，以匹配装箱方案的要求。在传送带上的物品经过顺序与方向的调整后，进入模块一进行装箱操作。在模块一中进行订单物品装箱，需要根据已有的装箱方案选择相应型号的包装箱，包装箱的型号种类是既定的，每种型号的包装箱数量不限，备用时折叠存放，使用时通过机械装置展开。在模块一中，2号机械臂与2号摄像头配合，完成订单物品从传送带上抓取到放置在包装箱中的动作。另外，模块一中使用的包装箱被放置于带有重量传感器的底盘上，当一个订单的所有物品完成装箱操作时，通过模块一中的重量感应底盘，可以核验订单装箱操作是否有误，完成第三次复核。至此，整个订单物品的装箱操作全部完成，其间经过三次订单信息复核，保证了高准确率，装箱方案严格符合智能装箱策略的计算结果，可以实现装箱方案的数字化落地。

本章小结

　　本章设计了电商仓储领域智能装箱策略体现的整体架构，根据电商快递包装箱方面的实际问题，提出了"绿色低碳"的治理模式。其中，电商仓储领域的装箱环节和包装箱尺寸的标准化是包装箱绿色模式的关键环节。本书聚焦电商仓储领域的装箱实践活动，分析多种箱型三维装箱问题的特点，并对本研究的具体问题进行明确的界定；在拆解装箱过程中每个环节的视角下，针对装箱过程的每个环节提出启发式策略，并进行策略组合与智能化改造，进一步明析本书后续的研究路径。在本章内容提纲挈领的分析与指引下，后续研究的内容得以逐步展开。另外，本章还对装箱策略在电商仓储领域的实践应用进行了介绍，以期将本研究的装箱策略应用于装箱作业的实际操作过程中，提升电商仓储企业的装箱作业效率。

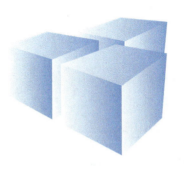

第 5 章 电商仓储装箱环节策略组合方法设计

针对快递包装箱实际问题的绿色低碳治理模式，其关键的环节是优化装箱方案，提高订单装载率水平，降低包装耗材的使用，并且实现包装箱的回收和重复利用。这涉及求解电商仓储领域多种箱型的三维装箱问题，主要是根据电商仓储领域的装箱实践活动，提炼问题特点并界定问题的研究范围，建立电商仓储领域多种箱型三维装箱问题的数学模型，通过设计装箱策略求解装箱方案，满足装箱活动的实际要求。

构建电商仓储领域多种箱型三维装箱问题的数学模型，需要用到混合整数规划的数学方法，才能求解具体的订单装载方案，不仅需要明确每个订单所需要的箱型种类，还需要进一步计算得到订单中每件物品所在的空间位置与旋转方向。本章针对电商仓储装箱环节设计启发式策略，并进行策略之间的有机组合，通过启发式策略算法求解装箱问题的数学模型。之所以采用启发式策略及其组合的方式求解多种箱型的三维装箱问题数学模型，主要是为了使得订单装箱方案的计算耗时足够低，这也是"多元共生"算法系统（BSAS）中基础层面的策略设计，为后续智能优化策略的融合提供可行的基本前提条件。

5.1　电商仓储三维装箱问题描述

5.1.1　求解电商仓储三维装箱问题的前提条件

电商仓储领域的三维装箱问题具有明显的行业特殊性与实践复杂性。本章主要研究物品形状均为长方体时的规则物品三维装箱问题。待装箱的订单物品属于弱异构类型，即物品分属于不同的 SKU，每种 SKU 的物品长、宽、高尺寸不同且数量众多，同时存在多种型号的包装箱，需要选择大小合适的包装箱装入同一个订单中的所有物品。换句话说，本章所研究的问题为 3DPP-TM&OQ 问题，主要针对电商仓储领域陆续到达的订单，在多种包装箱型号可供选择的条件下，求解得到具体的装箱方案（如图 5-1 所示）。多种箱型的三维装箱问题求解的具体前提条件如下：

①存在多种型号的包装箱，每种型号包装箱的尺寸（长、宽、高）不同。

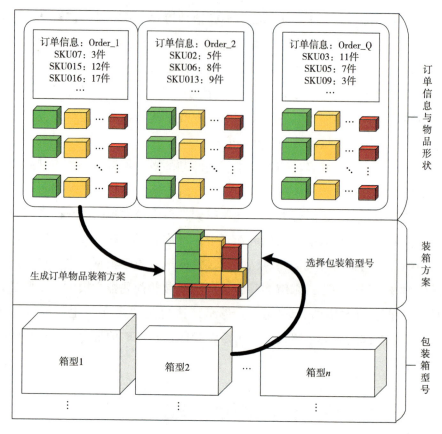

图 5-1　电商仓储三维装箱问题描述示意图

②每种型号包装箱的尺寸是相对固定的，即在本章及第 6 章所研究的问题范畴内，包装箱尺寸不可变，只有在进行包装箱尺寸优化时，才将包装箱尺寸作为可变条件进行动态调整。

③每种型号箱子的数量为无限多个，即在计算求解装箱方案时，不考虑每种型号包装箱数量的限制。

④待装箱的订单物品的形状均为长方体或正方体，不存在其他不规则形状的物品，即本书研究的问题为规则物品的三维装箱问题。

⑤每个订单中包含多个 SKU 种类的物品，且每种 SKU 的物品数量为 1 件或多件，即所谓的"异构物品"装箱问题。

⑥为了方便电商仓储与快递配送环节的衔接，避免订单物品的遗漏，需

要尽量将同一个订单中的所有物品装入同一个包装箱。

⑦不同订单的物品禁止混合装入同一个包装箱。

⑧为了充分利用包装箱的空间，降低包装成本和运输成本，要尽可能提升包装箱的空间利用率。

⑨为了满足电商仓储领域大规模订单物品装箱的实际要求，需要尽可能降低装箱方案的计算耗时，最好做到秒级时间内响应，最慢也要控制在 1 分钟以内。

以上前提条件进一步明确了问题特征，为后续问题属性分析与建模求解提供了必要的基本信息与分析依据。

5.1.2　电商仓储三维装箱问题属性分析

对于电商仓储领域三维装箱问题的属性，可以从管理学领域中优化问题的角度进行分析。

从管理学领域所研究的问题特征来看，绝大部分问题属于优化问题，而优化问题的本质是比较问题，即对比分析不同策略或方法所得解的优劣程度。其中，有些问题可以通过理论分析直接求得最优解，或求得当前解与最优解之间的差值，以此可以判断所得解的绝对优化程度；而对于另一些与复杂实践情况紧密相关的问题，难以从精确的求解过程判断解的相对优化程度，只能通过不同可行解之间的对比分析判断解的相对优化程度。

具体而言，可以从求解的优化程度判断出发，将问题分为三大类：

第一类问题：除暴力枚举法之外，已有其他有效方法可以求得精确解，并且可以从理论上证明这一精确解的最优性特征。这种情况是最理想的情况，理论上可以使该优化问题得到彻底求解。但是，实际上往往还需要考虑求得精确解的效率，毕竟当问题的规模增大时，很多有效的方法在实际中不可行。

第二类问题：不存在有效的方法可以求得精确解，但是可以通过理论分析得到该问题的一个比较紧的界（上界或下界），那么可以比较明确地判断每个可行解的优化程度，对比分析不同解之间的优劣。

第三类问题：由于问题本身的复杂性特征（或问题规模庞大），不存在有效求得精确解的方法。例如，问题具备强烈的初始条件敏感性特征，基本前提条件的微调可能导致求解过程和结果的巨大差异。同时，也几乎不可能通过理论分析得到一个紧致的界，即使得到了可行解，也无法准确判断其优化程度。判断本来问题求解的优劣程度，需要紧密结合问题的前提条件进行具体分析，也可以通过对比不同求解方法之间的结果优劣差异来判断解的相对优化程度。

第三类问题的初始条件敏感性特征使得求解方法的设计需要针对不同的具体条件分别考虑，难以找到一种在所有前提条件下都明显有效且优于其他设计的求解方法。例如，在电商仓储三维装箱问题的求解过程中，装箱方案的求解方法有效性与装箱算例数据集的特征紧密相关，在一个数据集上表现优秀的方法在另一个数据集上可能表现得很差。这种情况下，就需要针对不同类型的初始条件设计不同的问题求解方法，或者设计多种方法以匹配不同类型的前提条件（或算例数据集特征）。由此可见，本书所研究的电商仓储装箱问题属于第三类。将装箱策略作为研究的重要角度，是与电商仓储装箱问题特征相匹配、更加符合实践要求、切实可行的解决方法。

5.2　多种箱型三维装箱混合整数规划模型

混合整数规划模型是求解装箱问题的经典模型，针对多种箱型的三维装箱问题建立混合整数规划模型是研究电商仓储智能装箱的基础。通过对混合整数规划模型的研究进一步深入分析多种箱型三维装箱问题的本质特征，能够为构建创新型的装箱问题时序分类模型奠定基础。由于电商仓储每天处理的订单数量为几十万个至上百万个不等，计算耗时较长的各种搜索算法都无法在实际中应用。因此，启发式策略算法成为解决电商仓储装箱实际问题的首选方法。

5.2.1　模型变量假设

根据实际情况的要求，应该将同一订单中的物品尽可能地装入同一个箱子中，不同订单的物品不能混合装入同一个箱子。在本书中，不同类型箱子的尺寸设计恰好使每个订单中的所有物品都能装入某一个箱子，不需要将同一个订单的物品装入两个或多个箱子。换句话说，本书不研究同一个订单物品拆分装入多个不同箱子的情况。

设一个订单中有 m 件物品，有 n 种型号的箱子可供选择。物品和箱子的形状均为长方体，不考虑形状不规则的物品装箱。第 i 件物品的长、宽、高分别为 l_i^I、w_i^I、h_i^I，第 j 种箱子的长、宽、高分别为 l_j^B、w_j^B、h_j^B。其中，$i = 1$，2，$\cdots$，m；$j = 1$，2，$\cdots$，n；I 表示物品；B 表示箱子。

（1）箱子型号选择

设 X_j^B 为 0-1 变量，则有：

$$X_j^B = \begin{cases} 1 & \text{选中第 } j \text{ 种箱子} \\ 0 & \text{不选第 } j \text{ 种箱子} \end{cases} \tag{5-1}$$

$$\sum_{j=1}^{n} X_j^B = 1 \tag{5-2}$$

设 l^{B*}、w^{B*}、h^{B*} 分别为选中箱子的长、宽、高，则有：

$$l^{B*} = \sum_{j=1}^{n} X_j^B \cdot l_j^B \tag{5-3}$$

$$w^{B*} = \sum_{j=1}^{n} X_j^B \cdot w_j^B \tag{5-4}$$

$$h^{B*} = \sum_{j=1}^{n} X_j^B \cdot h_j^B \tag{5-5}$$

假设物品装箱时箱子长、宽、高的方向不变，以选中箱子的长、宽、高为基本参照，建立三维直角坐标系（如图5-2所示）。箱子的长（l^{B*}）对应 x 轴，箱子的宽（w^{B*}）对应 y 轴，箱子的高（h^{B*}）对应 z 轴。

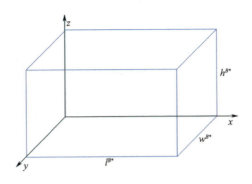

图5-2　箱子三维空间坐标系示意图

（2）物品装箱位置选择

物品在箱子中的装载位置以物品装入箱子后的物品左后下角的位置坐标表示（如图 5-3 中的红点位置所示）。

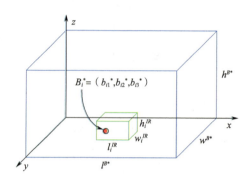

图 5-3　物品装箱空间位置示意图

设第 i 件物品在三维空间中初始左后下角位置坐标为 $B_i = (b_{i1}, b_{i2}, b_{i3})$。由于一个订单中的物品总数为 m 件，则物品在箱子中的装载位置共有 m 个，物品装箱的第 i' 个位置的坐标为 $B'_{i'} = (b'_{i'1}, b'_{i'2}, b'_{i'3})$，$i' = 1, 2, \cdots, m$。

物品装载位置选择的 0-1 矩阵 $\boldsymbol{P}$ 如下：

$$\boldsymbol{P} = \begin{array}{c} \\ B'_1 \\ B'_2 \\ \vdots \\ B'_m \end{array} \begin{array}{c} \begin{matrix} B_1 & B_2 & \cdots & B_m \end{matrix} \\ \begin{bmatrix} P_{11} & P_{12} & \cdots & P_{1m} \\ P_{21} & P_{22} & \cdots & P_{2m} \\ \vdots & \vdots & \ddots & \vdots \\ P_{m1} & P_{m2} & \cdots & P_{mm} \end{bmatrix} \end{array} \tag{5-6}$$

其中，

$$P_{i'i} = \begin{cases} 1 & \text{第 } i \text{ 件物品装入第 } i' \text{ 个位置} \\ 0 & \text{第 } i \text{ 件物品不装入第 } i' \text{ 个位置} \end{cases} \tag{5-7}$$

由于每件物品只能装入 1 个位置，每个位置只能有 1 个物品装入，则有：

$$\sum_{i'=1}^{m} P_{i'i} = 1 \tag{5-8}$$

$$\sum_{i=1}^{m} P_{ii'} = 1 \tag{5-9}$$

第 i 件物品在箱子中的最终装载位置坐标为 $B_i^* = (b_{i1}^*, b_{i2}^*, b_{i3}^*)$，则有：

$$B_i^* = \sum_{i'=1}^{m} P_{i'i} \cdot B_{i'}' \tag{5-10}$$

$$b_{i1}^* = \sum_{i'=1}^{m} P_{i'i} \cdot b_{i'1}' \tag{5-11}$$

$$b_{i2}^* = \sum_{i'=1}^{m} P_{i'i} \cdot b_{i'2}' \tag{5-12}$$

$$b_{i3}^* = \sum_{i'=1}^{m} P_{i'i} \cdot b_{i'3}' \tag{5-13}$$

（3）物品装箱方向选择

本书不考虑物品装箱时的支撑条件和方向约束，一件物品在装箱时共有 6 种方向可供选择，物品装箱的不同方向可以用物品在不同维度上的长、宽、高尺寸表示（如图 5-4 所示）。

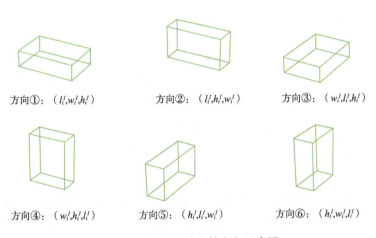

方向①：(l_i^I, w_i^I, h_i^I)　方向②：(l_i^I, h_i^I, w_i^I)　方向③：(w_i^I, l_i^I, h_i^I)

方向④：(w_i^I, h_i^I, l_i^I)　方向⑤：(h_i^I, l_i^I, w_i^I)　方向⑥：(h_i^I, w_i^I, l_i^I)

图 5-4　物品装箱旋转方向示意图

第 i 件物品装箱方向 0-1 选择矩阵 $\boldsymbol{R}_i$ 如下：

$$\boldsymbol{R}_i = \begin{array}{c} \\ l_i^{IR} \\ w_i^{IR} \\ h_i^{IR} \end{array} \begin{array}{ccc} l_i^I & w_i^I & h_i^I \\ \begin{bmatrix} R_{11}^i & R_{12}^i & R_{13}^i \\ R_{21}^i & R_{22}^i & R_{23}^i \\ R_{31}^i & R_{32}^i & R_{33}^i \end{bmatrix} \end{array} \tag{5-14}$$

其中，$R_{r'r}^i = 0$ 或 1，r'，$r = 1$，2，3。l_i^{IR}、w_i^{IR}、h_i^{IR} 分别为第 i 件物品装箱旋转方

向后的长、宽、高尺寸。由于每件物品最终只能选择 1 种方向装入箱子，每个装入箱子的物品必须确定 1 种方向，则有：

$$\sum_{r'=1}^{3} R_{r'r}^{i} = 1 \qquad\qquad (5\text{-}15)$$

$$\sum_{r=1}^{3} R_{r'r}^{i} = 1 \qquad\qquad (5\text{-}16)$$

确定物品装载方向后，最终装入箱子时第 i 件物品在各个方向上的尺寸大小分别为：

$$l_i^{IR} = R_{11}^i \cdot l_i^I + R_{12}^i \cdot w_i^I + R_{13}^i \cdot h_i^I \qquad (5\text{-}17)$$

$$w_i^{IR} = R_{21}^i \cdot l_i^I + R_{22}^i \cdot w_i^I + R_{23}^i \cdot h_i^I \qquad (5\text{-}18)$$

$$h_i^{IR} = R_{31}^i \cdot l_i^I + R_{32}^i \cdot w_i^I + R_{33}^i \cdot h_i^I \qquad (5\text{-}19)$$

5.2.2　装箱模型构建

（1）模型优化目标

根据上述模型变量假设，在尽量少用箱子的基础上，本书以订单物品装箱的空间利用率最高为优化目标。从电商仓储领域的实际出发，笔者通过分析装箱数据发现，每个订单都能被装入一个箱子中。因此，本书的问题进一步转变为：选择一个能够装入单个订单所有物品的箱子，并使箱子的空间利用率最高，或者箱子在装完该订单的所有物品后剩余空间最小。

（2）模型约束条件

在物品与箱子的相对空间位置以及物品与物品之间的相对空间位置方面，需要注意物品不能超出选中箱子的空间范围，物品与物品之间不能出现空间位置的重叠。暂不考虑物品支撑、物品挤压、物品区隔等其他约束条件。

关于非越界约束（如图 5-5 所示），判断物品所占据的空间有没有超过箱子的空间范围，只需要关注箱子的左后下角和右前上角的空间坐标与物品的左后下角和右前上角空间坐标的相对位置即可。具体而言，若物品的左后下角和右前上角空间坐标在 x 轴、y 轴、z 轴三个维度上的值均在箱子所围成的三维空间范围内，则物品没有越界。其中，O 为箱子左后下角的坐标，即三维直角坐标系的原点；O^* 为箱子右前上角的坐标；B_i^{**} 为第 i 件物品在箱子三维坐标系空间中右前上角的坐标。

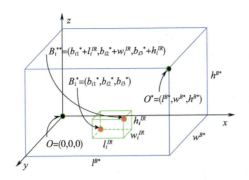

图 5-5　物品非越界情况示意图

关于物品之间的非重叠约束（如图 5-6 所示），第 i 件物品在 x 轴上占据的区间为 $[b_{i1}^*,\ b_{i1}^*+l_i^{IR}]$，在 y 轴上占据的区间为 $[b_{i2}^*,\ b_{i2}^*+w_i^{IR}]$，在 z 轴上占据的区间为 $[b_{i3}^*,\ b_{i3}^*+h_i^{IR}]$。第 i 件物品在三维直角坐标系占据的空间范围是由 x 轴、y 轴和 z 轴占据的区间交叉形成的。同理可得，第 i' 件物品占据的三维空间范围是由区间 $[b_{i'1}^*,\ b_{i'1}^*+l_{i'}^{IR}]$、$[b_{i'2}^*,\ b_{i'2}^*+w_{i'}^{IR}]$ 和 $[b_{i'3}^*,\ b_{i'3}^*+h_{i'}^{IR}]$ 分别在 x 轴、y 轴和 z 轴交叉得到的，其中 $i' \neq i$。

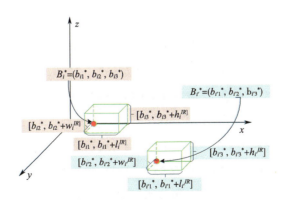

图 5-6　物品非重叠情况示意图

如果两件物品在三维空间中的位置不存在重叠，需要满足在 x 轴、y 轴和 z 轴三个维度上至少存在 1 个或 1 个以上的维度对应的区间不存在交集，即以下三个条件中至少满足其中 1 个：

条件①：第 i 件物品与第 i' 件物品在 x 轴上占据的区间不存在交集，即 $b_{i1}^* + l_i^{IR} \leqslant b_{i'1}^*$ 或 $b_{i'1}^* + l_{i'}^{IR} \leqslant b_{i1}^*$ 。

条件②：第 i 件物品与第 i' 件物品在 y 轴上占据的区间不存在交集，即 $b_{i2}^* + w_i^{IR} \leqslant b_{i'2}^*$ 或 $b_{i'2}^* + w_{i'}^{IR} \leqslant b_{i2}^*$ 。

条件③：第 i 件物品与第 i' 件物品在 z 轴上占据的区间不存在交集，即 $b_{i3}^* + h_i^{IR} \leqslant b_{i'3}^*$ 或 $b_{i'3}^* + h_{i'}^{IR} \leqslant b_{i3}^*$ 。

（3）装箱模型构建

以订单物品装箱的剩余空间最小为优化目标，以物品非越界与非重叠为约束条件，构建多种箱型的三维装箱问题混合整数规划模型（Ⅰ）如下：

$$\max z = \left(\sum_{i=1}^{m} l_i^{IR} \cdot w_i^{IR} \cdot h_i^{IR} \right) / (l^{B^*} \cdot w^{B^*} \cdot h^{B^*}) \tag{5-20}$$

$$0 \leqslant b_{i1}^* \leqslant l^{B^*} \tag{5-21}$$

$$0 \leqslant b_{i2}^* \leqslant w^{B^*} \tag{5-22}$$

$$0 \leqslant b_{i3}^* \leqslant h^{B^*} \tag{5-23}$$

$$0 \leqslant b_{i1}^* + l_i^{IR} \leqslant l^{B^*} \tag{5-24}$$

$$0 \leqslant b_{i2}^* + w_i^{IR} \leqslant w^{B^*} \tag{5-25}$$

$$0 \leqslant b_{i3}^* + h_i^{IR} \leqslant h^{B^*} \tag{5-26}$$

$$b_{i1}^* + l_i^{IR} \leqslant b_{i'1}^* + (1 - y_{ii'}^1) \cdot M \tag{5-27}$$

$$b_{i'1}^* + l_{i'}^{IR} \leqslant b_{i1}^* + (1 - y_{ii'}^2) \cdot M \tag{5-28}$$

$$b_{i2}^* + w_i^{IR} \leqslant b_{i'2}^* + (1 - y_{ii'}^3) \cdot M \tag{5-29}$$

$$b_{i'2}^* + w_{i'}^{IR} \leqslant b_{i2}^* + (1 - y_{ii'}^4) \cdot M \tag{5-30}$$

$$b_{i3}^* + h_i^{IR} \leqslant b_{i'3}^* + (1 - y_{ii'}^5) \cdot M \tag{5-31}$$

$$b_{i'3}^* + h_{i'}^{IR} \leqslant b_{i3}^* + (1 - y_{ii'}^6) \cdot M \tag{5-32}$$

$$y_{ii'}^1 + y_{ii'}^2 \leqslant 1 \tag{5-33}$$

$$y_{ii'}^3 + y_{ii'}^4 \leqslant 1 \tag{5-34}$$

$$y_{ii'}^5 + y_{ii'}^6 \leqslant 1 \tag{5-35}$$

$$y_{ii'}^1 + y_{ii'}^2 + y_{ii'}^3 + y_{ii'}^4 + y_{ii'}^5 + y_{ii'}^6 \geqslant 1 \tag{5-36}$$

$$M \text{ 为足够大的常数} \tag{5-37}$$

$$y_{ii'}^1, y_{ii'}^2, y_{ii'}^3, y_{ii'}^4, y_{ii'}^5, y_{ii'}^6 = 0 \text{ 或 } 1 \tag{5-38}$$

$$i \neq i'; \ i, \ i' = 1, \ 2, \ \cdots, \ m \qquad (5-39)$$

其中，式（5-20）为模型（Ⅰ）的目标函数，优化目标为订单物品装入箱子后空间装载率最大；式（5-21）至式（5-26）为非越界约束，保证装入箱子的物品不会超出箱子尺寸所容纳的空间范围，式（5-21）至式（5-23）为装入箱子中每件物品的左后下角坐标在箱子尺寸所允许的范围内，式（5-24）至式（5-26）为箱子中每件物品的右前上角坐标在箱子尺寸所允许的空间范围内；式（5-27）至式（5-36）为物品之间的非重叠约束，式（5-27）、式（5-28）和式（5-33）为两件不同的物品在 x 轴维度上所占据区间之间的关系，式（5-29）、式（5-30）和式（5-34）为两件不同的物品在 y 轴维度上所占据区间之间的关系，式（5-31）、式（5-32）和式（5-35）为两件不同的物品在 z 轴维度上所占据区间之间的关系，式（5-36）保证两件不同的物品至少存在 1 个或 1 个以上的维度对应的区间不存在交集，即两件物品之间不存在空间重叠；式（5-37）至式（5-39）规定了各个变量的取值范围。

5.2.3　模型特征阐述

实际中的电商仓储订单是持续到达的，每天需要处理的订单数量为几十万个甚至上百万个，上述模型仅研究了单个订单在多种箱子类型可选时的装箱问题，不同订单分别进行装箱作业时，可分别套用上述模型。

在明确组合优化问题特性的基础上，本书构建的多种箱型三维装箱问题模型，在强调空间特征的同时，也在一定程度上突出了装箱活动的时序特征，将电商仓储领域的装箱活动拆分为选择箱子类型、选择物品装箱位置、选择物品装箱方向，为后续使用智能装箱算法优化装箱效果做了部分准备工作。

5.3　多种箱型三维装箱环节策略设计

从电商仓储领域多种箱型三维装箱问题的情境出发，分析混合整数规划模型的特征，将装箱策略的研究提升到解决问题根本途径的高度，是符合具体条件要求、切实可行的研究角度，也是本书开展装箱问题系统化研究的基础。

5.3.1 装箱环节启发式策略设计思路

为兼顾求解装箱方案的速度和装载率，针对多种箱型三维装箱问题的混合整数规划模型（Ⅰ）主要采用启发式策略算法进行求解。在设计启发式策略算法的过程中，需要结合不同的启发式策略，而启发式策略的好坏以及不同启发式策略的相互配合将会影响最终算法实现的效果。为了能够得到更优的启发式策略算法，本书将多种箱型三维装箱的过程进行环节划分，针对不同环节的问题设计一个或多个启发式策略，用于整个装箱过程的方案求解。由于装箱过程中不同环节所包含的启发式策略有可能不止一个，彼此之间相互组合可以得到多种启发式策略组合，因此本书将装箱过程按照环节划分后由不同环节装箱启发式策略组成的多种策略组合称为"装箱环节策略组合体系"（packing link strategy combination system，PLSCS）。

5.3.2 装箱过程整体策略框架设计

构建装箱环节算法体系，需要明确多种箱型三维装箱过程及其所包含的各个环节。本书设计了两个装箱过程的基本策略框架，分别为：经验模拟算法（empirical simulation algorithm，ESA）和切割变形算法（cutting deformation algorithm，CDA）。

（1）ESA 策略框架

ESA 策略框架的基本思想是模拟电商仓储领域装箱操作人员的实践作业过程。针对多种箱型三维装箱问题的一个订单，首先根据经验选择一个容积略大于订单中所有物品体积之和的包装箱，尝试进行物品装箱。尽量将同一个订单的所有物品装入同一个箱子，如果订单物品能够全部装入，则装箱过程结束；如果当前选择的箱子不能装入该订单的所有物品，则将所有尝试装入的物品从当前包装箱中拿出，更换尺寸稍大的包装箱，重新进行物品装箱的尝试，直至订单中的所有物品全部装入该包装箱。

需要注意的是，能够将任何订单中所有物品装入同一个包装箱的隐含前提是存在这样一种容积足够大的包装箱，而在电商仓储实践领域，企业也确实会设计这样的包装箱以应对订单物品数量较多且总体积较大的情况。根据电商仓储领域的装箱操作实践，暂不考虑同一个订单的物品需要装入不同箱子的情况。本书所采用的实例数据集是在参考企业实际情况的基础上满足这一前提条件的。因此，在后续计算实验过程中，仍以订单物品装入同一箱子作为研究的前提条件。

（2）CDA 策略框架

CDA 策略框架的基本思想与 ESA 策略框架类似，都需要进行物品装箱的尝试。相较于 ESA 策略框架而言，CDA 策略框架所不同的是在当前选中的箱子不能完全装入订单中的所有物品时，并不将所有尝试装入的物品从箱子中全部拿出，而是根据更换的稍大型号的包装箱尺寸，将超过其长、宽、高边界的物品移除。在新的包装箱里，未越界物品的相对空间位置不变，再根据新的包装箱尺寸继续尝试装入订单中尚未装箱的剩余物品，依此类推直至找到合适的包装箱装入订单中的所有物品为止。另外，在 CDA 策略框架下也需要满足任意一个订单的所有物品可以装入同一个箱子的前提条件。

图 5-7 中，子图（1）至子图（4）为 ESA 框架下物品的装箱过程，子图（5）至子图（8）为 CDA 框架下物品的装箱过程。在该图的示例中，共有 16件物品需要装箱，子图（1）与子图（5）中的蓝色线框为初始尝试的箱子型号，仅能装下 12 件物品。子图（2）至子图（4）以及子图（6）至子图（8）中的黑色虚线框表示新尝试的箱子型号尺寸。当原有箱子尺寸无法装入所有物品时，在 ESA 框架下尝试新的箱子型号，需要将原有箱子中的物品全部取出清空，如子图（3）所示，然后将所有物品逐一尝试装入新的箱子；在 CDA框架下，如果原有箱子不能装入所有物品，并不需要将所有物品全部取出，而是根据新箱子的尺寸，仅将超过新箱子边界的物品取出，未越界的物品相对空间位置不变，然后尝试装入剩余物品。在 CDA 框架下，判断已装箱物品是否超出新箱子的边界，需要借助空间切割算子 $oper_3^{geom}$ 进行判断，具体见下一小节。

5.3.3 装箱环节启发式策略设计

构建装箱环节算法体系的主要内容是设计不同环节的启发式策略算子，每个环节的启发式策略算子有可能不止一个，因此被称为该环节的"策略算

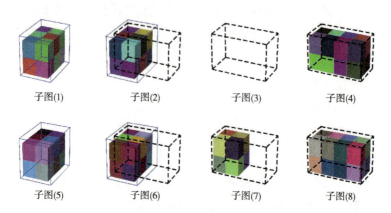

子图(1)　　子图(2)　　子图(3)　　子图(4)

子图(5)　　子图(6)　　子图(7)　　子图(8)

图5-7　ESA 与 CDA 框架装箱过程对比分析

子集合"。同一环节策略算子集合中的不同算子处于并列地位，在进行该环节操作时需要从中选择一个算子作为该装箱步骤的动作选择方式。

多种箱型三维装箱问题求解过程主要包括基本空间几何性质、包装箱型号选择环节、物品装箱形式选择环节、物品装箱顺序选择环节、物品装箱位置选择环节以及物品装箱方向选择环节等 6 个环节的策略算子集合。其中，基本空间几何性质是处于多种箱型三维装箱过程基本物理环境中的条件约束，只有满足基本的三维空间几何性质的要求，所求得的解才是可行解。另外，包装箱型号选择环节、物品装箱形式选择环节、物品装箱顺序选择环节、物品装箱位置选择环节以及物品装箱方向选择环节具有先行后续的关系（如图5-8所示）。

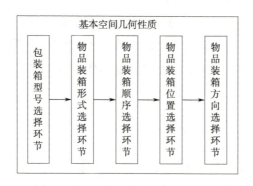

图5-8　多种箱型三维装箱问题求解过程示意图

之所以将装箱位置选择置于装箱方向选择之前，主要是因为确定可行的装箱位置之后再确定物品装箱方向是比较容易求得可行解的策略。如果先确定物品的装箱方向，那么在该装箱方向下可能不存在可行解，而需要返回计算其他装箱方向的可行性。

除了这6个环节策略算子集合中所包含的算子，本书其他部分的内容还会用到一些零散的算子设计，用以处理算法中的某些具体问题。本部分各个环节策略算子集合中所包含的具体算子如下：

（1）基本空间几何性质环节策略算子集合

基本空间几何性质是三维装箱问题必须考虑的基本前提条件，是判断装箱方案是否可行的基本依据。基本空间几何性质算子集合记为 $Oper\_geom\_set$。其中，除了求解装箱方案的过程中必须始终满足的条件约束（如非越界算子 $oper_1^{geom}$ 和非重叠算子 $oper_2^{geom}$）外，还有可以优化物品空间状态计算过程的方法（如空间切割算子 $oper_3^{geom}$）。

$$Oper\_geom\_set = \{oper_1^{geom}, oper_2^{geom}, oper_3^{geom}\} \tag{5-40}$$

①非越界算子。非越界算子 $oper_1^{geom}$ 用于判断当前装箱位置上以一定的旋转方向、尺寸装入物品后，该物品是否超出了箱子的边界。物品越界的三维直观展示如图5-9所示。

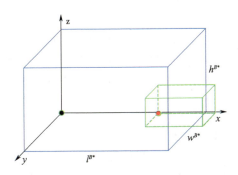

图5-9　物品越界情况三维可视化示意图

$oper_1^{geom}$ 算子的功能与5.2.2节模型（Ⅰ）中式（5-21）至式（5-26）的功能相同，即保证装入箱子的物品在包装箱所容纳的空间范围内。

$oper_1^{geom}$ 算子输入为物品装箱位置、物品装箱方向、物品尺寸以及箱子尺寸；算子输出为判断物品是否越界的布尔值，即：

$$oper_1^{geom} = \begin{cases} 1 & 物品没有超出包装箱边界 \\ 0 & 物品超出包装箱边界 \end{cases} \tag{5-41}$$

②非重叠算子。非重叠算子 $oper_2^{geom}$ 用于判断当前物品以选中的位置与方向装箱后是否与已经装箱的其他物品所占据的空间产生重叠。物品之间重叠的三维直观展示如图 5-10 所示。

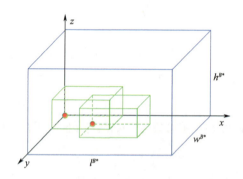

图 5-10　物品之间重叠情况三维可视化示意图

$oper_2^{geom}$ 算子输入为当前物品的尺寸、装箱位置与方向，已装箱物品的尺寸、位置与方向；算子输出为判断当前物品是否与已装箱物品产生空间重叠的布尔值，即：

$$oper_2^{geom} = \begin{cases} 1 & 未与任何物品产生空间重叠 \\ 0 & 与至少 1 件物品产生空间重叠 \end{cases} \tag{5-42}$$

③空间切割算子。空间切割算子 $oper_3^{geom}$ 用于筛选被某个三维平面隔开及其穿过的物品集合。

$oper_3^{geom}$ 算子输入为所有物品在三维空间中的相对位置、尺寸与方向，切割已有物品的三维空间平面信息（包括保留或切掉平面哪一方向的物品）；算子输出为被平面隔开以及该平面穿过的物品空间位置坐标与尺寸集合，即：

$$oper_3^{geom} = \{p^{over}, s^{over}\} \tag{5-43}$$

其中，p^{over} 表示被平面切割掉的物品位置坐标集合，s^{over} 表示被平面切割掉的物品尺寸信息集合。

（2）包装箱型号选择环节策略算子集合

多种箱型三维装箱问题中最重要的环节之一，就是面对当前订单物品时需要选择一个与装箱策略相匹配的箱子，然后计算具体的装箱方案。一般情况下，很难一次性选中合适的包装箱型号，需要多次尝试才能确定。因此，本研究设计了包装箱型号选择算子集合，记为 $Oper\_bin\_set$，用于确定包装箱型号的尝试顺序。

$$Oper\_bin\_set = \{oper_1^{bin},\ oper_2^{bin}(\beta)\} \tag{5-44}$$

①简单箱型容积升序选择算子。简单箱型容积升序选择算子 $oper_1^{bin}$ 的功能是：将所有型号的包装箱按照容积从小到大的顺序依次排列，从大于等于当前订单物品体积之和的最小尺寸包装箱型号开始，按照当前的装箱策略依次进行尝试。如果较小尺寸的包装箱不能装入订单的所有物品，则更换尺寸略大的包装箱继续尝试，直到订单中的物品可以全部装入某一型号的包装箱为止，则该包装箱为能装下当前订单所有物品的尺寸最小的包装箱（如图5-11所示）。

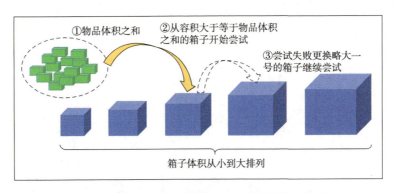

图 5-11　简单箱型容积升序选择过程示意图

$oper_1^{bin}$ 算子输入为订单物品体积之和、各种型号包装箱的容积信息；算子输出为包装箱型号依次尝试的索引序列。

②系数箱型选择算子。系数箱型选择算子 $oper_2^{bin}(\beta)$ 的作用是：将订单物品总体积乘以系数 β 后作为订单物品体积基数，从大于等于该体积基数的包装箱型号开始尝试，如果首次尝试不能装入订单的所有物品，那么选择更大

一号的包装箱继续尝试，直至找到能装入订单中所有物品的包装箱为止；如果首次尝试能够装入订单的所有物品，则需要选择更小一号的包装箱继续尝试，直至包装箱不能装入所有物品，则上一次尝试的次小型号包装箱被选中，以满足当前装箱策略下订单物品装入最小尺寸包装箱的目标，从而实现最大化的装载率。

一般情况下，箱型尝试次数是影响物品装箱方案计算耗时的重要因素，如果能够通过有效的机制（设置 β 值）降低箱型选择尝试次数，将会使装箱方案计算效率进一步提升。在装箱策略不变的情况下，要想实现包装箱装载率最大的优化目标，系数箱型选择算子需要至少进行 2 次装箱尝试的操作。但是，如果系数 β 设置合理，$oper_2^{bin}(\beta)$ 算子进行 2 次装箱尝试即可选中合适的箱子类型。对简单箱型容积升序选择算子 $oper_1^{bin}$ 而言，如果 $oper_1^{bin}$ 算子中的尝试次数超过 2 次，$oper_1^{bin}$ 算子自身的机制是没有办法降低装箱尝试次数的；但是，系数箱型选择算子 $oper_2^{bin}(\beta)$ 通过优化系数 β 存在降低箱型尝试次数的潜力。另外，除了采用灵敏度分析的方法以确定 β 值外，也可以将函数输出的结果作为 β 值，从而引入算法优化不同订单情况下的 β 取值。具体计算过程如图 5-12 所示。

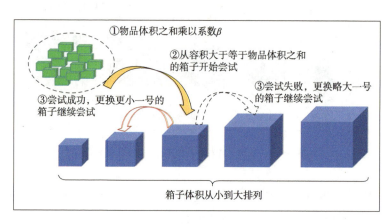

图 5-12　系数箱型选择过程示意图

$oper_2^{bin}(\beta)$ 算子输入为 β 值、订单物品尺寸，以及各种型号包装箱的尺寸；算子输出为选中包装箱型号索引，选中的包装箱成功装入订单中所有物品的箱子型号尝试索引序列，选中的包装箱没有成功装入所有订单中所有物品的箱子型号尝试索引序列。

（3）物品装箱形式选择环节策略算子集合

所谓"物品装箱形式"，是指物品装箱过程中的聚散情况，具体分为两种形式：一是每次装箱物品 SKU 选择后仅有 1 件物品装入箱子；二是每次装箱物品 SKU 选择之后，同时有多件物品装入该类 SKU 下。物品装箱形式选择算子集合记为 $Oper\_form\_set$，用于区分不同的物品装箱形式：

$$Oper\_form\_set = \{oper_1^{form}, oper_2^{form}(size)\} \tag{5-45}$$

①单件物品形式装箱算子。单件物品形式装箱算子 $oper_1^{form}$ 是指将订单中的每一件物品看作单独的基本单元，不论是否为同一 SKU 或尺寸大小是否相同，都按装箱策略中物品顺序的选择要求逐一装入箱子。

$oper_1^{form}$ 算子输入为订单剩余的物品种类或 SKU；算子输出为该物品种类或 SKU 下的单件物品。

②物品动态复合块形式装箱算子。物品动态复合块形式装箱算子 $oper_2^{form}(size)$ 中的复合块是指由多件物品共同组成的块状结构，一般将同一 SKU 或尺寸相同的物品在相同方向下堆叠到一起作为复合块，再将该复合块作为装箱的基本单元。物品动态复合块是指物品在堆叠为复合块时需要考虑装入的目标空间大小（$size$），不能越界。其中，$size$ 规定了空间长、宽、高三个尺寸中的两个或三个维度的取值，动态复合块在该空间中进行堆叠，一般采用先生成"柱"，再生成"墙"，最后生成"块"的方式，具体如图 5-13 所示。

由图 5-13 可知，不论复合块中包含多少件物品，经过转换后其空间分割信息相当于最多放置 3 件物品，具体情况包括：

其一，如果物品未堆满一个柱状块，则将该块看作一个物品，计算尺寸后装入箱子。

其二，如果物品堆满一个柱状块后，剩余物品未堆满下一个柱状块，则将柱状块看作一个物品，剩余物品组成的复合块看作另一个物品。

其三，如果物品堆满一面墙后仍有剩余物品存在，则将一面墙的物品堆成的复合块看作一件物品。对于剩余物品，视其数量多少确定其堆叠的柱状

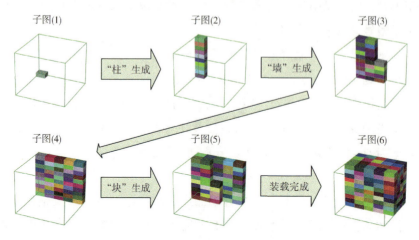

子图(1)　　　　　　　　"柱"生成　　　　子图(2)　　　　"墙"生成　　　子图(3)

子图(4)　　　　"块"生成　　　子图(5)　　　装载完成　　　子图(6)

图 5-13　物品动态复合块生成示例

块和最终剩余的物品，将其划分为一件或两件物品。

$oper_2^{form}(size)$ 算子输入为物品种类或 SKU、目标空间尺寸（$size$）；算子输出为在空间尺寸（$size$）下满足非越界约束的情况下，该 SKU 下多件物品的动态复合块（含相对空间位置与旋转方向尺寸信息）以及目标空间在装入动态复合块后被重新划分所形成的新空间信息（包括新空间的左后下角坐标、新空间的尺寸）。

（4）物品装箱顺序选择环节策略算子集合

物品装箱顺序是影响最终装箱方案效果的重要因素，众多文献也都将调整物品装箱顺序作为优化装载率的主要手段。物品装箱顺序选择是指每次选择即将装入箱子的物品种类或 SKU，具体装箱物品为该种类或 SKU 下的物品。物品装箱顺序选择算子集合记为 $Oper\_sequ\_set$，用于确定订单中物品的装箱顺序：

$$Oper\_sequ\_set = \left\{ oper_1^{sequ},\ oper_2^{sequ}(\varphi^{sequ}) \right\} \tag{5-46}$$

①物品体积降序选择算子。物品体积降序选择算子 $oper_1^{sequ}$ 的作用是将订单中的物品按照体积从大到小的顺序依次装入选中的箱子。

$oper_1^{sequ}$ 算子输入为订单中所有物品的 SKU 的编号信息以及每种 SKU 物品的体积信息；算子输出为当前订单物品集合中 SKU 装箱顺序索引序列。

②物品装箱顺序函数选择算子。物品装箱顺序函数选择算子 $oper_2^{sequ}(\varphi^{sequ})$ 是指物品的装箱顺序由函数 φ^{sequ} 所确定。φ^{sequ} 可以是计算物品装箱顺序的某种启发式策略，也可以是某种算法的物品装箱顺序计算结果，其目的是通过调整物品装箱顺序优化物品装箱策略，提升订单装载率。

$oper_2^{sequ}(\varphi^{sequ})$ 算子的输入为订单中所有物品的 SKU 信息与尺寸信息，φ^{sequ} 对应的算法函数及其所需的相关变量信息（如箱子空间信息、已装箱物品信息等）；算子输出为当前订单物品集合装箱顺序索引序列或装箱物品 SKU 的逐步动态选择。

（5）物品装箱位置选择环节策略算子集合

物品装箱位置的选择会随着装入箱子的物品增加而变得复杂，很多文献采用空间三分的方法进行空间划分与组合，再加上一些启发式策略用以确定物品的装箱位置。另外，本书还采用了"物品装载点+非越界与非重叠约束"的方式，附加一定的约束条件从而确定物品装箱位置。

在使用空间划分与组合方法的过程中，需要维护一个空间列表，以从中选择当前物品的装载空间，具体装载位置为空间的左后下角。物品装箱后更新空间列表，直至所有物品都被装入则装箱成功，计算过程结束；如果空间列表中不存在能够装入当前物品的空间，则说明当前箱子型号不可行，需要更换容积稍大一些的箱子继续进行装箱尝试（具体详见包装箱型号选择算子集合 $Oper\_bin\_set$ 中的操作方法）。具体空间列表的维护过程是随着物品逐一装入箱子，通过以下空间划分与组合方式进行空间列表的更新。

关于空间划分的方式，根据"空间三分"理论，当一件物品装入箱子后，装入物品的空间被划分为三部分，即上空间、前空间和右空间。根据"前空间"和"右空间"的划分方式不同，又分为两种情况：情况①如图 5-14 所示，其中子图（1）至子图（3）依次为该情况下的上空间、前空间和右空间；情况②如图 5-14 所示，其中子图（4）至子图（6）依次为该情况下的上空间、前空间和右空间。其中，黑色虚线框表示物品装入后空间划分所形成的新空间，可见两种情况下"上空间"的划分是一致的，最后选择按照情况①还是情况②划分空间，主要取决于两种情况下前空间与右空间底面积的大小。在图 5-14 中，子图（2）、子图（3）与子图（5）、子图（6）四个生成空间中底面积最大的空间如果属于情况①，则选择按照情况①进行空间划分；否则按照情况②进行空间划分。不管按照哪种情况进行划分，都需要在物品装入后对空间列表进行更新，即删除当前物品占据的空间信息，并且加入新生成的三个空间（上空间、前空间和右空间）信息。

由于各种情况下的上空间范围相同（仅限于物品上表面的上方区域，不会超出物品上表面的范围），如果选择该空间进行物品装箱，则之前装入的物品会在后续物品装入时提供全面的支撑，即满足完全的支撑约束。

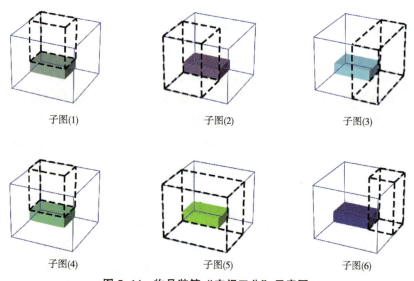

子图(1) 子图(2) 子图(3)

子图(4) 子图(5) 子图(6)

图 5-14 物品装箱"空间三分"示意图

空间合并的方式如下：将新生成的空间逐一与空间列表中的已有空间进行对照分析，遍历备用空间列表，找到与新生成的空间相邻的空间，判断是否满足空间合并的条件。如图 5-15 所示，红色虚线框表示某个新生成的空间，绿色实线框表示某个空间列表中的原有空间。空间合并主要包括以下 6 种情况：

如子图（1）所示，新空间在原空间下方，需要满足两个空间的长和宽相等，新空间与原空间的左后下角坐标在 x 轴和 y 轴方向上的取值相等，原空间的左后下角坐标中 z 轴方向上的取值等于新空间左后下角坐标 z 轴方向取值与新空间高的和。

如子图（2）所示，新空间在原空间左方，需要满足两个空间的宽和高相等，新空间与原空间的左后下角坐标在 y 轴和 z 轴方向上的取值相等，原空间的左后下角坐标中 x 轴方向上的取值等于新空间左后下角坐标 x 轴方向取值与新空间长的和。

如子图（3）所示，新空间在原空间后方，需要满足两个空间的长和高相等，新空间与原空间的左后下角坐标在 x 轴和 z 轴方向上的取值相等，原空间的左后下角坐标中 y 轴方向上的取值等于新空间左后下角坐标 x 轴方向取值与新空间宽的和。

如子图（4）所示，新空间在原空间上方，需要满足两个空间的长和宽相等，新空间与原空间的左后下角坐标在 x 轴和 y 轴方向上的取值相等，新空间的左后下角坐标中 z 轴方向上的取值等于原空间左后下角坐标 z 轴方向取值与原空间高的和。

如子图（5）所示，新空间在原空间右方，需要满足两个空间的宽和高相等，新空间与原空间的左后下角坐标在 y 轴和 z 轴方向上的取值相等，新空间的左后下角坐标中 x 轴方向上的取值等于新空间左后下角坐标 x 轴方向取值与原空间长的和。

如子图（6）所示，新空间在原空间前方，需要满足两个空间的长和高相等，新空间与原空间的左后下角坐标在 x 轴和 z 轴方向上的取值相等，新空间的左后下角坐标中 y 轴方向上的取值等于新空间左后下角坐标 y 轴方向取值与原空间高的和。

空间划分与组合算子集合记为 $Oper\_space\_set$，所包含的算子函数是基于空间划分和组合的物品装箱位置选择方法，记为：

$$Oper\_space\_set = \{oper_1^{space},\ oper_2^{space},\ oper_3^{space}\} \qquad (5\text{-}47)$$

①空间利用率最高算子。空间利用率最高算子 $oper_1^{space}$ 的作用是：计算当前物品体积与空间列表中可以容纳该物品的空间体积之比，选择比值小于等于 1 的空间中最大（即物品装入后空间利用率最高）并且可以容纳当前物品的空间作为本次物品装箱的目标空间。

$oper_1^{space}$ 算子的输入为当前物品尺寸与体积，空间列表信息；算子输出为选中空间在空间列表中的索引。

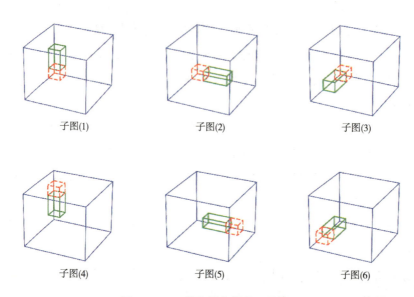

图 5-15　三维空间合并的 6 种情况

　　②空间膨胀算子。空间膨胀算子（按照"柱—墙—块"的顺序装载相同 SKU 的物品）$oper_2^{space}$ 的作用是：筛选空间列表中能够装下当前物品的空间信息，优先选择其中空间左后下角三维坐标中 y 轴方向坐标最小的空间，其次选择 x 轴方向坐标最小的空间，最后选择 z 轴方向坐标最小的空间。

　　$oper_2^{space}$ 算法输入为当前物品尺寸、空间列表信息；算子输出为选中空间在空间列表中的索引。

　　③"原点距离最近"算子。"原点距离最近"算子 $oper_3^{space}$ 的作用是：在筛选空间列表能够装下当前物品的空间信息时，优先选择其中空间左后下角三维坐标与原点之间欧式距离最短的坐标点所对应的空间。这种空间选择的方式会使物品的装箱更加紧凑，因此被称为"紧凑"原则。

　　$oper_3^{space}$ 算子输入为当前物品尺寸、空间列表信息；算子输出为选中空间在空间列表中的索引。

　　针对空间划分与组合算子集合进行分析可知，采用空间划分与组合的方法解决三维装箱问题是比较主流的启发式策略算法设计方式。通过空间划分与合并维护一个动态的空间列表，作为物品装箱方案生成的重要参考信息，可以较为方便地解决物品装箱越界以及物品之间重叠的约束问题，也可以通过空间划分方便地解决物品装箱过程中的支撑约束问题。但是，空间划分与组合方法也有其自身的局限性，那就是当装箱物品增多时，空间划分会变得复杂。

订单物品装载点的生成与空间三分理论类似：一件物品放入箱子后会占据 1 个原有的装载点位置，同时产生 3 个新的装载点，其位置分别对应三分空间中每个空间的左后下角坐标点。如图 5-16 所示，子图（1）中的红色原点位置为空间中原有装载点位置，子图（2）中的红色原点位置为新生成的 3 个装载点位置。

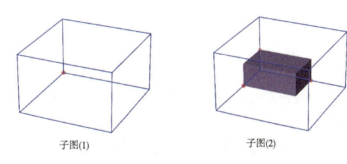

子图(1)　　　　　　　　子图(2)

图 5-16　装载点生成示例图

装载点生成算子集合记为 $Oper\_point\_set$，其中包含的算子函数是基于装载点坐标的物品装箱位置选择方法：

$$Oper\_point\_set = \{ oper_1^{point}, \ oper_2^{point} \} \tag{5-48}$$

①空间膨胀算子。空间膨胀算子（按照"柱—墙—块"的顺序装载相同 SKU 的物品）$oper_1^{point}$ 的作用是：将装载点列表中的装载点按照"首先 y 轴方向坐标最小，其次 x 轴方向坐标最小，最后 z 轴方向坐标最小"的原则进行排序，优先选择排序靠前的可行（满足非越界约束和非重叠约束）装载点。

$oper_1^{point}$ 算子输入为当前物品尺寸、装载点列表、$oper_1^{geom}$ 算子、$oper_2^{geom}$ 算子；算子输出为选中装载点在装载点列表中的索引。

②"原点距离最近"算子。"原点距离最近"算子 $oper_2^{point}$ 即"紧凑原则"，是指随着物品不断被装入箱子，可选择的装载位置数量会不断增加，在尝试可行的装载位置时，优先选择装载位置坐标与原点坐标欧式距离最近的

装载位置进行尝试，如果该装载位置可行，则不再尝试其他位置；否则继续尝试，直到找到可行的装载位置，停止计算。换句话说，将装载点列表中的各个装载点按照其与原点的欧氏距离从小到大排列，优先选择排序靠前的可行（满足非越界约束和非重叠约束）装载点。

$oper_2^{point}$ 算子输入为当前物品尺寸、装载点列表、$oper_1^{geom}$ 算子、$oper_2^{geom}$ 算子；算子输出为选中装载点在装载点列表中的索引。

针对装载点生成算子集合进行分析可知，装载点坐标生成的启发式方法在维护装载点列表方面的复杂度与计算耗时要远远低于 $Oper\_space\_set$ 中维护空间列表的工作。但是，$Oper\_point\_set$ 也有其自身的局限性，那就是在确定装载点是否可行时，需要结合 $Oper\_geom\_set$ 中的算子函数验证是否满足非越界约束和非重叠约束，也需要增加一定的计算耗时。另外，$Oper\_point\_set$ 中的算子函数不容易判断物品装箱时的支撑约束，但是由于在电商仓储领域的装箱过程中可以使用填充物解决物品支撑问题，这方面的要求并不十分严格。

需要注意的是，由于三维装箱问题固有的几何性质，在确定可行的物品装箱位置时都需要与物品装箱方向相结合，只有存在可行的物品装箱方向，才能确定物品装载空间和装载点本身的可行性。

（6）物品装箱方向选择环节策略算子集合

本书将物品装箱方向选择设置为物品装箱的最后环节，在物品尺寸与装箱位置确定的基础上，物品需要进一步确定具体的旋转方向才能最终完成装箱动作。对于规则的长方体物品而言，最多允许 6 种旋转方向（如图 5-3 所示），则物品装载尺寸与旋转方向集合记为 $Dire$ ，则有：

$$Dire = \{(l^I,\ w^I,\ h^I),\ (l^I,\ h^I,\ w^I),\ (w^I,\ l^I,\ h^I),\ (w^I,\ h^I,\ l^I),\ (h^I,\ l^I,\ w^I),$$
$$(h^I,\ w^I,\ l^I)\} \tag{5-49}$$

在物品装箱位置确定的情况下，物品装箱方向的选择要受到装箱位置选择结果的制约。在一定的装箱位置上，物品的某些旋转方向可能会不满足非越界与非重叠约束，导致该物品旋转方向不可行。因此，只能在既定装箱位置允许的物品可旋转方向集合 $Dire$ 的某个子集中选择当前物品的装箱方向。另外，需要注意的是，物品装箱方向确定后，需根据物品装箱结果更新空间列表信息或装载点列表信息，增加新的空间或装载点，并进行空间组合或装载点合并。

物品装箱方向选择算子集合记为 $Oper\_dire\_set$ ，其中包含不同的物品装箱方向选择算子，根据不同的启发式策略或引入相关算法可以计算得到物品的装箱方向：

$$Oper\_dire\_set = \{oper_1^{dire}, \ oper_2^{dire}, \ oper_3^{dire}(\varphi^{dire})\} \tag{5-50}$$

①空间边距最小算子。空间边距最小算子 $oper_1^{dire}$ 的作用是：在选中的空间中以各种可行的方向尝试放置当前物品，由于物品装箱的默认原则为左后下角原则，这里仅考察物品与空间之间 3 对平面之间的垂直距离，即物品的上面与空间上面、物品的前面与空间前面、物品的右面与空间右面（如图 5-17 所示）。

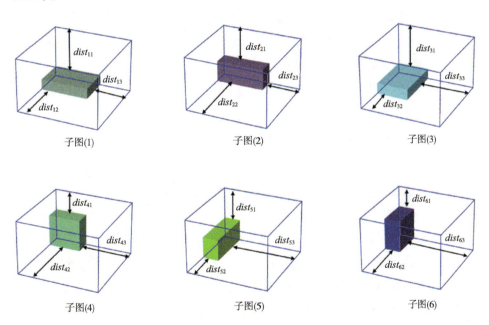

图 5-17　物品与空间平面距离示意图

记录所有可行方向下的物品与空间平面距离集合 $Dist$ ，则有：

$$Dist = \begin{Bmatrix} dist_{11}, \ dist_{12}, \ dist_{13} & dist_{21}, \ dist_{22}, \ dist_{23} & dist_{31}, \ dist_{32}, \ dist_{33} \\ dist_{41}, \ dist_{42}, \ dist_{43} & dist_{51}, \ dist_{52}, \ dist_{53} & dist_{61}, \ dist_{62}, \ dist_{63} \end{Bmatrix} \tag{5-51}$$

选择 $Dist$ 中最小值所对应的物品方向作为物品方向选择的最终结果。如果存在多个最小值对应不同的方向，以次小值作为进一步选择的依据。

$oper_1^{dire}$ 算子输入为当前物品尺寸、选中装入物品的空间尺寸；算子输出为物品装箱方向在中的索引、新的空间划分结果或新生成的装载点。

②外接长方体最小算子。外接长方体最小算子 $oper_2^{dire}$ 的作用是：在选中的装箱位置尝试以各种可行的方向装入当前物品，记录不同旋转方向下物品装入后所有已装箱物品外接长方体的体积，选择外接长方体体积最小时对应的物品旋转方向。

$oper_2^{dire}$ 算子输入为当前物品尺寸、已装箱的物品尺寸与位置信息；算子输出为物品装箱方向在中的索引、新的空间划分结果或新生成的装载点。

③物品装箱方向函数选择算子。物品装箱方向函数选择算子 $oper_3^{dire}(\varphi^{dire})$ 的作用是：根据选中的箱子型号、已装箱物品的尺寸与位置信息以及选中的物品装箱位置等信息，引入 φ^{dire} 所表示的算法函数，计算可行的物品装箱方向，并从中选择当前物品的最终装箱方向。

$oper_3^{dire}(\varphi^{dire})$ 算子输入为箱子型号、已装箱物品信息、当前物品装箱位置、φ^{dire} 需要的其他相关变量信息；算子输出为物品装箱方向在 $Dire$ 中的索引、新的空间划分结果或新生成的装载点。

5.4 三维装箱问题启发式策略组合设计

由于实际需要和由此产生的装箱问题的复杂性，启发式策略算法是首选。一个好的启发式策略算法不仅能够快速找到一个接近最优解的解，而且能为不同的情况和需求提供必要的灵活性。结合装箱过程整体算法框架与装箱环节策略算子的设计，从电商仓储领域的实践需求出发，本书将多种箱型三维装箱问题求解过程中多个环节的算子进行整合，设计由不同的启发式策略算法构成的三维装箱问题启发式策略算法集合，即装箱环节算法体系。

5.4.1 启发式策略组合设计的实践需求

在电商仓储的实际环境下，求解多种箱子类型的三维装箱问题，需要注意以下几个方面的要求：

①订单数量多，每天可以达到几十万个甚至上百万个。

②可选择的箱子种类多（一般为十几种至几十种不等），需要装箱的物品数量多（本书重点研究一个订单中包含几十种、上百件物品的情况）。

③基于上述两点，求解装箱模型将面对非常庞大的解空间，搜索非常困难，属于 NP 难问题，同时由于订单数量巨大，需要迅速得出优化的装箱方案。

因此，本书在进行算法设计时优先考虑了求解速度，希望能够在尽可能短的时间（秒级）内求得装箱问题的解决方案。从这一思路出发，优先考虑的是简单的启发式策略算法，作为快速求解装箱方案的初步算法。后续研究将进一步对该启发式策略算法进行升级改造，主要借助神经网络和强化学习框架，在保证其求解速度的同时优化装箱效果。但是，简单的启发式策略算法仍然是智能算法的基础，其中所包含的一系列启发式策略对智能算法的设计至关重要。

5.4.2　启发式策略的装箱环节整合分析

电商仓储三维装箱问题的启发式策略算法过程主要包括四个环节：箱子型号选择、物品装箱顺序选择、物品装箱位置选择与物品装箱方向选择。这四个环节中，具体的算法操作需要与装箱环节启发式策略算子相结合，在不同环节使用不同的算子，在完成物品装箱动作的前提下，以订单装载率最高为目标，整合形成不同的算法，从而形成全面的多种箱型三维装箱问题启发式策略算法体系。

(1) 箱子型号选择的启发式策略

箱子型号选择的目标是：选中能够装下当前订单所有物品的箱子。这不仅与选中箱子的尺寸大小有关，还与物品装箱策略有关。由于每个订单包含的物品数量和物品尺寸不尽相同，在选择箱子型号时，不一定一次就能选中最合适的箱子。因此，需要设计一个尝试装箱的启发式过程，保证每个订单中的所有物品都尽可能装入一个箱子中。

具体过程如下：

①计算每种箱子类型可容纳的体积，根据箱子容积大小不同，将箱子型号从小到大排列。

②计算当前订单中所有物品的体积总和。

③从容积大于或等于物品体积总和的箱子中容积最小的箱子开始尝试，在后续物品装箱过程中如果当前选中的箱子能够装入所有物品，则停止计算。否则，继续尝试超过订单物品总体积的次小箱子，依此类推，直到找到合适的箱子为止。

（2）物品装箱顺序的启发式策略

对于一个包含 m 件物品的订单，如果把每件物品视为与其他物品不同的物品，那么物品装箱顺序的方案总共有 m 种，属于 NP 难问题。当订单中物品数量较多时，物品装箱顺序的解空间也是非常庞大的。

笔者根据对实际装箱操作的观察发现，装箱人员一般会选择优先装入体积较大的物品，然后依次装入体积较小的物品。但这并不是绝对的，主要原因有两个：一是当物品长、宽、高尺寸比例不同时，装箱人员很难直观判断物品体积之间的绝对大小；二是当装箱任务比较紧急，存在时间紧迫性约束，需要在短时间内完成装箱操作时，装箱人员往往来不及判断物品体积的大小，导致物品装箱顺序存在一定的随机性。

另外，如果在物品装箱过程中出现有物品不能装入当前选中的箱子，则停止对当前型号箱子的装箱，更换更大的箱子重新尝试装入订单中的所有物品。

（3）物品装箱位置的启发式策略

物品装箱位置的选择是三维装箱问题求解过程中一个非常重要的环节，非常突出地显示了三维装箱问题本身的空间几何特性，与非越界约束和非重叠约束紧密相关。本书选择"左后下角"的启发式策略，具体内容为：将在箱子空间中物品的左后下角位置坐标作为物品装载位置的参考，并且从箱子本身三维空间的左后下角（即原点）开始进行装箱。

（4）物品装箱方向的启发式策略

物品装载方向的确定是基于选中的箱子型号、已装箱的物品以及选中的装载位置的，受前面各步骤的启发式策略的影响。在依次尝试各装载位置是否可行时，需要配合尝试当前装箱物品不同的装载方向。由于仅有 6 种装载方向可供选择，本书确定物品装箱方向的启发式策略如下：

①根据图 5-4 中展示的 6 种物品方向和具体的方向选择启发式策略，依次进行物品装箱尝试。

②得到可行的装箱方向则停止计算，否则继续尝试剩余物品方向。

③如果尝试所有的装箱方向但没有找到可行的情况，则说明当前装载位置不可行。

④继续尝试其他装载位置，并依次尝试各种装箱方向，直到存在可行的装载位置和装箱方向，则停止计算。

根据上述装箱问题的启发式策略，设计的多种箱型三维装箱启发式策略算法的整体结构框架如图 5-18 所示。

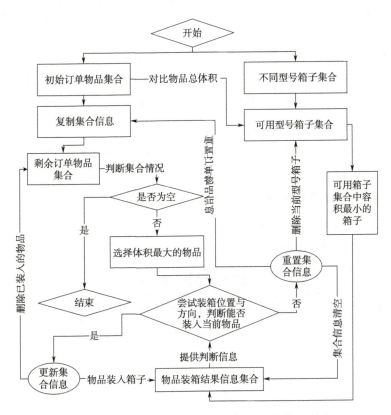

图 5-18 多种箱型三维装箱启发式策略算法框架

5.4.3　装箱问题的启发式策略组合体系

在装箱问题过程环节化的设计思路指导下，针对电商仓储领域的多种箱型三维装箱问题，结合装箱过程中各个环节的设计以及过程环节中的算子集合，本书在整个算法体系中一共构建了10种启发式策略算法。表5-1至表5-4对10种启发式策略算法所用到的各个环节策略算子集合中的算子进行了展示。在装箱过程各个环节中采用不同的算子进行有机整合，设计得到启发式策略算法，以便后续通过计算实验分析不同情况下每种算法的优劣，为后续进一步算法升级做好准备。

在对算法体系中各种启发式策略算法情况进行总体展示之后，本书将针对每种启发式策略算法的具体情况进行简单介绍。

对上述算法做进一步归纳分析可知，装箱问题过程环节算法体系中的启发式策略算法主要分为两大类，即S类算法和P类算法。其中，S类算法主要依据空间划分理论，通过维护一个空间列表完成物品的装箱方案计算，由于空间列表的存在，不需要在物品装箱过程中计算非越界约束与非重叠约束；P类算法主要采用装载点生成方式，借助非越界与非重叠约束条件计算得到装箱方案。

（1）基于空间划分理论的S类算法

根据物品装箱形式不同，可以将S类算法划分为单件物品装箱的S类算法和动态复合块装箱的S类算法。

①单件物品装箱的S类算法。单件物品装箱的S类算法主要包括ESA-SHA-S1算法、ESA-SHA-S2算法和ESA-SHA-S3算法。其中，每种算法包含的基本算子集合如表5-1所示。

表5-1　单件物品装箱的S类算法基本算子集合

算法名称	基本算子集合
ESA-SHA-S1	$\{oper_1^{bin},\ oper_1^{form},\ oper_1^{sequ},\ oper_1^{space},\ oper_1^{dire}\}$
ESA-SHA-S2	$\{oper_1^{bin},\ oper_1^{form},\ oper_1^{sequ},\ oper_2^{space},\ oper_1^{dire}\}$
ESA-SHA-S3	$\{oper_1^{bin},\ oper_1^{form},\ oper_1^{sequ},\ oper_3^{space},\ oper_1^{dire}\}$

单件物品装箱的S类算法之间的差别主要集中在物品装箱位置选择环节，

其他算子信息基本相同。ESA-SHA-S1 算法采用 $oper_1^{space}$ 算子，选择当前物品装入后使物品体积与所选空间体积之比最大的空间位置；ESA-SHA-S2 算法采用 $oper_2^{space}$ 算子，选择物品逐一装入后可以在箱子中逐渐形成"柱—墙—块"状结构的空间位置；ESA-SHA-S3 算法采用 $oper_3^{space}$ 算子，选择空间左后下角坐标点与原点之间欧氏距离最短的空间位置。

②动态复合块装箱的 S 类算法。动态复合块装箱的 S 类算法主要包括 ESA-SHA-S4 算法、ESA-SHA-S5 算法和 ESA-SHA-S6 算法。其中，每种算法包含的基本算子集合如表 5-2 所示。

动态复合块装箱的 S 类算法之间的差别与单件物品装箱的 S 类算法之间的差别类似，都集中在物品装箱位置的选择方式上，但是动态复合块装箱的 S 类算法在物品装箱形式方面均采用了 $oper_2^{form}$ 算子，即多件物品根据空间尺寸形状以复合块的方式装入箱子，这一点与单件物品的装箱形式不同。

表 5-2　动态复合块装箱的 S 类算法基本算子集合

算法名称	基本算子集合
ESA-SHA-S4	$\{oper_1^{bin},\ oper_2^{form},\ oper_1^{sequ},\ oper_1^{space},\ oper_1^{dire}\}$
ESA-SHA-S5	$\{oper_1^{bin},\ oper_2^{form},\ oper_1^{sequ},\ oper_2^{space},\ oper_1^{dire}\}$
ESA-SHA-S6	$\{oper_1^{bin},\ oper_2^{form},\ oper_1^{sequ},\ oper_3^{space},\ oper_1^{dire}\}$

（2）基于装载点理论的 P 类算法

S 类算法均为 ESA 框架下的启发式策略算法，而 P 类算法可以进一步细分为 ESA 框架与 CDA 框架两种情况。

①ESA 框架下的 P 类算法。基于 ESA 框架的 P 类算法主要包括 ESA-SHA-P1 算法和 ESA-SHA-P2 算法。其中，每种算法包含的基本算子集合如表 5-3 所示。

表 5-3　ESA 框架下的 P 类算法基本算子集合

算法名称	基本算子集合
ESA-SHA-P1	$\{oper_1^{geom},\ oper_2^{geom},\ oper_1^{bin},\ oper_1^{form},\ oper_1^{sequ},\ oper_1^{point},\ oper_2^{dire}\}$
ESA-SHA-P2	$\{oper_1^{geom},\ oper_2^{geom},\ oper_1^{bin},\ oper_1^{form},\ oper_1^{sequ},\ oper_2^{point},\ oper_2^{dire}\}$

　　两种基于 ESA 框架的 P 类算法所包含的算子集合基本一致，最主要的差别集中在物品装箱位置的选择算子。ESA-SHA-P1 算法在计算物品装箱位置时采用的是空间膨胀算子（按照"柱—墙—块"的顺序装载相同 SKU 的物品）$oper_1^{point}$，使物品在装箱过程中尽可能逐一摆放成块状；而 ESA-SHA-P2 算法在计算物品装箱位置时采用的是"原点距离最近"算子 $oper_2^{point}$，使物品在装箱过程中尽可能摆放得更加紧凑。

　　②CDA 框架下的 P 类算法。基于 CDA 框架的 P 类算法主要包括 CDA-SHA-P1 算法和 CDA-SHA-P2 算法。其中，每种算法包含的基本算子集合如表 5-4 所示。

表 5-4　CDA 框架下的 P 类算法基本算子集合

算法名称	基本算子集合
CDA-SHA-P1	$\left\{\begin{array}{cccc} oper_1^{geom} & oper_2^{geom} & oper_3^{geom} & oper_1^{bin} \\ oper_1^{form} & oper_1^{sequ} & oper_1^{point} & oper_2^{dire} \end{array}\right\}$
CDA-SHA-P2	$\left\{\begin{array}{cccc} oper_1^{geom} & oper_2^{geom} & oper_3^{geom} & oper_1^{bin} \\ oper_1^{form} & oper_1^{sequ} & oper_2^{point} & oper_2^{dire} \end{array}\right\}$

　　相较于 ESA 框架下的 P 类算法，CDA 框架下 P 类算法的不同之处在于加入了空间切割算子 $oper_3^{geom}$，在物品进行装箱尝试的过程中，如果当前箱子不能装入同一订单的所有物品，不需要将所有已尝试装入箱子的物品全部拿出再更换箱子类型重新装箱，而是通过 $oper_3^{geom}$ 算子，将新箱型下的越界物品筛除后，在保留非越界物品相对空间位置的基础上继续尝试订单中的其他物品装箱。CDA 框架可以在一定程度上比 ESA 框架更加节约物品尝试装箱的计算耗时。

5.5　电商仓储装箱问题场景应用分析

5.5.1　装箱操作场景分析的准备工作

(1) 电商仓储领域实例数据采集

与规则物品在集装箱或托盘上的装箱问题不同，本研究聚焦电商仓储领域的长方体形规则物品装箱问题，通过对电商仓储企业京东（JD）的包装箱与订单包裹进行调研，获取多种箱型的三维装箱问题实例数据集（以下简称"JD 数据集"）。其中，包装箱尺寸与类型、物品尺寸、SKU 种类与订单物品数量的相关统计信息如表 5-5 所示。

表 5-5　电商物品统计信息　　　单位：mm

项　目		最小值	均值	最大值	标准差
箱子尺寸	长	120.00	306.13	650.00	129.93
	宽	100.00	223.18	550.00	115.60
	高	55.00	180.68	400.00	105.06
物品尺寸	长	33.00	72.10	99.00	17.65
	宽	22.00	55.63	96.00	19.88
	高	20.00	39.20	76.00	14.80
每个订单包含的 SKU 种类数量		5	9	14	2.80
每种 SKU 包含的物品件数（个）		5	11	19	4.32

(2) 计算设备参数

计算设备的配置差异是造成计算耗时的重要影响因素，也是进行算法对比分析的重要基础。本书在针对装箱环节算法体系设计的各种启发式策略算法进行计算实验的过程中，使用的服务器硬件配置情况如表 5-6 所示。

表 5-6　使用服务器硬件信息

指标	数值	指标	数值
CPU（s）	48	Mem	257 669M
Socket（s）	2	CUDA Version	11.2
CPU MHz	1 197.298	GPU（num）	2
CPU max MHz	2 900.000	Memory-Usage	16 278MiB
CPU min MHz	1 200.000	Pwr	180W

5.5.2　行业实例数据的场景应用分析

关于行业实例数据集，本部分采用 JD 数据集中的 1 000 个订单的数据信息作为实验数据。为了深入对比分析订单之间的计算差异情况，本书将 JD 数据集进一步划分为 10 个批次进行计算，每个批次所包含的订单数量均为 100 个。

在表 5-6 所示的服务器指标配置下，本书针对装箱环节算法体系中的 10 种启发式策略算法，分别采用 10 个批次的 JD 数据集进行计算实验。其中，ESA-SHA-S5 算法的计算实验结果如表 5-7 所示，其他启发式策略算法的计算结果见附录表 A.2 至附录表 A.10。

表 5-7　JD 数据集实例计算结果：ESA-SHA-S5 算法

订单批次	物品总体积（m³）	箱子总体积（m³）	批次平均装载率（%）	订单平均装载率（%）	订单平均尝试箱子数量（个）	订单平均计算耗时（s）
batch01	2.27	3.34	67.96	68.53	1.74	0.19
batch02	2.24	3.26	68.71	69.08	1.67	0.18
batch03	2.11	3.17	66.56	67.82	1.88	0.17
batch04	2.25	3.37	66.77	67.07	1.91	0.20
batch05	2.26	3.28	68.90	69.21	1.71	0.20
batch06	2.23	3.23	69.04	69.13	1.81	0.20

订单批次	物品总体积（m³）	箱子总体积（m³）	批次平均装载率（%）	订单平均装载率（%）	订单平均尝试箱子数量（个）	订单平均计算耗时（s）
batch07	2.11	3.17	66.55	67.60	1.73	0.18
batch08	2.23	3.24	68.83	69.22	1.90	0.23
batch09	2.15	3.13	68.69	68.21	1.79	0.19
batch10	2.21	3.29	67.17	67.26	1.99	0.26
均值	2.21	3.25	67.92	68.31	1.81	0.20

其中，"物品总体积"是指该批次下所有订单物品的体积之和，"箱子总体积"是指该批次下所有订单物品装箱使用的所有箱子体积之和，"批次平均装载率"是指"物品总体积"与"箱子总体积"之比，"订单平均装载率"是指该批次中每个订单的物品体积之和与该订单所使用箱子体积之比的均值，"订单平均计算耗时"是指该批次每个订单物品装箱方案计算的平均耗时。

根据表5-7中的计算结果数据分析可知，针对每个批次订单物品装箱方案的计算，ESA-SHA-S5算法是非常稳定的。在每个批次物品总体积差别不大的情况下，箱子总体积、批次平均装载率与订单平均装载率也基本保持一致，每个订单的平均耗时也基本稳定在0.17到0.26秒。从1 000个订单的整体计算情况来看，计算装箱方案重要的指标内容包括：批次平均装载率为67.92%，订单平均装载率为68.31%，订单平均计算耗时为0.20秒。

进一步分析ESA-SHA-S5算法下每个订单的装载率指标计算结果并绘制箱线图，直观地展示指标水平与分布情况。由图5-19可知，每个批次的订单装载率中位数均与该批次的订单装载率均值基本一致，这说明每个批次订单装载率的分布基本上是对称的，使用订单装载率的平均值指标来表现算法的有效性是可行的，具有较强的代表性。装箱环节算法体系中的其他算法下批次订单装载率的箱线图见附录图B.1至附录图B.9，其整体趋势与ESA-SHA-S5算法的结果基本一致。

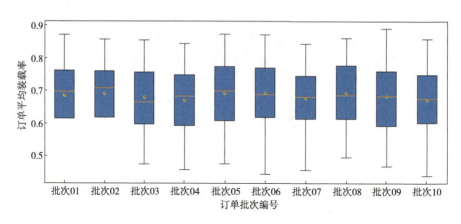

图 5-19　ESA-SHA-S5 算法批次订单平均装载率箱线图

　　与实际调研得到的电商仓储领域实际装箱结果相比较，ESA-SHA-S5 算法的装载率水平要高于装箱人员的实际操作水平。考虑到 ESA-SHA-S5 算法的计算耗时非常短（不超过 0.2 秒），该算法具有非常强的实时性。虽然 P 类算法的计算耗时相对较长，但是如果在提前获取订单物品信息的情况下给予一定的提前期，在非订单高峰时期 20 秒以内的平均订单计算耗时是勉强可以接受的；但如果订单集中到达，就会导致算法失效。如果采用其他群体搜索算法或邻域搜索算法等，显然时间消耗也会增加，需要进一步考虑现实需求的具体情况以及对订单装箱方案计算耗时的要求。

　　针对 JD 数据集中的全部数据实例，将装箱环节算法体系中的各种启发式策略算法结果重要指标进行汇总，汇总结果如表 5-8 所示。其中，P 类算法的计算耗时最长，不管是基于 ESA 框架的 P 类算法还是基于 CDA 框架的 P 类算法，订单平均计算耗时在 12.65~20.33 秒之间。在装箱环节算法体系中，P 类算法的订单平均尝试装入的箱子数量与订单平均装载率均处于中等水平，每个订单在进行尝试装箱的过程中，平均需要尝试 1.92~2.14 个，订单平均装载率为 62.60%~66.51%。基于单件物品装箱形式的 S 类算法在装箱方案计算耗时方面优于 P 类算法，但比动态复合块装箱的 S 类算法计算耗时要长，订单平均计算耗时为 0.25~0.57 秒。单件物品装箱形式的 S 类算法在订单平均装载率方面的表现是各类算法中最差的，平均订单平均装载为 52.86%~

60.80%。在 JD 数据集上表现最好的算法类型是动态复合块装箱的 S 类算法，无论在计算时间方面还是订单装载率方面，都取得了整体上的最优水平。动态复合块装箱的 S 类算法的评价订单计算耗时最短，订单平均计算耗时仅为 0.14~0.2 秒，而订单平均装载率达到了 68% 以上。

表 5-8　JD 数据集全部实例不同算法计算结果对比

项目	ESA-SHA-S1	ESA-SHA-S2	ESA-SHA-S3	ESA-SHA-S4	ESA-SHA-S5	ESA-SHA-S6	ESA-SHA-P1	ESA-SHA-P2	CDA-SHA-P1	CDA-SHA-P2
物品总体积（m^3）	22.07	22.07	22.07	22.07	22.07	22.07	22.07	22.07	22.07	22.07
箱子总体积（m^3）	37.42	39.70	44.61	32.62	32.48	32.66	33.57	35.05	34.65	35.66
平均装载率（%）	58.98	55.59	49.47	67.65	67.94	67.56	65.74	62.96	63.69	61.89
订单平均装载率（%）	60.80	57.25	52.86	68.21	68.31	68.07	66.51	63.88	64.16	62.60
订单平均尝试箱子数量（个）	2.31	2.55	2.86	1.82	1.81	1.81	1.92	2.09	2.02	2.14
订单平均计算耗时（s）	0.25	0.56	0.57	0.16	0.20	0.14	20.33	14.62	14.53	12.65

从 JD 数据集的计算实验结果来看，在订单物品弱异构的情况下，动态复合块装箱的 S 类算法是装箱环节算法体系中表现最佳的，究其原因，主要是 JD 数据集属于弱异构物品的情况，也就是说订单中相同 SKU（相同尺寸）的物品存在多件，这种情况下更加有利于物品动态复合块形式装箱算子 $oper_2^{form}(size)$ 发挥作用，从而提高了订单装载率和装箱方案的求解效率。如图 5-20 所示，针对订单平均装载率和订单平均计算耗时两个指标做进一步分析，子图（1）表示 JD 数据集上各种算法的订单平均装载率，红色三角标志代表装载率最高的位置，为 ESA-SHA-S5 算法的计算结果；子图（2）表示各种算法的订单平均计算耗时，红色三角所在的位置代表计算耗时最短的

ESA-SHA-S6 算法。

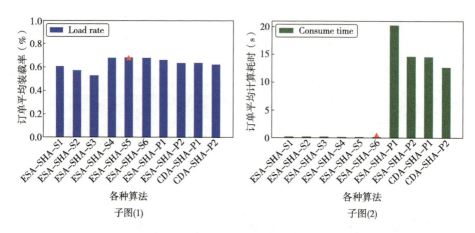

图5-20　不同算法订单平均装载率与方案计算耗时对比

另外，从图5-20也可以看出，动态复合块装箱的S类算法（即ESA-SHA-S4算法、ESA-SHA-S5算法和ESA-SHA-S6算法）在订单平均装载率和计算耗时两项重要指标上都比其他启发式策略算法更优，尤其在计算时间方面，平均计算耗时仅为P类算法的1%左右。因此，在后续研究中设计智能装箱算法时，主要参考动态复合块装箱的S类算法（即ESA-SHA-S4算法、ESA-SHA-S5算法和ESA-SHA-S6算法）的算子集合情况。

虽然动态复合块装箱的S类算法在整个算法体系中整体表现较优，但是并非其中任何一种算法在每个具体的订单实例中装载率或计算时间都是最优的。如表5-9所示，虽然P类算法在JD数据集上的计算结果整体处于中等水平，但是仍然存在个别订单的装载率比其他算法都要高。ESA-SHA-S1算法属于单件物品装箱形式的S类算法，虽然整体上装载率最低，但是仍然在很多订单上得到了最佳的装载率水平。

关于计算耗时方面，虽然动态复合块装箱的S类算法（即ESA-SHA-S4算法、ESA-SHA-S5算法和ESA-SHA-S6算法）确实有绝对的优势，但是在个别订单上单件物品装箱形式的S类算法中ESA-SHA-S1算法也存在优于其他算法的计算实例。

表 5-9　JD 数据集各算法最大装载率订单个数和最小计算耗时订单个数

单位：个

项目	ESA-SHA-S1	ESA-SHA-S2	ESA-SHA-S3	ESA-SHA-S4	ESA-SHA-S5	ESA-SHA-S6	ESA-SHA-P1	ESA-SHA-P2	CDA-SHA-P1	CDA-SHA-P2
最大装载率订单个数	566	5	2	338	39	37	12	1	—	—
最小计算耗时订单个数	22	—	—	257	102	619				

图 5-21 则更加直观地展示了不同算法在 JD 数据集上的最优表现情况，子图（1）表示各种算法获得最优订单平均装载率的比例，子图（2）表示各种算法计算装箱方案耗时最少的实例分布情况。如果电商仓储企业在求解装箱方案时更加关注获得装箱方案的计算耗时，则应该选择 ESA-SHA-S4 算法、ESA-SHA-S5 算法和 ESA-SHA-S6 算法，这三种算法能够保证在 97.8% 的情况下耗费的计算时间最短；如果电商仓储企业更加关注订单装载率，希望能够更高效率地利用装箱空间，则可以使用 ESA-SHA-S1 算法和 ESA-SHA-S4 算法，这两种算法能够保证在 90.4% 的情况下获得最佳的订单装载率水平。

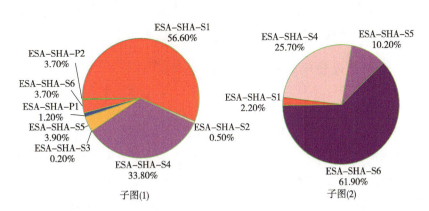

图 5-21　JD 数据集启发式策略算法体系订单最优情况统计

对三维装箱问题计算得到的装箱方案进行三维可视化是非常必要的，它可以帮助我们进一步分析和判断算法的有效性，并挖掘提高装载率的潜在可能性。如图 5-22 所示，以 JD 数据集上 ESA-SHA-S5 算法的计算结果为例，为了进一步展示订单实例计算结果，选取每个批次中订单平均装载率最高的实例和订单平均装载率最低的实例，绘制其装箱方案实际效果的三维图形。其中，针对 JD 数据集所划分的 10 个批次的订单，子图 min（1）至 min（10）为每个批次中订单平均装载率最小实例的装箱方案三维可视化结果，子图 max（1）至 max（10）为每个批次中订单平均装载率最大实例的装箱方案三维可视化结果。

通过三维装箱效果的实例展示结合图 5-22 的分析不难看出，虽然 ESA-SHA-S5 算法大部分实例的订单平均装载率是比较高的（如子图 max（1）至子图 max（10）所示），但是仍然存在一部分订单平均装载率较低的情况（如子图 min（1）至子图 min（10）所示）。装载率较低的原因不外乎两个方面：一是订单物品的装箱策略有待优化；二是箱子的型号尺寸有待优化。如果这两个方面得到有效的改善，则可以进一步优化电商仓储领域的多种箱型三维装箱效果。整体而言，ESA-SHA-S5 算法虽然达到甚至超过了实际中人工装箱操作的水平，但是仍有一定的可提升空间，有待从物品装箱策略和箱子型号尺寸两个方面进一步做出改进和提升。除了 ESA-SHA-S5 算法之外，装箱环节算法体系中的其他算法在 JD 数据集上的部分装箱方案计算结果三维可视化情况见附录图 B.10 至附录图 B.18，其直观展示了各种启发式策略算法在不同订单批次中装载率最低与最高情况的具体实例。

5.5.3 完全异构数据的场景应用分析

（1）完全异构数据集计算实验设计

由于 JD 数据集中的订单信息属于弱异构物品的情况，同一订单中往往存在多件相同的 SKU 物品，导致动态复合块装箱的 S 类算法中算子 $oper_2^{form}(size)$ 能发挥较大的作用，不仅使装箱方案的计算速度大幅度提高，订单装载率也达到了同类算法的最高水平。但是，如果订单物品的异构性增强，动态复合块装箱的 S 类算法是否依然有效，需要设计进一步的计算实验进行验证。

关于多种箱型三维装箱的数据集信息，在没有经典在线数据测试平台的情况下，一般采用带有行业属性的实例生成器，加入实际物品特征用以生成

批次01：订单平均装载率最小 子图min（1）
批次02：订单平均装载率最小 子图min（2）
批次03：订单平均装载率最小 子图min（3）
批次04：订单平均装载率最小 子图min（4）
批次05：订单平均装载率最小 子图min（5）
批次06：订单平均装载率最小 子图min（6）
批次07：订单平均装载率最小 子图min（7）
批次08：订单平均装载率最小 子图min（8）
批次09：订单平均装载率最小 子图min（9）
批次10：订单平均装载率最小 子图min（10）
批次01：订单平均装载率最大 子图max（1）
批次02：订单平均装载率最大 子图max（2）
批次03：订单平均装载率最大 子图max（3）
批次04：订单平均装载率最大 子图max（4）
批次05：订单平均装载率最大 子图max（5）
批次06：订单平均装载率最大 子图max（6）
批次07：订单平均装载率最大 子图max（7）
批次08：订单平均装载率最大 子图max（8）
批次09：订单平均装载率最大 子图max（9）
批次10：订单平均装载率最大 子图max（10）

图 5-22 ESA-SHA-S5 算法批次订单平均装载率最小与最大情况可视化

算例数据。为了充分验证订单物品异构性对装箱方案计算效果的影响，本书通过设计电商仓储领域的多种箱型三维装箱实例生成器，来生成带有行业属性的实例信息；基于对电商仓储领域的装箱情况的实践调研数据信息，获取订单物品与箱子尺寸的基本统计指标（见表 5-5），将其应用于完全异构的订单物品与多种箱型的实例生成，并进行计算实验。所谓"完全异构"（completely heterogeneous），是指同一订单中的每件物品 SKU（或尺寸大小）均与其他物品不同，即同一订单中不存在多件尺寸相同的物品信息。

（2）生成带有行业属性的实例数据

为了进一步对比分析订单物品的异构程度对装箱方案最终效果的影响，本书采用带有行业属性的实例生成器，生成订单物品完全异构的实例数据集（简称 CH 数据集）。在分析上述实际行业数据和细分指标特征（见表 5-5）

的基础上，以最小值、最大值、均值、标准差等指标作为构建概率分布的依据生成实例数据。本书参考已有研究文献中提出的物品数据集生成算法，结合电商仓储物品装箱的行业实际属性特征，生成本研究的物品数据信息，用作验证算法的有效性。为了方便说明研究的具体特性，本书将电商仓储装箱问题做进一步简化，参照 JD 数据集的基本情况，将 CH 数据集的箱子型号数量设置为 22 种，所有订单的总数量设置为 1 000 个，由于本部分设计生成完全异构的实例数据，暂不设定 SKU 种类数量的上限，从而方便生成符合要求且带有行业属性的数据实例集合。在具体设计实例生成器时，本书将其进行环节化处理，实例生成器各环节的器伪代码见附录表 A.11 至附录表 A.14，共划分为 4 个环节，即 Part（1）至 Part（4）。

如 Part（1）所示，以特定概率分布生成实例数据的伪代码环节，需要输入的参数包括生成数据的最小值、均值、最大值和标准差，输出结果为服从该分布的单个数值。Part（1）是其他环节数据生成的基础，在其他环节中均被调用。

如 Part（2）所示，SKU 信息生成的伪代码环节所生成的 SKU 实例信息包含每种 SKU 物品的长、宽、高尺寸取值。本部分需要调用 Part（1），分别输入物品的长、宽、高各自的最小值、均值、最大值和方差，分别输出长、宽、高数值，再进行组合得到物品的整体尺寸。

如 Part（3）所示，生成箱子尺寸数据的伪代码环节所生成的数据包括每种箱子的长、宽、高尺寸取值。本部分需要调用 Part（1），分别输入箱子的长、宽、高各自的最小值、均值、最大值和方差，分别输出箱子的长、宽、高数值，根据设定的箱子型号总数，组合得到箱子的尺寸集合。

如 Part（4）所示，订单信息生成的伪代码环节所生成的数据包括每个订单中的 SKU 种类数量、每个 SKU 的物品尺寸信息以及每种 SKU 物品的数量。本部分需要调用 Part（1），分别输入物品数量的最小值、均值、最大值和方差，输出每个订单中所包含的物品 SKU 数量，由于本部分生成的数据为完全异构的情况，每种 SKU 最多仅有 1 件物品；然后调用 Part（2），得到每种物品的 SKU 具体尺寸信息；最后组合得到包含物品具体数量和尺寸大小的 1 000 个订单实例信息。

　　关于完全异构（CH）数据集的具体模拟生成情况为：除了保证每个订单中的每件物品尺寸与同一订单中的其他物品尺寸不同（即完全异构的特征）以外，其他统计描述特征均与 JD 数据集的统计描述特征保持一致。换句话说，CH 数据集按照最大值、最小值、均值与方差均与 JD 数据集相同的条件，随机生成订单数据。这既增加了 CH 数据集与 JD 数据集在计算结果方面的可比性，也能更好地说明不同算法性能方面的对比分析情况。

　　另外，根据上述 Part（1）至 Part（4）的操作也可以生成符合其他要求的多种箱型三维装箱实例数据集，从而方便测试不同算法的有效性。为了使生成的实例数据在测试算法时具有更强的可行性，一般还可以在初步生成实例数据集之后根据具体要求做进一步筛选和计算测试，删除个别特殊或不可行的实例，保留切实可行的实例，以防影响后续的计算实验。

（3）基于 CH 数据集的计算实验结果分析

　　将装箱环节算法集合中的各种启发式策略算法在 CH 数据集上进行计算实验，结果如表 5-10 所示。对比表 5-8 中 JD 数据集的计算实验结果可以发现，虽然 S 类算法的计算时间依然远低于 P 类算法的计算耗时，但是在装载率方面动态复合块装箱的 S 类算法在 CH 数据集上的表现较差，究其原因，不外乎完全异构的订单物品数据特征使其中的物品动态复合块形式装箱算子 $oper_2^{form}(size)$ 无法有效地发挥优势。其中，ESA-SHA-P1 算法在 CH 数据集上得到了最高的订单装载率和最少的装箱尝试数量，但该算法耗时较长。

表 5-10　CH 数据集全部实例不同算法计算结果对比

项目	ESA-SHA-S1	ESA-SHA-S2	ESA-SHA-S3	ESA-SHA-S4	ESA-SHA-S5	ESA-SHA-S6	ESA-SHA-P1	ESA-SHA-P2	CDA-SHA-P1	CDA-SHA-P2
订单平均装载率（%）	61.51	60.77	61.24	61.51	60.77	61.24	68.94	68.89	65.72	65.82
订单平均尝试箱子数量（个）	3.40	3.49	3.43	3.40	3.49	3.43	2.60	2.61	2.88	2.87
订单平均计算耗时（s）	0.34	0.56	0.46	0.59	0.91	0.77	22.15	19.16	22.49	20.55

进一步分析 CH 数据集上每个订单的具体计算实验情况，结果如表 5-11 所示。CH 数据集与 JD 数据集在单个订单的计算结果统计信息方面存在明显差异，动态复合块装箱的 S 类算法（即 ESA-SHA-S4 算法、ESA-SHA-S5 算法和 ESA-SHA-S6 算法）在订单装载率与订单装箱方案计算耗时方面没有订单达到最优水平；单件物品装箱的 S 类算法（即 ESA-SHA-S1 算法、ESA-SHA-S2 算法和 ESA-SHA-S3 算法）在每个订单的计算耗时方面都优于其他算法；在单个订单的装载率方面，虽然单件物品装箱的 S 类算法在个别订单上达到了最优的装载率，但是从整体而言，P 类算法的表现仍优于单件物品装箱的 S 类算法。

表 5-11　CH 数据集各算法最大装载率订单个数和最小计算耗时订单个数

单位：个

项目	ESA-SHA-S1	ESA-SHA-S2	ESA-SHA-S3	ESA-SHA-S4	ESA-SHA-S5	ESA-SHA-S6	ESA-SHA-P1	ESA-SHA-P2	CDA-SHA-P1	CDA-SHA-P2
最大装载率订单个数	39	16	23	—	—	—	314	303	149	156
最小计算耗时订单个数	581	140	279	—	—	—	—	—	—	—

图 5-23 直观展示了 CH 数据集上各种算法的表现。子图（1）为订单装载率指标统计结果，可见 P 类算法中的 4 种启发式策略算法基本上可以在 92.20% 的订单上获得最优的计算结果；子图（2）为订单物品装箱方案的计算耗时，单件物品装箱的 S 类算法在 CH 数据集中所有订单的装箱方案计算方面耗时最短。

5.5.4　电商仓储三维装箱方案可视化

电商仓储装箱策略的应用是三维装箱策略真正作用于装箱实践的必要环节。三维装箱问题具有较强的三维空间抽象特征，如果没有一定的可视化展示形式，即便通过智能装箱策略使得一系列装箱算法可以求得优化程度很高的装箱方案，也难以真正有效地指导装箱操作人员严格按照算法求得的装箱

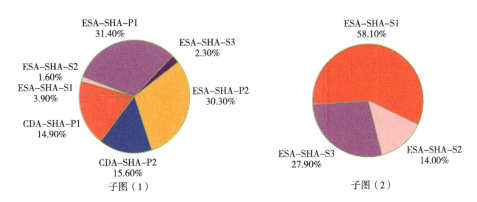

图5-23　CH数据集启发式策略算法体系订单最优情况统计

方案执行装箱操作。针对电商仓储领域的多种箱型三维装箱问题的装箱方案，如果不能严格执行，即便有稍微的偏差，不论是物品装箱顺序、装箱位置还是装箱方向的变化，都会直接影响最终的装箱效果，导致无法达到算法求解的优化程度，导致算法求解效果与实际操作之间的脱节。因此，本书在装箱策略应用方面通过集成多种信息技术，设计了有利于装箱方案实践落地的应用系统。

（1）PC端/移动端三维装箱方案可视化系统

三维装箱方案可视化系统基于PC（电脑）端或手机移动端的设备屏幕，将三维装箱方案的结果通过二维平面来展示，从而提示装箱操作人员进行装箱操作（如图5-24所示）。

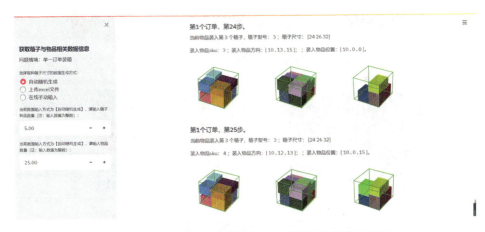

图5-24　电商仓储订单装箱方案三维可视化系统示意图

该系统根据陆续到达的订单信息及时生成装箱方案，将装箱方案进行三维可视化展示，为装箱操作人员提供提示信息，逐步指导装箱操作人员按照屏幕显示的步骤完成装箱操作任务。在这一过程中，装箱策略被应用于具体的算法中，用于产生装箱方案，装箱操作人员需要严格按照屏幕提示进行装箱动作。这一装箱方案可视化系统的好处是实现起来比较容易，无论是 PC 端还是手机移动端都有成熟的软件和硬件支持系统的搭建，但是这一系统也有其劣势，那就是箱型种类和尺寸大小都需要提前输入，每个订单的物品信息（SKU 种类和数量）也需要提前已知，并通过手动或系统自动调用数据库的方式获取。另外，将三维装箱方案的展示效果呈现在二维屏幕上，需要装箱人员有一定空间想象能力，才能严格按照算法计算的结果进行装箱操作。

（2）AR 设备三维装箱方案辅助决策系统

基于屏幕端的三维可视化展示虽然能够对操作人员的装箱作业活动提供一定的提示信息，但是由于二维屏幕的限制，仍然缺乏更加立体直观的感受以及人机之间的交互性。AR（增强现实）技术（如佩戴 AR 眼镜），可以更好地指引装箱操作人员落实装箱方案（如图 5-25 所示）。

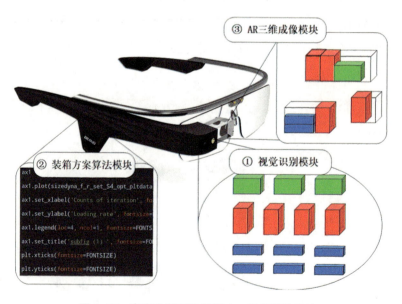

图 5-25　电商仓储三维装箱 AR 智能辅助系统

电商仓储三维装箱 AR 智能辅助系统主要包括三个部分：第一部分是"视觉识别模块"，通过 AR 眼镜的摄像头采集订单物品的图像信息，并通过三维模型重构获得物品的尺寸和数量信息（采用已有技术，不是本书研究的重点）；第二部分是"装箱方案算法模块"，根据"视觉识别模块"得到的订单物品尺寸与数量信息，计算多种箱型的三维装箱方案，该模块属于数据处理的核心模块，也是本书研究的重点内容；第三部分是"AR 三维成像模块"，其功能是将"装箱方案算法模块"得到的装箱方案通过 AR 前端的屏幕装置展现在装箱操作人员眼前，形成三维可视化的装箱效果，引导装箱操作过程。虽然基于 AR 技术的装箱操作智能辅助系统可以更加有效地指导装箱操作人员的作业过程，但是这一应用系统也存在自身的缺陷：除了 AR 技术本身的复杂性导致实现难度较大之外，这一系统对算法的效率要求很高，一般需要在秒级时间内完成装箱方案的计算和展示。

5.5.5　启发式策略组合优点与局限性

多种箱型三维装箱问题的经验启发式策略算法体系的特点是融合多个环节的算子集合，不同环节策略算子集合中的具体算子在选择目标箱型、选择装箱物品、选择装箱位置和方向等环节具有固定的启发式策略，不存在复杂寻优的搜索过程，因而计算速度较快，计算过程相对稳定。由于本书采用 python 语言编程，相较于更为底层的计算机语言，python 本身的固有特性导致计算过程耗时偏多，如果采用效率更高的计算机语言编写程序（如 C++、Java 等），装箱实例的求解速度将会更快，计算耗时将会进一步降低。装箱过程算法体系中的启发式策略设计是根据电商仓储领域的装箱操作实践进行提炼获得的，将该算法体系中各个算子的一系列规则应用于装箱方案的求解，可以获得与实践操作领域相同甚至更高水平的装箱方案。另外，装箱环节算法体系中各个算法的求解结果也可以作为智能算法求解效果的对照参考标准，用来衡量其他智能算法的有效性。

本部分之所以主要采用经验启发式的算法设计思想，没有使用遗传算法、蚁群算法、模拟退火算法等元启发式策略算法，也没有采用其他邻域搜索算法或者分支定界、割平面等传统的运筹方法，主要是因为本书将减少计算耗时作为算法设计的首要目标。本书考虑到研究的实例问题具有箱型数量较多、装箱物品较多的特点，为了能够尽可能满足实际应用对计算耗时的要求，设计了一系列的启发式策略算法对问题进行求解。后续研究将进一步融入智能算法的思想，适当放宽对装箱方案计算耗时的要求，进一步提升订单装载率水平。当然，计算耗时仍然是需要考虑的重要因素，不可能在无限长的时间内计算装箱方案。

当然，装箱环节算法体系中的各种启发式策略算法本身也具有一定的局限性：一方面，该类算法在选择当前订单物品所要装入的箱子型号时，是从大于等于订单物品总体积的箱子开始尝试装载的，如果所选箱型不能装入所有物品，则要选择更大一些的箱子继续尝试，当订单物品较多时，更换新的箱子型号是非常耗时的；另一方面，物品装箱的启发式策略是固定的，不能针对不同订单的具体数据进行有针对性的调整优化。虽然固定的启发式策略使启发式策略算法计算过程相对稳定，保证了计算耗时方面的开销，但是缺少针对具体实例的不断寻优，难以持续提升装箱方案的效果。

本章小结

根据电商仓储智能装箱策略体系及其关键问题的界定，本章主要围绕电商仓储领域多种箱型的三维装箱问题进行研究，构建了混合整数规划的数学模型，用来刻画静态的装箱方案，优化目标是使订单装载率最大化。多种箱型的三维装箱问题模型是研究电商仓储领域装箱策略的基础。虽然从静态角度刻画问题，但是本书在装箱策略的设计方面，针对装箱过程的每个环节设计有针对性的装箱策略，从而将静态的混合整数规划模型转换为动态装箱过程进行研究。通过划分装箱环节，在设计丰富多样的装箱策略之后，将不同环节的策略进行有机组合，不同策略组合的结果即为求解多种箱型三维装箱问题的启发式算法。本书在行业实际数据集与带有行业属性的模拟数据集上分别进行计算实验，结果表明不同策略组合的启发式算法表现各有优劣，需要综合考虑算法的优点与局限性，才能有效地选择与实际装箱订单信息特征匹配的装箱策略。

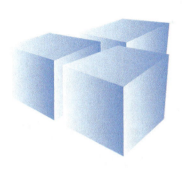

第6章 考虑实践情境的装箱环节智能策略优化

　　多种箱型三维装箱的过程环节算法体系中所包含的启发式策略算法是基于确定的启发式策略设计的，针对不同实例的具体订单数据，可以快速求得较优的订单装箱方案。但是，在计算过程中缺少持续寻优的智能算法机制。如果希望设计能够持续寻优的智能算法，则需要在装箱环节算法体系的基础上进一步融入智能搜索算法的内容，设计针对多种箱型三维装箱问题的混合智能算法。在引入智能寻优机制设计混合算法时，需要考虑传统搜索机制的寻优方式会在一定程度上增加计算耗时，因此需要结合具体的实践场景，满足最基本的计算耗时要求。

　　另外，如果面对实时性要求较高的场景，除了传统的算法寻优机制，还需要寻找新型的优化方式以进一步改善装箱效果。基于神经网络的深度强化学习算法可以满足求解速度的要求，并且将寻优过程转换为提前的神经网络训练。虽然网络训练过程需要消耗时间，但在具体执行实例计算时并不会增加算法耗时，可以在秒级时间得到优化程度更高的装箱方案。这也是"多元共生"算法系统（BSAS）中高级层面的策略设计：以启发式策略算子及其组合为基础，融合智能优化策略，在平衡计算耗时与装载率水平方面做出进一步的探索。在 BSAS 的框架下，构建多种智能算法之间的融合共生关系是非常必要的。本章三种算法之间既有递进关系，也有对比分析的关系。递进关系是指在传统群体智能算法的基础上，针对关键的优化环节改进优化机制，设计基于神经网络的人工智能算法并进行计算。同时，本章针对不同算法的特点进行了比较。

6.1　电商仓储智能装箱策略情境描述

　　在不同的具体情境下，电商仓储领域的三维装箱问题需要考虑不同的实践因素：一是时间因素。在订单的非高峰时期，订单物品装箱方案的计算耗时要求并没有很高，允许通过稍长一些的计算耗时求得装载率水平优化程度更高的装箱方案。二是问题规模。当订单中的物品 SKU 种类与物品数量较少时，问题的计算规模也将随之下降，在计算设备算力不变的情况下，将会有更充分的计算空间和时间，优化装箱策略需要使得装箱方案的装载率水平尽可能达到更高的程度。

6.1.1 电商仓储装箱方案计算耗时分析

在订单高峰期，如"双十一"、春节等特殊时期，时间因素变得非常重要，装箱策略需要满足高效响应的装箱方案计算要求，甚至在秒级时间内（甚至实时）响应。但是在日常情况下，尤其当订单量处于均衡水平时，可以允许有更多的时间响应装箱方案，此时更希望订单装载率水平得以提升，以节约包装箱和运输成本。换句话说，虽然装箱方案的计算耗时和装载率水平在某种程度上属于一对矛盾的两个方面，但是在不同的情境下各有侧重，需要有针对性地提出不同的优化策略。本章聚焦计算耗时相对宽松的情况，主要研究如何设计智能优化策略来提升订单的装载率水平。

6.1.2 电商仓储装箱方案计算规模分析

电商仓储三维装箱问题属于 NP 难问题，问题的复杂性将会随着订单物品数量的增加而呈现爆炸性增长的趋势。加上三维装箱问题必须考虑的空间几何约束条件，如物品之间的非重叠约束、支撑约束以及物品与包装箱之间的非越界约束等，问题的复杂性进一步增加。当面对一个订单中的物品数量较多时，装箱方案的计算规模将会非常大，如 JD 数据集中的一个订单实例所包含的物品数量为 100~200 个。由于问题计算规模增大，复杂性急剧增加，计算耗时也将大幅上升。但是，如果订单物品数量较少，问题的计算规模和复杂性也会随之下降，在其他情况不变的条件下，相较于大规模的三维装箱问题，较小规模的问题计算过程允许更多次数的迭代寻优。在实践中，存在很多订单包含的物品数量仅为 20 个以内的情况，装箱方案的问题计算规模将大幅度下降，使得启发式策略组合的方法耗时更短，为进一步优化装箱方案留出了更多的计算时间与空间。

6.2　多种箱型三维装箱问题智能策略设计

6.2.1　装箱问题启发式与智能策略融合

基于装箱环节算法体系的设计思路，本书将分析对装箱过程中各个环节策略算子集合中的具体算子进行智能改造的可能性。在装箱环节启发式策略算子设计部分（详见 5.3.3 节）已经提到，可以结合智能策略做出更优选择的环节主要包括：

①包装箱型号选择环节策略算子集合中的系数箱型选择算子 $oper_2^{bin}(\beta)$。

②物品装箱顺序选择环节策略算子集合中的物品装箱顺序函数选择算子 $oper_2^{sequ}(\varphi^{sequ})$。

因此，本部分关于智能算法的设计思路是：以订单装载率提升为目标，适当放宽订单装箱方案的计算耗时要求，尝试在启发式策略算法的主体框架基础上，结合智能优化策略对启发式策略算法中的部分环节的关键算子进行智能化改造，从而实现物品装箱策略的进一步优化。

6.2.2　箱型尝试选择环节优化潜力分析

通过优化装箱过程中的箱型选择环节，可以较少选择尝试的箱子数量，尽量避免因箱型选择不合适导致装箱失败而产生的计算耗时浪费。本部分一方面需要通过对 JD 数据集中的实例进行计算实验，验证系数箱型选择算子 $oper_2^{bin}(\beta)$ 在参数 β 不同取值水平下的有效性；另一方面需要引入神经网络，用以识别具体订单是否在装箱方案计算过程中尝试箱子数量较多的情况，对不同订单实例是否需要接入系数箱型选择算子进行区别对待。另外，除了采用 β 系数的方式，神经网络本身也可以作为箱型选择算子的构建方式，在输入订单实例的具体信息后，识别需要采用的箱型选择算子的同时，输出尝试装箱的起始箱型，实现"端到端"的识别训练效果。因此，本部分关于装箱尝试选择环节的优化内容主要包括：

①识别箱子尝试次数大于等于 3 次的订单，具体分析其基本特征，如物

品数量、物品尺寸形状差异以及物品尺寸方差等。

②引入神经网络识别尝试次数大于等于 3 次的订单实例，验证其有效性以及在不同算法下降低的箱子型号尝试次数。

③对箱型尝试次数大于等于 3 次的订单实例，进行箱型选择系数（β）灵敏度分析，β 取值范围为 1.0~2.0，步长为 0.1，主要分析不同系数（β）取值下箱型尝试次数的上升和下降情况。

（1）装箱尝试次数影响因素分析

以 JD 数据集为例，针对装箱环节算法体系中的 10 种启发式策略算法，分别统计箱型尝试次数大于等于 3 次的订单实例占比，结果如表 6-1 所示。由此可见，在不同的启发式策略算法下装箱尝试次数大于等于 3 次的订单实例占比为 28.9%~71.3%，如果能针对不同算法降低相应订单实例的装箱尝试次数，则可以进一步优化算法的计算效率。

表 6-1　JD 数据集订单实例占比（箱型尝试次数≥3）　　　　单位：%

箱型尝试次数	ESA-SHA-S1	ESA-SHA-S2	ESA-SHA-S3	ESA-SHA-S4	ESA-SHA-S5	ESA-SHA-S6	ESA-SHA-P1	ESA-SHA-P2	CDA-SHA-P1	CDA-SHA-P2
等于 3 次	37.7	44.5	50.3	23.5	23.2	23.5	26.2	31.3	28.2	31.9
等于 4 次	10.1	13.6	16.7	5.4	5.7	5.9	6.5	8.5	10.5	10.6
大于等于 5 次	0.3	1	4.3	0	0	0	0	0	0.1	0.1
合计占比	48.1	59.1	71.3	28.9	28.9	29.4	32.7	39.8	38.8	42.6

进一步统计分析不同装箱次数的订单实例在不同算法下的订单物品数量，物品长、宽、高尺寸的方差，以及物品体积方差等方面数据，结果如表 6-2 所示。其中，"订单物品指标"中不同物品尝试次数的"数量"是指该分类下所有订单的物品数量均值，"长""宽""高""体积"分别为该类订单相应指标的标准差，由于"体积"的标准差数值相对较大，表中的数字为体积的标准差缩小到原来的十万分之一后的结果。通过表中的统计指标分析可知，在不同算法下，装箱尝试次数不同时，订单物品的各项统计指标确实存在一定程度的差异。

表6-2 不同算法不同装箱尝试次数订单物品特征信息统计

箱型尝试次数	订单物品指标	ESA-SHA-S1	ESA-SHA-S2	ESA-SHA-S3	ESA-SHA-S4	ESA-SHA-S5	ESA-SHA-S6	ESA-SHA-P1	ESA-SHA-P2	CDA-SHA-P1	CDA-SHA-P2
小于3次	数量	115	116	107	117	117	117	117	118	118	118
	长	16.68	16.78	16.83	16.56	16.55	16.57	16.61	16.71	16.62	16.71
	宽	18.71	19.04	19.25	18.75	18.74	18.76	18.80	18.82	18.79	18.78
	高	13.88	14.24	14.32	13.96	13.94	13.96	13.98	14.02	14.00	13.98
	体积	1.49	1.54	1.55	1.51	1.51	1.51	1.51	1.52	1.52	1.51
等于3次	数量	122	123	126	111	112	113	113	115	117	118
	长	16.41	16.48	16.59	16.51	16.60	16.53	16.49	16.38	16.51	16.38
	宽	18.98	18.90	18.92	18.73	18.76	18.72	18.76	18.90	18.95	18.89
	高	14.04	14.06	14.25	13.51	13.67	13.53	13.63	13.83	13.89	13.96
	体积	1.56	1.55	1.57	1.49	1.51	1.49	1.50	1.53	1.54	1.54
等于4次	数量	75	78	88	77	77	73	77	76	76	75
	长	16.66	16.39	16.29	17.10	16.83	16.77	16.62	16.37	16.47	16.40
	宽	17.72	17.39	17.63	18.07	18.13	18.12	17.59	17.27	17.64	17.80
	高	12.34	11.76	12.09	12.43	12.06	12.47	12.16	11.81	12.16	12.09
	体积	1.30	1.23	1.27	1.34	1.31	1.36	1.31	1.24	1.28	1.27
大于等于5次	数量	70	63	108	—	—	—	—	—	53	58
	长	17.99	15.18	15.85	—	—	—	—	—	17.59	21.73
	宽	18.36	14.53	16.88	—	—	—	—	—	14.42	18.87
	高	9.40	8.72	11.12	—	—	—	—	—	9.07	13.15
	体积	1.17	0.80	1.17	—	—	—	—	—	0.92	1.58

例如，与装箱尝试次数小于等于 3 次的订单实例相比，大于等于 4 次的订单实例物品数量均值与物品体积标准差都明显较小。但是，如果想要对每个订单在不同算法下的装箱次数做出精准识别，还需要进一步借助神经网络才能实现。

(2) 深度学习算法识别装箱尝试次数类别

本书通过设计用于识别不同算法下订单物品尝试装箱次数的神经网络结构，采用深度学习（deep learning，DL）算法框架训练神经网络的识别准确率，设计了 DLA-NN1 算法，具体情况如图 6-1 所示。其中，DLA-NN1 算法框架各部分含义如下：

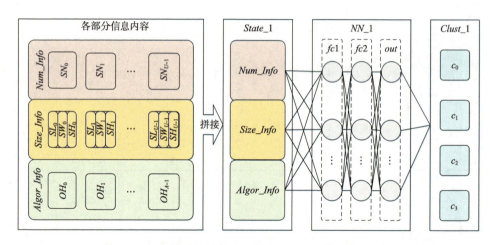

图 6-1　不同算法装箱尝试次数识别 DLA-NN1 算法框架

①状态设计：$State\_1$。神经网络的输入状态（$State\_1$）由三部分拼接组成，分别为物品数量信息（Num_Info）、物品尺寸信息（$Size\_Info$）、不同算法信息（$Algor\_Info$）。Num_Info 部分的元素数量与物品 SKU 数量相同，每个元素对应当前订单中相应 SKU 的物品数量，如果没有该类 SKU 物品，则值为 0；$Size\_Info$ 部分的元素数量为物品 SKU 数量的 3 倍，这一部分的元素以 3 个为一组，分别表示相应 SKU 物品的长、宽、高尺寸数值；$Algor\_Info$ 部分的元素数量与装箱环节算法体系中所包含的启发式策略算法数量相同，该部分为 0-1 独热向量，每个位置的元素对应一种启发式策略算法，向量中取值为 1

的元素位置表明本状态信息对应该种算法，其余均为 0 元素。

②网络设计：NN_1。DLA-NN1 算法采用全连接神经网络，包含 2 个中间层（$fc1$、$fc2$）和 1 个输出层（out）。其中，$fc1$ 的输入维度与系统状态 $State\_1$ 的维度相同，经过多次计算实验后，$fc1$ 的输出维度设置为 128；$fc2$ 层的输入维度与 $fc1$ 层的输出维度相同，$fc2$ 层的输出维度设置为 64；out 层的输入维度与 $fc2$ 的输出维度相同，输出维度与 $Clust\_1$ 的维度相同。

③类别设计：$Clust\_1$。本书将订单物品装箱尝试次数划分为 4 类（如表6-2所示），分别为：尝试次数小于 3 次，尝试次数等于 3 次，尝试次数等于 4 次以及尝试次数大于等于 5 次。DLA-NN1 算法神经网络的输出结果 $Clust\_1$ 中的（c_0，c_1，c_2，c_3）分别对应 4 种类别，选择其中最大值对应的装箱尝试次数类别作为神经网络识别的结果。

接下来，根据深度学习的常规经验以及多次计算尝试，对 DLA-NN1 算法的超参数进行设置。其中，总训练回合数设置为 10 000 次，采用 CrossEntropyLoss 作为交叉熵损失函数，初始学习率（RL）设置为 1e-5，最小学习率设置为 1e-6，学习率的变化采用线性递减的方式，从初始学习率开始经过 8 000 个回合的迭代降至最小学习率。

经过 DLA-NN1 算法框架下对神经网络进行训练，得到的训练结果如图 6-2所示。其中，子图（1）为训练过程中损失函数值（loss）的变化情况，子图（2）为训练过程中神经网络准确识别率的变化情况。由训练结果可知，DLA-NN1 算法中的损失函数值具有稳定的收敛性，订单识别准确率可以达到 96% 以上，达到了较为理想的识别水平，可以准确识别订单物品装箱次数的具体类别。

根据 5.5.2 节中表 5-7 中的计算结果，在 JD 数据集上装箱环节启发式策略组合方法的最好表现是每个订单平均需要尝试 1.81 个不同型号的包装箱，才能确定合适的箱型。如果采用本部分的深度学习算法，以 96% 的识别准确率计算，JD 数据集中 1000 个订单实例至少有 960 个订单的箱型选择一次就能完成。其余 40 个订单实例每个按照 1.81 次的箱型选择尝试次数计算，共需尝试 72.4 次。由此可以计算得到，深度学习算法识别包装箱型号的策略可以使 JD 数据集中订单装箱平均尝试箱型数量降低为 1.03 个，相较于启发式策

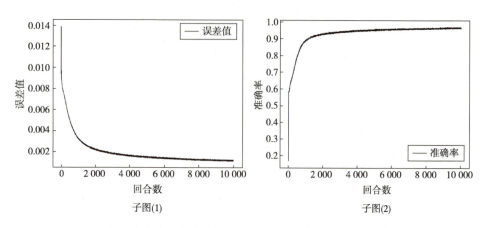

图 6-2　装箱尝试次数识别网络损失函数值与准确率

略组合方法中的 $oper_1^{bin}$ 算子，箱型选择环节包装箱型号尝试数量减少了 43.09%。另外，深度学习算法中神经网络端到端的输出特点使得识别输出箱型的计算耗时几乎可以忽略不计。因此，深度学习算法在箱型选择环节的应用确实提升了装箱方案的计算效率。

（3）箱型选择系数（β）灵敏度分析

根据表 5-8 和表 5-9 的信息可知，在 JD 数据集上使用 ESA-SHA-S1 算法，可以在 58.98% 的订单实例上得到最优的订单装载率，但是订单平均的装箱尝试次数达到了 2.31 次，订单物品装箱方案的平均计算耗时为 0.25 秒。如果能够在计算过程中减少装箱尝试次数，则可以进一步节约计算时间，更有效地发挥算法的作用。如表 6-1 所示，在 JD 数据集上使用 ESA-SHA-S1 算法，有 48.1% 的订单实例装箱尝试次数大于等于 3 次。由于系数箱型选择算子 $oper_2^{bin}(\beta)$ 至少需要 2 次装箱尝试才能确定算法最优适用箱型，因此本部分主要针对大于等于 3 次尝试的订单实例进行优化，其他订单实例仍然采用箱型升序选择算子 $oper_1^{bin}$ 进行计算。在实际计算过程中，可以借助装箱尝试次数识别网络，确定箱型选择环节所使用的算子。在 ESA-SHA-S1 算法框架下，分别使用 $oper_1^{bin}$ 算子和 $oper_2^{bin}(\beta)$ 算子，系数 β 的取值变化为从 1 到 2（步长为 0.1），计算实验结果如表 6-3 所示。

表6-3 不同 β 值的订单装箱次数与计算耗时

	$oper_1^{bin}$	$oper_2^{bin}(\beta)$									
		$\beta=1.1$	$\beta=1.2$	$\beta=1.3$	$\beta=1.4$	$\beta=1.5$	$\beta=1.6$	$\beta=1.7$	$\beta=1.8$	$\beta=1.9$	$\beta=2.0$
装箱尝试次数（次）	3.22	2.72	2.30	2.06	2.01	2.02	2.16	2.35	2.54	2.85	3.17
装箱方案计算耗时（s）	0.29	0.18	0.16	0.16	0.15	0.15	0.17	0.19	0.21	0.24	0.26

由表6-3可知，装箱尝试次数与装箱方案计算耗时均达到最小值时，箱型选择系数 β 取值为1.4。虽然由于 β 变化步长的原因，计算精度方面可能仍有提升空间，但是已有的计算实验已经可以非常明显地展示出 β 值对于装箱尝试次数以及订单平均计算耗时的影响，具体变化趋势如图6-3所示。

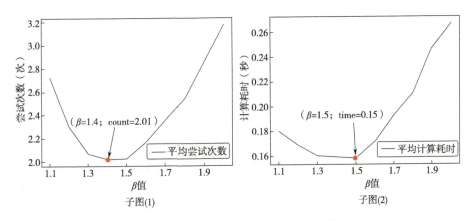

图6-3 不同 β 取值的箱型尝试次数和计算耗时

其中，子图（1）为不同 β 取值情况下的订单装箱尝试次数，子图（2）为不同 β 取值情况下的订单装箱方案计算耗时，两者曲线均呈现向下凸出的趋势，存在极小值点，即图中红色原点位置，相应的 β 取值与装箱尝试次数、装箱方案计算耗时均在图中用箭头标出。

由此可知，通过设定较优的 β 取值可以进一步提升启发式策略算法的求解速度，减少订单物品装箱方案的计算耗时。根据计算实验的结果，箱型选择系数 β 的最优取值约为1.4。另外，对神经网络做进一步升级改造，使之能够在选择箱型、选择算子的同时，识别需要采用系数箱型选择算子的订单实例中初始尝试的箱子型号。从 JD 数据集的计算实验结果来看，通过设置系数箱型选择算子的参数 β，可将装箱尝试次数为 3 次以上的订单实例降低至平均每个订单为 2.01 次，已经非常接近最低尝试 2 次的下界值。因此，暂不考虑通过继续改造神经网络来进一步降低订单装箱尝试次数。

6.2.3 物品装箱顺序环节优化潜力分析

在三维装箱问题中，综观装箱过程的各个环节，物品装箱顺序是影响订单装载率的重要因素，也是众多研究者优化装箱效果的途径和手段。物品装箱顺序的优化本质上是一个序列优化问题，与路径优化问题中的 TSP 问题类似，只不过物品装箱顺序的优化需要考虑多种箱型三维装箱问题的一系列空间几何属性（如非越界约束、非重叠约束等），在满足装箱方案可行的前提下，以最终订单装载率最高为目标，优化物品的装箱顺序。

在物品装箱顺序选择环节，采用物品体积降序选择算子 $oper_1^{sequ}$ 具有较高的优化效果，但是并不一定能够达到最优的效果。在物品装箱位置与装箱方向选择策略一定的情况下，物品体积降序装箱策略的优化程度主要受到两个因素的影响。一是先装箱的较大物品与后装箱的较小物品之间，其长、宽、高三个维度上的尺寸数值存在差异。如果后装箱的较小物品在长、宽、高三个维度上的尺寸均小于先装箱的较大物品，则装入同一个箱子的物品越多，$oper_1^{sequ}$ 算子的优化效果越明显，后装入的较小物品可以装入先前较大物品所划分产生的空间中，此时如果先装入体积较小的物品，再装入体积较大的物品，则会出现先装入体积较小物品所产生的较小空闲空间无法容纳后装入的较大体积物品的情况；如果后装箱的较小物品在长、宽、高三个维度上的尺寸中至少存在一个维度的尺寸大于先装箱的较大物品，则可能会出现该较小体积的物品无法装入先前较大物品所划分产生空间的情况，导致 $oper_1^{sequ}$ 算子的优化效果受到影响。二是箱子的尺寸形状，以及在物品装箱过程中已装箱物品的形状和位置，它们对物品装箱顺序的选择策略也有重要影响。

本书将多种箱型三维装箱的物品装箱顺序作为进一步优化订单平均装载率的关键环节，通过具体实例分析优化物品装箱顺序，提升订单装载率的可行性。为了验证智能优化算法通过调整物品装箱顺序提升订单装载率的潜在能力，本节通过将物品装箱顺序函数选择算子 $oper_2^{sequ}(\varphi^{sequ})$ 中的 φ^{sequ} 函数设置为随机顺序策略函数，替代物品体积降序选择算子 $oper_1^{sequ}$，分别使用 ESA-SHA-S4 算法、ESA-SHA-S5 算法和 ESA-SHA-S6 算法的基本框架，在 JD 数据集的实例上进行计算实验。在每种算法框架下，针对每个订单随机采样 100 种物品装箱顺序，计算订单装载率。其中，每种算法框架下，相较于原算法结果，订单装载率提升最大的典型订单实例信息如表 6-4 所示。

表 6-4　JD 数据集典型实例订单信息

订单编号	物品 SKU	物品数量	物品尺寸	物品体积
275 号订单	7	15	[75, 62, 49]	227 850
	8	11	[37, 30, 28]	31 080
	9	11	[85, 60, 35]	178 500
	17	18	[73, 55, 40]	160 600
	18	6	[56, 36, 22]	44 352
	19	16	[82, 50, 44]	180 400
	20	9	[63, 43, 23]	62 307
	23	18	[93, 41, 20]	76 260
773 号订单	0	19	[94, 89, 62]	518 692
	4	5	[45, 35, 25]	39 375
	18	17	[56, 36, 22]	44 352
	20	16	[63, 43, 23]	62 307
	26	8	[33, 29, 29]	27 753
	28	5	[95, 69, 49]	321 195
901 号订单	0	10	[94, 89, 62]	518 692
	2	6	[87, 68, 63]	372 708
	5	7	[48, 36, 23]	39 744
	12	9	[56, 22, 22]	27 104
	14	7	[86, 85, 71]	519 010
	18	10	[56, 36, 22]	44 352
	27	8	[55, 32, 30]	52 800

　　针对物品装箱顺序进行随机采样后，表 6-4 中的典型实例最优订单装载率计算实验结果如表 6-5 所示。由此可知，虽然物品体积降序装箱规则能够在大部分情况下使订单装箱方案达到较优的装载率，但是并非在任何情况下都能使订单装载率最优。例如，表 6-5 中的 3 个订单实例在物品体积降序装箱规则下仅达到了 48% 左右的订单装载率，但是调整物品装箱顺序后，订单装载率均达到了 85% 以上。另外，对物品装箱顺序的优化不仅能提升订单装载率，而且可以减少箱型尝试次数。表 6-5 中的不同算法框架下的 3 个订单实例采用物品体积降序装箱规则的装箱尝试次数均为 4 次，调整物品装箱顺序后，装箱尝试次数分别下降为 2 次、1 次和 3 次。

　　针对典型的订单装箱实例进行装箱方案的计算，可视化展示体积降序装箱规则与新规则下的物品装箱方案结果如图 6-4 所示。其中，子图（1）至子图（3）为 3 个典型订单实例在物品体积降序装箱规则下分别使用 3 种算法得到的装箱方案结果；子图（4）至子图（6）为典型实例分别在 3 种算法框架下物品装箱顺序调整后的装箱方案结果。通过装箱方案三维可视化的结果可知，在基本的启发式策略算法框架下，通过调整物品装箱顺序可以进一步优化装箱方案，提高订单装载率。本书后续的研究焦点也将集中在寻找使订单装载率进一步提升的最优物品装箱顺序。

表 6-5 三种算法物品装箱顺序优化前后结果对比

项　目	ESA-SHA-S4 算法	ESA-SHA-S5 算法	ESA-SHA-S6 算法
原物品装箱顺序	[7 19 9 17 23 20 18 8]	[14 0 2 27 18 5 12]	[0 28 20 18 4 26]
新物品装箱顺序	[19 7 20 9 23 8 17 18]	[0 14 2 5 12 27 18]	[0 18 28 26 4 20]
原箱型尝试次数	4	4	4
新箱型尝试次数	2	1	3
原使用箱子尺寸	[330, 330, 260]	[330, 330, 260]	[330, 330, 260]
新使用箱子尺寸	[380, 275, 150]	[330, 170, 260]	[300, 240, 220]
原订单装载率	48.38%	43.95%	48.14%
新订单装载率	87.39%	85.30%	86.05%

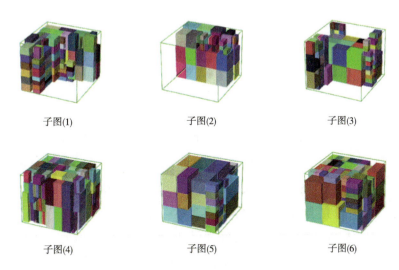

子图(1)   子图(2)   子图(3)

子图(4)   子图(5)   子图(6)

图 6-4 三种算法物品装箱顺序优化前后可视化

6.3 多种箱型三维装箱问题混合遗传算法

6.3.1 装箱顺序优化的混合遗传算法

(1) 混合遗传算法基本框架设计

接下来，本书在动态复合块装箱的 S 类算法基础上，针对物品装箱顺序选择环节进行优化，设计装箱顺序优化的混合遗传算法（hybrid genetic algorithm for packing sequence optimization，PSO-HGA）。该算法设计的具体内容包括：

①设计染色体编码。本算法染色体采用实数编码，以订单中物品 SKU 的序列作为编码对象，以 SKU 为单位对物品装箱顺序进行排序。例如，表 6-4 中的 275 号订单所包含的 SKU 信息集合为 $Order\_SKU\_set$，则有：

$$Order\_SKU\_set = \{7, 8, 9, 17, 18, 19, 20, 23\} \tag{6-1}$$

由于 $Order\_SKU\_set$ 中包含 8 个元素，对应生成染色体编码序列 $Chro\_cod\_seq$，则有：

$$Chro\_cod\_seq = [0,\ 1,\ 2,\ 3,\ 4,\ 5,\ 6,\ 7] \tag{6-2}$$

其中，$Chro\_cod\_seq$ 每个位置上的元素代表 $Order\_SKU\_set$ 中相应位置的物品 SKU。通过对 $Chro\_cod\_seq$ 中的元素进行不同顺序的重新排列，可以得到不同的订单物品装箱顺序，以此作为本算法的单个染色体编码。

②生成初始种群。设种群中包含的染色体的数量为 g，每个染色体的编码为 $Chro\_cod\_seq$ 中所有元素按照某种顺序排列后的结果。本节所设计的混合遗传算法采用最常见的随机排序方法，将 $Chro\_cod\_seq$ 中的元素随机排序 g 次，得到 g 个元素顺序不同的染色体，从而形成初始群体。在后续的研究中将采用其他方式得到初始群体中 g 个染色体的元素排序。

③确定适应度函数。本算法将订单装载率作为个体适应度，则订单装载率的计算过程为适应度函数。根据模型（I），适应度函数可以具体表示为 fit_value^1，则有：

$$fit\_value^1 = \frac{\sum_{i=1}^{m} l_i^{IR} \cdot w_i^{IR} \cdot h_i^{IR}}{l^{B^*} \cdot w^{B^*} \cdot h^{B^*}} \tag{6-3}$$

④进行个体评价。根据种群中染色体信息所确定的物品装箱顺序，在动态复合块装箱的 S 类算法框架下计算订单装载率，可以得到每个染色体的适应度函数值 fit_value^1。fit_value^1 越大，说明订单装载率越高，反之则订单装载率越低。由于我们希望 fit_value^1 的值越高越好，则个体的 fit_value^1 越大，其适应度越高。换句话说，本书研究的是极大值的优化问题，希望通过染色体信息的迭代实现适应度函数值的不断提升。

⑤设计选择算子。在选择算子部分，本书设计了放大优势型轮盘赌（enlarge advantage roulette，EAR）算子。EAR 算子的设计思路是在对群体适应度的值进行调整的基础上，使用轮盘赌的方式筛选优势个体。调整群体适应度的规则是：在较小适应度值的基础上增加一个较小的数值，在较大适应度值的基础上增加一个较大的数值，从而进一步拉开不同适应度值之间的相对差距，使得较大适应度值对应的个体有更大的概率被选中。这种方式针对群体中适应度值差别不大、筛选优秀个体的效果不明显时比较有效。EAR 算子的伪代码见附录表 A.15。

⑥设计交叉算子。在交叉算子部分，本书设计了"单点交叉，双位交换"（single point crossing and double bit switching, SPCDBS）算子。SPCDBS 算子的具体情况是：首先，将群体中的染色体随机分成数量相同的两组；其次，从每组中随机取出 1 条染色体组成一个染色体对；最后，以一定的交叉概率对取出的染色体对进行交叉操作，得到 2 条新的染色体。

其中，交叉概率设为 pc，染色体的交叉机制如图 6-5 所示。子图（1）中 $Chro\_1$ 和 $Chro\_2$ 为随机抽取需要进行交叉操作的染色体，$Chro\_1$ 中的元素 2 所在的位置为随机选中的单点交叉位置，需要与 $Chro\_2$ 中的对应位置（即元素 0 所在的位置）进行交叉，为了保证交叉操作后得到的新染色体依然是完整的订单 SKU 序列，需要将 $Chro\_1$ 中的元素 0 与 $Chro\_2$ 中的元素 2 也进行交叉。两个位置同时进行交叉操作后，得到 2 个新染色体 $Chro\_1'$ 和 $Chro\_2'$，如子图（2）所示。用交叉操作得到的 2 条新染色体替换掉原染色体并加入种群中，应用于后续计算过程。

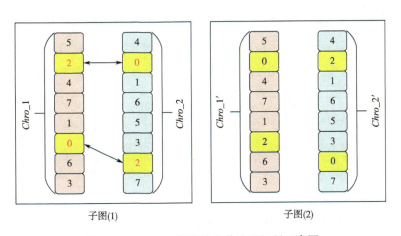

子图(1)　　　　　　子图(2)

图 6-5　SPCDBS 算子染色体交叉机制示意图

⑦设计变异算子。在变异算子部分，本书设计了"单点变异，随机顺序"（single point variation and sequential random, SPVSR）算子。SPVSR 算子的具体计算过程是：从种群中依次提取每个染色体，以一定的变异概率对取出的染色体进行变异操作。其中，变异概率设为 pm，染色体变异机制如图 6-6 所示。在子图（1）中将确定需要进行变异的染色体 $Chro\_3$ 视为一个变异点，

对该条染色体的所有元素进行随机顺序重排,如子图(2)所示,得到1条新染色体 $Chro\_3'$。用变异操作得到的新染色体 $Chro\_3'$ 替换掉原染色体 $Chro\_3$,并应用于后续计算过程。

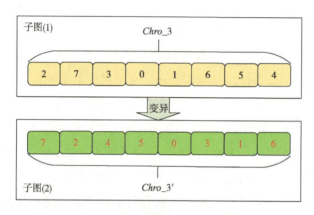

图6-6 SPVSR算子染色体变异机制示意图

⑧迭代终止条件。针对本模型求解的终止条件,综合考虑最大迭代次数(T)与订单装箱方案平均计算耗时两个方面的因素,以优化订单装载率为主要目标,适当放宽计算耗时方面的要求。在订单物品装箱方案计算耗时为分钟级的时间内,确定最大迭代次数作为终止条件,以改进装箱方案的效果,进一步提升订单装载率。

(2)动态复合块装箱的 PSO-HGA 算法

基于 PSO-HGA 算法,结合动态复合块装箱的 S 类算法中各个算法的基本算子,可以进一步构建 PSO-HGA 算法系列,具体包括 PSO-HGA-S1 算法、PSO-HGA-S2 算法和 PSO-HGA-S3 算法。

其中,PSO-HGA-S1 算法以 ESA-SHA-S4 算法为基础,对其中的物品体积降序选择算子 $oper_1^{sequ}$ 进行改造,将其替换为物品装箱顺序函数选择算子 $oper_2^{sequ}(\varphi^{sequ})$,将混合遗传算法作为 φ^{sequ} 函数,根据搜索得到的物品装箱顺序,求得更优的订单装载率。

与 PSO-HGA-S1 算法的设计情况类似,PSO-HGA-S2 算法是对 ESA-SHA-S5 算法的物品装箱顺序算子进行改造得到的,PSO-HGA-S3 算法是对

ESA-SHA-S6 算法进行改造得到的。因此，PSO-HGA 算法系列基本上继承了动态复合块装箱 S 类算法的很多优点，如计算耗时短、订单装载率高，并在适当放宽计算耗时的条件下进一步优化提升装载率。

6.3.2 带有改进算子的混合遗传算法

（1）初始群体优选的混合遗传算法

初始群体优选的混合遗传算法（hybrid genetic algorithm for initial population optimization，IPO-HGA），主要基于 PSO-HGA 算法框架，针对其中"生成初始种群"的环节，不再采用随机策略生成初始种群，而是根据物品体积降序选择算子 $oper_1^{sequ}$ 的规则，按照物品 SKU 的体积进行从大到小排序，从而得到染色体信息。将该条由启发式策略得到的染色体信息复制 g 次，生成初始群体。

虽然在这种初始群体的生成方式下得到的初始染色体信息趋同，但是 $oper_1^{sequ}$ 算子在装箱环节算法体系中的应用已经基本验证了这一启发式策略的有效性，因此能够保证初始群体即可达到一定的优化程度，而不是漫无目的地在庞大的解空间中随机搜寻。至于染色体的多样性问题，则可以在后续迭代过程中经由变异算子和交叉算子操作得到更加丰富的染色体信息，这样既保证了遗传算法的初始解能够达到较高的优化程度，也不影响遗传算法迭代过程的搜索寻优。

（2）带邻域搜索算子的混合遗传算法

带邻域搜索算子的混合遗传算法（hybrid genetic algorithm with neighborhood search operator，NSO-HGA），是在 PSO-HGA 算法的基础上，在"进行个体评价"环节之后加入邻域搜索算子，针对当前群体中适应度最高的染色体进行邻域搜索的算法。由于 PSO-HGA 算法本身具有较强的全局搜索能力，但是局部搜索能力相对较弱，因此通过增设邻域搜索算子可以弥补其局部搜索能力的不足。当然，邻域搜索算子的加入不可避免地会造成计算耗时略有增加，但总体上计算耗时增加的程度是可以接受的。由于本算法染色体采用的是实数序列编码方式，需要对当前最优染色体的邻域做出界定（如图 6-7 所示）。

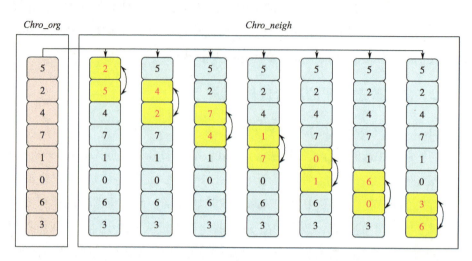

图6-7　原染色体与邻域染色体编码信息变换情况

针对当前最优染色体的实数编码序列（*Chro_org*），依次仅交换相邻两个位置的元素所得到的新染色体集合（*Chro_neigh*），记为原染色体的邻域范围。根据图6-7中的邻域划定规则，具有 n 个元素的染色体，其邻域集合中的染色体数量为 $(n-1)$ 个。计算新得到的邻域集合中所有染色体的适应度函数值，并将邻域染色体集合与原有群体中的染色体合并，然后采用 EAR 算子选择得到 g 个染色体，从而形成新的群体并应用于后续计算过程。

（3）综合多种算子的混合遗传算法

综合多种算子的混合遗传算法（hybrid genetic algorithm integrating multiple operators，IMO-HGA），是指在 PSO-HGA 算法的基础上，针对多个环节采取改进算子的算法，以提升算法的有效性。具体而言，IMO-HGA 算法除了包括 PSO-HGA 算法基本的算子（EAR、SPCDBS、SPVSR）外，还综合了 IPO-HGA 算法的 IPO 算子和 NSO-HGA 算法的 NSO 算子，在初始群体生成以及代际最优个体邻域搜索方面同时做出了改进。

以上三类带有改进算子的混合遗传算法（PSO-HGA 算法、NSO-HGA 算法与 IMO-HGA 算法）在具体应用时，其适应度函数的计算需要与装箱环节算法体系中的启发式策略算法相结合。考虑到订单装载率以及装箱方案计算耗时方面的因素，本书选择动态复合块装箱的 S 类算法，即 ESA-SHA-S4 算法、ESA-SHA-S5 算法与 ESA-SHA-S6 算法，将其与改进算子的混合遗传算法结合。两类算法的具体结合方式是：分别提取各自的基本算法框架，将改进算子的遗传算法框架作为物品装箱顺序函数选择算子 $oper_2^{sequ}(\varphi^{sequ})$ 中的 φ^{sequ} 函数，其他装箱方案的计算环节采用动态复合块装箱 S 类算法中各个算法的原有操作。算法之间两两组合，得到带有改进算子的混合遗传算法系列（如表 6-6 所示）。

表 6-6　带有改进算子的混合遗传算法系列

算法	ESA-SHA-S4	ESA-SHA-S5	ESA-SHA-S6
PSO-HGA	IPO-HGA-S1	IPO-HGA-S2	IPO-HGA-S3
NSO-HGA	NSO-HGA-S1	NSO-HGA-S2	NSO-HGA-S3
IMO-HGA	IMO-HGA-S1	IMO-HGA-S2	IMO-HGA-S3

6.3.3　装箱问题混合遗传算法的场景应用分析

（1）混合遗传算法超参数确定

遗传算法的超参数设置是进行计算实验的前提和基础，遗传算法的超参数设定主要包括：群体数量（M），迭代次数（T），交叉概率（pc），变异概率（pm）。它们在求解效率和结果优化程度上起着重要作用，但没有确定性的选择依据。一般来说，需要通过灵敏度分析的计算实验来获得特定问题的最佳参数设置。

为了确定 PSO-GHA 算法系列以及带有改进算子的混合遗传算法系列的超参数设置，本书选择 PSO-HGA-S1 算法作为典型代表，将 5.5.1 节中 JD 数据集上具有物品装箱顺序优化潜力的订单实例子集作为测试数据，尝试不同的超参数组合，通过计算实验最终确定各个超参数的取值。

如表 6-7 所示，在设定一般取值范围的基础上，本书根据具体问题的特殊性质，以一定的变化步长进行参数的灵敏度分析，根据不同实例的多次实验结果，尽可能选择使装载率达到最高并且装箱方案计算耗时最短的参数组合作为参数取值的最终结果。

表6-7 混合遗传算法超参数设置情况

超参数变量	超参数含义	取值范围	变化步长	最终参数取值
M	种群数量	10~30	10	10
T	迭代次数	10~50	20	30
pc	交叉概率	0.4~0.99	0.25	0.65
pm	变异概率	0.01~0.15	0.045	0.10

在108个参数设置下求得测试数据的订单实例计算结果，并分析目标函数值和算法操作的时间成本（如图6-8所示）。

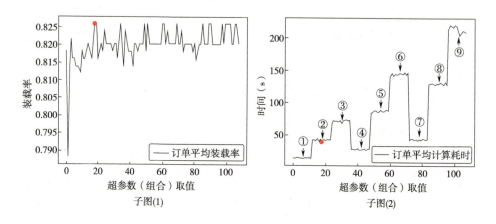

子图(1)   子图(2)

图6-8 混合遗传算法超参数确定

其中，子图（1）中的横轴表示各种参数值的组合，纵轴表示不同参数值下所有订单实例的装载率最大值的平均值。适应度函数（即装载率）取得最佳值点的位置在图中被标记为红色"·"。子图（2）中的横轴与子图（1）中的横轴相同，其纵轴表示所有订单实例装箱方案计算耗时的平均值，与子图（1）中标记为红色"·"的位置对应，使订单装载率达到最优的最短计算耗时，其位置在子图（2）中也标记为红色"·"。

另外，子图（2）具有明显的周期性特征，主要表现出了三个大的周期性变化。根据每三个组，子图（2）中①到⑨可以被划分为3个阶段，即：①~

③，④~⑥及⑦~⑨。通过对算法参数设置和交叉组合的分析可以看出，三大周期性变化与群体中染色体数量和迭代次数密切相关。从阶段之间的变化以及每个阶段内的 3 个部分之间的计算耗时变化来看，当种群规模从小变大，并且迭代次数逐渐增多时，订单装箱方案的计算耗时也随之增大；从每个部分的内部变化来看，交叉概率和变异概率的变化对计算耗时的影响较小。

由计算实验结果可知，遗传算法参数确定测试集的订单平均装载率为 82.61%，订单平均计算耗时为 39.54 秒。经过 108 组参数组合计算实验，最终确定参数取值如表 6-7 所示，群体数量（M）为 10，迭代次数（T）为 30，交叉概率（pc）为 0.65，变异概率（pm）为 0.1。

（2）混合遗传算法计算实验结果

根据表 6-7 得到的混合遗传算法超参数设置数值，在 JD 数据集上采用 PSO-HGA 算法系列的混合遗传算法进行计算实验，得到的计算结果如表 6-8 所示。其中，PSO-HGA-S1 算法在订单平均装载率指标上表现最佳，达到了 70.92%，其他算法虽然略有差距，但整体上都达到了 70% 的装载率；另外，在订单平均计算耗时方面，PSO-HGA-S3 的计算耗时最短（装载率也最低），为 39.22 秒，其他两个算法的计算耗时都超过了 40 秒，虽然将订单平均计算耗时控制在 1 分钟以内，但对于计算效率要求较高的场景仍存在一定劣势。

表 6-8 JD 数据集 PSO-HGA 算法系列计算结果

项目	PSO-HGA-S1	PSO-HGA-S2	PSO-HGA-S3
订单平均装载率（%）	70.92	70.67	70.04
订单平均计算耗时（s）	43.09	48.07	39.22

在 JD 数据集上采用 PSO-HGA 算法系列的混合遗传算法迭代过程，结果如图 6-9 所示。

其中，在相同迭代次数下，PSO-HGA-S1 算法的表现明显优于其他算法，而 PSO-HGA-S3 算法在整个迭代寻优过程中的表现都低于其他两个算法。究其原因，主要是装箱位置选择算子的不同，PSO-HGA-S1 算法采用的是空间

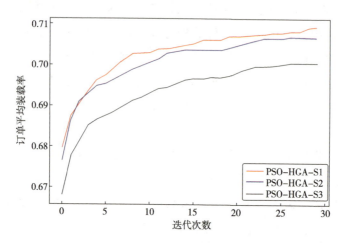

图6-9　JD数据集PSO-HGA算法系列迭代过程

利用率最高算子$oper_1^{space}$，而PSO-HGA-S2算法和PSO-HGA-S3算法采用的分别是空间膨胀算子（按照"柱—墙—块"的顺序装载相同SKU的物品）$oper_2^{space}$和"原点距离最近"算子$oper_3^{space}$。由此可知，在PSO-HGA算法框架下，$oper_1^{space}$算子比$oper_2^{space}$算子和$oper_3^{space}$算子更能有效提高订单平均装载率。

　　在JD数据集上采用带有改进算子的混合遗传算法计算订单实例的装箱方案，计算结果如表6-9所示。其中，IPO-HGA-S1算法的表现最佳，订单平均装载率达到了70.93%，订单平均计算耗时为40.57秒，与其他带有改进算子的混合遗传算法相比，计算耗时仅略高于IPO-HGA-S3算法，比其他算法的计算耗时均短，并且低于PSO-HGA-S1算法的订单平均计算耗时。在所有带改进算子的混合遗传算法中，NSO-HGA类算法整体表现最差，订单平均装载率低于IMO-HGA类算法，且订单平均计算耗时高于IPO-HGA类算法；IMO-HGA类算法虽然有较高的订单平均装载率，但是计算耗时是最长的；IPO-HGA类算法的订单平均计算耗时远低于NSO-HGA类算法和IMO-HGA类算法，并且IPO-HGA-S1算法与PSO-HGA算法系列相比，以更短的计算耗时得到了更高的订单平均装载率。

表6-9　JD 数据集带有改进算子的 HGA 算法系列计算结果

项目	IPO-HGA-S1	IPO-HGA-S2	IPO-HGA-S3	NSO-HGA-S1	NSO-HGA-S2	NSO-HGA-S3	IMO-HGA-S1	IMO-HGA-S2	IMO-HGA-S3
订单平均装载率（%）	70.93	70.77	70.17	70.72	70.77	70.09	70.91	70.81	70.51
订单平均计算耗时（s）	40.57	45.01	36.18	108.86	123.08	100.83	122.52	138.96	102.37

在 JD 数据集上采用带有改进算子的混合遗传算法计算订单装箱实例，以订单平均装载率为适应度函数值，迭代过程如图 6-10 所示。其中，IPO-HGA-S3 算法、NSO-HGA-S3 算法与 IMO-HGA-S3 算法的表现较差，而这三种算法的共同点是在物品装箱位置选择时都采用了"原点距离最近"算子 $oper_3^{space}$，说明在带有改进算子的混合遗传算法框架下，$oper_3^{space}$ 算子依然表现较差，这一点与其在 PSO-HGA 算法系列中的情况相同。IPO-HGA-S1 算法与 IMO-HGA-S1 算法是带有改进算子的混合遗传算法中取得最高订单平均装载率的两个算法，其共同点是在物品装箱位置选择环节都采用了空间利用率最高算子 $oper_1^{space}$，并且初始种群生成环节都采用了初始种群优选的 IPO 算子，这说明这两种算子的作用相较于同类型的其他算子在 JD 数据集上的订单平均

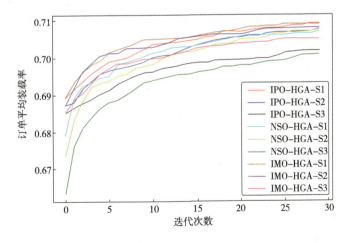

图6-10　JD 数据集带有改进算子的 HGA 算法系列迭代过程

装载率指标表现更好。

另外，NSO-HGA 类算法与 IMO-HGA 类算法的订单平均计算耗时均超过了 1 分钟，最长的 IMO-HGA-S2 算法订单平均计算耗时更在 2 分钟以上，主要原因是这两类算法都采用了 NSO 邻域搜索算子，对每次迭代得到的代际最优个体进行领域搜索。根据图 6-7 所示的染色体邻域搜索编码信息，NSO 邻域搜索算子的加入相当于使每个迭代步骤增加了 70% 的个体数量，加上与选择算子、交叉算子以及变异算子之间的相互作用，因此导致计算耗时大幅增加。但是，从迭代过程与最终结果来看，相较于初始种群优选的 IPO 算子，NSO 邻域搜索算子在提升订单平均装载率方面的作用较弱。

6.3.4 交叉算子有效性与两环节优化对比分析

(1) 随机偏置交叉算子计算分析

本书在混合遗传算法的交叉环节设计了"单点交叉，双位交换"(SPCDBS) 算子，达到了较高的优化程度。针对优化物品装箱顺序的情况，前人的研究文献多采用随机偏置密钥的方式设计交叉算子。为了对比分析不同种类交叉算子的作用，本书设计了物品装箱顺序的随机偏置交叉算子 (random bias operator，RBO) 的混合遗传算法（如图 6-11 所示）。由于物品装箱顺序采用整数编码，当进行两条染色体信息交叉时，需要提前进行偏置操作，染色体 1 中的所有的编码数字均加上偏置量 0.5，染色体 2 中的编码数字均减去偏置量 0.5。随机选择交叉点位置，将偏置操作后的两条染色体编码信息自交叉点位置开始至最后的信息片段进行交换，如图 6-11 中的交叉操作所示。交叉操作后的两条染色体信息为非整数编码，还需要再进行 Argsort 操作，将非整数编码转换为整数编码，得到最终的偏置密钥交叉操作整数编码染色体，整个交叉操作过程结束。

基于混合遗传算法的基本框架，将 PSO-HGA 算法中的 SPCDBS 算子替换为 RBO 算子，算法的其他部分不变。与 PSO-HGA 算法系列类似，结合动态复合块装箱的 S 类算法策略组合，本书设计了 RBO-HGA 算法系列，具体包括 RBO-HGA-S1 算法、RBO-HGA-S2 算法和 RBO-HGA-S3 算法。

在 JD 数据集上进行计算实验，RBO-HGA 算法系列的计算结果如表 6-10

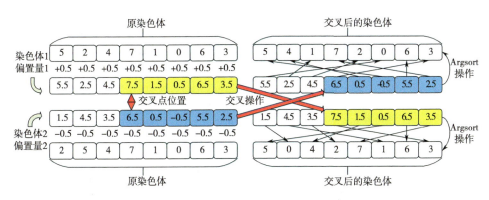

图6-11 基于偏置算子的染色体交叉操作示意图

所示。在 RBO-HGA 算法系列中，订单平均装载率方面表现最优的为 RBO-HGA-S2 算法，达到了 70.71% 的水平；但是与 PSO-HGA 算法中 PSO-HGA-S1 算法所达到的 70.92% 相比，低了 0.21%。在计算耗时方面，PSO-HGA-S1 算法的订单平均计算耗时为 43.09 秒，比 RBO-HGA-S2 算法的 57.86 秒节约 14.77 秒。

表6-10 JD 数据集 RBO-HGA 算法系列计算结果

项 目	RBO-HGA-S1	RBO-HGA-S2	RBO-HGA-S3
订单平均装载率（%）	70.70	70.71	70.16
订单平均计算耗时（s）	43.82	57.86	47.21

RBO-HGA 算法系列的计算迭代过程如图 6-12 所示。在整个迭代过程中，除了 RBO-HGA-S3 算法的表现明显较差之外，RBO-HGA-S1 算法和 RBO-HGA-S2 算法的表现基本上不相上下。这说明在 RBO-HGA 算法系列中，动态复合块装箱策略的"原点距离最近"算子 $oper_3^{space}$ 作用效果最差，空间利用率最高算子 $oper_1^{space}$ 和空间膨胀算子 $oper_2^{space}$ 的作用明显较优。

因此，从订单平均装载率和订单平均计算耗时这两项关键指标来看，本书所设计的基于点位交叉变异算子的 PSO-HGA 算法系列整体优于基于随机偏置交叉算子的 RBO-HGA 算法系列的表现。究其原因，随机偏置交叉算子的操作机制使得代与代之间的染色体基因的继承性受到较大的影响。在随机偏置的交叉操作之后，染色体信息与原染色体的编码信息差距极大，甚至会造成染色体编码信息的随机重排，相当于变相进行了变异操作，导致较低的继承性，影响遗传算法迭代寻优的基本过程，降低了算法的寻优效果。

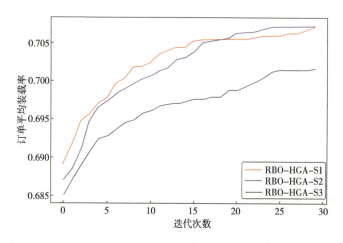

图6-12　RBO-HGA算法系列计算迭代过程

（2）装箱过程两环节优化计算分析

本研究主要针对物品装箱顺序的装箱过程单一环节优化，已经通过混合遗传算法系列进行了理论分析、算法设计以及计算实验。虽然计算耗时方面相较于启发式策略组合方法有所增加，但得到了更优的订单平均装载率水平。

虽然在以往的文献中几乎看不到针对装箱过程的多个环节同时进行优化的研究，但是如果同时优化不止一个装箱环节，是否能够使得装箱方案的效果更优，依然是装箱策略设计中需要考虑的一个重要方面。本书在混合遗传算法的基本框架下，除了单纯地优化物品装箱顺序之外，还将物品装箱顺序与物品装箱方向选择这两个环节共同进行优化，设计了两环节共同优化的混合遗传算法（hybrid genetic algorithm for two link optimization，TLO-HGA）。

TLO-HGA算法的主体框架与启发式策略与PSO-HGA算法系列类似，仅在交叉与变异环节的操作不同。TLO-HGA算法的具体编码情况与交叉、遗传算子的计算机制分别如图6-13和图6-14所示。

其中，每条染色体的编码信息包含两个部分：一是物品装箱顺序的染色体编码信息部分，与 PSO-HGA 算法系列的染色体编码设计一致；二是每件物品装箱方向的尝试顺序，本书将其设计为 0 到 5 共 6 种物品方向并依次进行尝试，遇到可装入的方向随机停止，该方向为物品的最终装箱方向。由于每种物品均包含 6 种可能的旋转方向，对于一个包含 m 种物品的订单，其装箱方向尝试顺序的染色体编码信息将组成一个 6 行 m 列的矩阵，矩阵元素为 0 到 5 的整数。如图 6-13 所示，在染色体的交叉操作环节，针对物品装箱顺序的染色体信息，依然采用的是"单点交叉，双位交换"（SPCDBS）算子，与 PSO-HGA 算法系列的交叉环节操作一致；针对物品装箱方式尝试顺序部分的染色体编码信息，则从交叉点位置开始，将包括交叉点位置及其之后的所有物品对应的装箱方向尝试顺序的编码矩阵直接交换位置。由于每种物品的装箱尝试顺序都可以表示为整数 0 到 5 的元素排列顺序，因此直接交叉物品装箱方向尝试顺序的部分信息不会影响装箱方案的整体计算过程的可行性。

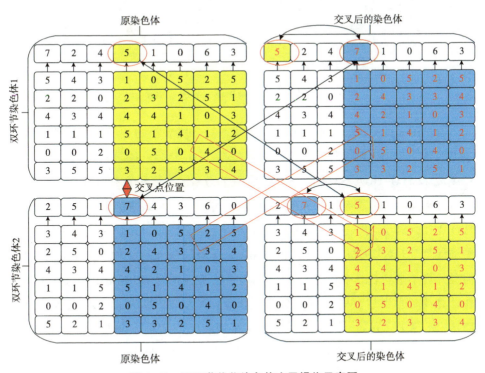

图 6-13　双环节优化染色体交叉操作示意图

如图 6-14 所示，在染色体的变异操作环节，针对物品装箱顺序的染色体编码信息，依然采用与 PSO-HGA 算法系列相同的操作，即 "单点变异，随机顺序"（SPVSR）算子；针对物品装箱方向尝试顺序的编码信息进行变异操作，直接将变异点位置的物品装箱方向 0 到 5 的向量元素进行随机重排，得到新的物品装箱方向尝试顺序。

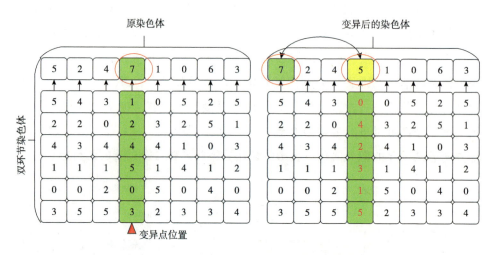

图 6-14 双环节优化染色体变异操作示意图

与 PSO-HGA 算法系列类似，结合动态复合块装箱的 S 类算法策略组合，本书设计了 TLO-HGA 算法系列，具体包括 TLO-HGA-S1 算法、TLO-HGA-S2 算法和 TLO-HGA-S3 算法。下面采用 TLO-HGA 算法系列在 JD 数据集上进行计算实验，计算结果如表 6-11 所示。订单平均装载率方面表现最优的为 TLO-HGA-S1 算法，达到了 69.95% 的水平。虽然 TLO-HGA-S1 算法的订单平均计算耗时为 39.68 秒，比 PSO-HGA-S1 算法的 43.09 秒节约了 3.41 秒，但是其订单平均装载率与 PSO-HGA-S1 算法所达到的 70.92% 相比低 0.97%。在计算耗时适当放宽的前提条件下，PSO-HGA-S1 算法的表现优于 TLO-HGA-S1 算法。究其原因，主要是物品装箱顺序与装箱方向两个环节共同优化导致解空间规模进一步爆炸性膨胀，搜索困难程度飙升，最终搜索效果反而变差。

表 6-11　JD 数据集 TLO-HGA 算法系列计算结果

项　目	TLO-HGA-S1	TLO-HGA-S2	TLO-HGA-S3
订单平均装载率（%）	69.95	69.84	69.16
订单平均计算耗时（s）	39.68	45.77	35.92

由图 6-15 可知，在整个迭代过程中，除了 TLO-HGA-S3 算法的表现明显较差之外，TLO-HGA-S1 算法和 TLO-HGA-S2 算法的表现基本不相上下。这说明在 TLO-HGA 算法系列中，动态复合块装箱策略的"原点距离最近"算子 $oper_3^{space}$ 作用效果最差，空间利用率最高算子 $oper_1^{space}$ 和空间膨胀算子 $oper_2^{space}$ 的作用明显较优，这与 RBO-HGA 算法系列的情况类似。

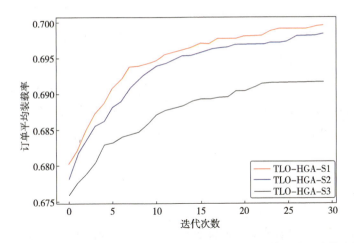

图 6-15　JD 数据集装箱顺序与方向联合优化 TLO-HGA 算法体系计算迭代过程

从随机偏置交叉算子与两环节联合优化的计算实验结果分析，本书在混合遗传算法的设计方面所提出的 SPCDBS 算子和 SPVSR 算子能够较好地匹配电商仓储三维装箱策略体系；与前人研究文献中遗传算法的算子设计相比，能够实现更高的订单平均装载率水平；将物品装箱顺序环节作为算法优化的主要对象，比两环节或多环节的优化算法设计能更好地控制解空间规模与算法寻优的效率，使得装箱方案的计算过程实现计算耗时与装载率水平之间的均衡。

6.4 多种箱型三维装箱问题蒙特卡洛树搜索算法

相较于装箱环节算法体系中的各类启发式策略算法，虽然采用混合遗传算法求解多种箱型三维装箱问题能够得到更高的订单装载率，但是群体搜索的方式导致混合遗传算法的求解效率并不高，订单装箱方案的计算耗时较长。究其原因，主要是群体搜索的方式在一次迭代中需要计算群体中多个个体的适应度函数值，这导致计算量大幅增加。

除了群体搜索最优解的方式，三维装箱领域最常见的优化算法就是树搜索，如深度优先或者广度优先的树搜索算法。但是，不论是深度优先还是广度优先的树搜索算法，在面对庞大的解空间时都存在计算耗时长、寻优效率低等局限性。因此，考虑到改进搜索效率的要求，本部分采用蒙特卡洛树搜索的方式，寻找能够提升订单装载率的物品装箱顺序。与混合遗传算法的群体搜索方式不同，蒙特卡洛树搜索算法通过维护信息树的方式不断调整搜索方向，随着搜索过程中采样数量的增加，搜索寻优的方向也会更加明确，在较为庞大的解空间中也能快速达到优化程度非常高的求解效果。

6.4.1 装箱顺序优化的蒙特卡洛树搜索算法

（1）PSO-MCTS 算法思路

装箱顺序优化的蒙特卡洛树搜索算法（Monte Carlo tree search algorithm for packing sequence optimization，PSO-MCTS）与混合遗传算法的思路类似，主要目的是搜索能够使订单装载率提升的物品装箱顺序。在具体操作时，将 PSO-MCTS 算法作为物品装箱顺序函数选择算子 $oper_2^{sequ}(\varphi^{sequ})$ 中的 φ^{sequ} 函数，替换装箱环节算法体系中的物品体积降序选择算子 $oper_1^{sequ}$，启发式策略算法的其他算子不变。换句话说，将优化求解得到的物品装箱顺序与启发式策略算法相结合，可以进一步提升订单装载率。

（2）PSO-MCTS 算法框架

PSO-MCTS 算法的迭代计算过程如图 6-16 所示。其中，每次迭代的搜索起点为 S，即蒙特卡洛树的根节点；最大搜索迭代次数 T_max 为超参数，可以通过计算实验确定合适的参数取值；搜索树信息集合 (T, N)，T 表示该节点探索得到最终价值后反向传播的累加值，N 表示该节点的探索次数，在初始状态下仅有根节点的 T 值与 N 值（即 T_S 与 N_S）且取值为 0，随着搜索过程的进行，更多节点的 T 值与 N 值被加入搜索树信息集合中，节点 N 值是指树搜索过程中当前节点对应搜索树信息集合中的 N 值，用于判断是否进行 rollout 或枚举当前节点的所有分支；rollout 策略，即探索采样的策略，一般包括随机采样策略和基于某种规则的采样策略，例如根据神经网络的输出结果进行采样，用于更新搜索树信息集合中的 T 值与 N 值；节点扩展选择策略，即当前节点为叶子节点时，需要扩展该节点的所有分支，更新搜索树信息集合并选择其中某条分支进一步搜索，在新得到的蒙特卡洛树分支中可以根据一定的规则选择进一步搜索的分支，一般选择搜索树信息集合中排序靠前的新增分支进行搜索，也可以根据一定的规则（如神经网络判断）确定进行搜索的分支，当新增分支较多时，有效的搜索分支选择策略可以提升算法的有效性。

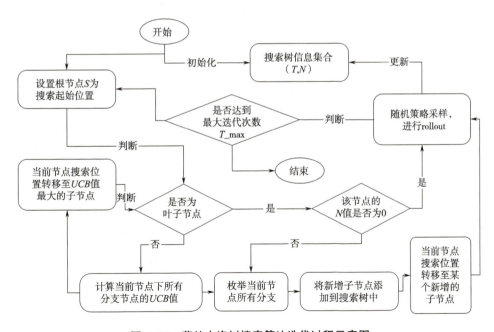

图6-16　蒙特卡洛树搜索算法迭代过程示意图

PSO-MCTS 算法的具体设计内容如下：

①搭建树结构。搭建树结构（build tree）主要针对多种箱型三维装箱问题，以搜索物品 SKU 的装箱顺序为目标，结合装箱环节算法的框架和基本算子，设计包含 PSO-MCTS 算法所需信息的树状结构，用于物品装箱顺序寻优的计算过程。搜索树信息集合包含各个节点的层级隶属关系信息，每个节点还包含每次通过搜索轨迹采样得到最终结果取值后反向传播计算得到的结果累加值 T，以及每个节点搜索采样的探索次数 N（如图 6-17 所示）。

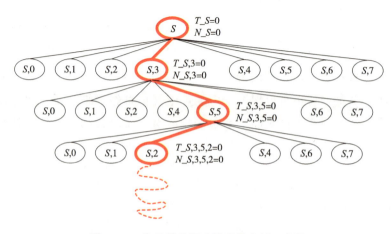

图 6-17　物品装箱顺序搜索信息树示意图

在图 6-17 中，圆圈表示搜索树的节点位置，红色实线部分表示对信息树已知信息部分的搜索，红色虚线部分表示随机采样的探索轨迹，每个节点的 T 值与 N 值初始为 0。为区别不同节点的 T 值与 N 值，本书将从根节点 S 至该节点的路径信息也记录下来。例如，从 S 经节点 3 至节点 5，则该路径下节点 5 的 T 值与 N 值后面都标记了该路径信息，记为 $T\_S,3,5$ 和 $N\_S,3,5$。

②选择。选择（selection）环节的操作主要是选择能够最大化置信上限（upper confidence boundary，UCB）值的节点。UCB 值的计算公式如下：

$$UCB1(S_i) = \overline{V_i} + c \cdot \sqrt{\frac{\ln N\_S}{n_i}} \tag{6-4}$$

其中，$UCB1(S_i)$ 表示处于同一节点下所有子节点中第 i 个节点的 UCB 值，$\overline{V_i}$ 表示该节点的 T 值与该节点 N 值之比，c 为超参数（一般设置为 2），N_S 表示当前rollout采样的总次数，n_i 表示搜索经过本节点的次数。由此可知，如果一个节点一次都没有被探索过，即 n_i 为 0，则它的 *UCB* 值为正无穷。在实际计算过程中，我们往往将该情况的 *UCB* 值设置为一个足够大的正数，以保证该节点在接下来的搜索过程中优先被探索。

③扩展。扩展（node expansion）是指当搜索到某个节点时，如果发现根据 UCB 值选择的节点之前没有被搜索过（即 n_i 为 0），并非直接进行 rollout，而是先枚举当前节点的所有子节点，并全部添加到搜索信息树中（新增节点的 *T* 值与 *N* 值初始设置为 0），选择一个新增子节点作为接下来继续搜索的节点。一般选择新增节点中的第一个节点或者根据某种策略选择某一个新增节点，继续进行搜索。

④仿真。仿真（simulation）是指从某一节点开始采用随机策略对后续过程进行采样，直至目标问题的整个计算过程结束并得到最终的 *value* 值，这一操作又被称为 playout 或者 rollout。一般选择某一新增节点后，采用随机采样的方式，选择接下来的任意一个可行动作进行探索，转移至下一状态。依此类推，直到进行至整个搜索树的最终叶子节点（即最终状态无法再进行扩展）时，本次搜索过程停止。通过最终得到的 *value* 值可以判断本次搜索过程价值的高低：如果 *value* 值大，则本次搜索价值高；反之，则搜索价值低。

⑤反向传播。反向传播（back propagation）是指使用仿真环节得到的随机搜索结果来更新整个搜索树上相关环节的信息。根据一次 rollout 得到的 *value* 值，反向回溯该 rollout 过程中探索经过的各个节点，搜索树信息集合中该搜索路径上的每个节点的搜索次数 *N* 值都加 1，每个节点的 *T* 值都累加上本次 rollout 得到的 *value* 值，以此更新得到新的搜索树信息集合，用于后续计算过程。

⑥搜索迭代与终止。以最大迭代搜索次数（*T*）作为终止条件，当搜索迭代次数小于 *T* 时，通过反向传播操作更新搜索树之后，保存当前搜索得到的最优结果，返回到选择环节开始新一轮的搜索；当搜索迭代次数达到最大次数 *T* 时，停止搜索并返回整个迭代搜索过程中的最优结果，作为目标问题的求解结果，即将搜索得到的物品最优装箱顺序作为 PSO-MCTS 算法。其中，最大迭代搜索次数 *T* 为超参数，需要进行计算实验以确定取值。

（3）PSO-MCTS 算法系列

本部分基于 PSO-MCTS 算法的设计思路和基本框架，与动态复合块装箱的 S 类算法中各个算法的基本算子相结合，与构建 PSO-HGA 算法系列的做法类似，构建蒙特卡洛树搜索的 PSO-MCTS 算法系列，具体包括 PSO-MCTS-S1 算法、PSO-MCTS-S2 算法和 PSO-MCTS-S3 算法。

PSO-MCTS-S1 算法以 ESA-SHA-S4 算法为基础，对其中的物品体积降序选择算子 $oper_1^{sequ}$ 进行改造，将其替换为物品装箱顺序函数选择算子 $oper_2^{sequ}(\varphi^{sequ})$，将混合遗传算法作为 φ^{sequ} 函数，根据搜索得到的物品装箱顺序求得更优的订单装载率。

与 PSO-MCTS-S1 算法的设计情况类似，PSO-MCTS-S2 算法是对 ESA-SHA-S5 算法的物品装箱顺序算子进行改造得到的，PSO-MCTS-S3 算法是对 ESA-SHA-S6 算法进行改造得到的。因此，PSO-MCTS 算法系列与 PSO-HGA 算法系列类似，整体上继承了动态复合块装箱 S 类算法的很多优点，如计算耗时短、订单装载率高，并在适当放宽计算耗时的条件下进一步优化提升装载率。

6.4.2　基于神经网络的蒙特卡洛树搜索算法

经过上述 PSO-MCTS 算法 6 个环节的计算过程，可以搜索得到使得启发式策略算法框架下订单装载率更高的物品装载顺序。但是，对每个不同的订单实例需要搭建不同的搜索树，并且每个订单实例的搜索过程是独立的，不同订单实例的搜索经验无法相互借鉴，后续订单实例的搜索过程无法借鉴前面众多订单的搜索经验。如果订单信息服从一定的概率分布，那么基于以往订单的物品最优装箱顺序经验，可以更加快速有效地搜索到提升订单装载率的最优方案。因此，本书在蒙特卡洛树搜索框架的基础上，参考 AlphaGo 的设计思想，搭建神经网络并引入强化学习的算法机制，通过大量订单实例进行神经网络的训练后，借助神经网络进行蒙特卡洛树搜索的选择操作与仿真操作，提高物品最优装箱顺序的搜索效率。

（1）神经网络设计

本节在 PSO-MCTS 算法的基础上引入神经网络结构，主要将其应用于蒙特卡洛树搜索过程的"扩展"环节与"选择"环节。一方面，在"扩展"环节引入神经网络，主要是因为在枚举叶子节点的所有子节点之后，一般的MTCS搜索过程往往选择第 1 个子节点进行探索，但这一策略并不一定具有较高的优化程度。通过将叶子节点所处的系统状态输入设计好的神经网络，可以得到针对扩展后的子节点探索策略，以提升解的优化程度。该神经网络为策略网络（policy-network），如图 6-18 所示。另一方面，在"选择"环节计算 UCB 值，用于选择非叶子节点的某个子节点作为下一个搜索节点。为了改进 PSO-MCTS 算法所采用的 *UCB*1 的计算方法，本书引入神经网络，用于拟合每个待选择子节点的最终期望 *value* 值（随机策略采样至最终状态得到的订单装载率）。该神经网络为价值网络（value-network），如图 6-19 所示。

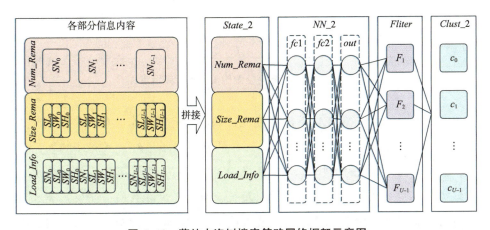

图 6-18　蒙特卡洛树搜索策略网络框架示意图

①策略网络结构。策略网络的输入状态（*State*_2）由三部分拼接组成，分别为尚未装箱的物品数量信息（*Num_Rema*）、尚未装箱的物品尺寸信息（*Size_Rema*）、已经装入箱子的物品数量和尺寸信息（*Load_Info*）。其中，*Num_Rema* 部分的元素数量与物品 SKU 数量相同，每个元素的取值对应当前订单中相应 SKU 下尚未装入箱子的物品数量，如果该订单中不存在某种 SKU 的物品，或者该类 SKU 的物品已全部装入箱子，则该元素取值为 0；*Size_Rema* 部分的元素数量为物品 SKU 数量的 3 倍，这一部分的元素以 3 个为一组，与 *Num_Rema* 部分的元素对应，分别表示相应 SKU 物品的长、宽、

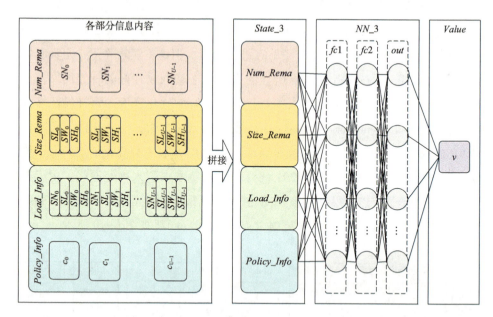

图6-19　蒙特卡洛树搜索价值网络框架示意图

高尺寸数值，如果该类 SKU 下没有物品或者物品已全部装入箱子，则对应 3 个位置的元素取值均为 0；*Load_ Info* 部分的元素表示已经装入箱子的物品信息，该部分的元素数量为物品 SKU 数量的 4 倍，每 4 个元素为一组，依次对应该类 SKU 下已经装入的物品数量以及长、宽、高尺寸数值，如果某类 SKU 下没有物品或该类 SKU 的物品尚未装入箱子，则相应位置的 4 个元素的取值均为 0。

策略网络采用全连接神经网络，包含 2 个中间层（*fc*1、*fc*2）和 1 个输出层（*out*）。其中，*fc*1 的输入维度与系统状态 *State_* 2 的维度相同，经过多次计算实验后，*fc*1 的输出维度设置为 128；*fc*2 层的输入维度与 *fc*1 层的输出维度相同，*fc*2 层的输出维度设置为 64；*out* 层的输入维度与 *fc*2 的输出维度相同，输出维度与 *Clust_* 2 的维度相同。

策略网络的输出为选择当前订单中接下来要装入箱子的物品 SKU，*Clust_* 2 中所包含的元素数量与总的 SKU 数量相同，才能满足每次选择时所有 SKU 均有机会被选中的要求。但是，在选择 SKU 时，当前订单中尚未装入箱子的物品 SKU 往往仅是整体 SKU 的子集。为了能够提高神经网络的分类识别效率，得到可行的分类识别选择结果，本书在神经网络最终结果输出之前增加了一个动作过滤器，即 *Fliter*，用于根据当前系统的状态 *State_*2 的信息，筛除不可行的 SKU 选择结果。具体操作是在神经网络的 *out* 层输出结果的基础上，对不可行的 SKU 对应位置的网络输出结果赋予比 *out* 层输出结果中最小值更小的一个值，使得在最终取大操作下该类 SKU 不会被选中。

②价值网络结构。价值网络的结构与策略网络的结构有很多相同之处。在系统状态设计方面，*State_*3 中的 *Num_Rema* 部分、*Size_Rema* 部分、*Load_Info* 部分与 *State_*2 相同，*State_*3 中的 *Policy_Info* 部分为策略网络最终结果 *Clust_*2 部分的信息，用于判断当前系统状态下采用策略网络进行叶子节点枚举后的搜索路径选择能够得到的最终价值 *value*。在网络各层神经元设计方面，价值网络与策略网络基本相同，但价值网络的 *fc*1 输入维度与系统状态 *State_*3 的维度相同，*out* 层的输出维度为 1，且没有动作过滤器。价值网络的 *value* 部分仅包含 1 个元素，主要用于拟合当前状态下采用策略网络选择子节点进行探索至最终状态得到的订单装载率期望值。

(2) 强化学习与深度学习的训练机制设计

通过对策略网络和价值网络进行训练后将其应用于蒙特卡洛树搜索过程，才能达到更加智能的搜索效果。其中，策略网络主要采用强化学习的训练机制，价值网络采用深度学习的训练机制，而且需要先对策略网络进行训练，基于策略网络的训练结果再对价值网络进行训练。

策略网络的训练过程主要包括以下步骤：

①初始化全连接线性神经网络 *NN_*2，并随机初始化网络参数。

②初始化系统状态 *State_*2，将其作为 *NN_*2 网络输入的初始值 s_0。

③充分利用数据集信息，设置最大训练回合数 M，在每个回合中针对单个订单实例，以 ε 的概率进行随机探索，以 $(1-\varepsilon)$ 的概率按照 *NN_*2 网络的输出结果执行动作。

④在时刻 t，系统输入为 s_t，执行动作 a_t 后，得到系统状态转移信息，网络下一步输入为 s_{t+1}，系统当前得到的奖励值为 r_t。

⑤计算得到状态 s_t 下，采用策略网络策略得到的累加奖励的估计值 y_t。

⑥采用时间差分方法优化 Q 值：

$$Q(s_t, a_t) \leftarrow Q(s_t, a_t) + \alpha \cdot [r_t + \gamma \cdot Q(s_{t+1}, a_{t+1}) - Q(s_t, a_t)] \quad (6\text{-}5)$$

其中，α 为学习率，γ 为折扣率。

⑦采用随机梯度下降的方式更新策略网络参数，实现网络参数的自我提升（bootstrapping）。

⑧完成所有回合的网络训练后，保存最终的策略网络参数，作为蒙特卡洛树搜索过程中策略网络的参数取值。

采用强化学习方式训练策略网络的伪代码如下：

RLA-NN2：Reinforcement learning of Policy-Network

1： Initialize linear Policy-Network NN_2 with params θ

2： For episode = 1 to M do

3： Initialize system status $State\_2$, and initialize initial state $s_0 = State\_2$

4： For t = 1 to T do

5： With probability ε select a random action a_t, and Dropout (p=0.02)

6： otherwise select $a_t = argmax NN\_2(pad(s_t), \theta)$ removing selected actions

7： Execute action a_t and obtain reward r_t and s_{t+1}

8： Set $y_t = \begin{cases} r_t & if\ episode\ determinates\ at\ step\ t+1 \\ r_t + \gamma \cdot \max NN\_2(pad(s_{t+1}), \theta) & otherwise \end{cases}$

9： Perform a gradient descent step on $(y_t - NN\_2(pad(s_t), \theta))^2$ with respect to θ

10： End For

11： End For

价值网络的训练过程与 DLA-NN1 算法中 NN_1 网络的训练过程类似，都属于深度学习框架下对神经网络进行训练，只不过价值网络训练过程中采用的数据标签为策略网络选择探索子节点以及部分随机采样确定搜索轨迹的最终装载率期望均值，即采用一定数量的随机采样均值替代期望均值。由于并非分类问题，价值网络的优化函数采用的交叉熵损失函数不是 CrossEntropyLoss，而是随机梯度下降的 Adam 函数。此外，策略网络训练过程

中还需要根据常规经验，结合本书问题的特殊性，设置最大训练回合数、学习率等超参数。

(3) 基于深度强化学习的蒙特卡洛树搜索算法

基于深度强化学习的蒙特卡洛树搜索算法（Monte Carlo tree search algorithm based on deep reinforcement learning，DRL-MCTS），是在 PSO-MCTS 算法框架的基础上，加入由训练好的策略网络和价值网络构成的深度学习与强化学习算子，即 DRL 算子，将"拓展"环节后的新增子节点探索选择改为由策略网络输出决定，对"选择"环节中决定节点搜索轨迹的 UCB 值计算公式进行调整，考虑价值网络的输出结果对节点搜索选择的影响。

DRL-MCTS 算法的 UCB 值计算公式如下：

$$UCB2(S_i) = \alpha_{ucb} \cdot (\overline{V_i} + c \cdot \sqrt{\frac{\ln N_s}{n_i}}) + (1 - \alpha_{ucb}) \cdot value \qquad (6-6)$$

其中，$value$ 为基于当前系统状态与策略网络输出的价值网络输出结果。α_{ucb} 为系数参数，$0 < \alpha_{ucb} < 1$，当 α_{ucb} 取不同值时，$UCB2(S_i)$ 的计算结果受到原搜索树信息集合与 $value$ 值不同程度的影响。

与 PSO-MCTS 算法系列类似，可以进一步构建 DRL-MCTS 算法系列。将 DRL-MCTS 算法基本框架与动态复合块装箱的 S 类算法中各个算法的基本算子相结合，构建基于深度强化学习的蒙特卡洛树搜索算法系列，即 DRL-MCTS 算法系列，具体包括 DRL-MCTS-S1 算法、DRL-MCTS-S2 算法和 DRL-MCTS-S3 算法。其中，DRL-MCTS-S1 算法是对 ESA-SHA-S4 算法的物品装箱顺序算子进行改造得到的；DRL-MCTS-S2 算法是对 ESA-SHA-S5 算法的物品装箱顺序算子进行改造得到的；DRL-MCTS-S3 算法是对 ESA-SHA-S6 算法的物品装箱顺序算子进行改造得到的。

6.4.3　蒙特卡洛树搜索算法的场景应用分析

(1) 蒙特卡洛树搜索算法超参数设定

蒙特卡洛树搜索算法（MCTS）中需要设定的超参数主要是树搜索过程的迭代次数。与混合遗传算法确定超参数的思路类似，MCTS 算法将 5.5.1 节中 JD 数据集上具有物品装箱顺序优化潜力的订单实例子集作为测试数据，尝试超参数（搜索迭代次数）不同的情况，通过计算实验最终确定超参数的取值。

PSO-MCTS 算法选择 PSO-HGA-S1 算法作为 PSO-MCTS 算法系列的典型代表进行计算实验，将搜索迭代次数设置为从 10 至 1 000 以步长为 10 逐步递增的次数序列，依次进行尝试，计算实验结果如图 6-20 所示。其中，子图（1）表示在不同迭代次数下测试数据集求得的平均订单装载率；子图（2）表示在不同迭代次数下测试数据集中每个订单实例计算装箱方案的平均耗时。在兼顾订单平均装载率最大化与订单平均计算耗时最小化的基础上，综合考虑确定 PSO-MCTS 算法的搜索次数为 190 次，此时订单装箱方案计算平均耗时为 28.94 秒。

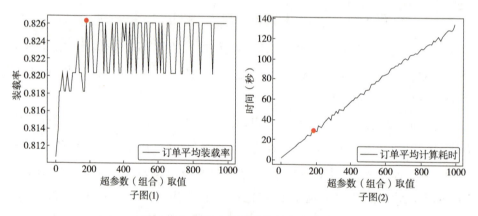

图 6-20　蒙特卡洛树搜索超参数确定

（2）PSO-MCTS 算法系列计算实验结果分析

根据确定的超参数（搜索迭代次数），在 JD 数据集上分别采用 PSO-MCTS 算法系列中的 PSO-MCTS-S1 算法、PSO-MCTS-S2 算法和 PSO-MCTS-S3 算法，计算结果如表 6-12 所示。其中，在装载率方面表现最好的算法是 PSO-MCTS-S1 算法，订单平均装载率达到了 70.78%；在计算耗时方面，表现最好的算法是 PSO-MCTS-S3 算法，订单平均计算耗时为 23.26 秒。综合分析 PSO-MCTS 算法系列的计算结果，虽然代表其最优装载率水平的 PSO-MCTS-S1 算法表现略低于 PSO-HGA-S1 算法（见表 6-8），但是 PSO-MCTS

算法系列的计算耗时要远低于 PSO-HGA 算法系列。例如，PSO-MCTS-S1 算法达到 70.78% 的订单平均装载率水平，订单平均计算耗时为 25.59 秒；而 PSO-HGA-S1 算法达到 70.92% 的订单平均装载率水平，订单平均计算耗时却高达 43.09 秒。换句话说，PSO-MCTS-S1 算法降低了不到 0.2% 的订单平均装载率，却节约了 40% 以上的计算时间。

表6-12 JD 数据集 PSO-MCTS 算法系列计算结果

项 目	PSO-MCTS-S1	PSO-MCTS-S2	PSO-MCTS-S3
订单平均装载率（%）	70.78	70.61	70.26
订单平均计算耗时（s）	25.59	28.92	23.26

PSO-MCTS 算法系列的蒙特卡洛树搜索迭代过程如图 6-21 所示。在整个迭代过程中，PSO-MCTS-S1 算法始终表现最优，PSO-MCTS-S2 算法表现居中，而 PSO-MCTS-S3 算法表现最差。因此，如果在 PSO-MCTS 算法系列中选择算法，应优先选择 PSO-MCTS-S1 算法；如果基于 PSO-MCTS 算法进一步对算法进行改进，也应该优先选择对 PSO-MCTS-S1 算法进行调整和改善。如果更换为具有新型特征的数据集，还需要继续进行计算实验以确定算法优劣。

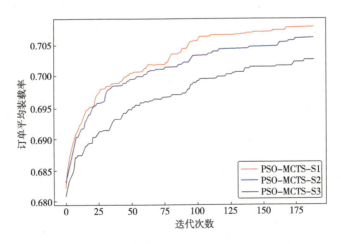

图6-21 JD 数据集 PSO-MCTS 算法计算结果

（3）DRL-MCTS 算法系列计算实验结果分析

DRL-MCTS 算法系列的计算实验是参考 PSO-MCTS 算法系列计算结果，在 JD 数据集上选择与 PSO-MCTS 算法中装载率水平表现最好的算法（即 PSO-MCTS-S1 算法）对应的 DRL-MCTS-S1 算法，作为本部分计算实验的基本算法。

由于 DRL-MCTS-S1 算法引入了深度强化学习算子（DRL 算子），需要对其中的策略网络和价值网络进行训练。将 5.5.1 节中 JD 数据集上具有物品装箱顺序优化潜力的订单实例子集作为本部分的训练数据集，训练的最大回合数设置为 10。根据常规经验将学习率（lr）设置为 1e-3、1e-4、1e-5 三种情况并分别进行网络训练，得到 3 种策略网络和价值网络的参数取值。系数参数 α_{ucb} 从 0.1 至 0.9 以步长为 0.1 逐步变化，分别计算不同 α_{ucb} 取值的订单平均装载率与计算耗时情况。

在 JD 数据集上采用 DRL-MCTS-S1 算法的计算结果如表 6-13 所示。其中，订单平均装载率最高达到了 70.93%，与带有改进算子的混合遗传算法达到了相同的水平，但是 DRL-MCTS-S1 算法的订单平均计算耗时为 37.49 秒，相较于 IPO-HGA-S1 算法的 40.57 秒，计算耗时节约了 7.59%，改进效果明显。另外，在改进物品装箱顺序方面，相较于混合遗传算法，虽然蒙特卡洛树搜索算法能够用更少的耗时达到相同的订单平均装载率水平，但是蒙特卡洛树搜索算法仅适用于问题本身为树搜索形式或能够将问题转换为树搜索形式的情况。

基于不同学习率训练得到的网络参数，在 JD 数据集上采用 DRL-MCTS-S1 算法，将系数参数 α_{ucb} 设置为不同取值的计算迭代过程如图 6-22 所示。

表 6-13　JD 数据集不同 lr 和 α_{ucb} 取值的 DRL-MCTS-S1 算法结果

项　目		α_{ucb} 参数取值								
		0.1	0.2	0.3	0.4	0.5	0.6	0.7	0.8	0.9
$lr=$1e-3	订单平均装载率（%）	70.82	70.75	70.73	70.80	70.76	70.71	70.70	70.81	70.71
	订单平均计算耗时（s）	31.38	31.00	30.88	31.26	31.17	30.97	31.41	32.3	31.31

续表

项　目		α_{ucb} 参数取值								
		0.1	0.2	0.3	0.4	0.5	0.6	0.7	0.8	0.9
$lr=1e-4$	订单平均装载率（%）	70.86	70.64	70.63	70.88	70.74	70.93	70.76	70.73	70.79
	订单平均计算耗时（s）	31.48	41.86	51	48.59	37.26	37.49	36.92	36.9	36.42
$lr=1e-5$	订单平均装载率（%）	70.61	70.73	70.73	70.69	70.68	70.86	70.79	70.81	70.73
	订单平均计算耗时（s）	36.08	35.92	35.25	35.85	32.08	30.83	30.74	30.75	30.98

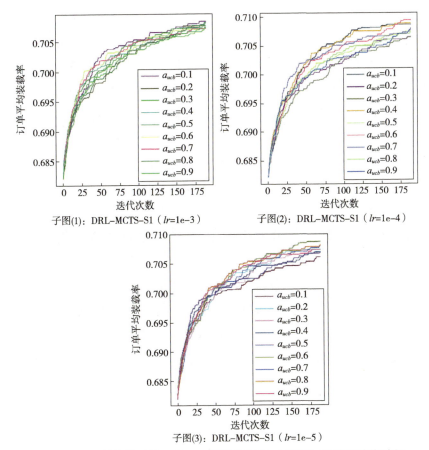

图 6-22　JD 数据集不同 lr 和 a_{cub} 取值的 DRL-MCTS-S1 算法迭代过程

在图 6-22 中，子图（1）为学习率取值为 1e-3 的计算过程，子图（2）为学习率取值为 1e-4 的计算过程，子图（3）为学习率取值为 1e-5 的计算过程。由各种情况的迭代过程和最终结果可以看出，系数参数 α_{ucb} 的不同取值对 DRL-MCTS-S1 算法的收敛速度和优化程度存在不同的影响。通过不同参数组合下的大量计算实验，可以初步判断最有效的参数取值组合，并在此基础上求得最优水平的装箱方案以及更少的计算耗时。

6.5 多种箱型三维装箱问题深度强化学习算法

本书前面的部分研究了多种箱型三维装箱问题的启发式策略算法、混合遗传算法和蒙特卡洛树搜索算法，主要关注的是订单平均装载率和订单平均计算耗时两方面的指标。其中，启发式策略算法作为研究多种箱型三维装箱问题的基本算法，主要模仿人类专家的装箱操作实践，从中提炼有效的经验做法，设计一系列由固定启发式策略组成的算子，构成装箱环节算法体系。虽然基于固定规则的启发式策略算法在计算耗时方面表现良好，但是由于固定规则本身不能实现持续的智能寻优，因此将遗传算法与蒙特卡洛树搜索算法引入装箱方案的计算过程。基于群体智能搜索的混合遗传算法以及基于树搜索方式的 MCTS 算法虽然可以在一定程度上提升订单平均装载率，但增加了计算耗时。

为了进一步改进算法，在装载率和计算耗时两方面平衡装箱方案的计算效果，下面将继续深入研究深度强化学习算法在多种箱型三维装箱问题领域的应用。与基于神经网络的蒙特卡洛树搜索算法不同，本部分的内容为了降低计算耗时，不再设计树搜索机制，而是将神经网络的时序输出结果作为物品装箱顺序的决策选择，从而提高装箱问题的求解效率。通过将前面提到的装箱问题嫁接到神经网络上面，采用深度学习的方法使决策变量的求解转换为神经网络的输出，以便借助神经网络的函数拟合特性优化相关的装箱策略。之所以采用基于神经网络的深度学习方法，是因为神经网络的输入和输出结构是"端到端"的形式，也就是经过网络训练之后可以直接输出决策变量的结果。虽然训练过程需要耗费一定的时间，但是在使用神经网络输出结果时几乎是实时的，可以保证实践应用过程中对计算耗时的要求，而这一点是其他方法难以做到的。

6.5.1　装箱问题深度强化学习算法设计思路

深度强化学习在非游戏场景（non-game scenarios）下的实践应用是目前深度强化学习领域最热门的方向之一。将深度强化学习算法应用于电商仓储领域的三维装箱问题，既需要进行模型重构，又需要进行算法的改进。在模型重构方面，需要将多种箱型三维装箱问题的传统混合整数规划模型转换为时序分类的马尔可夫决策过程模型；在算法改进方面，需要将经典的深度强化学习算法与启发式策略算法进行融合，设计混合人工智能算法，才能实现对三维装箱问题的具体求解。这些方面的研究将会根据电商仓储领域的实际情况逐步深入，使非游戏场景的深度强化学习算法应用领域得到进一步拓展。

为了保证神经网络输出结果尽可能获得可行解，三维空间中的物品越界与重叠约束仍然需要启发式策略进行判断，本部分的神经网络输出均采用离散结构，本质上是利用神经网络做分类。前面的启发式策略算法（EHA-SHA算法、PSO-HGA算法和PSO-MTCS算法等智能算法）构成了神经网络算法改进非常重要的基础性工作：一方面，启发式为后续的人工智能算法提供了一些有效的启发式策略，也为衡量深度强化学习算法的有效性提供了基本的参考依据；另一方面，智能算法的设计经验为本部分的深度强化学习算法设计提供了一定的借鉴和参考，本部分将深度强化学习的算法框架与启发式策略算法相融合，以改进算法在装载率和计算耗时等指标上的表现。另外，为了提高神经网络模型输出的准确率，筛除掉明显不满足要求的网络输出类别，本部分进一步设计了一系列启发式策略，并将其作为网络动作过滤器集合，增强神经网络的有效性。因此，本部分将融合启发式策略的神经网络结构称为混合神经网络算法。

具体而言，本部分的算法设计主要包括两大类：一是基于物品装箱顺序优化的深度强化学习算法（deep reinforcement learning for optimizing packing order，OPO-DRL），与PSO-HGA算法和PSO-MTCS算法的设计思路类似，将深度强化学习算法中的神经网络输出作为物品装箱顺序选择的依据，将其与 EHA-SHA 算法中动态复合块装箱的 S 类算法相结合，通过优化物品装箱顺序提升装箱效果；二是根据深度强化学习算法基本框架的特点，与所有启发式策略算法（ESA-SHA 算法与 CDA-SHA 算法）相结合，利用深度强化学习算法的神经网络输出，智能选择不同订单实例的最优启发式策略算法，在启发式策略算法选择层面优化装箱效果，即基于算子组合选择的深度强化学习算法（deep reinforcement learning of operator combination selection，OCS-DRL）。

6.5.2　装箱顺序选择的深度强化学习算法

（1）基于装箱顺序优化的马尔可夫决策过程

OPO-DRL 算法之所以能够采用深度强化学习算法求解物品装箱的优化顺序，主要是因为该算法将物品顺序装箱的过程看作一个特殊的马尔可夫决策过程，根据马尔可夫决策过程的基本五元素 (S, A, P, R, γ) 设计物品装箱过程优化的马尔可夫决策过程。各个元素的具体含义如下：

①元素 S 表示装箱问题的系统状态，主要包括订单物品信息、装箱位置信息、装箱方向信息以及选择的箱型尺寸信息，具体情况如图 6-23 所示，笔者将在系统状态设计环节进行详细阐述。

②元素 A 表示装箱问题的物品选择动作，即装箱过程中依次可供选择装入箱子的物品 SKU，依次选择装箱物品 SKU 的动作决定了订单物品的装箱顺序。

③元素 P 表示系统状态的转移概率矩阵。在一般情况下根据系统状态做出动作，系统的状态会以一定的概率转移至下一状态，这一状态转移过程存在不确定性。但是本书所研究的装箱问题在系统状态转移方面不存在不确定性，只要装箱动作做出实施后，系统下一阶段的状态是确定的，即系统状态转移矩阵元素的行和与列和均为 1，且每行每列均只有 1 个 1 元素，其他位置均为 0 元素。

④元素 R 表示实施动作后的奖励值，需要根据具体问题的系统情况确定。本书研究的是多种箱型的三维装箱问题，在装箱方案求解过程中需要尝试不同的箱型以尽可能将同一订单的物品装入同一箱子，每装入 1 件物品便将当

前箱子的装载率作为奖励值。如果1个订单的物品不能被装入同一个箱子而需要更换更大的箱子，则奖励值为-1；如果箱子能够装入同一个订单的所有物品，则该订单最后一件物品装入时的奖励值为其装载率的10倍取值。

⑤元素 γ 表示折扣因子。由于决策过程中不同步骤动作实施后得到的奖励值对当前步骤的影响不同，距离当前步骤越远的奖励值对当前步骤的影响越小，折扣因子用于计算每个步骤的累加奖励值，设第 t 步的累加奖励为 G_t，则有：

$$G_t = R_t + \gamma \cdot R_{t+1} + \gamma^2 \cdot R_{t+2} + \cdots + \gamma^{T-t} \cdot R_T \tag{6-7}$$

其中，T 为一个实例计算过程中的最大选择步数，即该订单中的 SKU 数量。

通过将系统状态设计成包含当前订单物品剩余信息、已装箱物品信息以及箱型种类选择信息的信息集合，可以使装箱过程具备马尔可夫性，即无记忆性。状态转移概率矩阵记为 $P_{ss'}^a$，则有：

$$P_{ss'}^a = P(S_{t+1} = s' \mid S_t = s, A_t = a) \tag{6-8}$$

通过设计神经网络拟合装箱动作选择策略 $\pi(a \mid s)$，则有：

$$\pi(a \mid s) = P(A_t = a \mid S_t = s) \tag{6-9}$$

在装箱动作选择策略 π 下，可以进一步求得状态价值函数 $V_\pi(s)$ 以及动作价值函数 $Q_\pi(s, a)$，则有：

$$V_\pi(s) = E_\pi(G_t \mid S_t = s) \tag{6-10}$$

$$Q_\pi(s, a) = E_\pi(G_t \mid S_t = s, A_t = a) \tag{6-11}$$

由此可得状态价值函数与动作价值函数的贝尔曼期望方程，即：

$$V_\pi(s) = E_\pi(R_t + \gamma \cdot V_\pi(S_{t+1}) \mid S_t = s) \tag{6-12}$$

$$Q_\pi(s, a) = E_\pi(R_t + \gamma \cdot Q_\pi(S_{s+1}, A_{t+1}) \mid S_t = s, A_t = a) \tag{6-13}$$

进一步推导可求得状态价值函数与动作价值函数的联立形式，即：

$$V_\pi(s) = \sum_{a \in A} \pi(a \mid s) \cdot Q_\pi(s, a) \tag{6-14}$$

$$Q_\pi(s, a) = R(s, a) + \gamma \cdot \sum_{s' \in S} P_{sa}(s') \cdot V_\pi(s') \tag{6-15}$$

深度强化学习算法建立在马尔可夫决策过程的基础之上，本书将多种箱型的三维装箱过程转换为特殊的马尔可夫决策过程，采用价值迭代的方式设计强化学习算法，用于物品装箱顺序的寻优。

（2）物品装箱顺序动作分类选择模型

本书对于神经网络输出装箱动作的研究主要分为两部分：首先，设计系统状态和动作结构；其次，设计神经网络内部结构，使用神经网络的输出结果拟合物品装箱顺序选择动作。

①系统状态与动作结构设计。在选择装入物品环节，考虑通过 SKU 进行物品类型划分，也就是说将订单中的物品根据 SKU 不同划分为不同种类，每种 SKU 的物品有可能没有，也有可能有 1 件或多件。这种转换能够让系统状态中订单物品信息部分的数据尺寸一致，不会因为不同订单中物品数量不同而出现数据尺寸差异，从而保证了神经网络输入状态尺寸的一致性。同时，能够比简单无序地罗列每个物品的长、宽、高尺寸作为状态信息更加凸显物品信息的规律性，有助于动作分类准确率的提升。物品装箱顺序选择模型的基本结构如图 6-23 所示。

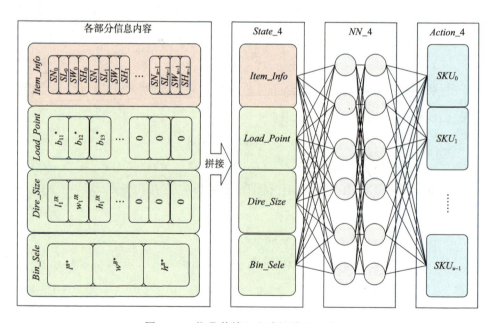

图 6-23　物品装箱顺序选择模型示意图

在系统状态设计方面，物品装箱顺序选择的系统状态 $State\_4$ 为行向量，由四部分拼接组成，包括 $Item\_Info$ 部分、$Load\_Point$ 部分、$Dire\_Size$ 部分和

Bin_Sele 部分。其中，$Item\_Info$ 部分的初始状态与 $State\_1$ 完全相同；设一个订单中最多包含的物品数量为 m^{max} 个，$Load\_Point$ 部分和 $Dire\_Size$ 部分的初始状态均为含有 $(3 \cdot m^{max})$ 个 0 元素的向量；Bin_Sele 部分为当前订单物品装入的箱子长、宽、高尺寸信息（l^{B^*}，w^{B^*}，h^{B^*}）。因此，$State\_4$ 所包含的元素个数为固定值 $(4 \cdot U + 3 \cdot m^{max} \cdot 2 + 3)$。

随着每个订单中的物品逐一装入箱子，系统状态 $State\_4$ 的各个部分的信息不断发生改变。每选择 1 件 SKU 为 u 的物品装入箱子，$Item\_Info$ 部分中该物品 SKU 对应的 SN_u 减 1，SL_u、SW_u、SH_u 的值不变，直至该类 SKU 的所有物品都被装入箱子，则四个元素 SN_u、SL_u、SW_u、SH_u 取值均为 0。$Load\_Point$ 部分的元素以 3 个为一组，表示 1 件物品装入箱子后其左后下角对应的三维坐标值，根据订单物品的装入顺序相应位置的 0 元素发生变化。与 $Load\_Point$ 部分的情况类似，$Dire\_Size$ 部分的元素也以 3 个为一组，表示物品装入箱子时由于方向旋转最后在 x 轴、y 轴和 z 轴方向的物品尺寸，随物品逐一装入箱子相应位置的 0 元素依次发生变化。之所以在物品装箱顺序选择时加入物品装箱位置和物品装载方向的信息，是因为已经装入箱子的物品装载位置和方向对后续物品装箱顺序的选择是有影响的。每次有 1 件物品装入箱子，$Item\_Info$ 部分、$Load\_Point$ 部分和 $Dire\_Size$ 部分的信息均会发生变化，而 Bin_Sele 部分的信息在这个过程中始终保持不变，这就是 $State\_4$ 的状态转移过程。

在传统组合优化理论的视角下，整个订单的物品装入箱子的过程本质上是对订单物品的一种排序，类似于旅行商（TSP）问题，也有论文将其作为序列进行研究，前面的文献综述部分已有论述。本书将该问题视为时序分类问题进行研究，研究关注的焦点是在不同的系统状态下如何选择当前应该装入箱子的物品，而随着状态转移的过程实现物品逐一装入箱子的目标。为了满足神经网络的训练要求，动作向量包含的元素个数必须是固定的，本书将动作设计为每个状态下都是从已有 SKU 中挑选 1 种 SKU 的物品进行装箱，所以动作向量包含的元素个数设置为 U 个，即：

$$(SKU_0, SKU_1, SKU_2, \cdots, SKU_{U-1}) \tag{6-16}$$

当然，并不是每次所有的 SKU 都有等待装箱的物品，随着订单中的物品逐一被装入箱子中，待装箱的 SKU 物品种类会越来越少，为了尽可能保证动作的可行性，后续部分将设计动作过滤器，筛除不可行的动作选项。

②带有动作过滤器的混合神经网络设计。结合系统状态与动作结构设计，本部分设计物品装箱顺序选择的神经网络。之所以选择通过神经网络拟合启发式策略函数，是希望通过训练神经网络实现"端到端"的输出，相当于把装箱问题中物品装箱顺序选择的求解过程迁移到神经网络上，从而进一步优化订单装载率，提高装箱问题的求解速度。但是，神经网络本身具有一定的特点，如果想要通过批量训练的方式加速网络训练的过程，就需要在系统状态转移的过程中始终保证神经网络的输入和输出维度不变。因此，在前面的系统状态和动作结构设计时，均采用最大维度尺寸下的元素数量作为各部分信息表示的标准，这就导致很多情况下将出现不可行的网络输出结果。为了进一步提高神经网络输出分类结果的可行性，需要在网络输出环节设置动作过滤器函数，用以筛除明显不可行的选项。

实际上，动作过滤器函数也是基于一定的启发式策略设计的，最基本规则包括非越界约束与非重叠约束，以及其他一些符合三维装箱特性的启发式策略。事实证明，设置完善的动作过滤器函数是非常必要的，越是完善的动作过滤器函数，越能帮助神经网络实现良好的结果输出；反之，如果动作过滤器函数不完善，则不利于获得可行的装箱方案。

由图 6-23 中系统状态 $State\_4$ 的设计情况可知，物品装箱顺序选择的系统状态 $State\_4$ 包含多个信息环节，其包含的元素个数较多，稀疏程度也很高。因此，本部分的物品装箱顺序选择网络设计也要对 $State\_4$ 进行 Embedding 处理，从而降低维度并提高信息密度。在神经网络的中间层仍然采用全连接网络结构，在每层网络的输出位置使用 Dropout 功能和 ReLU 激活函数。

物品装箱顺序选择的神经网络设计伪代码如下：

NN_4: SKU Sequence Selection Neural Network

1:     Initialize each part information of $State\_4$

2:     Splicing information of each part, get the vector of $State\_4$

3:     The functional modules of neural network are as follows:

续表

```
4:        embed = Embedding (input_size_sku, embedding_size)

5:        linear_1 = FCNN (input_size_sku * embedding_size, 128)

6:        linear_2 = FCNN (128, 64)

7:        out = FCNN (64, sku_num)

8:        dropout = Dropout (p = 0.02)

9:        activate = ReLU ( )

10:     The forward propagation process of neural network is as follows:

11:         x← embed (x)

12:         x←Flatten x

13:         for i = 1, 2 do

14:             x inputlinear_i

15:             perform dropout operation

16:             pass through the activation functionReLU

17:         end for

18:         Out_sku ← out (x)

19:         returnOut_sku
```

在物品装箱顺序选择的神经网络伪代码 NN_4 中，第4行为 Embedding 结构，input_size_sku 的取值与 $State\_4$ 的维度一致；第5行与第6行为神经网络的中间层，每层网络的输入和输出参数设置采用数量逐渐递减的方式；第7行为神经网络的输出层；第8行和第9行分别为 Dropout 结构和激活函数（ReLU）结构；第11行至第17行为神经网络的前向处理过程；第18行为网络输出层；第19行返回神经网络输出结果。

订单物品在装箱过程中是基于 SKU 种类不同进行的，同一订单中同类型 SKU 的物品可能不止一件。在电商仓储领域，一般情况下一个订单中往往包含1种或几种数量有限 SKU 的物品，并非所有 SKU 的物品都会在一个订单中出现。由于物品装箱顺序的动作输出 $Action\_4$ 是针对不同的 SKU 进行选择的，动作过滤器的功能是筛除当前订单中不包含的物品 SKU。因此，物品装箱顺序选择动作过滤器需要具有动态识别订单物品信息的功能，与系统状态转移情况紧密相关。在订单物品装箱的初始状态下，动作过滤器应该将该订单中不含的物品 SKU 筛除，并且随着订单中的物品逐一被装入箱子，更新订单中剩余物品的信息，已经装完的物品 SKU 也要筛除。

设计物品装箱顺序选择动作过滤器，首先要明确当前订单中包含的物品 SKU 信息集合，记为 SKU_index。

由此可得物品装箱顺序动作过滤信息集合 $Mask\_sku$，则有：

$$Mask\_sku = \left\{ mask\_sku_{u-1} \mid mask\_sku_{u-1} = \begin{cases} -1 & if(u-1)\,in\,SKU\_index \\ u-1 & else \end{cases} \right\}$$

$$(6-17)$$

其中，$u = 1, 2, \cdots, U$。

为了确保不符合条件的网络输出结果不被选中，即不会选到没有物品的 SKU 进行装箱，筛选 Out_sku 中的最小值并减去 0.1，记为 o_{min}^s。

将装箱物品选择动作过滤信息集合作用于神经网络输出结果 Out_sku，改变其不同索引下的元素取值。

$$Out\_sku = \left\{ out\_sku_{u-1} \mid out\_sku_{u-1} = \begin{cases} o_{min}^s & if\,mask\_sku_{u-1} = -1 \\ out\_sku_{u-1} & else \end{cases} \right\}$$

$$(6-18)$$

将 Out_sku 集合中最大值的索引作为神经网络选择的物品 SKU，记为 $Action\_sku$，则有：

$$Action\_sku = \mathrm{argmax}\{Out\_sku\} \tag{6-19}$$

（3）物品装箱顺序优化的深度强化学习算法

本部分采用深度强化学习中的 DQN 算法框架设计智能装箱算法，持续改进装箱方案，不断优化提升装箱空间利用率。随着订单实例数据的不断收集，可以进一步改进由神经网络拟合的策略函数。通过输入更多实例数据、训练更多回合次数，利用训练数据驱动智能装箱算法不断地寻优，可以在使用训练好的神经网络进行物品装箱顺序选择时实现"端到端"的结果输出，相较于混合遗传算法与蒙特卡洛树搜索算法可以大幅度节约计算耗时，相当于突破了人为设定启发式策略的局限，智能生成神经网络拟合的装箱策略，使装箱方案的优化程度持续提升。

在 OPO-DRL 智能算法的伪代码中，神经网络 Q 即为 NN_4 网络，初始参数 θ 采用随机生成的方式得到，网络 $\hat{Q}$ 的结构与 Q 的网络结构相同，初始情况下 $\hat{Q}$ 的网络参数是通过直接复制 Q 网络参数得到的。但是，$\hat{Q}$ 网络与 Q 网络的参数更新频率不同，每一步的网络参数学习只更新 Q 网络的参数，每隔一定的步数（C）后才更新 1 次 $\hat{Q}$ 网络参数，参数更新采用软更新的方式进行，τ 为网络参数的更新比例。

(4) 动态复合块装箱的 OPO-DRL 算法

基于装箱顺序选择的深度强化学习（OPO-DRL）算法框架，结合动态复合块装箱的 S 类算法中各个算法的基本算子，可以进一步构建 OPO-DRL 算法系列，具体包括 OPO-DRL-S1 算法、OPO-DRL-S2 算法和 OPO-DRL-S3 算法。

优化物品装箱顺序的 OPO-DRL 智能装箱算法伪代码如下：

OPO-DRL：3D Bin Packing DQN Algorithm of SKU Sequence Selection

1：　Initialize replay memory D to capacity N

2：　Initialize action-value Linear Network Q with params θ

3：　Initialize target Linear Network $\hat{Q}$ with params $\theta' = \theta$

4：　For episode = 1 to M do

5：　　Initialize system status $State\_4$, and initialize initial state $s_0 = State\_4$

6：　　For t = 1 to T do

7：　　　With probability ε select a random action a_t, and Dropout（p=0.02）

8：　　　otherwise select $a_t = argmaxQ(pad(s_t), \theta)$ removing selected actions

9：　　　Execute action a_t and obtain reward r_t and s_{t+1}

10：　　Store transition $(pad(s_t), a_t, r_t, pad(s_{t+1}))$ in D

11：　　Sample random minibatch of transitions $(pad(s_t), a_t, r_t, pad(s_{t+1}))$ from D

12：　　Set $y_j = \begin{cases} r_j & if\ episode\ determinates\ at\ step\ j+1 \\ r_j + \gamma \cdot \max\hat{Q}(pad(s_{j+1}), \theta') & otherwise \end{cases}$

续表

OPO-DRL: 3D Bin Packing DQN Algorithm of SKU Sequence Selection
13: $\quad$ Perform a gradient descent step on $(y_j - Q(pad(s_t),\ \theta))^2$ with respect to θ
14: $\quad$ Every C step update network parameters of $\hat{Q}$: $\theta' = \tau \cdot \theta + (1-\tau) \cdot \theta'$
15: $\quad$ End For
16: $\quad$ End For

在 OPO-DRL 算法系列中，OPO-DRL-S1 算法以 ESA-SHA-S4 算法为基础，对其中的物品体积降序选择算子 $oper_1^{sequ}$ 进行改造，将其替换为物品装箱顺序函数选择算子 $oper_2^{sequ}(\varphi^{sequ})$，将混合遗传算法作为 φ^{sequ} 函数，根据搜索得到的物品装箱顺序，求得更优的订单装载率。

与 OPO-DRL-S1 算法的设计情况类似，OPO-DRL-S2 算法是对 OPO-DRL-S5 算法的物品装箱顺序算子进行改造得到的，OPO-DRL-S3 算法是对 OPO-DRL-S6 算法进行改造得到的。因此，OPO-DRL 算法系列基本上继承了动态复合块装箱 S 类算法的很多优点，例如计算耗时短、订单装载率相对较高。

6.5.3 算子组合选择的深度强化学习算法

（1）算子组合选择的装箱决策过程

OCS-DRL 算法将逐一求解订单实例过程中每个订单选择算子组合（即启发式策略算法）的过程看作马尔可夫决策过程。换句话说，本节研究的内容是在求解一个订单的装箱方案时选择过程环节算法体系中的哪个算法能够使订单装载率更高。这里所谓的"算子选择"或"算子组合选择"，本质上是选择过程环节算法体系中的某一个算法，原因是装箱环节算法体系中的各种启发式策略算法就是由不同算子组合而成的，这在前面已有论述。对应马尔可夫决策过程的五大元素 $(S,\ A,\ P,\ R,\ \gamma)$，OCS-DRL 算法中所构建的马尔可夫决策过程具体元素含义如下：

①元素 S 表示系统状态，即当前需要计算装箱方案的订单信息，主要包括订单中 SKU 的种类信息以及每种 SKU 的物品数量信息。

②元素 A 表示算子选择动作，即当前系统状态（订单信息）下采用哪些算子组合（或哪种启发式策略算法）能够使装箱方案达到更高的装载率水平。

③元素 P 表示系统状态转移的概率矩阵，主要表示在智能体实施某一动作后系统状态的转移情况。由于前后相邻装箱的两个订单实例之间没有固定的先后顺序，因此系统状态的转移矩阵并不能真正表示出来。由于系统状态数量与订单实例数量相同，如果订单数量不断增加，系统状态数量也将不断增加，甚至可以认为系统状态的数量为无穷多个。本书假设订单实例中的物品信息（物品 SKU 种类及每种 SKU 物品的数量）服从一定的概率分布，虽然每个订单实例的信息不尽相同，但存在潜在的规律可循。

④元素 R 表示奖励值，即每个订单在选择某种算子组合或启发式策略算法后计算得到的装箱方案装载率。以数据集中的订单数量为限，所有订单装箱方案计算一遍为一个回合。

⑤元素 γ 表示折扣因子，用于计算一个回合中某一步骤的折扣累加奖励之和。当 γ 小于 1 时，距当前步骤越远的状态对当前步骤的累加奖励影响越小；当 γ 等于 1 时，与当前步骤间隔的步数多少不会对累加奖励产生影响。

参照 OPO-DRL 算法的推导过程，可以进一步得到贝尔曼期望方程及其联立形式，用于深度强化学习算法的计算过程。OCS-DRL 算法建立在马尔可夫决策过程的基础之上，本书将订单装箱方案启发式策略算法选择过程转换为特殊的马尔可夫决策过程，采用价值迭代的方式设计强化学习算法，用于装箱方案启发式策略算法选择过程的寻优。

(2) 装箱过程算子组合选择模型

与神经网络输出物品装箱顺序的研究类似，本节对于神经网络输出算子组合选择动作的研究主要分为两部分：首先，设计算子组合选择的系统状态和动作结构；其次，设计神经网络内部结构，使用神经网络的输出结果代表装箱环节策略算子组合的动作选择。

①系统状态与动作结构设计。在选择算子组合计算装箱方案环节，考虑通过算子组合方式对装箱过程启发式策略算法的类型进行划分。也就是说，当面对不同的订单时，以订单平均装载率最高为目标，选择适合当前订单的启发式策略算法，进行装箱方案的计算。与图 6-23 中 $State\_4$ 的 $Item\_Info$ 部

分信息的结构设计相同，图 6-24 中 $State\_5$ 的 $Item\_Info$ 部分也采用了与所有 SKU 总数相同的四元组形式表示一个订单的全部信息。这种表示方式能够让系统状态中订单物品信息部分的数据尺寸一致，不会因为不同订单中物品数量不同而出现数据尺寸差异，从而保证了神经网络输入状态尺寸的一致性。同时，与 $State\_4$ 的优点类似，$State\_5$ 也能够比简单无序地罗列每个物品的长、宽、高尺寸作为状态信息更加凸显物品信息的规律性，有助于动作分类准确率的提升。

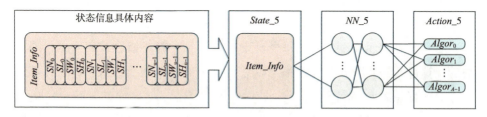

图 6-24　启发式策略算子组合选择模型示意图

在系统状态设计方面，算子组合选择的系统状态 $State\_5$ 为行向量，仅包含 1 个组成部分，即 $Item\_Info$ 部分。其中，$Item\_Info$ 的初始状态与 $State\_4$ 完全相同。因此，$State\_5$ 所包含的元素个数为固定值 $(4 \cdot U)$。

随着每个订单的装箱方案计算完成，系统状态 $State\_5$ 的 $Item\_Info$ 信息变换为下一订单的物品 SKU 种类与数量信息。具体而言，根据选择的算子组合（启发式策略算法），每完成 1 个订单的装箱方案计算，$Item\_Info$ 部分中该物品 SKU 对应的 SN_u、SL_u、SW_u 和 SH_u 的值将变换为下一个订单信息对应的 SKU 种类与数量信息，直至数据集中所有的订单实例均计算完成。如果数据集的订单实例为无穷多个，或有新的订单不断加入，则整个状态转移过程将不存在终止状态。

关于动作结构设计，本书将求解订单装箱方案的算子组合选择问题视为时序分类问题进行研究，研究关注的焦点是在不同的系统状态下，如何选择适当的算子组成装箱过程的启发式策略算法进行装箱方案的计算，并且随着状态转移逐一计算数据集中每个订单的装箱方案，以做出使订单平均装载率最大化的算法选择。为了满足神经网络的训练要求，动作向量包含的元素个数必须是固定的，本书将动作设计为每个状态下都从已有的 A 个算法中选择 1 种算法，将其中的算子组合作为智能决策的结果用于装箱方案的计算，所以动作向量包含的元素个数设置为 A 个，即：

$$(Algor_0, Algor_1, Algor_2, \cdots, Algor_{A-1}) \tag{6-20}$$

每个订单在计算装箱方案时，都可以从可行算子组合或已有的启发式策略算法中选择一种作为决策结果。因此，与物品装箱顺序的动作选择不同，不需要对本节算子组合选择设置动作过滤器。

②算子组合选择的神经网络设计。由图 6-24 中系统状态 $State\_5$ 的设计情况可知，算子组合选择的系统状态 $State\_5$ 仅包含一个信息环节，相较于图 6-23 中的 $State\_4$ 而言，元素个数较少，稀疏程度也较低。因此，本部分的算子组合选择网络设计没有设计针对 $State\_4$ 的 Embedding 处理环节，而是直接将 $State\_4$ 输入神经网络的全连接层，并且在每层网络的输出位置同样使用了 Dropout 功能和 ReLU 激活函数。

算子组合选择的神经网络伪代码见附录表 A.16。在物品装箱顺序选择的神经网络伪代码 NN_5 中，$input\_size\_oper$ 的取值与 $State\_5$ 的维度一致，为 4 倍的 SKU 种类（即 $4 \times U$）；第 4 行与第 5 行为神经网络的中间层，每层网络的输入和输出参数设置采用数量逐渐递减的方式；第 6 行为神经网络的输出层，$algor\_num$ 表示算子组合的数量（或可供选择的启发式策略算法的数量）；第 7 行和第 8 行分别为 Dropout 结构和激活函数（ReLU）结构；第 10 行至第 14 行为神经网络的前向处理过程；第 15 行为网络输出层；第 16 行返回神经网络输出结果。

(3) 算子组合选择的深度强化学习算法

与物品装箱顺序选择的深度强化学习（OPO-DRL）算法类似，本部分设计了策略组合选择的深度强化学习（OCS-DRL）算法，用于装箱方案的持续改进和空间利用率的不断提升。本书经过一定数据量的多个回合训练得到拟合算子组合选择策略的神经网络，使得智能体在面对订单信息时能够做出算子组合（启发式策略算法）的优化选择，因而订单平均装载率比单独采用某一种装箱过程启发式策略算法更高。

训练好的神经网络在进行算子组合选择时可以实现"端到端"的结果输

出，相较于混合遗传算法与蒙特卡洛树搜索算法能够大幅度节约耗时。此外，NN_5 的网络规模较小，使得 OCS-DRL 算法的耗时几乎与单独使用装箱环节算法体系中的各种启发式策略算法耗时相等。换句话说，OCS-DRL 算法相当于在装箱环节算法体系的上层增加了一层算法选择机制，可以将神经网络输出作为智能策略，选择适合不同订单的启发式策略算法，提升订单平均装载率水平。

优化算子组合选择的 OCS-DRL 智能装箱算法伪代码见附录表 A.17。在 OCS-DRL 算法的伪代码中，神经网络 Q_NN5 即为 NN_5 网络，其初始参数 θ 采用随机生成的方式得到，网络 $\hat{Q}\_NN5$ 的结构与 Q_NN5 的网络结构相同，初始情况下 $\hat{Q}\_NN5$ 的网络参数是通过直接复制 Q_NN5 网络参数得到的。但是，$\hat{Q}\_NN5$ 网络与 Q_NN5 网络的参数更新频率不同，每一步的网络参数学习只更新 Q_NN5 网络的参数，每隔一定的步数（C）后，才更新 1 次 $\hat{Q}\_NN5$ 网络参数，参数更新采用软更新的方式进行，τ 为网络参数的更新比例。

6.5.4 装箱问题深度强化学习的场景应用分析

本节针对本书设计的多种箱型三维装箱问题的深度强化学习算法，即 OPO-DRL 算法和 OCS-DRL 算法，进行计算实验与分析。分别设计系统状态、动作结构、神经网络和动作过滤器，是为了验证带有动作过滤器的混合神经网络的拟合功能是否能够满足替代装箱问题各环节启发式策略的要求。通过一系列计算实验的结果可以得知，神经网络配合动作过滤器的模式基本上可以实现预期效果。

本书的计算过程均使用 Python 语言中的 Pytorch 框架搭建神经网络，使用 CUDA 11.2 版本的 GPU 训练神经网络，具体服务器参数如表 5-6 所示（见 5.5.1 节内容）。本部分的算例数据为 JD 数据集，研究目标是验证混合神经网络拟合启发式策略的有效性，隐含的前提条件是所使用的数据具有相同概率分布的特性。

（1）深度强化学习算法参数设置

OPO-DRL 算法与 OCS-DRL 算法相比较，物品装箱顺序选择的动作种类与 SKU 种类数量相同，大于算子组合（启发式策略算法）选择的动作种类数量。OPO-DRL 算法中系统状态 $State\_4$ 和动作结构 $Action\_4$ 的设计以及神经网络 NN_4 的搭建，为混合神经网络替代单纯函数性质的固定启发式策略提供了可能。通过进一步训练神经网络 NN_4 实现物品装箱顺序选择规则的智能演化升级，能够针对不同订单的不同情况得出更加优化的装箱效果。OCS-DRL 算法中系统状态 $State\_5$ 和动作结构 $Action\_5$ 的设计以及神经网络 NN_5 的搭建，为选择与订单信息匹配的启发式策略算法提供了有效机制。通过训练神经网络 NN_5，可以充分利用启发式策略算法的低耗时优势，并进一步提升订单装载率。

下面，本节将根据深度强化学习算法的常规经验与本书所研究问题以及现有数据集的特殊性，设置 OPO-DRL 算法与 OCS-DRL 算法的超参数（如表 6-14 所示）。

表 6-14 OPO-DRL 算法与 OCS-DRL 算法的超参数设置

超参数指标	OPO-DRL	OCS-DRL
记忆池规模上限（ms）	100 000	100 000
训练批次（bs）	600	200
学习率区间（[lr_min, lr_max]）	[1e-7, 1e-5]	[1e-8, 1e-5]
学习率下降速率（lr_decay）	(1e-5-1e-7) /300	(1e-5-1e-8) /300
探索阈值区间（[eps_min, eps_max]）	[0.05, 1]	[0.05, 1]
探索阈值下降速率（eps_decay）	(1-0.05) /300	(1-0.05) /300
奖励折扣率（gama）	1	1
目标网络参数更新步数（update_step）	10	10
网络参数软更新百分比（tau）	0.01	0.01
最大训练回合数（epoch_max）	1 000	1 000

在表 6-14 中，在记忆池规模上限、探索阈值区间与下降速率、奖励折扣率、目标网络参数更新步数、网络参数软更新百分比、最大训练回合数等方面，OPO-DRL 算法与 OCS-DRL 算法的超参数设置是一致的，奖励折扣率均设置为 1，表示后续步骤的奖励值不会因为步数增加而减弱对当前步骤下累计

奖励的影响。OPO-DRL 算法与 OCS-DRL 算法中学习率与探索阈值的变化均采用线性下降的方式,两种算法的超参数设置差别主要体现在学习率区间。最小与最大学习率不同导致学习率变化速度不同,进而导致 OCS-DRL 算法中学习率的下降速度比 OPO-DRL 算法更加缓慢。另外,目标网络(target network)参数更新的间隔步骤对算法中神经网络的训练效果也会产生影响,适当增加间隔步骤有利于改善训练效果。如果更新间隔步骤过少,则有可能导致神经网络无法真正学习到有效的策略。

(2)装箱顺序选择的深度强化学习算法计算结果分析

根据表 6-14 设置 OPO-DRL 算法系列的超参数,在 JD 数据集上进行算法训练与测试,OPO-DRL 算法系列中 OPO-DRL-S1 算法、OPO-DRL-S2 算法与 OPO-DRL-S3 算法的训练过程与测试过程计算结果如表 6-15 所示。由于 OPO-DRL 算法是基于深度强化学习算法中的 DQN 算法框架进行设计的,在训练和测试过程中,奖励值水平难免出现轻微的波动,整体来看波动幅度约为平均水平上下浮动 0.5%。从表中订单平均装载率(即奖励值均值)与订单平均时间的指标统计结果来看,在 OPO-DRL 算法系列中,OPO-DRL-S3 算法的表现最佳,与同系列的其他两种算法相比,其订单平均装载率最高,达到了 68.26%,订单平均装箱方案的计算耗时仅为 0.16 秒。

表 6-15 JD 数据集 OPO-DRL 算法系列计算结果

算　法	训练过程			测试过程		
	订单平均装载率		订单平均时间(s)	订单平均装载率		订单平均时间(s)
	最大值(%)	稳定值(%)		最大值(%)	稳定值(%)	
OPO-DRL-S1	67.47	67.12	0.19	68.22	67.11	0.19
OPO-DRL-S2	67.59	67.18	0.21	68.00	67.29	0.27
OPO-DRL-S3	67.60	67.36	0.16	68.26	67.58	0.16

对比装箱环节算法系列的各种启发式策略算法在 JD 数据集上的计算结果可知,OPO-DRL 算法系列中的 OPO-DRL-S3 算法整体优于基于装载点理论

的 P 类算法以及单件物品装箱的 S 类算法，这主要是由于 OPO-DRL 算法系列继承了动态复合块装箱 S 类算法中的 $oper_2^{form}(size)$ 算子的良好性质。因此，OPO-DRL 算法的表现基本上与动态复合块装箱 S 类算法处于相当的水平。

　　采用 JD 数据集中的订单实例训练 OPO-DRL 算法的过程如图 6-25 所示。其中，子图（1）为算法训练过程中每个回合的奖励值（即订单平均装载率）统计结果，子图（2）为 OPO-DRL 算法在训练过程中关闭随机探索阈值（即设置阈值为 0）后的奖励值测试结果。从整个算法训练过程来看，OPO-DRL 算法系列中 3 种算法的表现均朝着优化的方向呈现收敛趋势，由于训练过程中存在一定的随机探索因素，因此子图（1）的收敛速度慢于子图（2），而且由于最小探索阈值的存在，子图（1）的波动幅度要略大于子图（2）。此外，图 6-25 中还展示了装箱环节算法体系中的各种算法求得的订单平均装载率水平，虽然 OPO-DRL 算法表现优于大部分启发式策略算法，但并未达到比动态复合块装箱 S 类算法更优的水平。其中的原因主要是 OPO-DRL 算法中的神经网络虽然可以一定程度地拟合物品装箱顺序选择策略，但其自身存在一定程度的波动，不能保证收敛于全局最优，这也是由深度强化学习算法自身的缺陷所导致的。

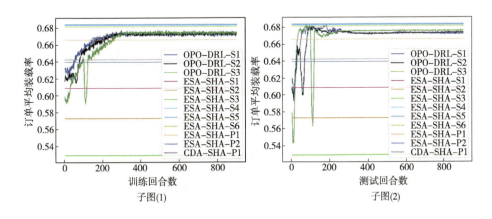

图 6-25　算法训练与测试过程

（3）基于算子选择的深度强化学习算法计算结果分析

　　由于 OPO-DRL 算法系列未达到动态复合块装箱 S 类算法的水平，因此本书进一步变换分析角度，改进基于深度强化学习的智能算法，不再从物品装箱顺序的角度进行优化，而是聚焦算子组合的智能选择。根据 6-14 设置 OCS-DRL 算法的超参数，在 JD 数据集上进行算法训练与测试，计算结果如表 6-16 所示。其中，"订单平均耗时增量"是指 OCS-DRL 算法进行算子组合（启发式策略算法）选择之后，按照选中的算法进行订单装箱方案的计算相较于单独使用该算法时带来的计算耗时增加值。从表中可以看出"订单平均耗时增量"非常小，几乎可以忽略不计。算法训练过程与测试过程中的奖励值（即订单平均装载率指标），无论是最大值还是稳定值，均优于装箱环节算法中的任何算法的结算结果。以上结果说明 OCS-DRL 算法在订单平均装载率以及订单方案计算耗时方面取得的效果也优于 OPO-DRL 算法系列中的各种算法。

表 6-16　JD 数据集 OCS-DRL 算法系列计算结果

项　目	奖励值（装载率）		订单平均耗时增量（s）
	最大值（%）	稳定值（%）	
训练过程	68.55	68.34	31.60e-5
测试过程	68.74	68.60	76.33e-5

在 JD 数据集上对 OCS-DRL 算法进行训练与测试的过程如图 6-26 所示。其中，子图（1）为 OCS-DRL 算法的训练过程，子图（2）为 OCS-DRL 算法的测试过程，图中奖励值（reward）即为订单平均装载率。为了更好地比较各种算法的订单平均装载率水平，图 6-26 中也展示了 OPO-DRL 算法系列中三种算法的训练过程，以及装箱环节算法中较优的动态复合块装箱 S 类算法中三种算法的订单平均装载率水平。从图 6-26 可以看出，在订单平均装载率指标方面，不论是训练过程还是测试过程，OCS-DRL 算法的收敛速度均快于 OPO-DRL 算法系列的所有算法，而且 OCS-DRL 算法可以以非常稳定的状态收敛于比 OPO-DRL 算法和动态复合块装箱 S 类算法更高的订单平均装载率水平。

另外，基于深度强化学习中 DQN 算法框架设计的 OPO-DRL 算法与 OCS-DRL 算法，除了与装箱环节算法系列相比之外，与混合遗传算法以及蒙特卡

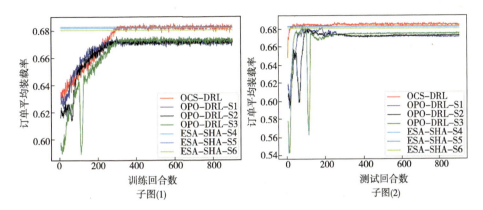

图 6-26　算法训练与测试过程

洛树搜索算法相比，虽然在订单平均装载率指标方面存在劣势，但是在订单装箱方案计算耗时方面却存在明显的优势。因此，这并不能说任何一种算法绝对优于另一种算法，因为还要考虑具体问题的实际条件，权衡装载率水平与计算耗时两方面的因素，这也为实际装箱问题的解决提供了借鉴和参考。

本章小结

　　本章在前文关于装箱环节启发式策略及其组合的研究基础上，进一步调整计算耗时与订单装载率两项指标，在适当放宽计算耗时的限定条件下，探究优化提升订单装载率水平的可能性。结合装箱过程中针对每个环节逐一分析的思路，本章将智能算法与装箱过程中各个环节的启发式策略相结合，重点研究了箱型种类选择环节与物品装箱顺序选择环节进行优化的可能性，通过计算实验进一步验证了智能优化策略的潜力。本章的主体部分是将启发式策略组合的方法分别与混合遗传算法、蒙特卡洛树搜索算法以及深度强化学习算法的框架进行融合，优化了物品装箱顺序选择环节的策略，提升了订单装载率水平。在混合遗传算法方面，设计了初始群体优选、邻域搜索等改进算子，提高了算法求解的优化程度；在蒙特卡洛树搜索算法方面，将物品装箱顺序选择转换为树搜索的形式，并引入神经网络和强化学习框架，在提高求解优化程度的同时较大幅度地降低了计算耗时；在深度强化学习算法方面，除了将物品装箱顺序选择的时序过程转换为马尔可夫决策过程，还将算法选择的研究视角转换为选择策略组合，使得智能算法与策略组合得到的启发式算法实现良好的融合，在计算耗时基本不变的前提下，进一步提高了订单装载率水平。总之，启发式策略组合与智能算法融合的研究探索使得多种箱型三维装箱问题的求解方式更加丰富，不同实际情况下装箱问题求解的有效性也得到大幅度改善和提升。

第 7 章 普件快递包装箱标准化

通常，快递包装的作用是保证产品的完整性，在整个物流订单派送过程中，商家及快递公司一般使用塑料袋及包装纸箱对产品进行二次包装。近几年，在电子商务带动下，我国快递行业的发展比较迅猛。快递产生的包装垃圾逐年增加，快递垃圾的回收及循环使用情况不容乐观。因此，本书对快递包装尺寸进行了研究，运用 K 聚类算法、集装模数分割法，并结合实地调研考察，对现有的快递包装箱尺寸进行标准化、规范化。标准化后的包装箱为快递包装循环使用奠定了基础，并为本书后续内容做了铺垫。

7.1　普件快递包装箱标准化的相关定义

本节根据相关文献和标准对普件快递、普件快递包装箱及包装箱尺寸标准化进行了定义，确定本章的研究范围。

7.1.1　普件快递物品种类的定义

在线购物通常是顾客根据自己的需求在网络上下单购买商品的行为，在线下单商品的体积通常较小，由于购买力有限，顾客一次性购买的商品数量不会偏多，但是商品的种类繁多。本书根据京东（见表 7-1）、天猫（见表 7-2）、当当等平台物品的分类以及实地调研的相关数据，确定普件快递包含的物品种类。

表 7-1　京东平台物品分类

类型	产品详细分类	特点
家用电器	电视、洗衣机、空调、冰箱、厨卫大电、生活电器等	体积大、重量大
手机、数码	手机配件、数码配件、智能设备等	体积小
办公、电脑	游戏设备、电脑整机、文具等	体积适中，个别物品体积偏大
家居	厨具、家纺、五金电工等	体积大
服装	男装、女装、童装、配饰、内衣、童鞋等	物品可折叠、体积适中

续表

类型	产品详细分类	特点
美妆、个护清洁	洗发护肤、身体护理、女性护理、家庭清洁等	体积小
鞋、运动、箱包	时尚女鞋、户外装备、功能箱包等	体积适中
母婴、玩具乐器	奶粉、尿裤湿巾、玩具乐器等	体积适中
食品	水果、肉类、酒品、零食等	体积适中
医药保健	保健器械、护理护具等	体积适中
图书	——	根据物品数量确定体积大小

表7-2　天猫平台物品类别

类型	产品详细分类	特点
服装	男装、女装、内衣、运动户外等	物品可折叠、体积适中
鞋子、箱包	男鞋、女鞋、箱包等	体积适中
美妆、个人护理	护肤品、美发护发、口腔护理等	体积适中
装饰品	腕表、眼镜、珠宝饰品等	体积适中
手机、数码、电脑办公	手机、电脑整机、组装游戏、影音娱乐等	体积适中，个别物品体积偏大
母婴玩具	童装、童鞋、车床用品、洗护、玩具、奶粉、纸尿裤等	体积适中，个别物品体积偏大
零食、茶酒	休闲零食、粮油素食、生鲜水果等	体积适中
大家电、生活电器	电视、空调、冰箱、洗衣机等	体积大、重量大
家具建材	家具、餐具等	体积大、重量大
汽车、配件、用品	轮胎、导航等	体积适中，个别物品体积偏大
医药保健、图书音像	——	体积适中

当当网主要物品类别有图书、运动户外、孕婴童、家居、食品。结合实地调研情况来看，顾客通常购买的中小型产品包括箱包、衣服、鞋、帽、食品、美妆以及小型电子产品等。随着大型电商和超市型电商的日益渗透，集中购买生活用品的消费者数量大大增加。因此，本书的普件快递物品主要包括服装、鞋帽、箱包、食品、美妆、电子产品等中小型物品。

7.1.2　普件快递包装箱的类型

据相关国家标准对快递包装箱的定义：以瓦楞纸板为主要原料，经模切、压痕、印刷和钉合等加工后，制成提供给用户使用的可装载快件的箱式封装用品。在本书中，普件快递包装箱是指对普件快递物品进行包装的瓦楞纸包装箱。

普件快递物品在运输过程中采用外部包装来保护物品的完整性。外部包装有多种形式，以包装箱和包装袋两种为主。其中，包装箱主要使用瓦楞纸材料，即纸类包装箱。纸类包装箱有开盖式、飞机盒、互叉式盒等多种类型。瓦楞纸成本低、缓冲抗压性好，而且易于加工、装箱。从绿色物流角度看，瓦楞纸能够回收再利用，浪费较少，节约资源。瓦楞纸通常有A、B、C、D、E等不同的楞型。通常情况下，包装箱使用不同的材质，价格也不同，我们会根据包装物品的特性选择瓦楞纸，这样可以减少不必要的资源浪费。

因此，本书主要研究适合包装一般商品的包装箱。一般商品的外形比较规则、重量不大，选择包装箱材料主要考虑其包装箱的缓冲效果及外部抗压能力。适合一般商品的包装箱材料主要有A型瓦楞纸和E型瓦楞纸。在本书中，适合包装一般商品的包装箱被称为普件快递包装箱。

7.2　现有的普件快递包装箱尺寸统计与分析

笔者通过查询官网及文献资料，对顺丰、邮政现有的包装箱尺寸数据（见表7-3、表7-4）进行了统计，还采集了京东的86类包装箱尺寸数据并进行了统计分析（见表7-5、表7-6）。

表 7-3　顺丰快递标准包装箱尺寸

规格	长（mm）	宽（mm）	高（mm）	可承载最大重量（kg）
1 号	200	180	100	1.5
2 号	250	200	180	3
3 号	300	250	200	5
4 号	360	300	250	10
5 号	530	320	230	15
6 号	700	400	320	15

表 7-4　邮政包装箱尺寸

纸箱型号	长（mm）	宽（mm）	高（mm）	三层优质价格（元）	适合包装物品类型
12 号	130	80	90	0.19	适用于化妆品、小饰品
11 号	145	85	105	0.23	适用于化妆品、CD 等
10 号	175	95	115	0.28	适用于化妆品、CD 等
9 号	195	105	135	0.35	适用于化妆品、饰品等
8 号	210	110	140	0.38	适用于化妆品、饰品等
7 号	230	130	160	0.53	适用于化妆品、饰品等
6 号	260	150	180	0.68	适用于化妆品、饰品等
5 号	290	170	190	0.8	适用于装饰品等
4 号	350	190	230	1.13	适用于鞋子等
3 号	430	210	270	1.51	适用于箱包及鞋子等
2 号	530	230	290	2.16	适用于箱包等
1 号	530	290	370	2.98	适用于大件物品

表 7-5　京东包装箱尺寸（全部数据见附录表 D.1）

名称	内长（mm）	内宽（mm）	内高（mm）	重量（g）	价格（元）
纸箱 1 号	165	120	55	47	0.5
纸箱 2 号	165	120	55	56	0.5

续表

名称	内长（mm）	内宽（mm）	内高（mm）	重量（g）	价格（元）
纸箱 3 号	210	150	20	35	0.5
⋮	⋮	⋮	⋮	⋮	⋮
纸箱 84 号	460	400	180	547.3	4
纸箱 85 号	397	327	214	566.8	4.5
纸箱 86 号	467	427	124	706.8	6

表 7-6　京东包装箱数据统计分析

项　目	长（mm）	宽（mm）	高（mm）
最大值	650	550	400
最小值	70	60	20
均值	101	87	98
方差	15 623	11 619	12 526

笔者通过调研发现，顺丰、邮政主要负责物品的二次包装，包装箱的尺寸种类较少，以减少快递员在打包时选择快递箱的时间，但是会产生较多的空间浪费。京东自营则有较多类型的包装箱，针对不同的物品会有不同的包装箱，这在一定程度上减少了包装箱空间的浪费。但是，由于包装箱尺寸的类型较多，打包环节大部分由人工操作。若是熟练工人，则能够在较短的时间内选择合适大小的包装箱；若是非熟练工人，面对如此多的包装箱类型，在选择包装箱时会产生较多的试错行为，加长物品的出库时间，从而降低物品的出库效率。因此，适当减少包装箱种类显得尤为重要。

7.3　普件快递包装箱尺寸现状调研

对普件快递包装箱尺寸的调研主要通过在线和实地调研两种方式。在线调研通过调查问卷的形式，实地调研则面向学校快递点、相关企业以及个体消费者。

调研时间：2019 年 12 月至 2020 年 3 月。

调研地点：菜鸟驿站站点以及在线问卷。

调研方法：在快递点通过测量尺进行测量并记录；在线问卷通过共享表格的形式。

调研对象：末端快递点的快递包装箱和内部物品尺寸。快递主要来自京东商城、天猫超市、唯品会、聚美优品、当当网、苏宁易购六家电商企业，以及淘宝商城及拼多多的各大卖家，共计 500 条数据。

7.3.1 普件快递包装箱来源对比分析

本书以调研产品包装样本的来源来对普件快递包装箱的来源进行分类。根据电商类型调研产品包装样本来划分，属于 B2C 的样本数量有 120 个，来自六家电商企业，分别是京东商城、天猫超市、聚美优品、唯品会、当当网、苏宁易购；属于 C2C 的样本数量有 380 个，主要来自淘宝商城及拼多多的各大卖家（如图 7-1 所示）。

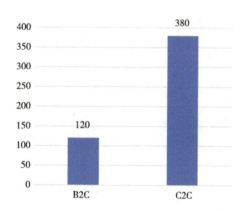

图 7-1 包装样本电商来源数据（单位：个）

在包装样本物流类型中，来源于第三方物流的包装样本有 440 个，来源于 B2C 商城自建物流及合作物流的有 40 个，来源于邮政的有 20 个（如图 7-2 所示）。不同的物流类型具有不同的特征：邮政相较于其他物流类型快递费相对较少，但是在时效性方面会稍微逊色一些；选择商城自建物流类型的企业需要具备一定的实力与资本；企业将自己的物流业务承包给第三方物流公司，使自身能够专注产品，不仅满足了企业及客户的需求，还能够降低企业的物流成本，并节约社会资源。因此，较多的商家会选择第三方物流服务。

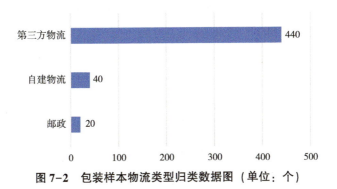

图7-2 包装样本物流类型归类数据图（单位：个）

7.3.2 普件快递包装箱及内部物品尺寸调研分析

调研样本总数为 500 条。普件快递包装箱及物品样本调研时逐一测量尺寸数据并统计样本的电商来源和物流类型，调研详细数据见附录表 D.2。

笔者通过对调研数据的统计分析发现，调研样本中普件快递包装箱的三维平均尺寸为 213mm×129mm×109mm，其中，长度的最大值为 500mm，最小值为 70mm；宽度的最大值为 350mm，最小值为 50mm；高度的最大值为 350mm，最小值为 20mm。调研中普件快递物品的三维平均尺寸为 179mm×129mm×70mm，其中，长度的最大值为 490mm，最小值为 10mm；宽度的最大值为 350mm，最小值为 10mm；高度的最大值为 250mm，最小值 3mm（具体如表 7-7 所示）。

表7-7 电商快递包装箱及物品尺寸统计信息

	快递包装箱尺寸			物品尺寸		
	长（mm）	宽（mm）	高（mm）	长（mm）	宽（mm）	高（mm）
最小值	70	50	20	10	10	3
最大值	500	350	350	490	350	250
均值	213	129	109	179	129	70
方差	3031	1792	1768	7970	5542	3046

包装箱的长、宽、高主要集中在 100~400mm 之间，其中长主要分布在 100~300mm，宽主要分布在 50~250mm，高主要分布在 50~200mm，具体分布如图 7-3 所示；物品尺寸主要分布在 0~300mm，其中长主要分布在 100~300mm，宽主要分布在 0~200mm，高主要分布在 0~200mm，具体分布如图 7-4 所示。

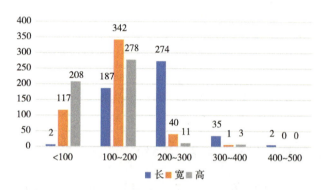

图 7-3　网购产品包装的尺寸范围统计图（单位：mm）

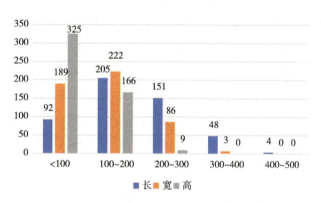

图 7-4　网购产品的尺寸范围统计图（单位：mm）

笔者通过调研发现，京东商城、天猫、当当等电商都会自有一系列包装箱，而淘宝自营电商的包装箱尺寸最为混乱，不同商家会根据自身所售产品进行不同的包装，即使面对相同的商品，不同的店家也会使用不同的包装箱，这给运输环节带来一定的阻力。

现阶段，普件快递包装箱的主要来源有快递企业、商城自有及个体商家定制，其中，个体商家使用的包装箱普遍来自包装箱生产商，他们制作的包装箱尺寸是根据客户的要求进行个性化定制的，因此，不同商家使用的包装箱类型会有较大的差别。此外，目前快递行业内对于使用的快递包装箱尺寸没有明确的上下限及使用规范，即使有相关的国家标准，商家为了提高企业的利润，降低物流成本，会选择只适用于本企业的包装箱尺寸，由此导致现在行业内使用的包装箱类型十分混乱。所以，想要制定行业内普遍认可的包装箱尺寸，需要将物流链上的各个节点进行结合，参考各节点企业的要求，并且依据现有的相关国家标准，对包装箱尺寸进行统一规范化，即实现普件快递包装箱尺寸的标准化，从而提高整个行业效率，节约社会资源，促进行业的绿色、可持续发展，同时为逆向物流的发展提供条件。

因此，本书接下来对普件快递包装箱尺寸的标准化进行研究。K 聚类算法简洁易理解，对类别能自行把握，因而成为机器学习的分类方法中较为突出的一种。下面选择 K 聚类算法对调研测量的数据进行聚类分析，以便为普件快递包装箱标准化奠定基础。

7.4　普件快递包装箱尺寸标准化

7.4.1　基于聚类分析的包装尺寸分析

K 聚类算法最大的一个特点是 K 值的选择需要提前确定，K 值的选择关系到整个算法效果。因此，本书根据调研情况，将 K 值分别取 436（调研时的包装箱种类）、50、40、30、15、10、6，对不同种类包装箱产生的效果进行比较，选择一个较为合理的值，即标准化后的包装箱的种类，具体内容如表 7-8 所示。

表 7-8　不同 K 值的装箱效果

包装箱种类	包装箱平均利用率	剩余物品个数
436	0.337	0
50	0.469	20

续表

包装箱种类	包装箱平均利用率	剩余物品个数
40	0.464	14
30	0.445	12
15	0.367	22
10	0.333	28
6	0.260	97
加权平均值	0.362	16

　　针对不同的 K 值,即不同的包装箱种类,装箱效果也是不同的。笔者通过对比包装箱平均利用率及剩余物品个数发现,$K=30$ 的装箱平均利用率虽比 $K=40$、50 的低,但是它的箱子种类少了至少 10 个类型,因此在装箱平均利用率上的差距是可以接受的;剩余物品个数低于加权平均值,所以,K 取 30 较为合理。另外,通过在菜鸟驿站的站点调研可知,分拣员一般会将快递分到六个货架上,其中,每个货架有五层,在每层货架中包装箱尺寸不一。因此,K 取 30 不仅在理论上较合理,在实际中也有体现。综上,K 取 30。图 7-5 为聚类效果图,表 7-9 为 $K=30$ 得到的各类别包装箱尺寸。

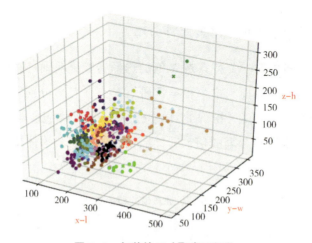

图 7-5　包装箱尺寸聚类可视化

表 7-9 标准化包装箱尺寸

聚类中心	长（mm）	宽（mm）	高（mm）
1	375	228	268
2	355	220	150
3	239	238	147
4	263	167	180
5	200	155	211
6	275	131	146
7	275	174	103
8	208	197	120
9	313	130	118
10	220	124	144
11	154	234	106
12	257	90	164
13	237	134	109
14	163	138	147
15	203	143	104
16	222	168	78
17	153	193	98
18	259	104	94
19	299	80	104
20	156	146	100
21	169	77	149
22	174	112	96
23	224	130	64
24	300	122	49
25	202	90	91
26	230	62	115
27	173	142	54
28	236	87	61
29	134	94	81
30	175	74	62

K 聚类方法得出的包装箱尺寸是对市面上已有的包装箱尺寸进行统计的结果，不能直接采纳，因为快递包装箱在运输时会使用托盘、集装箱等相关的运输工具，因此，需要结合相关国家标准规定的集装模数进一步确定。

7.4.2 基于集装模数的包装尺寸优化

下面，本书将根据由 600mm×400mm 模数尺寸计算形成的货物平面尺寸：首先，对 30 类包装箱尺寸进行调整；其次，对京东商城 86 类包装箱尺寸进行相应的调整，减少包装箱的种类，实现包装箱尺寸标准化。

（1）淘宝自营普件快递包装箱标准化

本书依据集装模数整数分割法计算出的模数尺寸，对 K 聚类计算出的包装箱尺寸进行调整，具体内容如表 7-10 所示。

表 7-10 包装箱尺寸表 　　　　　　　　　　　　　　　　单位：mm

聚类中心（包装箱类型）	K 聚类包装箱尺寸	调整后的包装箱尺寸
1	375×228×268	375×230×270
2	355×220×150	355×220×150
3	239×238×147	240×240×150
4	263×167×180	265×170×180
5	200×155×211	200×155×215
6	275×131×146	275×133×150
7	275×174×103	275×175×105
8	208×197×120	210×200×120
9	313×130×118	315×130×120
10	220×124×144	220×125×145
11	154×234×106	155×235×110
12	257×90×164	260×90×165
13	237×134×109	240×135×110
14	163×138×147	165×140×150
15	203×143×104	205×145×105
16	222×168×78	225×170×80
17	153×193×98	155×195×100

续表

聚类中心（包装箱类型）	K 聚类包装箱尺寸	调整后的包装箱尺寸
18	259×104×94	260×105×95
19	299×80×104	300×80×105
20	156×146×100	160×150×100
21	169×77×149	170×80×150
22	174×112×96	175×115×100
23	224×130×64	225×130×65
24	300×122×49	300×125×50
25	202×90×91	200×90×90
26	230×62×115	230×65×115
27	173×142×54	175×145×55
28	236×87×61	240×90×60
29	134×94×81	135×95×80
30	175×74×62	175×75×65

（2）京东、天猫及当当网普件快递包装箱尺寸标准化

现阶段，天猫超市已经实行回收纸箱，利用回收纸箱来发货。因此，笔者没有得到天猫超市使用的包装箱的具体尺寸，但这也充分说明未来包装箱回收使用是可行的，包装箱标准化给将来规模化回收包装箱奠定了基础。此部分根据当前京东使用的包装箱尺寸进行一定的调整，减少包装箱的种类，能用更少的包装箱装载更多的物品。表 7-11 展示了调整之后的包装箱尺寸。

表 7-11 包装箱尺寸　　　　单位：mm

编号	长×宽×高	长×宽×高	长×宽×高	长×宽×高
1	650×550×400	400×305×240	340×270×220	270×220×110
2	600×500×120	420×350×140	330×170×260	265×200×90
3	550×400×400	410×350×360	300×200×200	265×120×90
4	550×400×250	400×175×150	300×70×60	260×250×360
5	550×100×350	400×330×220	300×120×120	260×230×230
6	470×430×130	380×300×120	290×180×350	260×175×130

续表

编号	长×宽×高	长×宽×高	长×宽×高	长×宽×高
7	460×400×180	380×275×150	290×255×215	260×190×60
8	460×100×360	380×100×370	280×150×360	250×130×360
9	450×180×100	360×265×155	280×200×170	230×230×100
10	440×360×100	350×80×260	270×250×230	210×120×170
11	180×90×50	190×150×130	140×100×100	180×90×60
12	170×170×260	170×110×110	110×80×90	360×120×170
13	140×180×120	70×60×300	400×360×350	—

由于物品包装对物品的拣选、包装、装卸以及搬运等整个物流环节都会有影响，若能对物品的包装尺寸统一标准化，将能够促进物品在整个链条上的移动，并且能够有效降低链条上各个节点企业的物流成本。因此，物品包装尺寸标准化是快递包装标准化不可忽视的一部分。淘宝自营商店几乎都选择了第三方物流进行运输与配送，而第三方物流企业多采用集装箱货车进行公路运输。因此，通过基于集装模数的包装尺寸分析对聚类后的包装箱尺寸进行调整，能够有效利用集装箱空间，实现运输规模化，进而在一定程度上降低暴力分拣的可能性，有效保护快件的完整性。综上，实现快递包装尺寸标准化具有重要的实际意义。

本章小结

本章首先通过对企业及快递点的调研，梳理了市面上现有的普件快递包装箱尺寸、普件快递的来源以及普件快递的基本类型；其次，对调研数据进行了统计分析，并运用 K 聚类的方法对包装箱尺寸进行初步确定，得出 K 类包装箱尺寸；最后，结合相关的国家标准，对 K 类包装箱尺寸进行了调整，得出最终的普件快递包装箱尺寸，并将其分为淘宝自营与京东、天猫及当当网电商平台两类，对其各自的包装箱尺寸进行标准化。

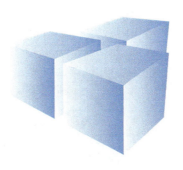

第8章 电商仓储包装箱尺寸智能优化策略

前面章节研究了电商仓储领域中多种箱型三维装箱问题的模型、策略与算法，解决的是箱子尺寸既定的情况下电商仓储领域的装箱操作问题，但是并未涉及包装箱尺寸的优化。由于电商仓储领域的包装箱型号众多、尺寸各异，且尺寸的优化程度难以衡量，因此本章主要研究包装箱尺寸的优化策略，以进一步提升电商仓储领域的订单装箱效果。此外，基于包装箱尺寸优化策略设计包装箱尺寸标准化方法，也是顺利实现包装箱绿色回收与重复利用、构建电商仓储领域包装箱"低碳治理"模式的关键环节。

在前面研究的基础上，本章进一步拓展智能装箱策略的研究范围。在算法设计方面，本章延续使用了启发式算法体系和智能优化算法的融合；在研究内容方面，将包装箱型号尺寸与装箱策略结合进行装箱效果的优化。同时，本章所提出的包装箱尺寸优化的方法，作为包装箱标准化的关键环节，是包装箱回收与重复利用模式的重要部分。本章的研究不仅为突破电商仓储装箱环节的瓶颈进行了探索，也为节约包装耗材、回收与重复利用包装箱、实现"双碳"目标做出了努力。

8.1　电商仓储包装箱尺寸优化问题描述

8.1.1　包装箱尺寸优化对装箱效果的影响

分析影响装箱效果的因素不难发现，包装箱尺寸设置是否合理将会直接影响订单装箱方案的计算。现有包装箱的型号种类及尺寸设定依据非常模糊，仅从仓储领域标准托盘尺寸的基础模数出发，进行整数分割后即作为包装箱的标准化尺寸，既没有考虑到整数模数分割的合理性以及是否存在优化的潜在可能性，也没有考虑电商仓储领域订单物品的数量与尺寸信息。第5章、第6章的研究表明，在既定箱型尺寸的前提条件下，装箱方案装载率水平的优化程度已经接近瓶颈。如果想要进一步提高订单平均装载率水平，就需要将包装箱尺寸调整纳入优化范围。

8.1.2 包装箱尺寸优化问题的解决思路

从订单物品信息出发，本章主要研究包装箱尺寸优化问题，以装载率最高为包装箱尺寸的优化目标。具体过程分为两个阶段：一是对历史订单中的物品分别进行空间堆叠，研究每个订单中物品空间堆叠的最小体积；二是根据不同订单中物品空间堆叠的最终结果，对全部订单进行聚类分析，按照把每个订单的物品装载到 1 个箱子里的特点，聚类得到固定箱型种类数量的一系列箱子尺寸，并将其作为包装箱的标准尺寸。

当计算采用的数据集中订单数量足够大时，能够反映订单物品信息数据的概率分布特征，则得到的箱子尺寸结果可以作为标准化的包装箱尺寸。京东作为电商仓储领域著名企业的典型代表，其调研结果更能凸显装箱实践领域的具体需求。本研究聚焦电商仓储领域的实践情况，通过对比包装箱长、宽、高尺寸信息发现，市面普通快递包装箱与电商仓储企业京东的包装箱统计指标存在差别，具体情况如表 8-1 所示。从表 8-1 的对比情况可以看出，在最小值、均值与最大值方面，相较于普通快递包装箱，电商仓储企业京东的包装箱长、宽、高尺寸整体偏大。

表 8-1　普通包装箱与京东包装箱统计指标对比　　　　单位：mm

项　　目	普通包装箱			京东包装箱		
	长	宽	高	长	宽	高
最小值	130	80	45	120	100	55
均值	256.25	136.25	162.5	306.13	223.18	180.68
最大值	530	230	290	650	550	400
标准差	119.89	50.66	70.31	129.93	115.6	105.06

另外，京东包装箱尺寸的标准差也大于普通包装箱。结合实际调研发现，除了 JD 数据集中的 22 种包装箱的尺寸之外，京东包装箱的型号数量有几十种之多，远多于普通快递包装箱型号的种类。这说明京东的电商仓储装箱作业需要面对更加多样化的订单物品信息，需要解决的装箱问题也更为复杂。对已有 JD 数据集中的包装箱尺寸数据进行分析也可以发现，虽然目前市面上

已经有比较统一的常见包装箱尺寸，但是电商仓储领域的实践情况是非常复杂的，而且存在某些类别的订单物品无法顺利装入现有常见尺寸的包装箱，需要设计有针对性的包装箱尺寸以及制定与之匹配的装箱策略，这成为电商仓储领域装箱实践过程中的难题之一，亟待寻找高效的解决方法。这也是"多元共生"算法系统（BSAS）在包装箱尺寸优化方面的体现：将启发式策略及其组合方法（第5章内容）与智能算法框架进行有效结合（第6章内容），满足其中空间几何性质的基本约束条件，如非重叠约束、非越界约束以及支撑约束等，重点采用群体智能算法中混合遗传算法的基本框架，实现电商仓储领域包装箱尺寸的智能优化。

8.2　无固定尺寸的包装箱尺寸优化策略

所谓无固定尺寸的物品空间堆叠，是指在长、宽、高三个维度上不事先规定最大取值，仅根据启发式策略算法中各个算子所确定的规则进行物品的空间堆叠。物品空间堆叠的策略优化是包装箱尺寸优化的基础，需要与包装箱尺寸聚类算法相结合，才能最终使优化后的包装箱尺寸获得良好的装载率。换句话说，优化包装箱尺寸是一个两阶段的优化问题：一是优化物品堆叠策略，使订单物品堆叠密度不断提高，才有可能优化得到更好的包装箱尺寸；二是基于整个考察批次中多个订单的物品空间堆叠结果，按照既定的包装箱型号数量进行聚类分析，得到相应数量下不同型号的包装箱尺寸结果，使得平均订单装载率最高。这两个阶段的优化问题并不是相互孤立的，而是统一于"提高订单平均装载率"这一最终目标的。

8.2.1　基于 P 类算法的物品空间堆叠问题

本节内容研究的是在完全没有箱子尺寸限制的情况下进行物品的三维空间堆叠问题，即动态箱子尺寸的三维装箱问题（3DPP-DBS）。3DPP-DBS 中进行堆叠的订单物品信息来源于已知的典型数据集或具有代表性的历史订单信息集合，它是物品空间堆叠方案的研究对象。

（1）物品空间堆叠问题的提出

假设订单中的物品信息是已知的，包括物品 SKU、物品数量、物品尺寸等。但是，箱子的尺寸是动态可变的，箱子型号的数量没有限制。每个订单的物品在三维空间中进行堆叠放置，不同订单的物品不能进行混合堆叠放置。在此情况下，每个订单的物品在三维空间中的堆叠摆放非常自由，其目标是求得使得每个订单物品空间堆叠后外接长方体体积最小的物品堆叠策略。其实，包装箱尺寸优化的本质也就是在物品空间堆叠的基础上外接长方体箱子，用于保护电商物品在装卸、搬运以及配送过程免于损坏。

（2）物品空间堆叠模型构建

延续使用模型（Ⅰ）中的变量假设，但不再考虑箱子的型号数量和尺寸大小，或者将其视为完全动态可变的因素。以单个订单中所有物品堆叠后外接长方体体积最小为优化目标，建立三维空间中物品堆叠策略的混合整数规划模型（Ⅱ）如下：

$$\min z = l^{\max} \cdot w^{\max} \cdot h^{\max} \tag{8-1}$$

$$l^{\max} = \max\{b_{i1}^{*} + l_{i}^{IR} \mid i = 1, 2, \cdots, m\} \tag{8-2}$$

$$w^{\max} = \max\{b_{i2}^{*} + w_{i}^{IR} \mid i = 1, 2, \cdots, m\} \tag{8-3}$$

$$h^{\max} = \max\{b_{i3}^{*} + h_{i}^{IR} \mid i = 1, 2, \cdots, m\} \tag{8-4}$$

$$b_{i1}^{*} + l_{i}^{IR} \leqslant b_{i'1}^{*} + (1 - y_{ii'}^{1}) \cdot M \tag{8-5}$$

$$b_{i'1}^{*} + l_{i'}^{IR} \leqslant b_{i1}^{*} + (1 - y_{ii'}^{2}) \cdot M \tag{8-6}$$

$$b_{i2}^{*} + l_{i}^{IR} \leqslant b_{i'2}^{*} + (1 - y_{ii'}^{3}) \cdot M \tag{8-7}$$

$$b_{i'2}^{*} + l_{i'}^{IR} \leqslant b_{i2}^{*} + (1 - y_{ii'}^{4}) \cdot M \tag{8-8}$$

$$b_{i3}^{*} + l_{i}^{IR} \leqslant b_{i'3}^{*} + (1 - y_{ii'}^{5}) \cdot M \tag{8-9}$$

$$b_{i'3}^{*} + l_{i'}^{IR} \leqslant b_{i3}^{*} + (1 - y_{ii'}^{6}) \cdot M \tag{8-10}$$

$$y_{ii'}^{1} + y_{ii'}^{2} \leqslant 1 \tag{8-11}$$

$$y_{ii'}^{3} + y_{ii'}^{4} \leqslant 1 \tag{8-12}$$

$$y_{ii'}^{5} + y_{ii'}^{6} \leqslant 1 \tag{8-13}$$

$$y_{ii'}^{1} + y_{ii'}^{2} + y_{ii'}^{3} + y_{ii'}^{4} + y_{ii'}^{5} + y_{ii'}^{6} \geqslant 1 \tag{8-14}$$

$$M \text{ 为足够大的常数} \tag{8-15}$$

$$b_{i1}^{*} \geqslant 0 \tag{8-16}$$

$$b_{i2}^* \geqslant 0 \tag{8-17}$$

$$b_{i3}^* \geqslant 0 \tag{8-18}$$

$$y_{ii'}^1, \ y_{ii'}^2, \ y_{ii'}^3, \ y_{ii'}^4, \ y_{ii'}^5, \ y_{ii'}^6 = 0 \ \text{或} \ 1 \tag{8-19}$$

$$i \neq i'; \ i, \ i' = 1, \ 2, \ \cdots, \ m \tag{8-20}$$

其中，式（8-1）为模型（Ⅱ）的目标函数，优化目标为订单物品在三维空间堆叠后其外接长方体的体积最小；式（8-2）至式（8-4）为物品堆叠外接长方体尺寸（长、宽、高）约束，分别为订单所有物品在三维空间中堆叠后在 x 轴、y 轴和 z 轴占据位置的最大值；式（8-5）至式（8-14）为物品之间的非重叠约束，式（8-5）、式（8-6）和式（8-11）为两件不同物品在 x 轴维度上所占据区间之间的关系，式（8-7）、式（8-8）和式（8-12）为两件不同物品在 y 轴维度上所占据区间之间的关系，式（8-9）、式（8-10）和式（8-13）为两件不同物品在 z 轴维度上所占据区间之间的关系，式（8-14）保证两件不同的物品至少存在 1 个或 1 个以上的维度对应的区间不存在交集，即两件物品之间不存在空间重叠；式（8-15）至式（8-20）规定了各个变量的取值范围。

（3）物品空间堆叠启发式策略算法设计

由于不再考虑箱子型号选择和固定箱子尺寸的约束，对于物品在堆叠过程中外接长方体尺寸的动态变化，需要设计相应的启发式策略。另外，为了避免出现某一维度取值过大的动态箱子尺寸，在依次选择物品装载位置时，需要设计相应的启发式策略。其他方面的物品堆叠策略可以参考多种箱型三维物品装箱策略中相关算法的设计情况。设计动态箱子尺寸的三维空间物品堆叠算法（item stacking algorithm，ISA）的框架如图 8-1 所示。

具体算法过程如下：

步骤①：参考"左后下"策略，物品堆叠的初始装载位置从三维空间坐标系的坐标原点开始，则初始装载位置集合中仅有原点坐标（0，0，0），箱子初始的长、宽、高动态尺寸设置为（0，0，0），转步骤②。

步骤②：选择当前订单物品集合中体积最大的物品尝试装入动态尺寸的箱子，搜索可行的装载位置（同时需要考虑物品装载方向的影响）。如果存在可行的装载位置，转步骤③；如果不存在可行的装载位置，转步骤④。

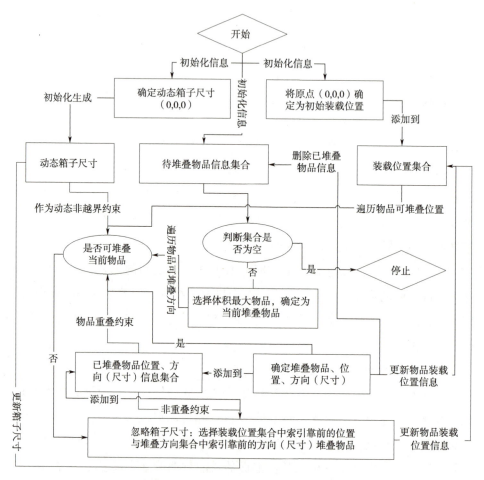

图8-1 动态箱子尺寸物品空间堆叠启发式策略算法框架图

步骤③：根据装载位置集合中可行装载位置的先后，选择排序靠前的装载位置。根据既定装载方向集合（$Dire_i$）中装载方向搜索的顺序，确定可行的装载方向进行物品装载，并将已经装载的物品从当前订单物品集合中删除，转步骤⑤。

步骤④：选择装载位置集合中空闲且排序靠前的位置作为装载位置，将物品以方向（尺寸）(l_i^I, w_i^I, h_i^I)装入该位置，同时调整动态尺寸为当前物品整体堆叠空间的外接长方体尺寸，转步骤⑤。

步骤⑤：判断当前订单物品集合是否为空。如果不为空，转步骤②；如果为空，则停止计算，返回物品空间堆叠策略（物品左后下角位置坐标与物品装载方向），此时的物品空间堆叠的外接长方体尺寸即为动态箱子尺寸。

其中，第 i 件物品装载（尺寸）方向集合 $Dire_i$ 为：

$$Dire_i = \{(l_i^I, w_i^I, h_i^I), (l_i^I, h_i^I, w_i^I), (w_i^I, l_i^I, h_i^I), (w_i^I, h_i^I, l_i^I), (h_i^I, l_i^I, w_i^I), (h_i^I, w_i^I, l_i^I)\} \tag{8-21}$$

（4）基于装箱环节算法的 ISA 算法系列

ISA 算法框架展示了物品空间堆叠的基本计算过程，在部分算法的细分部分引入装箱环节算法的算子，可以进一步丰富和完善 ISA 算法的具体内容。由于 ISA 算法是基于装载点理论的 P 类算法进行设计的，在堆叠位置（即装载位置）选择方面，可以引入空间切割算子 $oper_3^{geom}$，使之在计算非重叠约束与非越界约束时可以避免遍历所有的装载点位置，在一定程度上节约计算时间。换句话说，将 ISA 算法框架与 CDA 框架融合，可以得到 CDA-ISA 算法框架。为了进一步丰富 CDA-ISA 算法框架的计算效果，在物品堆叠位置选择的环节分别采用装载点生成算子集合 $Oper\_point\_set$ 中的两种算子，得到 CDA-ISA 算法系列中的两种算法，即采用空间膨胀算子（按照"柱—墙—块"的顺序装载相同 SKU 的物品）$oper_1^{point}$ 的 CDA-ISA-P1 算法，以及采用"原点距离最近"算子 $oper_2^{point}$ 的 CDA-ISA-P2 算法，分别在数据集上进行计算实验并对比分析计算结果。

（5）物品空间堆叠算例分析

本书将 JD 数据集中订单实例的物品信息作为物品空间堆叠问题的实例数据，划分为 10 个批次进行计算实验，统计每个批次的计算结果。CDA-ISA-P1 算法的计算结果如表 8-2 所示，CDA-ISA-P2 算法的计算结果如表 8-3 所示。其中，"物品总体积"是指该批次订单所有物品的体积之和；"堆叠总体积"是指该批次订单物品进行空间堆叠后，每个订单物品的外接长方体体积之和；"总堆叠密度"是指该批次订单物品总体积与堆叠总体积的比值；"订单堆叠密度"是指该批次中每个订单的物品堆叠密度的平均值；"订单计算耗时"是指该批次中每个订单的平均计算耗时。

表8-2　JD 数据集物品空间堆叠问题 CDA-ISA-P1 算法批量算例结果

订单批次	物品总体积（m³）	堆叠总体积（m³）	总堆叠密度（%）	订单堆叠密度（%）	订单计算耗时（s）
Batch01	2.27	2.93	77.47	77.50	22.54
Batch02	2.23	2.90	76.90	77.40	23.12
Batch03	2.11	2.71	77.86	77.82	17.52
Batch04	2.24	2.91	76.98	77.24	21.23
Batch05	2.26	2.89	78.20	78.15	20.10
Batch06	2.23	2.89	77.16	77.26	19.27
Batch07	2.10	2.72	77.21	77.68	16.25
Batch08	2.22	2.87	77.35	77.83	22.31
Batch09	2.15	2.79	77.06	77.21	20.58
Batch10	2.21	2.85	77.54	77.47	22.70
平均值	2.20	2.85	77.37	77.56	20.56

表8-3　JD 数据集物品空间堆叠问题 CDA-ISA-P2 算法批量算例结果

订单批次	物品总体积（m³）	堆叠总体积（m³）	总堆叠密度（%）	订单堆叠密度（%）	订单计算耗时（s）
Batch01	2.27	2.92	77.74	77.69	22.37
Batch02	2.23	2.91	76.63	77.14	22.74
Batch03	2.11	2.71	77.86	77.98	17.20
Batch04	2.24	2.90	77.24	77.42	20.99
Batch05	2.26	2.89	78.20	78.21	20.24
Batch06	2.23	2.88	77.43	77.42	19.06
Batch07	2.10	2.71	77.49	77.61	16.45
Batch08	2.22	2.87	77.35	77.77	22.24
Batch09	2.15	2.79	77.06	77.18	20.79
Batch10	2.21	2.84	77.82	77.78	22.57
平均值	2.20	2.84	77.48	77.62	20.47

物品空间堆叠问题的研究可以看作箱子尺寸完全可变装箱问题，或者说箱子种类数量不限的多种箱型三维装箱问题，是优化箱子型号数量、求解箱子标准尺寸的基础。订单堆叠密度的计算结果可以看作衡量多种箱型三维装箱问题中箱子装载率水平的一个参考指标，如果多种箱型三维装箱问题的装载率可以做到接近甚至超过 CDA-ISA 算法系列中的订单平均堆叠密度，那么说明装载率达到了非常高的水平。在 JD 数据集上，采用 CDA-ISA-P1 算法计算得到的订单堆叠密度为 77.56%；采用 CDA-ISA-P2 算法计算得到的订单堆叠密度为 77.62%。当然，在计算多种箱型三维装箱问题的装载率时，箱子类型的种类数量也是影响装箱结果中装载率指标的重要因素，当箱子型号数量要求不同时，订单物品装箱结果中的装载率会发生相应变化，这也是后续包装箱尺寸标准化聚类分析的重要方面。

对比表 5-7 中装箱环节算法体系中各种启发式策略算法在 JD 数据集上的计算结果可知，相较于 ESA-SHA-S5 算法 68.31% 的装载率水平，CDA-ISA-P2 算法求得的 77.62% 的订单堆叠密度表明，通过优化包装箱尺寸仍有极大的可能进一步提升装载率水平。即便对物品装箱顺序进行智能优化，带有改进算子的混合遗传算法系列中 PSO-HGA-S1 算法达到了 70.92% 的装载率水平，也与订单平均堆叠密度的计算结果存在一定的差距，显示了继续设计智能策略优化包装箱尺寸的可能性。当然，还需要进一步考虑不同箱型数量条件下的物品堆叠密度，即可以将其视为包装箱尺寸优化后的装载率水平。

8.2.2 基于物品空间堆叠的包装箱尺寸聚类

所谓无固定尺寸的物品空间堆叠结果聚类，是指对长、宽、高三个维度尺寸可变的物品堆叠结果聚类，即在不事先设定物品堆叠结果的外接长方体尺寸的情况下，根据设定的箱型种类数量，对物品堆叠结果进行聚类分析。

具体而言，无固定尺寸的物品空间堆叠结果聚类也可以看作动态箱子尺寸的物品空间堆叠形状聚类，即针对含有一定订单数量的实例批次信息，包括物品数量与大小等，进行箱子尺寸的优化设计。笔者通过电商仓储的实践调研发现，订单中包含单件物品的情况是很常见的。另外，在电商仓储实践中，人们也尽可能地将物品装入一个包装箱中。关于多件物品装箱尺寸的设计，可以先将物品堆叠为一个整体再设计针对整体物品的包装箱尺寸。因此，多件物品的包装箱尺寸设计可以转换为单件物品进行空间堆叠后针对每个订单物品的外接长方体尺寸进行聚类分析，从而进行装箱尺寸的优化设计。

(1) 物品空间堆叠结果聚类模型构建

设整批订单中包含 Q 个订单，箱子型号的数量为 n^* 个（$n^* \in Z^+$），要尽可能提高箱子的装载空间利用率，并且保证每个订单中的物品能够全部被装入 1 个箱子中，需要重新设计箱子的尺寸大小。假设减少后的箱子型号数量 n^* 为常数，决策变量为每种箱子的尺寸，即每种箱子长、宽、高的大小，目标是使整批（Q 个）订单物品装箱的空间利用率最大或者物品装箱后剩余的空间最小。

每个订单中包含 m_q 件物品（$q = 1, 2, \cdots, Q$），第 q 个订单中第 i 件物品的尺寸为（$l_{qi}^I, w_{qi}^I, h_{qi}^I$），其中 $i = 1, 2, \cdots, m_q$。设（$l_q^{\max}, w_q^{\max}, h_q^{\max}$）表示第 q 个订单物品堆叠后外接长方体尺寸（长、宽、高），（$L_{j^*}^C, W_{j^*}^C, H_{j^*}^C$）表示第 j 类订单物品堆叠的外接长方体聚类后长、宽、高尺寸。

设 $Y_{qj^*}^C$ 为 0-1 变量，有：

$$Y_{qj^*}^C = \begin{cases} 1 & \text{第 } q \text{ 个订单归入第 } j^* \text{ 种箱子} \\ 0 & \text{第 } q \text{ 个订单不归入第 } j^* \text{ 种箱子} \end{cases} \tag{8-22}$$

$$\sum_{j^*=1}^{n^*} Y_{qj^*}^C = 1 \tag{8-23}$$

基于变量假设与三维空间物品堆叠问题的特征，建立动态箱子尺寸聚类生成的混合整数规划模型（Ⅲ）如下：

$$\max z = \frac{1}{Q} \cdot \sum_{q=1}^{Q} \left[\left(\sum_{i=1}^{m_q} l_{qi}^{IR} \cdot w_{qi}^{IR} \cdot h_{qi}^{IR} \right) / (L_{j^*}^C \cdot W_{j^*}^C \cdot H_{j^*}^C) \right] \cdot Y_{qj^*}^C \tag{8-24}$$

$$L_{j^*}^C = \max\{ l_q^{\max} \cdot Y_{qj^*}^C \mid q = 1, 2, \cdots, Q \} \tag{8-25}$$

$$W_{j^*}^C = \max\{ w_q^{\max} \cdot Y_{qj^*}^C \mid q = 1, 2, \cdots, Q \} \tag{8-26}$$

$$H_{j^*}^C = \max\{ h_q^{\max} \cdot Y_{qj^*}^C \mid q = 1, 2, \cdots, Q \} \tag{8-27}$$

$$l_q^{\max} = \max\{ b_{qi1}^* + l_{qi}^{IR} \mid i = 1, 2, \cdots, m_q \} \tag{8-28}$$

$$w_q^{\max} = \max\{ b_{qi2}^* + w_{qi}^{IR} \mid i = 1, 2, \cdots, m_q \} \tag{8-29}$$

$$h_q^{\max} = \max\{ b_{qi3}^* + h_{qi}^{IR} \mid i = 1, 2, \cdots, m_q \} \tag{8-30}$$

$$b_{qi1}^* + l_{qi}^{IR} \leq b_{qi'1}^* + (1 - y_{qii'1}') \cdot M \tag{8-31}$$

$$b_{qi'1}^* + l_{qi'}^{IR} \leqslant b_{qi1}^* + (1 - y'_{qii'2}) \cdot M \tag{8-32}$$

$$b_{qi2}^* + w_{qi}^{IR} \leqslant b_{qi'2}^* + (1 - y'_{qii'3}) \cdot M \tag{8-33}$$

$$b_{qi'2}^* + w_{qi'}^{IR} \leqslant b_{qi2}^* + (1 - y'_{qii'4}) \cdot M \tag{8-34}$$

$$b_{qi3}^* + h_{qi}^{IR} \leqslant b_{qi'3}^* + (1 - y'_{qii'5}) \cdot M \tag{8-35}$$

$$b_{qi'3}^* + h_{qi'}^{IR} \leqslant b_{qi3}^* + (1 - y'_{qii'6}) \cdot M \tag{8-36}$$

$$y'_{qii'1} + y'_{qii'2} \leqslant 1 \tag{8-37}$$

$$y'_{qii'3} + y'_{qii'4} \leqslant 1 \tag{8-38}$$

$$y'_{qii'5} + y'_{qii'6} \leqslant 1 \tag{8-39}$$

$$y'_{qii'1} + y'_{qii'2} + y'_{qii'3} + y'_{qii'4} + y'_{qii'5} + y'_{qii'6} \geqslant 1 \tag{8-40}$$

$$M \text{ 为足够大的常数} \tag{8-41}$$

$$b_{i1}^* \geqslant 0 \tag{8-42}$$

$$b_{i2}^* \geqslant 0 \tag{8-43}$$

$$b_{i3}^* \geqslant 0 \tag{8-44}$$

$$q = 1, 2, \cdots, Q \tag{8-45}$$

$$y'_{qii'1}, y'_{qii'2}, y'_{qii'3}, y'_{qii'4}, y'_{qii'5}, y'_{qii'6} = 0 \text{ 或 } 1 \tag{8-46}$$

$$i \neq i'; i, i' = 1, 2, \cdots, m_q \tag{8-47}$$

其中，式（8-24）为模型（Ⅲ）的目标函数，优化目标为批量（Q 个）订单物品三维空间堆叠后，外接长方体尺寸聚类为 n^* 个不同箱子尺寸型号，使整批订单物品装入对应箱子后平均装载率最高；式（8-25）至式（8-27）为 n^* 个聚类后的箱子尺寸，将整体订单物品进行空间堆叠后的体积形状进行聚类，取每类订单物品堆叠的体积形状的外接长方体形状为箱子尺寸；式（8-28）至式（8-30）为第 q 个订单中物品堆叠外接长方体尺寸（长、宽、高）约束，分别为订单所有物品在三维空间中堆叠后在 x 轴、y 轴和 z 轴占据位置的最大值；式（8-31）至式（8-40）为第 q 个订单中物品之间的非重叠约束，式（8-31）、式（8-32）和式（8-37）为第 q 个订单中两件不同物品在 x 轴维度上所占据区间之间的关系，式（8-33）、式（8-34）和式（8-38）为第 q 个订单中两件不同物品在 y 轴维度上所占据区间之间的关系，式（8-35）、式（8-36）和式（8-39）为两件不同物品在 z 轴维度上所占据区间之间的关系，式（8-40）保证两件不同的物品至少存在 1 个或 1 个以上的维度对应的区间不存在交集，即两件物品之间不存在空间重叠；式（8-41）至式

(8-47) 规定了各个变量的取值范围。

(2) 物品空间堆叠结果聚类算法设计

本书从动态包装箱尺寸聚类问题的模型特征出发，构建包装箱尺寸聚类算法 (size clustering algorithm, SCA)。SCA 算法的计算过程具体包括两个阶段：

阶段①：参考物品空间堆叠的计算方法，求得每个订单的物品堆叠外接长方体尺寸，作为动态聚类的基础信息。

阶段②：基于阶段①得到的订单物品堆叠的外接长方体长、宽、高尺寸，将三个维度上的数值按照从大到小的顺序依次排列，将其视为三维空间中的点坐标，采用 K-means 聚类算法，将聚类数量设为 n^*，对整批订单中的所有物品堆叠后外接长方体尺寸转换得到的三维空间点坐标集合进行聚类分析，每个类别的点坐标集合中在 x 轴、y 轴和 z 轴方向上的最大值即为该类别优化后的箱子尺寸，由此得到 n^* 种型号的箱子尺寸。

与 CDA-ISA 算法系列的设计类似，将 SCA 算法中的聚类算子分别与 CDA-ISA 算法系列中的两种物品空间堆叠算法相结合，可以进一步得到 SCA 算法系列中的两种算法，即 ISA-SCA-P1 算法与 ISA-SCA-P2 算法，分别集成了原 CDA-ISA 算法系列中 CDA-ISA-P1 算法与 CDA-ISA-P1 算法的各种算子。图 8-2 展示了动态箱子尺寸聚类算法的框架。

(3) 物品空间堆叠聚类计算实验分析

对物品空间堆叠结果进行聚类，可以看作对物品空间堆叠后的外接长方体进行聚类。具体的聚类算法是从三维空间原点 (0, 0, 0) 出发进行物品堆叠，因此在进行聚类时，仅考虑堆叠结果的外接长方体在长、宽、高三个维度的数值即可。由此将外接长方体的形状聚类转变为三维空间中的点聚类问题。其中，需要进一步分析的问题是，数据集中每个订单物品堆叠的外接长方体可以进行 6 种方向的空间旋转（如图 5-4 所示），应该采取一定的策略对其旋转方向进行规范，使得聚类后确定的箱型尺寸达到更高的订单平均装载率水平。

本书将聚类前物品堆叠外接长方体的方向旋转选择策略设定为"长宽高尺寸递减"规则，即每个订单的堆叠结果按照"长、宽、高依次排列，且长

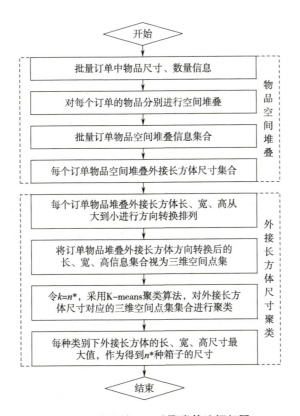

图8-2　动态箱子尺寸聚类算法框架图

大于宽，宽大于高"的规则，进行物品堆叠外接长方体的旋转，得到相应的三维空间点坐标集合。为了验证该策略的有效性，本书做了进一步的计算实验。当$k=10$时，针对JD数据集中batch01批次中的订单物品堆叠外接长方体方向进行随机旋转，然后采用K-means方法进行聚类得到箱子尺寸，相应的批次平均订单装载率如图8-3所示。

其中，子图（1）为采用CDA-ISA-P1算法时物品堆叠外接长方体聚类后达到的订单平均装载率水平；子图（2）为采用CDA-ISA-P2算法时物品堆叠外接长方体聚类后达到的订单平均装载率水平。图中，红色虚线表示"长宽高尺寸递减"规则下物品堆叠结果聚类后达到的订单平均装载率水平，蓝色实线表示对每个订单物品空间堆叠外接长方体进行随机方向旋转后聚类达到的订单平均装载率水平。由此可以看出，无论采用CDA-ISA算法系列中

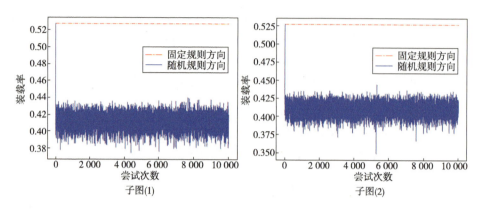

图 8-3   JD 数据集 batch1 批次订单物品堆叠外接长方体不同方向聚类

的哪种算法，在"长宽高尺寸递减"规则下，对订单物品空间堆叠结果进行聚类，都能够得到比其他外接长方体方向旋转规则更高的订单平均装载率水平。因此，后续研究将采用"长宽高尺寸递减"规则下的物品空间堆叠结果聚类方法。

除了订单物品堆叠结果的外接长方体旋转方向会对聚类结果中的装载率水平产生影响之外，箱型种类的数量取值也会对装载率指标产生重要的影响，尤其是在电商仓储领域的装箱实践作业过程中，一般不可能设置无限多的箱型种类，因此需要根据实际情况确定必要的箱型种类数量。

为了研究箱型种类数量对装载率的影响，本书进一步做了相关的计算实验。所谓"箱型种类数量"，在物品堆叠结果的聚类环节直接反映为聚类的数量。具体而言，本书采用 K-means 聚类算法，则箱型种类数量即为 K-means 算法中参数 k 的取值。为了说明不同 k 值对装载率的影响，本书令 k 分别取值为 10、20、30、40、50，在订单物品堆叠外接长方体方向确定，即 x 轴方向上为最长边（长）、y 轴其次（宽）、z 轴方向上为最短边（高）时，将该外接长方体的长、宽、高尺寸取值视为三维空间坐标，进行聚类分析，batch01 批次的订单物品堆叠外接长方体聚类结果如图 8-4 所示。其中，在每个子图中，1 个三维空间的点坐标代表 1 个订单物品堆叠结果外接长方体的长、宽、高取值，每个坐标点的不同颜色代表该子图对应的 k 取值下聚类后的不同类别，由此可以实现不同 k 值下订单物品堆叠结果聚类效果的三维可视化。

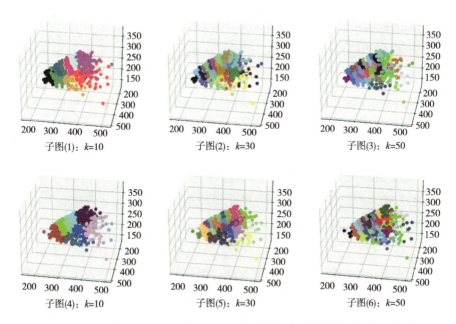

子图(1)：$k=10$　　子图(2)：$k=30$　　子图(3)：$k=50$

子图(4)：$k=10$　　子图(5)：$k=30$　　子图(6)：$k=50$

图8-4　JD 数据集 batch01 批次订单物品堆叠外接长方体聚类三维可视化

在直观展示订单物品堆叠聚类结果的基础上，为进一步深入分析不同 k 值下订单平均装载率的水平，将 k 逐一赋值为 1 至 50（步长为 1），对 JD 数据集中 batch01 批次的订单实例进行计算实验，如图8-5 所示。

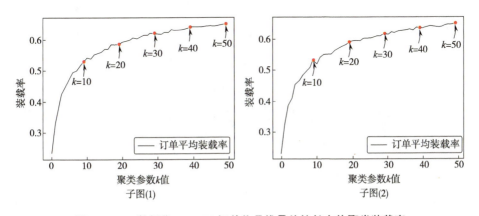

子图(1)　　　　　　　　　　子图(2)

图 8-5　JD 数据集 batch01 订单物品堆叠外接长方体聚类装载率

在图 8-5 中，子图（1）与子图（2）分别为采用 ISA-SCA-P1 算法与 ISA-SCA-P2 算法，针对 JD 数据集的 batch01 批次订单实例，进行物品空间堆叠基础上，k 取不同数值时 K-means 算法聚类后的订单平均装载率。

由此可以看出，k 值与装载率的变化关系如下：

①随着 k 值不断增大，聚类后的装载率水平提升状态虽然有非常细微的波动，但整体提升效果是非常明显的；

②当 k 值较小时，增大 k 值所带来的装载率提升幅度较大；

③随着 k 值不断增大，装载率的提升幅度逐渐下降；

④当 k 值本身已经很大时，再继续增加 k 值所带来的装载率提升幅度会变得很小。

在企业实践中，合理的箱子型号数量有利于节约装箱操作台所占的空间，降低装箱人员选择箱子型号时的复杂性，但要兼顾不同箱型种类数量的订单平均装载率。从对比研究的角度出发，为了进一步分析不同箱型种类数量的影响，令聚类算法中的 k 值分别为 20、30、40、50，计算出不同参数取值下动态箱子尺寸的装载率，作为对比分析的参考指标，如表 8-4 所示。具体而言，"装载率"是指在聚类分析所形成的 k 种箱子型号下，订单物品根据空间堆叠算法（CDA-ISA-P1 算法与 CDA-ISA-P2 算法）装入对应型号箱子后，订单物品体积之和与箱子体积之比。另外，由于订单物品堆叠结果的聚类算法的计算耗时少，几乎可以忽略不计，可以将 SCA 算法的计算耗时看作与 CDA-ISA 算法相同。

表 8-4　箱型尺寸聚类分析问题 SCA 算法系列计算结果

物品堆叠算法	订单平均装载率（%）					
	$k=10$	$k=20$	$k=30$	$k=40$	$k=50$	$k=22$
CDA-ISA-P1	52.61	59.11	61.96	63.88	65.29	59.44
CDA-ISA-P2	52.34	58.79	61.88	63.68	65.17	59.60

在表 8-4 中，之所以将 k 取值为 22 的情况单独列出，主要是为了更好地将本部分计算的堆叠聚类的装载率水平与 JD 数据集中原始的箱型种类数量进行对比。在 JD 数据集中，箱型种类数量为 22，根据装箱环节算法系列的计算

结果（见表 5-9），最高的订单平均装载率可以达到 68.31%（ESA-SHA-S5 算法），而装箱问题智能算法中，表现最佳的混合遗传算法计算结果中订单平均装载率达到了 70.93%（见表 6-9 中的 IPO-HGA-S1 算法），均高于 SCA 算法系列的计算结果，即便 k 的取值为 50 时（箱型种类数量为 50），CDA-ISA-P1 算法的订单平均装载率也仅为 65.29%，仍低于各种算法在原有 22 种箱型下的订单平均装载率水平，这说明 SCA 算法仍有待进一步改进。

8.2.3　无固定尺寸的物品堆叠聚类算法分析

下面，笔者将利用无固定尺寸的物品堆叠聚类算法，即 SCA 算法系列，计算得到多种箱型的标准化尺寸。该算法主要考察的指标是订单平均装载率指标。在 JD 数据集上进行计算实验，当箱型数量相同时，虽然 SCA 算法系列的订单平均装载率水平并未超过原有包装箱型号尺寸的计算结果，但是 SCA 算法框架的构建为进一步提升和改进多种箱型的包装箱尺寸提供了基础，是进行包装箱尺寸优化必不可少的环节。

将物品堆叠与箱子尺寸优化作为两个阶段处理，是传统方法下较为常见的处理方式，具有明显的启发式策略算法特点，虽然可以初步得到堆叠与聚类结果，但是无法持续优化多种箱型下的包装箱尺寸以提升订单平均装载率水平。

除了包装箱尺寸本身会对装载率水平有影响之外，物品的空间堆叠策略也与包装箱尺寸的确定以及最终的装载率水平有着密切的关系，不同的物品空间堆叠策略也会影响包装箱尺寸的优化和装载率水平的提升。因此，后续关于进一步优化包装箱尺寸的研究将从包装箱尺寸自身的优化以及物品堆叠策略优化两方面出发，改进物品空间堆叠聚类算法。参考多种箱型三维装箱问题的智能算法设计思路，关于物品堆叠策略的优化，笔者主要考虑通过优化物品的装箱顺序、改进包装箱尺寸来提升装载率水平。

8.3　部分维度固定的包装箱尺寸优化策略

如前节所述，简单的物品堆叠和聚类策略不能达到理想的装载率水平。

本节尝试对包装箱尺寸设计策略进行改进，通过固定部分维度的信息，降低物品堆叠以及包装箱尺寸生成中的不确定性。本节进一步分析了包装箱尺寸标准化过程中"先进行物品堆叠再聚类"与"先聚类再进行物品堆叠"两种策略的不同情况。一维尺寸固定和二维尺寸固定的物品堆叠聚类算法属于"先进行物品堆叠再聚类"策略，箱型种类数量固定的物品堆叠聚类算法属于"先聚类再进行物品堆叠"策略。

8.3.1　一维尺寸固定的物品堆叠聚类策略

（1）一维尺寸固定的物品堆叠聚类模型

一维尺寸固定即二维尺寸可变，主要指的是在具体确定每种箱型尺寸时，令每种箱型的尺寸在某一个维度上始终保持或不超过某一个数值，而其他另外两个维度的取值不设上限。假设固定维度的上限尺寸为 up_size^1，至于设置上限的维度可以是长、宽、高三个维度中的任何一个。在一维尺寸固定的条件下构建的物品空间堆叠聚类问题的混合整数规划模型（Ⅳ），仅需在模型（Ⅲ）的约束条件中增加固定某一维度的新约束即可，其他约束条件和目标函数不变。在模型（Ⅲ）的变量假设基础上，模型（Ⅳ）新增的维度尺寸约束记为 $new s.t.(1)$，则有：

$$new s.t.(1)\begin{cases} us_1^1 \cdot L_{j*}^C + us_2^1 \cdot W_{j*}^C + us_3^1 \cdot H_{j*}^C \leq up\_size^1 & (8-48) \\ us_1^1 + us_2^1 + us_3^1 = 1 & (8-49) \\ us_1^1,\ us_2^1,\ us_3^1 = 0\ \text{或}\ 1 & (8-50) \end{cases}$$

其中，式（8-48）表示物品空间堆叠聚类后外接长方体尺寸中的长、宽、高中某一个维度的尺寸取值不允许超过 up_size^1；式（8-49）表示长、宽、高中仅有一个维度受到固定取值 up_size^1 的约束；式（8-50）表示 us_1^1、us_2^1、us_3^1 为0-1变量，用于判断长、宽、高三个维度中哪一个维度受到固定取值 up_size^1 的约束。

固定尺寸 up_size^1 的取值策略将对最终物品堆叠聚类后的装载率水平产生重要影响。本书根据订单中物品体积之和的大小，采取多个 up_size^1 取值，依次尝试固定长、宽、高，先进行订单物品的空间堆叠，再对物品空间堆叠结果的外接长方体尺寸进行聚类。

固定尺寸 up_size^1 的具体取值策略为：根据订单物品体积总和的大小，分别取体积最大值、最小值、均值、下四分位数、中位数与上四分位数对应的 6 个订单实例，进一步求得这 6 个订单实例相应的体积之和数值的算术平方根，并进行向上取整操作，得到 6 种 up_size^1 的取值集合 $size\_set\_1$，即：

$$size\_set\_1 = \{up\_size_1^1,\ up\_size_2^1,\ up\_size_3^1,\ up\_size_4^1,\ up\_size_5^1,\ up\_size_6^1\}$$

$$(8-51)$$

然后，在 $size\_set\_1$ 中 6 种 up_size^1 的取值情况下，逐一固定长、宽、高中的一个维度尺寸，进行订单物品空间堆叠，并根据设定的箱型种类数量进行聚类分析，从而得到不同情况下每种箱型尺寸的计算结果以及订单平均装载率水平。

(2) 一维尺寸固定的物品堆叠聚类算法

对于一维尺寸固定的物品堆叠聚类算法（one dimensional fixed size clustering algorithm，ODF-SCA），仅需要在 SCA 算法加入一维尺寸固定（ODF）算子即可实现。ODF 算子是指在物品进行空间堆叠的过程中，其外接长方体的长、宽、高尺寸在规定维度上不得超过某个预设值的计算机制。除了加入 ODF 算子之外，ODF-SCA 算法的其他内容均与 SCA 算法一致。与 SCA 算法类似，ODF-SCA 算法也属于装载点理论下的物品空间堆叠聚类算法，在选择物品空间位置时，结合装载点生成算子集合 $Oper\_point\_set$ 中的不同算子，即空间膨胀算子（按照"柱—墙—块"的顺序装载相同 SKU 的物品）$oper_1^{point}$ 与"原点距离最近"算子 $oper_2^{point}$，可以得到 ODF-SCA 算法系列，即 ODF-SCA-P1 算法与 ODF-SCA-P2 算法。

8.3.2 二维尺寸固定的物品堆叠聚类策略

(1) 二维尺寸固定的物品堆叠聚类模型

与一维尺寸固定的物品堆叠聚类算法类似，二维尺寸固定即一维尺寸可变，主要是指在计算每种箱型尺寸的具体数值时，针对其长、宽、高三个维度中的某两个维度的数值设置一个上限，使得计算物品堆叠方案时物品堆叠结果的外接长方体的相应两个维度不超过这个上限，而剩余的一个维度不设上限。对于物品堆叠结果的外接长方体尺寸，最多只能在两个维度上设置上限，如果对三个维度的尺寸取值都设置上限约束，就有可能出现物品堆叠方案无可行解的情况。

假设两个固定维度的上限尺寸均为 up_size^2，至于设置上限的两个维度，可以是长、宽、高三个维度中的任何两个。在二维尺寸固定的条件下构建的物品空间堆叠聚类问题的混合整数规划模型（Ⅴ），与构建模型（Ⅳ）类似，仅需在模型（Ⅲ）的约束条件中增加固定某两个维度的新约束即可，其他约束条件和目标函数均与模型（Ⅲ）相同。在模型（Ⅲ）的变量假设基础上，模型（Ⅴ）新增的维度尺寸约束记为 $new s.t.(2)$，则有：

$$new\,s.t.(2)\begin{cases} us_1^2 \cdot L_{j*}^C + us_2^2 \cdot W_{j*}^C + us_3^2 \cdot H_{j*}^C \leq 2 \cdot up\_size^2 & (8-52) \\ us_1^2 + us_2^2 + us_3^2 = 2 & (8-53) \\ us_1^2,\ us_2^2,\ us_3^2 = 0 \text{ 或 } 1 & (8-54) \end{cases}$$

其中，式（8-52）表示物品空间堆叠聚类后外接长方体尺寸中的长、宽、高中某两个维度的尺寸取值不允许超过 up_size^2；式（8-53）表示长、宽、高中有两个维度受到固定取值 up_size^2 的约束；式（8-54）表示 us_1^2、us_2^2、us_3^2 为 0-1 变量，用于判断长、宽、高三个维度中哪两个维度受到固定取值 up_size^2 的约束。

固定尺寸 up_size^2 的取值策略将对最终物品堆叠聚类后的装载率水平产生重要影响。本书根据订单中物品体积之和的大小，采取多个 up_size^2 取值，依次尝试固定长、宽、高中每两个维度，先进行订单物品的空间堆叠，再对物品空间堆叠结果的外接长方体尺寸进行聚类。

本书假设固定尺寸 up_size^2 的具体取值策略与 up_size^1 的情况相同，根据订单物品体积总和的大小，分别取体积最大值、最小值、均值、下四分位数、中位数与上四分位数对应的 6 个订单实例，进一步求得这 6 个订单实例相应的体积之和数值的算术平方根，并进行向上取整操作，得到 6 种 up_size^2 的取值集合 $size\_set\_2$，即：

$$size\_set\_2 = \{up\_size_1^2,\ up\_size_2^2,\ up\_size_3^2,\ up\_size_4^2,\ up\_size_5^2,\ up\_size_6^2\}$$

$$(8-55)$$

然后，在 $size\_set\_2$ 中 6 种 up_size^2 的取值情况下逐一固定长、宽、高中的两个维度尺寸，进行订单物品空间堆叠，并根据设定的箱型种类数量进行聚类分析，从而得到不同情况下每种箱型尺寸的计算结果以及订单平均装载率水平。

（2）二维尺寸固定的物品堆叠聚类算法

二维尺寸固定的物品堆叠聚类算法（two dimensional fixed size clustering algorithm，TDF-SCA）与 ODF-SCA 算法类似，需要在 SCA 算法加入二维尺寸固定（TDF）算子，即在物品进行空间堆叠的过程中，其外接长方体的长、宽、高尺寸在某两个规定维度上不得超过某个预设值。与 ODF-SCA 算法系列构成类似，TDF-SCA 算法也属于装载点理论的物品堆叠聚类算法，在装载点位置选择环节分别采用空间膨胀算子（按照"柱—墙—块"的顺序装载相同 SKU 的物品）$oper_1^{point}$ 与"原点距离最近"算子 $oper_2^{point}$，即可构成 TDF-SCA 算法系列，具体包括 TDF-SCA-P1 算法与 TDF-SCA-P2 算法。

8.3.3　箱型数量固定的物品堆叠聚类策略

8.3.1 与 8.3.2 两节主要研究了"先进行物品堆叠再聚类"的包装箱尺寸标准化策略，本节主要针对"先聚类再进行物品堆叠"的包装箱标准化策略进行研究。

基于前面的算法设计经验，本部分基本可以聚焦相对有效的物品堆叠策略，尤其在部分维度尺寸的确定方面。因此，可以筛选出有效的物品堆叠算法。为了进一步探究物品空间堆叠与聚类算法在提升订单装载率方面的潜力，本部分引入除 K-means 聚类算法之外的另一种聚类算法，即 Jenks 聚类算法，对比分析不同聚类算法对订单装载率计算结果的影响。

根据"先聚类再进行物品堆叠"的策略，需要先根据数据集中订单实例的物品体积之和进行聚类。由于仅考虑订单物品的体积之和，本部分的聚类算法属于一维数据聚类算法。在设定类别数量 n^* 的前提下，分别采用 K-means 聚类算法与 Jenks 聚类算法完成订单实例的聚类计算，并得到每种类别所包含的订单实例信息集合。以 JD 数据集中的订单信息为例，根据每个订单的物品体积之和进行一维数据聚类，设定类别数量 n^* 为 22，以聚类后每种类型订单的最大体积为该类别的箱型体积，分别求得 K-means 聚类算法与 Jenks 聚类算法的订单平均装载率上限为 95.36% 和 95.46%，两种算法计算得到的装载率上限水平基本一致。

在聚类算法划分每种类型订单实例集合的基础上，针对每种类型下的订单实例采用三维空间中物品堆叠策略的混合整数规划模型（Ⅱ）及其算法，结合一维尺寸固定与二维尺寸固定的物品堆叠聚类策略中新增维度尺寸约束条件 $news.t.(1)$ 与 $news.t.(2)$，构建基于聚类算法的单一种类箱型下物品空间堆叠的混合整数规划模型（Ⅵ），即在模型（Ⅱ）的基础上新增约束条件集合 $news.t.(3)$，其他假设变量与约束条件均与模型（Ⅱ）一致。具体而言，新增的约束条件集合 $news.t.(3)$，是将 $news.t.(1)$ 与 $news.t.(2)$ 进行融合，综合考虑一维与二维的尺寸固定策略，将物品堆叠结果的外接长方体作为该类箱型尺寸时，订单平均装载率可以达到的水平。假设固定维度的上限尺寸为 up_size^3，至于设置上限的维度可以是长、宽、高三个维度中的任何 1 个或 2 个，约束条件集合 $news.t.(3)$ 的具体内容如下：

$$news.t.(3)\begin{cases} us_1^3 \cdot l^{\max} + us_2^3 \cdot w^{\max} + us_3^3 \cdot h^{\max} \leqslant 2 \cdot up\_size^3 & (8-56) \\ 1 \leqslant us_1^3 + us_2^3 + us_3^3 \leqslant 2 & (8-57) \\ us_1^3, \ us_2^3, \ us_3^3 = 0 \ \text{或} \ 1 & (8-58) \end{cases}$$

其中，式（8-56）表示物品空间堆叠聚类后外接长方体尺寸中的长、宽、高中某一个或两个维度的尺寸取值不允许超过 up_size^3；式（8-57）表示长、宽、高中有一个或两个维度受到固定取值 up_size^3 的约束；式（8-58）表示 us_1^3、us_2^3、us_3^3 为 0-1 变量，用于判断长、宽、高三个维度中哪一个或两个维度受到固定取值 up_size^3 的约束。

与多种箱型下一维与二维尺寸固定的策略类似，本部分固定尺寸 up_size^3 的取值策略将对每个种类下最终物品堆叠聚类后的装载率水平产生重要影响。本书根据订单中物品体积之和的大小，采取多个 up_size^3 取值，依次尝试固定长、宽、高中每一个维度与其中两个维度两两组合的情况，在对物品空间堆叠结果的外接长方体尺寸进行聚类之后，再进行订单物品的空间堆叠。

固定尺寸 up_size^3 的具体取值策略为：根据订单物品体积之和的聚类结果，对每种类型中订单物品体积之和的大小，分别取体积最大值、最小值、均值、中位数、上四分位数与下四分位数对应的 6 个订单实例，进一步求得这 6 个订单实例相应的体积之和数值的算术平方根，并进行向上取整操作，得到 6 种 up_size^2 的取值。然后，在 6 种 up_size^3 的取值情况下，逐一固定长、宽、高中的一个或两个维度尺寸，进行订单物品空间堆叠。物品空间堆叠结果的外接长方体尺寸即为该种类对应的箱型尺寸结果，并进一步求得所有箱型种类尺寸结果，从而得到不同情况下的箱型尺寸的计算结果以及订单平均装载率水平。对比分析不同情况下的订单平均装载率水平，可以得到优化的物品空间堆叠与聚类策略。

8.4　三维动态改进的包装箱尺寸优化策略

分析前面对于包装箱尺寸标准化的研究可知，虽然构建了基本的混合整数规划模型，也尝试了一些改进包装箱尺寸与提升订单装载率的优化策略，但是不论是基础的无固定尺寸物品空间堆叠聚类算法，还是一维或二维尺寸固定的物品空间堆叠聚类算法，抑或箱型数量固定的物品空间堆叠聚类算法，都缺乏智能算子的尺寸改进和搜索优化能力。另外，由于 8.2 与 8.3 两部分的研究都是基于装载点理论的 P 类算法进行模型改造和算法设计的，在计算耗时方面比基于动态复合块装箱的 S 类算法计算耗时明显多。如果引入智能算法的思想，进一步优化包装箱尺寸，以提升订单平均装载率，需要考虑采用计算耗时更少的 S 类算法。本部分之所以能够采用基于空间划分理论的 S 类算法，主要是基于前面的研究，在前面物品空间堆叠与聚类算法的基础上，对比分析得到较优的基本箱型尺寸数值，并以该结果为出发点，才能根据基本箱型尺寸所确定的三维空间，应用空间划分理论，而在最初没有任何的箱型尺寸作为参考的前提下无法直接进行空间划分。因此，后续研究将把空间划分理论的动态复合块装箱 S 类算法作为算法改进的基础。

8.4.1　动态包装箱尺寸标准化算法设计思路

实际上，订单物品的空间堆叠算法（ISA）是基于装箱环节算法的一系列基本算子提出的启发式策略算法，它将多种箱型三维装箱过程中的箱子型号选择环节转变为物品空间堆叠过程中的外接长方体尺寸调整。因此，同装箱环节算法的特点类似，根据固定启发式策略设计的 CDA-ISA 算法等内容，其计算过程相对稳定，计算耗时也较少；但难以针对不同实例数据形成有针对性的物品堆叠策略，面临无法持续动态寻优的问题。因此，本部分根据前面的模型与算法经验，结合部分维度信息固定的物品堆叠聚类策略，针对既定的箱型种类数量，以订单平均装载率最高为优化目标，设计智能算法求解每种箱型尺寸的具体数值。

本部分的研究主要考虑订单平均装载率水平，兼顾订单物品空间堆叠聚类方案（相当于装箱方案）的计算耗时，以 8.2 与 8.3 两部分的研究中使得订单平均装载率水平较高的订单实例聚类结果以及既定箱型种类数量下的包装箱尺寸数值为基础，筛选数据集中导致每种箱型尺寸取得当前值的所有订单实例，以每个包装箱型号为单位，优化该类别的包装箱型号下相应的包装箱尺寸数值。

包装箱尺寸的具体优化策略主要包括两种：

(1) 优化物品装箱顺序

第一种策略是通过优化物品堆叠顺序来优化物品堆叠结果的外接长方体体积，从而提升订单平均装载率水平。具体而言，针对数据集中每个箱型种类所对应的订单实例，寻找一种方案使得该种类下所有订单实例物品空间堆叠结果外接长方体在长、宽、高三个维度上的最大取值最小，从而使得该种类箱型的尺寸最小，以提高该种类箱型下订单实例的装载率水平，使包装箱尺寸得到优化。

(2) 优化每个箱型种类的尺寸数值

第二种策略是将已有物品空间堆叠聚类结果看作基本的箱型尺寸，因而可以采用基于空间划分理论的 S 类算法，如动态复合块装箱的 S 类算法。通过对已有的箱型尺寸进行邻域搜索，可以在物品装箱顺序既定的情况下进一步改进包装箱尺寸。具体而言，逐一针对每种箱型所对应的订单实例，根据邻域搜索的设定不断变换该类型的箱型尺寸，寻找可以装下该类型下所有订单的箱型尺寸。如果邻域搜索新得到的箱型尺寸小于初始的箱型尺寸，那么该类型下订单实例的装载率水平将会进一步提升，包装箱尺寸也得到优化。逐一对每个类型的包装箱尺寸及其相应的订单实例进行搜索寻优，即可整体改进所有箱型的包装箱尺寸。

以上两种包装箱尺寸优化策略并非完全独立，也可以综合使用，在优化物品装箱顺序的同时对包装箱尺寸进行优化。虽然计算耗时会比单独采用某一种优化策略有所增加，但会使得订单平均装载率水平得到更高程度的提升。另外，之所以将前面无固定尺寸与部分维度信息固定的物品空间堆叠算法结果作为本部分包装箱尺寸优化的基础数据，主要是为了充分利用前期的研究结果，避免本部分随机选择寻优起点导致最后达到的优化程度不高。毕竟多种箱型的包装箱标准化尺寸的确定是一个非常复杂的问题，其庞大的解空间将会给寻优过程带来巨大的困难，这一点在算法设计中是必须考虑的问题。借鉴 PSO 算子的经验启发，本部分将前期研究的结果作为本部分研究的基础数据。

8.4.2 基于装箱顺序的包装箱尺寸智能优化

在前期研究已经得到每种箱型的基本尺寸下，本书采用动态复合块装箱的 S 类算法重新进行计算实验，优化每种箱型尺寸下相应订单实例的物品装箱顺序。如果所有订单均能装入当前尺寸的对应箱子，并且某些维度的尺寸小于该类别的原有箱型尺寸，则订单平均装载率得到进一步提升，且包装箱标准化尺寸得到改进。

与 6.2 中优化物品装箱顺序类似，之所以在优化物品装箱顺序时均采用动态复合块装箱的 S 类算法，主要是因为动态复合块装箱的 S 类算法在订单平均计算耗时方面表现优异。由前文可知，在 JD 数据集上 1 个订单实例的单次物品装箱顺序计算尝试的平均耗时在 0.2 秒以内，相当于 P 类算法计算耗时的 1%，这样才能保证对物品装箱顺序进行多次搜索寻优时效率更高，而且动态复合块装箱的 S 类算法在订单平均装载率方面表现也优于其他启发式策略算法。但是，在确定包装箱尺寸之初采用的是 P 类算法，而不是动态复合块装箱的 S 类算法，主要是因为动态复合块装箱的 S 类算法也有其自身的局限性，主要表现为该类算法是基于空间划分理论的算法，而在包装箱尺寸标准化的初始阶段没有既定的包装箱空间，无法直接使用。只有在订单物品堆叠聚类的基础上得到基本的详细尺寸，才能进行空间划分，从而采用动态复合块装箱的 S 类算法做出进一步优化。

根据第 6 章中电商仓储领域装箱问题各种智能算法的对比分析可知，在适当放宽计算耗时方面的条件限制时，混合遗传算法在解决多种箱型三维装箱问题上表现出了最优的订单平均装载率水平。因此，结合本节优化包装箱尺寸问题对计算耗时要求不高的特点，下文在采用智能策略进一步提升物品堆叠密度时将选择混合遗传算法的基本框架，设计适用于解决物品堆叠问题的智能算法。

本部分基于 PSO-HGA 算法框架，参考 IPO-HGA 算法中初始群体优选的策略，设计物品装箱顺序优化的包装箱尺寸标准化算法（size optimization algorithm for item packing sequence，IPS-SOA）。由于 IPS-SOA 算法对多种箱型逐一进行尺寸优化，本部分仅介绍单一箱型尺寸及其相应订单实例的物品装箱顺序与箱型尺寸优化过程。

参照 PSO-HGA 算法与 IPO-HGA 算法设计的具体内容，IPS-SOA 算法的具体情况如下：

①IPS-SOA 算法也采用混合遗传算法的基本框架，与 PSO-HGA 算法类似。

②IPS-SOA 算法的染色体编码情况与 PSO-HGA 算法相同，采用 SKU 编号的实数序列编码形式。

③关于初始群体的生成，IPS-SOA 算法参考 IPO-HGA 算法初始种群优选的方式，设计按照物品 SKU 的体积从小到大生成装箱顺序，作为初始染色体信息，即与 IPS 算子的内容相同。

④关于适应度函数的设计，IPS-SOA 算法参考模型（Ⅱ）中的目标函数，将当前种类箱型下的订单平均装载率作为适应度函数 fit_value^2，则有：

$$fit\_value^2 = \frac{1}{Q_{clust}} \cdot \sum_{order=1}^{Q_{clust}} \frac{\sum_{i_{order}=1}^{m^{order}} l_{i_{order}}^{IR} \cdot w_{i_{order}}^{IR} \cdot h_{i_{order}}^{IR}}{l^{max} \cdot w^{max} \cdot h^{max}} \tag{8-59}$$

其中，Q_{clust} 表示当前种类箱型对应的订单数量，i_{order} 表示第 $order$ 个订单中的第 i 件物品，m^{order} 表示第 $order$ 个订单中的物品总件数，物品空间堆叠得到的箱型尺寸为（l^{max}，w^{max}，h^{max}）。随着物品装箱顺序的优化，每次适应度函数值的计算都是动态变化的，以当前可行的物品装箱方案下能容纳当前类别中所有订单物品的最小外接长方体尺寸为新得到的箱型尺寸取值。

⑤在 IPS-SOA 算法中，个体评价、选择算子、交叉算子以及变异算子的设计均与 PSO-HGA 算法相同。

⑥IPS-SOA 算法的终止条件是：所有箱型种类均通过物品装箱顺序优化，更新订单平均装载率水平，以此为一次迭代，对比最新相邻两次迭代的平均订单平均装载率水平，如果一致则迭代终止。

另外，关于 IPS-SOA 算法的超参数设置也参考 IPS-SOA 算法的具体做法。

IPS-SOA 算法与动态复合块装箱的 S 类算法进行整合可以得到 IPS-SOA 算法系列，具体包括 IPS-SOA-S1 算法、IPS-SOA-S2 算法与 IPS-SOA-S3 算法。其中，IPS-SOA-S1 算法是在物品装箱方案计算时，结合 ESA-SHA-S4 算法的内容，除去其中的箱型种类选择环节，采用基于空间划分理论的动态复合块装箱算子的算法，而 IPS-SOA-S2 算法与 IPS-SOA-S3 算法则分别与 ESA-SHA-S4 算法、ESA-SHA-S5 算法的基本内容结合。这几种算法的主要区别在于物品装箱位置的选择分别基于空间划分与组合算子集合 $Oper\_space\_set$ 中的不同算子，即空间利用率最高算子 $oper_1^{space}$、空间膨胀算子（按照"柱—墙—块"的顺序装载相同 SKU 的物品）$oper_2^{space}$ 与"原点距离最近"算子 $oper_3^{space}$。

8.4.3 基于动态尺寸的包装箱尺寸智能优化

除了通过优化物品装箱顺序更新物品堆叠的外接长方体，从而优化包装箱尺寸之外，还可以基于空间划分理论，直接动态优化包装箱尺寸，提升订单平均装载率水平。基于动态尺寸的包装箱尺寸优化主要采用变邻域搜索方式，逐步寻找当前包装箱尺寸的邻域中能够使装载率更优的包装箱尺寸取值，本书将其称为基于变邻域搜索的包装箱尺寸优化算法（size optimization algorithm of variable neighborhood search，VNS-SOA）。

与基于物品装箱顺序的包装箱尺寸优化类似，VNS-SOA 算法也是针对前面研究得到的基本箱型尺寸数据进行尺寸优化，遍历每种箱型及其在数据集中对应的订单实例，通过优化每种箱型尺寸，达到优化整体箱型的目的。因此，VNS-SOA 算法主要针对单一箱型及其相关订单实例的装箱方案进行包装箱尺寸优化，具体算法内容包括：

（1）包装箱尺寸最近邻域搜索

一个包装箱尺寸的最近邻域个体集合为：该箱型尺寸中长、宽、高三个维度的取值分别以步长为 1 上下变动或保持不变，从而得到多个新的箱型尺寸所组成的集合。

假设第 j^* 种箱型尺寸为 $(L_{j^*}^c, W_{j^*}^c, H_{j^*}^c)$，其最近邻个体集合情况如表 8-5 所示。其中，"最近邻增量"是指由原箱型尺寸变为新箱型尺寸时分别在长、宽、高三个维度上施加的增量变化，可能为正，也可能为负。换句话说，原箱型尺寸 $(L_{j^*}^c, W_{j^*}^c, H_{j^*}^c)$ 以广播的方式，分别加上最近邻增量中每个维度对应的增量数值，即得到最近邻个体（新的箱型尺寸）。

表 8-5　箱型尺寸最近邻个体集合情况

序号	原箱型尺寸	最近邻增量	最近邻个体
1	$(L_{j^*}^c, W_{j^*}^c, H_{j^*}^c)$	$(-1, -1, -1)$	$(L_{j^*}^c - 1, W_{j^*}^c - 1, H_{j^*}^c - 1)$
2	$(L_{j^*}^c, W_{j^*}^c, H_{j^*}^c)$	$(1, 1, 1)$	$(L_{j^*}^c + 1, W_{j^*}^c + 1, H_{j^*}^c + 1)$
3	$(L_{j^*}^c, W_{j^*}^c, H_{j^*}^c)$	$(1, 0, 0)$	$(L_{j^*}^c + 1, W_{j^*}^c, H_{j^*}^c)$
4	$(L_{j^*}^c, W_{j^*}^c, H_{j^*}^c)$	$(0, 1, 0)$	$(L_{j^*}^c, W_{j^*}^c + 1, H_{j^*}^c)$
5	$(L_{j^*}^c, W_{j^*}^c, H_{j^*}^c)$	$(0, 0, 1)$	$(L_{j^*}^c, W_{j^*}^c, H_{j^*}^c + 1)$
6	$(L_{j^*}^c, W_{j^*}^c, H_{j^*}^c)$	$(1, 1, 0)$	$(L_{j^*}^c + 1, W_{j^*}^c + 1, H_{j^*}^c)$
7	$(L_{j^*}^c, W_{j^*}^c, H_{j^*}^c)$	$(1, 0, 1)$	$(L_{j^*}^c + 1, W_{j^*}^c, H_{j^*}^c + 1)$
8	$(L_{j^*}^c, W_{j^*}^c, H_{j^*}^c)$	$(0, 1, 1)$	$(L_{j^*}^c, W_{j^*}^c + 1, H_{j^*}^c + 1)$
9	$(L_{j^*}^c, W_{j^*}^c, H_{j^*}^c)$	$(-1, 0, 0)$	$(L_{j^*}^c - 1, W_{j^*}^c, H_{j^*}^c)$
10	$(L_{j^*}^c, W_{j^*}^c, H_{j^*}^c)$	$(0, -1, 0)$	$(L_{j^*}^c, W_{j^*}^c - 1, H_{j^*}^c)$
11	$(L_{j^*}^c, W_{j^*}^c, H_{j^*}^c)$	$(0, 0, -1)$	$(L_{j^*}^c, W_{j^*}^c, H_{j^*}^c - 1)$
12	$(L_{j^*}^c, W_{j^*}^c, H_{j^*}^c)$	$(-1, -1, 0)$	$(L_{j^*}^c - 1, W_{j^*}^c - 1, H_{j^*}^c)$
13	$(L_{j^*}^c, W_{j^*}^c, H_{j^*}^c)$	$(-1, 0, -1)$	$(L_{j^*}^c - 1, W_{j^*}^c, H_{j^*}^c - 1)$
14	$(L_{j^*}^c, W_{j^*}^c, H_{j^*}^c)$	$(0, -1, -1)$	$(L_{j^*}^c, W_{j^*}^c - 1, H_{j^*}^c - 1)$

续表

序号	原箱型尺寸	最近邻增量	最近邻个体
15	$(L_{j*}^C,\ W_{j*}^C,\ H_{j*}^C)$	$(1,\ -1,\ -1)$	$(L_{j*}^C+1,\ W_{j*}^C-1,\ H_{j*}^C-1)$
16	$(L_{j*}^C,\ W_{j*}^C,\ H_{j*}^C)$	$(-1,\ 1,\ -1)$	$(L_{j*}^C-1,\ W_{j*}^C+1,\ H_{j*}^C-1)$
17	$(L_{j*}^C,\ W_{j*}^C,\ H_{j*}^C)$	$(-1,\ -1,\ 1)$	$(L_{j*}^C-1,\ W_{j*}^C-1,\ H_{j*}^C+1)$
18	$(L_{j*}^C,\ W_{j*}^C,\ H_{j*}^C)$	$(1,\ 1,\ -1)$	$(L_{j*}^C+1,\ W_{j*}^C+1,\ H_{j*}^C-1)$
19	$(L_{j*}^C,\ W_{j*}^C,\ H_{j*}^C)$	$(1,\ -1,\ 1)$	$(L_{j*}^C+1,\ W_{j*}^C-1,\ H_{j*}^C+1)$
20	$(L_{j*}^C,\ W_{j*}^C,\ H_{j*}^C)$	$(-1,\ 1,\ 1)$	$(L_{j*}^C-1,\ W_{j*}^C+1,\ H_{j*}^C+1)$
21	$(L_{j*}^C,\ W_{j*}^C,\ H_{j*}^C)$	$(-1,\ 0,\ 1)$	$(L_{j*}^C-1,\ W_{j*}^C,\ H_{j*}^C+1)$
22	$(L_{j*}^C,\ W_{j*}^C,\ H_{j*}^C)$	$(-1,\ 1,\ 0)$	$(L_{j*}^C-1,\ W_{j*}^C+1,\ H_{j*}^C)$
23	$(L_{j*}^C,\ W_{j*}^C,\ H_{j*}^C)$	$(0,\ -1,\ 1)$	$(L_{j*}^C,\ W_{j*}^C-1,\ H_{j*}^C+1)$
24	$(L_{j*}^C,\ W_{j*}^C,\ H_{j*}^C)$	$(0,\ 1,\ -1)$	$(L_{j*}^C,\ W_{j*}^C+1,\ H_{j*}^C-1)$
25	$(L_{j*}^C,\ W_{j*}^C,\ H_{j*}^C)$	$(1,\ -1,\ 0)$	$(L_{j*}^C+1,\ W_{j*}^C-1,\ H_{j*}^C)$
26	$(L_{j*}^C,\ W_{j*}^C,\ H_{j*}^C)$	$(1,\ 0,\ -1)$	$(L_{j*}^C+1,\ W_{j*}^C,\ H_{j*}^C-1)$

包装箱尺寸的最近邻搜索算子（nearest neighbor search，NNS），就是在针对原箱型尺寸的最近邻个体集合中逐一搜索每个最近邻个体，或随机选择部分最近邻个体，计算相应的装载率水平，进而搜索更优的箱型尺寸。

（2）包装箱尺寸次近邻域搜索

由于最近邻搜索以 1 为步长在长、宽、高三个维度上搜索与原箱型尺寸距离最近的箱型尺寸，因此 NNS 算子在包装箱尺寸搜索范围方面具有一定的局限性。为了能够在更加广泛的范围内实现箱型尺寸的搜索优化，下面将邻域范围进一步扩展，进行次邻域搜索。

假设次邻域搜索范围在长、宽、高三个维度上的最大增量幅度为 $(A_1,\ A_2,\ A_3)$，当增量幅度的取值很大时，搜索范围内的个体数量将会非常庞大。鉴于这种情况，本书采取随机抽样的方式仅选择部分次近邻个体进行搜索，生成次近邻个体集合的过程如下：

①针对次邻域内的个体采用随机采样的方式，在最大增量幅度范围（A_1，A_2，A_3）内确定次近邻增量（a_1^{neig}，a_2^{neig}，a_3^{neig}），则有：

$$0 \leqslant a_1^{neig} \leqslant A_1 ; \ 0 \leqslant a_2^{neig} \leqslant A_2 ; \ 0 \leqslant a_3^{neig} \leqslant A_3 \qquad (8-60)$$

②根据（a_1^{neig}，a_2^{neig}，a_3^{neig}）取值，结合邻域增量符号，确定增量的正负情况，并将邻域增量符号向量与次近邻增量进行点乘，确定箱型尺寸在长、宽、高三个维度上取值的增减情况，并将原箱型尺寸按照三个维度的增减量进行调整得到新的箱型尺寸，即为次近邻个体（如表8-6所示）。其中，次近邻个体仅为当前次近邻增量下的次近邻个体集合，可以根据设置的次近邻个体搜索数量，从中随机抽取个体进行搜索，如果通过一个次近邻增量得到的次近邻个体数量未达到搜索数量的要求，可以重新调整次近邻增量得到更多的次近邻个体，直至达到次近邻搜索数量的要求。

表8-6 箱型尺寸次近邻个体集合情况

序号	原箱型尺寸	邻域增量符号	次近邻增量	次近邻个体值
1	$(L_{j*}^C, W_{j*}^C, H_{j*}^C)$	$(-1, -1, -1)$	$(a_1^{neig}, a_2^{neig}, a_3^{neig})$	$(L_{j*}^C - a_1^{neig}, W_{j*}^C - a_2^{neig}, H_{j*}^C - a_3^{neig})$
2	$(L_{j*}^C, W_{j*}^C, H_{j*}^C)$	$(1, 1, 1)$	$(a_1^{neig}, a_2^{neig}, a_3^{neig})$	$(L_{j*}^C + a_1^{neig}, W_{j*}^C + a_2^{neig}, H_{j*}^C + a_3^{neig})$
3	$(L_{j*}^C, W_{j*}^C, H_{j*}^C)$	$(1, 0, 0)$	$(a_1^{neig}, a_2^{neig}, a_3^{neig})$	$(L_{j*}^C + a_1^{neig}, W_{j*}^C, H_{j*}^C)$
4	$(L_{j*}^C, W_{j*}^C, H_{j*}^C)$	$(0, 1, 0)$	$(a_1^{neig}, a_2^{neig}, a_3^{neig})$	$(L_{j*}^C, W_{j*}^C + a_2^{neig}, H_{j*}^C)$
5	$(L_{j*}^C, W_{j*}^C, H_{j*}^C)$	$(0, 0, 1)$	$(a_1^{neig}, a_2^{neig}, a_3^{neig})$	$(L_{j*}^C, W_{j*}^C, H_{j*}^C + a_3^{neig})$
6	$(L_{j*}^C, W_{j*}^C, H_{j*}^C)$	$(1, 1, 0)$	$(a_1^{neig}, a_2^{neig}, a_3^{neig})$	$(L_{j*}^C + a_1^{neig}, W_{j*}^C + a_2^{neig}, H_{j*}^C)$
7	$(L_{j*}^C, W_{j*}^C, H_{j*}^C)$	$(1, 0, 1)$	$(a_1^{neig}, a_2^{neig}, a_3^{neig})$	$(L_{j*}^C + a_1^{neig}, W_{j*}^C, H_{j*}^C + a_3^{neig})$
8	$(L_{j*}^C, W_{j*}^C, H_{j*}^C)$	$(0, 1, 1)$	$(a_1^{neig}, a_2^{neig}, a_3^{neig})$	$(L_{j*}^C, W_{j*}^C + a_2^{neig}, H_{j*}^C + a_3^{neig})$
9	$(L_{j*}^C, W_{j*}^C, H_{j*}^C)$	$(-1, 0, 0)$	$(a_1^{neig}, a_2^{neig}, a_3^{neig})$	$(L_{j*}^C - a_1^{neig}, W_{j*}^C, H_{j*}^C)$
10	$(L_{j*}^C, W_{j*}^C, H_{j*}^C)$	$(0, -1, 0)$	$(a_1^{neig}, a_2^{neig}, a_3^{neig})$	$(L_{j*}^C, W_{j*}^C - a_2^{neig}, H_{j*}^C)$

续表

序号	原箱型尺寸	邻域增量符号	次近邻增量	次近邻个体值
11	(L_j^C, W_j^C, H_j^C)	$(0, 0, -1)$	$(a_1^{neig}, a_2^{neig}, a_3^{neig})$	$(L_j^C, W_j^C, H_j^C - a_3^{neig})$
12	$(L_{j*}^C, W_{j*}^C, H_{j*}^C)$	$(-1, -1, 0)$	$(a_1^{neig}, a_2^{neig}, a_3^{neig})$	$(L_{j*}^C - a_1^{neig}, W_{j*}^C - a_2^{neig}, H_{j*}^C)$
13	$(L_{j*}^C, W_{j*}^C, H_{j*}^C)$	$(-1, 0, -1)$	$(a_1^{neig}, a_2^{neig}, a_3^{neig})$	$(L_{j*}^C - a_1^{neig}, W_{j*}^C, H_{j*}^C - a_3^{neig})$
14	$(L_{j*}^C, W_{j*}^C, H_{j*}^C)$	$(0, -1, -1)$	$(a_1^{neig}, a_2^{neig}, a_3^{neig})$	$(L_{j*}^C, W_{j*}^C - a_2^{neig}, H_{j*}^C - a_3^{neig})$
15	$(L_{j*}^C, W_{j*}^C, H_{j*}^C)$	$(1, -1, -1)$	$(a_1^{neig}, a_2^{neig}, a_3^{neig})$	$(L_{j*}^C + a_1^{neig}, W_{j*}^C - a_2^{neig}, H_{j*}^C - a_3^{neig})$
16	$(L_{j*}^C, W_{j*}^C, H_{j*}^C)$	$(-1, 1, -1)$	$(a_1^{neig}, a_2^{neig}, a_3^{neig})$	$(L_{j*}^C - a_1^{neig}, W_{j*}^C + a_2^{neig}, H_{j*}^C - a_3^{neig})$
17	$(L_{j*}^C, W_{j*}^C, H_{j*}^C)$	$(-1, -1, 1)$	$(a_1^{neig}, a_2^{neig}, a_3^{neig})$	$(L_{j*}^C - a_1^{neig}, W_{j*}^C - a_2^{neig}, H_{j*}^C + a_3^{neig})$
18	$(L_{j*}^C, W_{j*}^C, H_{j*}^C)$	$(1, 1, -1)$	$(a_1^{neig}, a_2^{neig}, a_3^{neig})$	$(L_{j*}^C + a_1^{neig}, W_{j*}^C + a_2^{neig}, H_{j*}^C - a_3^{neig})$
19	$(L_{j*}^C, W_{j*}^C, H_{j*}^C)$	$(1, -1, 1)$	$(a_1^{neig}, a_2^{neig}, a_3^{neig})$	$(L_{j*}^C + a_1^{neig}, W_{j*}^C - a_2^{neig}, H_{j*}^C + a_3^{neig})$
20	$(L_{j*}^C, W_{j*}^C, H_{j*}^C)$	$(-1, 1, 1)$	$(a_1^{neig}, a_2^{neig}, a_3^{neig})$	$(L_{j*}^C - a_1^{neig}, W_{j*}^C + a_2^{neig}, H_{j*}^C + a_3^{neig})$
21	$(L_{j*}^C, W_{j*}^C, H_{j*}^C)$	$(-1, 0, 1)$	$(a_1^{neig}, a_2^{neig}, a_3^{neig})$	$(L_{j*}^C - a_1^{neig}, W_{j*}^C, H_{j*}^C + a_3^{neig})$
22	$(L_{j*}^C, W_{j*}^C, H_{j*}^C)$	$(-1, 1, 0)$	$(a_1^{neig}, a_2^{neig}, a_3^{neig})$	$(L_{j*}^C - a_1^{neig}, W_{j*}^C + a_2^{neig}, H_{j*}^C)$
23	$(L_{j*}^C, W_{j*}^C, H_{j*}^C)$	$(0, -1, 1)$	$(a_1^{neig}, a_2^{neig}, a_3^{neig})$	$(L_{j*}^C, W_{j*}^C - a_2^{neig}, H_{j*}^C + a_3^{neig})$
24	$(L_{j*}^C, W_{j*}^C, H_{j*}^C)$	$(0, 1, -1)$	$(a_1^{neig}, a_2^{neig}, a_3^{neig})$	$(L_{j*}^C, W_{j*}^C + a_2^{neig}, H_{j*}^C - a_3^{neig})$
25	$(L_{j*}^C, W_{j*}^C, H_{j*}^C)$	$(1, -1, 0)$	$(a_1^{neig}, a_2^{neig}, a_3^{neig})$	$(L_{j*}^C + a_1^{neig}, W_{j*}^C - a_2^{neig}, H_{j*}^C)$
26	$(L_{j*}^C, W_{j*}^C, H_{j*}^C)$	$(1, 0, -1)$	$(a_1^{neig}, a_2^{neig}, a_3^{neig})$	$(L_{j*}^C + a_1^{neig}, W_{j*}^C, H_{j*}^C - a_3^{neig})$

包装箱尺寸的次近邻搜索算子（secondary neighborhood search，SNS），是在原箱型尺寸的次近邻个体集合中随机选择个体进行搜索，通过衡量不同次近邻个体对应的箱型尺寸下平均订单装载率水平，搜寻能够使装载率水平得到提升的新箱型尺寸。

（3）变邻域搜索与动态复合块装箱 S 类算法

设置最近邻个体搜索数量以及次近邻个体搜索数量，先执行 NNS 算子进行最近邻个体搜索，再执行 SNS 算子进行次近邻搜索，从而完成整个 VNS-SOA 算法的计算过程，得到箱型尺寸的改进（如图 8-6 所示）。

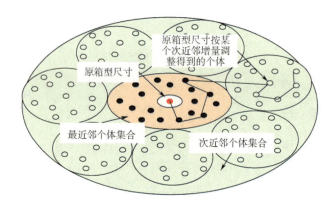

图 8-6　变邻域搜索过程示意图

可行的新箱型尺寸需要满足该箱型所对应的所有订单实例均存在可行的装箱方案。另外，在 VNS-SOA 算法进行箱型尺寸的寻优过程中，通过对该类型下所有订单可行装箱方案的物品空间堆叠外接长方体，在长、宽、高三个维度上取极大值，可以得到小于等于当前箱型体积的可行箱型尺寸，从而在 NNS 算子和 SNS 算子的搜索机制之外有可能得到更优的箱型尺寸。

具体而言，本部分在动态复合块装箱的 S 类算法的基础上计算装箱方案，如果数据集中该类箱型对应的所有订单实例均能求得可行的装箱方案，取所有订单装箱物品空间堆叠结果的外接长方体尺寸组合为外接长方体集合，对外接长方体集合中的所有长方体尺寸按照"长最大，宽次之，高最小"的原则排列后，将该长方体集合中长、宽、高三个维度上的最大值作为该类型新的包装箱尺寸，如果新尺寸的包装箱体积均小于原箱型尺寸的体积，则用新的箱型尺寸替换原箱型尺寸，从而实现箱型尺寸的优化，进而提升订单平均装载率水平。

VNS-SOA 算法与动态复合块装箱的 S 类算法进行整合可以得到 VNS-SOA 算法系列，具体包括 VNS-SOA-S1 算法、VNS-SOA-S2 算法与 VNS-SOA-S3 算法。其中，VNS-SOA-S1 算法在物品装箱方案计算时，结合 ESA-SHA-S4 算法的内容，除去其中的箱型种类选择环节，采用基于空间划分理论的动态复合块装箱算子，而 VNS-SOA-S2 算法与 VNS-SOA-S3 算法则分别与 ESA-SHA-S4 算法、ESA-SHA-S5 算法的基本内容结合。这几种算法的主要区别在于物品装箱位置的选择分别基于空间划分与组合算子集合 $Oper\_space\_set$ 中的不同算子，即空间利用率最高算子 $oper_1^{space}$、空间膨胀算子（按照"柱—墙—块"的顺序装载相同 SKU 的物品）$oper_2^{space}$ 与"原点距离最近"算子 $oper_3^{space}$。

8.5　包装箱尺寸优化的场景应用分析

本节将根据不同策略下设计的物品空间堆叠聚类算法，在 JD 数据集上进行计算实验，从不同角度对比分析各种策略下订单平均装载率以及订单堆叠聚类方案计算耗时等指标的变化情况，验证物品空间堆叠聚类模型与算法的有效性。

8.5.1　部分维度固定的物品堆叠聚类分析

（1）一维尺寸固定的物品堆叠聚类算法计算结果分析

在 JD 数据集上分别采用 ODF-SCA 算法系列中的 ODF-SCA-P1 算法与 ODF-SCA-P2 算法进行计算，求得不同箱型种类数量（k 值）下订单平均装载率水平（如表 8-7 所示）。其中，case1 至 case18 分别表示一维固定尺寸的不同取值，具体表示的固定维度与固定取值如表 8-8 所示。从表 8-7 可以看出，ODF-SCA 算法系列中两种算法的计算结果基本处于同一水平，在 k 值相同的情况下，订单平均装载率的差距均在 1% 以内。与无固定尺寸的物品堆叠聚类策略相比，在 case1 至 case18 的所有情况下，对于相同箱型种类数量

（即 k 值相同）的订单平均装载率水平，ODF-SCA 算法系列中任何一种算法都比 SCA 算法系列（见表 8-4）中的算法表现更优。其中，在 case4 情况下 ODF-SCA 算法系列的表现比其他固定维度和固定尺寸的情况更优，相较于 SCA 算法系列而言，相同 k 值时的订单平均装载率提高了 7% 至 10%，可见一维固定尺寸的物品堆叠聚类策略对于改进包装箱尺寸、提升订单平均装载率水平有明显效果。

表 8-7　数据集一维尺寸固定物品堆叠结果聚类

项　目	ODF-SCA-P1：装载率（%）					ODF-SCA-P2：装载率（%）				
	$k=10$	$k=20$	$k=30$	$k=40$	$k=50$	$k=10$	$k=20$	$k=30$	$k=40$	$k=50$
case1	53.11	58.86	62.36	64.06	65.01	53.19	58.86	62.03	64.15	65.36
case2	53.83	59.63	62.38	64.58	66.21	54.30	59.42	62.05	64.53	66.19
case3	54.02	59.63	62.37	64.31	66.00	54.74	59.39	62.82	64.09	65.32
case4	63.37	67.86	70.29	71.70	72.46	62.50	67.24	70.27	71.47	72.48
case5	60.28	66.86	69.18	70.50	72.13	61.51	67.38	69.50	71.17	71.84
case6	61.88	66.22	68.96	70.41	71.73	60.57	66.56	68.29	70.34	71.48
case7	57.15	62.25	64.13	66.12	67.55	56.87	62.53	64.18	66.20	66.55
case8	58.07	62.64	65.51	66.93	68.24	57.55	63.20	65.42	67.10	67.97
case9	59.52	64.28	66.35	67.15	68.84	59.76	64.31	66.49	67.91	68.98
case10	60.78	64.86	66.56	68.37	68.87	55.44	64.10	66.05	68.27	68.28
case11	60.55	65.22	67.56	68.53	69.95	59.73	64.52	67.16	68.48	69.31
case12	60.73	65.86	67.79	69.54	70.33	60.12	65.98	68.58	69.31	70.28
case13	57.31	62.61	64.99	65.83	67.24	57.28	61.61	64.35	65.76	67.37
case14	56.85	63.30	65.22	67.00	68.29	58.46	63.46	65.87	67.43	68.51
case15	58.96	63.71	66.40	67.37	69.00	59.38	64.32	66.58	67.94	69.37
case16	54.14	61.07	63.53	65.01	66.75	56.07	60.45	63.27	65.53	66.55
case17	57.73	61.82	64.75	66.72	67.28	56.86	61.52	64.75	66.57	67.32
case18	57.97	62.95	65.74	66.92	68.05	58.32	63.26	65.47	67.57	68.18

表8-8 一维与二维的固定维度与固定取值情况

项 目	$size\_set\_1$ 集合取值	一维固定维度	$size\_set\_2$ 集合取值	二维固定维度	JD数据集 固定取值
case1	$up\_size_1^1$	长	$up\_size_1^2$	长、宽	372
case2	$up\_size_1^1$	宽	$up\_size_1^2$	宽、高	372
case3	$up\_size_1^1$	高	$up\_size_1^2$	长、高	372
case4	$up\_size_2^1$	长	$up\_size_2^2$	长、宽	144
case5	$up\_size_2^1$	宽	$up\_size_2^2$	宽、高	144
case6	$up\_size_2^1$	高	$up\_size_2^2$	长、高	144
case7	$up\_size_3^1$	长	$up\_size_3^2$	长、宽	281
case8	$up\_size_3^1$	宽	$up\_size_3^2$	宽、高	281
case9	$up\_size_3^1$	高	$up\_size_3^2$	长、高	281
case10	$up\_size_4^1$	长	$up\_size_4^2$	长、宽	252
case11	$up\_size_4^1$	宽	$up\_size_4^2$	宽、高	252
case12	$up\_size_4^1$	高	$up\_size_4^2$	长、高	252
case13	$up\_size_5^1$	长	$up\_size_5^2$	长、宽	279
case14	$up\_size_5^1$	宽	$up\_size_5^2$	宽、高	279
case15	$up\_size_5^1$	高	$up\_size_5^2$	长、高	279
case16	$up\_size_6^1$	长	$up\_size_6^2$	长、宽	304
case17	$up\_size_6^1$	宽	$up\_size_6^2$	宽、高	304
case18	$up\_size_6^1$	高	$up\_size_6^2$	长、高	304

在一维尺寸固定的策略下，从1至50以步长为1逐步设置不同的箱型种类数量（k值），计算case1至case18共18种情况的订单平均装载率水平（如图8-7所示）。

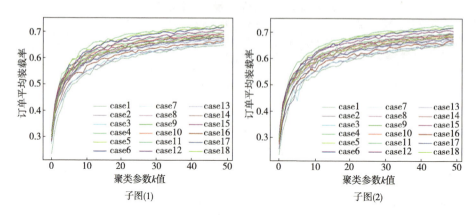

子图(1)　　　　　　　　　　　　　　子图(2)

图 8-7　JD 数据集一维尺寸固定的物品堆叠结果聚类

　　图 8-7 中，子图（1）为 ODF-SCA-P1 算法的计算结果，子图（2）为 ODF-SCA-P2 算法的计算结果，每个子图中的横轴为箱型种类 k 的不同取值，纵轴为订单平均装载率水平。从图中可以看出，虽然有着细微的波动，但是随着 k 值的增加，JD 数据集上的订单平均装载率水平呈现出明显提高的趋势。图 8-7 与图 8-5 的趋势相同，但是整体装载率水平要高于无固定尺寸的物品堆叠聚类策略下的装载率水平。

（2）二维尺寸固定的物品堆叠聚类算法计算结果分析

　　在 JD 数据集上分别采用 TDF-SCA 算法系列中的 TDF-SCA-P1 算法与 TDF-SCA-P2 算法进行计算，求得不同箱型种类数量（k 值）下的订单平均装载率水平（如表 8-9 所示）。其中，case1 至 case18 分别表示二维固定尺寸的不同取值，具体表示的固定维度与固定取值如表 8-9 所示。从表 8-9 可知，TDF-SCA 算法系列中两种算法的计算结果基本处于同一水平，在 k 值相同的情况下，订单平均装载率的差距均为 0.5% 左右。与无固定尺寸的物品堆叠聚类策略相比，在 case1 至 case18 的所有情况下，对于相同箱型种类数量（即 k 值相同）的订单平均装载率水平，TDF-SCA 算法系列中任何一种算法都比 SCA 算法系列（见表 8-4）中的算法表现更优。同时，整体来看，TDF-SCA 算法系列在 JD 数据集上的计算结果也好于 ODF-SCA 算法系列。其中，在 case4 情况下 TDF-SCA 算法系列的表现比其他固定维度和固定尺寸的情况更优，相较于 SCA 算法系列而言，相同 k 值时的订单平均装载率提高了 10% 至 18%；相较于 ODF-SCA 算法系列而言，相同 k 值时的订单平均装载率提高了 3% 至 7%。由此可见，二维尺寸固定的物品堆叠聚类策略不仅优于无固定尺寸的物品堆叠聚类策略，也优于一维固定尺寸的物品堆叠聚类策略，对优化包装箱尺寸、提升订单平均装载率水平发挥了更大的作用。

表 8-9　数据集二维尺寸固定物品堆叠结果聚类

项　目	TDF-SCA-P1：装载率（%）					TDF-SCA-P2：装载率（%）				
	$k=10$	$k=20$	$k=30$	$k=40$	$k=50$	$k=10$	$k=20$	$k=30$	$k=40$	$k=50$
case1	53.88	60.39	62.95	64.75	66.10	54.42	60.48	62.93	64.67	65.93
case2	56.03	61.69	63.68	65.44	66.40	55.55	61.03	64.02	65.98	67.05
case3	54.87	60.44	63.09	65.06	66.09	54.62	60.58	63.00	64.97	66.39
case4	70.05	73.38	74.65	74.55	75.56	69.96	73.42	74.73	75.23	75.45
case5	69.52	72.79	74.29	74.83	75.05	69.39	72.89	73.77	74.46	75.17
case6	69.81	73.24	74.05	74.46	75.21	69.94	73.13	74.12	75.08	75.48
case7	64.62	67.90	69.49	70.56	71.26	64.74	67.38	69.24	70.20	70.80
case8	66.63	70.22	71.38	72.48	72.62	66.80	69.76	71.44	71.90	72.67
case9	65.41	68.88	69.90	70.38	71.83	65.29	68.58	69.61	71.25	71.78
case10	67.89	71.31	72.38	72.99	72.97	67.72	71.35	71.95	73.12	73.22
case11	69.77	72.73	73.35	74.30	74.30	68.79	72.26	72.92	74.60	75.14
case12	68.38	71.77	73.03	73.72	74.04	69.18	71.91	72.93	73.97	74.26
case13	64.92	68.03	69.77	70.75	71.14	64.99	67.82	70.16	70.65	71.06
case14	67.07	70.65	71.63	72.55	73.58	66.88	69.98	71.52	71.13	72.81
case15	64.92	68.18	70.08	70.97	71.43	65.63	67.98	70.55	70.94	71.63
case16	61.68	66.32	67.88	68.99	69.72	62.33	66.03	67.90	69.27	70.37
case17	63.78	68.30	70.20	70.37	71.60	64.91	67.73	69.73	71.09	71.66
case18	63.23	67.11	68.83	70.03	70.76	63.23	66.68	69.33	69.74	70.98

在二维尺寸固定的策略下，从 1 至 50 以步长为 1 逐步设置不同的箱型种类数量 k 值，计算 case1 至 case18 共 18 种情况的订单平均装载率水平（如

图 8-8所示）。其中，子图（1）为 TDF-SCA-P1 算法的计算结果，子图（2）为 TDF-SCA-P2 算法的计算结果，每个子图中的横轴为箱型种类 k 的不同取值，纵轴为订单平均装载率水平。从图中可以看出，虽然有着细微的波动，但是随着 k 值的增加，JD 数据集上的订单平均装载率水平呈现出明显提高的趋势。在 case1 至 case3 的情况下，TDF-SCA-P1 算法与 TDF-SCA-P2 算法的订单平均装载率水平均明显低于其他情况。另外，图 8-8 所展示的结果与图 8-5 和图 8-7 的趋势相同，但是二维尺寸固定物品堆叠策略的整体装载率水平要高于无固定尺寸的物品堆叠聚类策略，除了 case1 至 case3 的情况下二维尺寸固定与一维尺寸固定的物品堆叠聚类策略所达到的装载率水平基本相同之外，其他情况下二维尺寸固定的物品堆叠聚类策略都要优于一维尺寸固定的物品堆叠聚类策略。

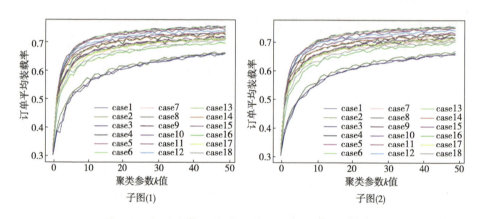

子图(1)　　　　　　　　　　　子图(2)

图 8-8　JD 数据集二维尺寸固定的物品堆叠结果聚类

为了与 JD 数据集中原有 22 种箱型尺寸的效果进行比较，单独汇总一维尺寸固定与二维尺寸固定策略下物品堆叠聚类 k 值为 22 时 ODF-SCA 算法系列与 TDF-SCA 算法系列的计算结果（如表 8-10 所示）。其中，每个订单的物品堆叠方案的耗时为 23~35 秒，在 case1 至 case18 的不同情况（见表 8-8）下，订单平均装载率水平有明显的差异，这说明固定尺寸维度的取值对装载率有明显的影响。另外，二维尺寸固定策略的 TDF-SCA 算法系列计算结果明显优于一维尺寸固定策略的 ODF-SCA 算法系列。在订单平均装载率水平最高的 case4 情况下，TDF-SCA 算法系列的订单平均装载率水平要比 ODF-SCA 算法系列高出 5% 左右，这说明二维尺寸固定策略在提升订单平均装载率水平方面的作用要明显优于一维尺寸固定策略。

表 8-10　一维与二维尺寸固定的 22 种箱型尺寸聚类结果

情况 类型	ODF-SCA-P1		ODF-SCA-P2		TDF-SCA-P1		TDF-SCA-P2	
	$k=22$ （％）	time_consum （s）	$k=22$ （％）	time_consum （s）	$k=22$ （％）	time_consum （s）	$k=22$ （％）	time_consum （s）
case1	59.79	32.98	59.88	28.58	60.70	33.15	61.00	28.34
case2	60.55	30.26	59.87	27.05	61.58	30.33	62.41	26.94
case3	60.82	28.66	60.88	28.24	61.64	28.59	60.89	27.45
case4	68.85	30.46	68.25	24.01	73.68	30.48	73.84	34.82
case5	67.48	23.59	67.58	22.79	73.29	29.30	73.27	30.14
case6	67.41	28.56	67.39	30.69	73.23	28.58	73.19	33.81
case7	63.11	25.87	62.47	22.61	68.78	25.60	68.60	25.40
case8	63.43	23.14	63.28	22.11	71.19	24.98	70.37	24.05
case9	64.63	25.09	64.97	26.33	69.27	24.61	69.25	24.83
case10	65.32	26.56	64.43	22.70	71.53	26.11	71.16	26.95
case11	65.22	23.26	65.09	22.12	72.53	25.46	73.40	25.47
case12	66.22	25.63	66.24	27.88	71.58	25.16	71.34	26.48
case13	62.83	25.73	62.58	22.79	68.36	25.64	68.62	25.41
case14	63.76	23.23	63.36	22.01	71.05	24.89	70.50	24.08
case15	63.83	25.45	65.40	26.60	69.64	24.85	69.35	25.07
case16	61.91	25.83	61.99	23.06	66.49	25.65	66.71	24.86
case17	62.51	23.74	62.87	22.35	67.78	24.92	68.56	23.65
case18	64.05	25.40	64.07	25.64	66.63	24.85	67.31	24.71

（3）二维尺寸固定的参数变化分析

根据不同 k 值的二维尺寸固定策略下 TDF-SCA 算法系列计算结果（见表 8-9 与表 8-10）可知，订单平均装载率水平最高的 case4 情况为固定尺寸取值最小的情况。进一步分析固定尺寸取值与订单平均装载率水平可知，在 case1 至 case18 的所有情况下，固定尺寸取值越小，订单平均装载率水平越高，部分箱型种类的尺寸固定值与最优装载率如表 8-11 所示。

表 8-11　TDF-SCA-P2 算法的尺寸固定值与装载率

项　目	case4	case11	case14	case8	case17	case2
尺寸固定值	144	252	279	281	304	372
最优装载率	73.84	73.40	70.50	70.37	68.56	62.41

为了进一步研究二维尺寸固定策略下固定尺寸取值与订单装载率水平的关系，以 JD 数据集中物品长、宽、高尺寸的最大值作为固定尺寸的最小取值，以步长为 5 逐步增大尺寸至 case4 情况的固定尺寸取值 144（见表 8-8），逐一计算每种情况下不同 k 值的订单平均装载率水平。根据表 8-10 中 22 种箱型尺寸下订单平均装载率表现最好的结果 73.84%，采用其对应的 TDF-SCA-P2 算法，对二维尺寸固定的不同取值进行参数变化分析，计算结果如表 8-12 所示。

表 8-12　数据集二维尺寸固定的参数变化分析

固定值	尺寸固定维度	$k=10$	$k=20$	$k=30$	$k=40$	$k=50$	$k=22$
99	长、宽	68.79	71.97	72.97	73.47	74.12	72.31
99	宽、高	68.38	71.63	72.84	73.26	73.89	71.99
99	长、高	68.53	71.67	73.10	73.70	73.99	71.96
104	长、宽	68.30	71.61	72.93	73.28	74.15	71.88
104	宽、高	68.03	71.52	72.41	73.23	73.72	71.88
104	长、高	68.35	71.68	72.64	73.51	73.74	71.89
109	长、宽	67.22	70.51	71.35	72.46	72.73	70.64
109	宽、高	66.41	70.05	71.28	71.95	72.46	70.10
109	长、高	67.24	69.84	71.61	72.19	72.66	70.81
114	长、宽	66.05	69.41	70.83	70.67	71.64	69.83
114	宽、高	65.86	69.02	70.53	70.94	71.43	69.59

续表

固定值	尺寸固定维度	$k=10$	$k=20$	$k=30$	$k=40$	$k=50$	$k=22$
114	长、高	66.03	69.63	70.22	70.77	71.50	69.63
119	长、宽	65.64	69.01	69.90	70.95	71.36	69.20
119	宽、高	65.70	68.93	70.09	70.62	71.38	69.00
119	长、高	65.73	69.06	70.36	70.66	71.45	69.27
124	长、宽	66.90	70.01	71.39	72.21	72.34	70.66
124	宽、高	67.05	70.71	71.69	72.60	72.71	71.20
124	长、高	67.17	70.62	71.69	72.08	72.87	70.60
129	长、宽	67.64	71.02	71.91	72.87	72.76	71.39
129	宽、高	67.57	71.43	72.40	72.88	73.51	71.31
129	长、高	67.77	71.04	72.50	72.78	72.97	71.22
134	长、宽	70.24	73.75	75.06	75.84	75.55	74.02
134	宽、高	70.44	74.17	74.78	75.77	75.85	74.21
134	长、高	70.20	73.91	75.18	75.75	76.08	74.23
139	长、宽	70.69	73.98	75.45	75.94	76.58	74.42
139	宽、高	70.29	74.18	74.85	75.61	76.19	74.43
139	长、高	70.68	74.30	75.28	75.98	76.42	74.20

在二维尺寸固定策略下，针对固定尺寸的不同取值，采用 TDF-SCA-P2 算法对 JD 数据集中的订单实例进行计算，得到固定尺寸取值变化与订单平均装载率水平之间的关系（如图 8-9 所示）。根据图 8-9 中反映的情况，进一步分析可知：

①当固定维度的尺寸取值为 139 时，订单平均装载率水平达到了二维尺寸固定策略的最高水平 74.43%。

②随着固定维度尺寸取值的增大，订单平均装载率水平呈现出逐步下降的趋势。当固定维度的尺寸取值为 372 时，订单平均装载率仅为 62.41%，虽然高于无固定尺寸策略的 59.60%（见表 8-4），但在二维固定策略下属于最低水平。

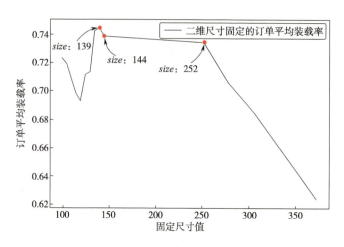

图 8-9　二维尺寸固定取值与订单平均装载率的关系

③当固定维度尺寸为 144 与 252 时,订单平均装载率也达到较高的水平且差距不大,这两种取值对应了 case4 与 case11 两种情况,即选择 $up\_size_2^2$ 和 $up\_size_4^2$,分别对应取体积最小值与下四分位数的两个订单实例,进一步求得相应的体积之和的算术平方根,并向上取整得到该固定尺寸,当搜索二维固定尺寸的最优取值较复杂时,可作为快速确定尺寸取值的一种有效启发式方法。

④当固定维度尺寸取值小于 139 时,订单平均装载率水平并未随尺寸取值变小而继续增大,而是整体低于 74.43%,而且出现了一定程度的波动,这说明并非固定尺寸取值越小越有利于提高订单平均装载率,究其原因主要是受到物品 SKU 尺寸以及订单中物品数量的影响。

8.5.2　箱型数量固定的物品堆叠聚类分析

通过对比分析无固定尺寸、一维固定尺寸以及二维固定尺寸的物品堆叠聚类策略可知,二维固定尺寸的物品堆叠与聚类策略可以达到更高的订单装载率水平。但是,这三种策略均属于"先进行物品堆叠再聚类"的情况,为了进一步研究更加多样的物品堆叠聚类策略,下面针对"先聚类再进行物品堆叠"的箱型数量固定的物品堆叠聚类策略进行一系列的算法实验预分析。

箱型种类数量固定的物品堆叠结果聚类策略是:首先,根据每个订单的物品体积总和，按照既定的箱型种类数量采用聚类算法进行一维（仅包含订单物品体积之和）数据聚类，得到不同类型所包含的订单物品信息集合；其次，在订单物品体积一维聚类的基础上，对每种类型下的订单实例进行物品堆叠计算，并采用计算最大外接长方体的方法，得到能够容纳该类型下订单物品的包装箱尺寸；最后，以计算得到的每类订单所对应的包装箱尺寸为依据，计算数据集上所有订单的平均装载率，并统计每个订单实例的物品堆叠方案计算时间，得到订单平均计算耗时。

在订单物品体积之和的一维数据聚类算法方面，本书采用 K-means 算法与 Jenks 算法分别进行计算，对比 case1 至 case18 的情况下 ODF-SCA 算法系列与 TDF-SCA 算法系列的计算结果（见表 8-10）。本部分在物品堆叠策略方面选择采用二维尺寸固定的 TDF-SCA 算法系列，并且只关注了表现最优的 case4 至 case6 的三种情况。在 JD 数据集上，针对包装箱型号数量为 22 种的情况进行计算实验，计算结果如表 8-13、表 8-14 所示。分析计算结果可知，在其他条件相同的情况下，Jenks 算法的表现略好于 K-means 算法，但订单平均装载率也仅有 67.45%，远低于"先进行物品堆叠再聚类"策略下的最好水平 73.84%，而且订单平均计算耗时整体略高于"先进行物品堆叠再聚类"的二维尺寸固定的物品堆叠聚类策略（见表 8-10）。这说明在箱型种类数量固定的情况下，单纯采用"先聚类再进行物品堆叠"并不是一个好的策略，如果不能与其他策略有效地结合使用，那么订单平均装载率水平无法得到进一步提高。

表 8-13　K-means 算法 22 种箱型的物品堆叠结果聚类

| 情况类型 | $size\_set\_2$ 集合取值 | 长、宽、高是否固定 | | | TDF-SCA-P1 | | TDF-SCA-P2 | |
		长	宽	高	订单平均装载率（%）	订单平均计算耗时（s）	订单平均装载率（%）	订单平均计算耗时（s）
Case4	$up\_size_2^2$	是	是	否	63.96	45.11	63.96	46.31
Case5	$up\_size_2^2$	否	是	是	66.95	37.38	66.83	38.79
Case6	$up\_size_2^2$	是	否	是	63.71	31.48	63.45	28.75

表 8-14 Jenks 算法 22 种箱型的物品堆叠结果聚类

情况类型	$size\_set\_2$ 集合取值	长、宽、高是否固定			TDF-SCA-P1		TDF-SCA-P2	
		长	宽	高	订单平均装载率（%）	订单平均计算耗时（s）	订单平均装载率（%）	订单平均计算耗时（s）
Case4	$up\_size_2^2$	是	是	否	64.22	33.84	64.46	42.19
Case5	$up\_size_2^2$	否	是	是	67.45	42.97	67.15	37.38
Case6	$up\_size_2^2$	是	否	是	64.05	34.73	63.88	30.31

8.5.3　带有智能算子的物品堆叠聚类分析

根据计算实验的结果可知，在箱型种类数量固定的前提下，对 JD 数据集订单实例按照每个订单物品体积之和的大小进行分类，并在此基础上进行物品堆叠和每个箱型尺寸的确定，并不是一个有效的策略。如果想要进一步改进包装箱标准化尺寸，提升订单平均装载率水平，就需要基于现有策略下相对优化的包装箱尺寸，与智能算法相结合，设计带有智能算子的物品堆叠聚类策略。

（1）物品装箱顺序优化的物品堆叠聚类计算实验

为了与 JD 数据集上原有计算结果进行对比，本节采用与原始数据中箱型数量相同的 22 种箱型尺寸进行优化。由 8.5.1 节与 8.5.2 节的计算实验结果可知，在 JD 数据集上针对 22 种箱型时，case4 与 case11 情况下二维尺寸固定的 TDF-SCA-P2 算法表现优于其他情况。因此，将其作为本节装箱顺序优化的基础，得到 IPS-SOA 算法系列的计算结果（如表 8-15 所示）。其中，在 case4 的情况下，IPS-SOA 算法系列中的 IPS-SOA-S1 算法表现最优，相较于 TDF-SCA-P2 算法，在订单平均装载率水平方面提高了 0.07 个百分点；在 case11 的情况下，IPS-SOA 算法系列中的 IPS-SOA-S3 算法表现最优，相较于 TDF-SCA-P2 算法，在订单平均装载率水平方面提高了 0.74 个百分点。这说明 case11 比 case4 有更大的提升空间，但是仅仅依靠优化物品装箱顺序提高订单平均装载率水平的程度依然有限，必须进一步研究其他包装箱尺寸优化策略。

表 8-15　数据集 IPS-SOA 算法系列订单平均装载率　　　单位:%

情况类型	TDF-SCA-P2	IPS-SOA-S1	IPS-SOA-S2	IPS-SOA-S3
case4	73. 84	73. 91	73. 90	73. 89
case11	73. 40	74. 11	73. 91	74. 14

在 JD 数据集上以 22 种箱型尺寸数量进行物品堆叠聚类分析，采用 IPS-SOA 算法系列的计算过程，优化结果如图 8-10 所示。

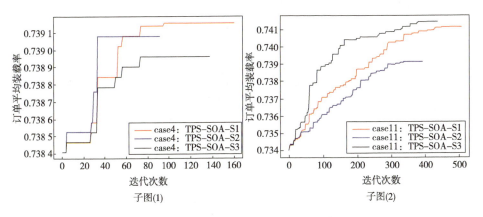

图 8-10　基于装箱顺序优化的 22 种箱型尺寸优化结果

其中，子图（1）为 case4 情况下二维固定尺寸取值为最小订单实例物品体积之和平方根向上取整的数值，通过优化物品装箱顺序改进包装箱标准化尺寸，得到的平均装载率指标结果；子图（2）为 case11 情况下二维固定尺寸取值为订单实例物品体积之和数据的四分位数（Q1）平方根向上取整的数值，通过优化物品装箱顺序得到的平均装载率水平。图中表示不同情况下的各种算法迭代过程的折线长度不同，主要是因为 IPS-SOA 算法系列并不以固定的最大迭代次数作为终止条件，而以最新一次迭代得到 22 种箱型的平均订单装载率与上一次迭代是否相同作为判断迭代过程是否终止的条件。如果最新相邻两次迭代的平均订单装载率不同，迭代过程继续；否则，迭代过程终止。由子图（1）中各种算法的计算过程可知，在 case4 的情况下，IPS-SOA

算法系列中各种算法计算结果的优劣程度差异不大；而在子图（2）中的case11情况下，IPS-SOA算法系列中IPS-SOA-S2算法表现明显较差，而IPS-SOA-S3算法的表现无论是收敛速度还是最终的装载率水平都明显优于其他两种算法。

为了深入分析IPS-SOA算法系列的优化效果，除了整体分析订单平均装载率水平的提升情况以外，还需要进一步分析每种箱型所对应的订单平均装载率前后变化情况。基于装箱顺序优化的每种箱型具体情况，分别以图8-10中子图（1）与子图（2）表现最好的算法区分22种箱型尺寸的不同类型在优化前与优化后的改进和提升，结果如表8-16所示。

表8-16　数据集上不同箱型的物品装箱顺序优化提升情况

箱型种类	【case4】IPS-SOA-S1：装载率（%）			【case11】IPS-SOA-S3：装载率（%）		
	二维尺寸固定堆叠聚类	装箱顺序优化后	提升程度	二维尺寸固定堆叠聚类	装箱顺序优化后	提升程度
Bin01	76.55	76.55	0.00	56.97	61.77	8.44
Bin02	77.16	77.16	0.00	74.22	74.51	0.40
Bin03	73.05	73.05	0.00	69.75	70.36	0.88
Bin04	60.29	62.08	2.96	71.88	71.88	0.00
Bin05	76.26	76.26	0.00	74.41	74.41	0.00
Bin06	70.71	70.71	0.00	75.99	75.99	0.00
Bin07	75.16	75.16	0.00	68.62	71.62	4.37
Bin08	74.03	74.03	0.00	71.24	71.74	0.71
Bin09	76.20	76.20	0.00	76.72	76.72	0.00
Bin10	61.01	62.80	2.93	51.94	60.33	16.16
Bin11	75.54	75.54	0.00	76.11	76.29	0.23
Bin12	75.72	75.72	0.00	52.00	66.20	27.30
Bin13	66.97	66.97	0.00	64.06	67.72	5.72
Bin14	75.60	75.60	0.00	72.14	74.47	3.22

续表

箱型种类	【case4】IPS-SOA-S1：装载率（%）			【case11】IPS-SOA-S3：装载率（%）		
	二维尺寸固定堆叠聚类	装箱顺序优化后	提升程度	二维尺寸固定堆叠聚类	装箱顺序优化后	提升程度
Bin15	67.58	67.58	0.00	77.31	77.31	0.00
Bin16	75.35	75.35	0.00	74.99	74.99	0.00
Bin17	74.64	74.64	0.00	75.12	75.25	0.17
Bin18	74.27	74.27	0.00	76.52	76.52	0.00
Bin19	76.40	76.40	0.00	71.82	76.94	7.12
Bin20	72.98	72.98	0.00	75.38	75.38	0.00
Bin21	76.37	76.37	0.00	74.67	74.67	0.00
Bin22	67.76	67.76	0.00	75.80	75.80	0.00
类别平均值	72.71	72.87	0.27	70.80	72.77	3.40

由此可见，订单物品装箱顺序优化并非对采用任何箱型的订单实例都能达到相同的优化效果，有些箱型对应的订单物品装箱可以通过优化装箱顺序实现装载率的提升（如 Bin10），但有些箱型的订单物品装箱效果仅靠装箱顺序优化的改进效果不明显（如 Bin06），需要进一步考虑优化箱型尺寸。当然，有的情况下提升程度不明显，是因为二维固定尺寸的物品堆叠聚类结果已经达到较高的装载率（如 Bin09，装箱顺序优化前平均装载率已经达到 76% 以上）。另外，case11 情况下装箱顺序优化的提升程度要比 case4 情况更高，如果每种箱型的使用频率不同，对使用频率高的常用箱型应该进行更好的优化。

（2）包装箱动态尺寸的物品堆叠聚类计算实验

接下来，本书根据无固定尺寸的物品堆叠聚类算法，即 SCA 算法系列，将其计算结果中 22 种箱型的包装箱尺寸作为基础数据，采用空间划分与组合算子集合 Oper_space_set 替代装载点生成算子集合 Oper_point_set，结合动态复合块装箱的 S 类算法，以变邻域搜索方式优化包装箱尺寸。从包装箱尺寸优化后计算订单装箱方案耗时的角度考虑，这种方式可以保证优化后的各种箱型尺寸依然适用于动态复合块装箱的 S 类算法，从而保证新的包装箱尺寸下计算装箱方案的耗时降到最低。

考虑到计算设备的计算能力和算法迭代过程的计算效率,在采用 VNS-SOA 算法系列进行计算时,本书将最近邻个体的搜索数量设置为 3,次邻域搜索的最大增量幅度范围设置为 (10,10,10),次近邻个体搜索数量设置为 5,应用随机采样的方式进行个体搜索。在 JD 数据集上采用 VNS-SOA 算法系列进行计算实验,订单平均装载率的计算结果如表 8-17 所示。

表 8-17　数据集 VNS-SOA 算法系列订单平均装载率　　单位:%

情况类型	VNS-SOA-S1	VNS-SOA-S2	VNS-SOA-S3
case4	74.67	74.65	74.60
case11	78.82	78.85	78.68

在 JD 数据集上采用 VNS-SOA 算法系列,在优化物品装箱顺序的基础上进一步增加箱型尺寸的变邻域搜索算子,逐步迭代寻优计算包装箱标准化尺寸,迭代过程如图 8-11 所示。其中,子图 (1) 为 case4 情况下 VNS-SOA 算法系列的计算迭代过程,子图 (2) 为 case11 情况下 VNS-SOA 算法系列的计算迭代过程。

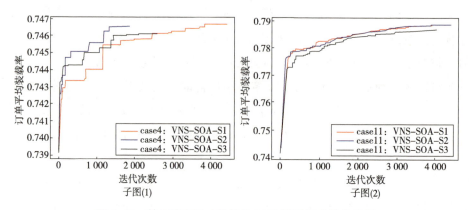

图 8-11　基于动态尺寸优化的 22 种箱型尺寸优化结果

根据 VNS-SOA 算法系列在 case4 与 case11 两种情况下表现最好的算法计算结果,将其与物品装箱顺序优化的 IPS-SOA 算法系列中表现最好的情况 (见表 8-16) 进行比较,具体分析 22 种箱型种类数量时,case4 与 case11 两种情况下每种箱型及其对应订单实例装箱方案的平均装载率水平，结果如表8-18所示。

表8-18　数据集上不同箱型的包装箱尺寸优化提升情况

箱型种类	【case4】VNS-SOA：装载率（%）			【case11】VNS-SOA：装载率（%）		
	装箱顺序优化后	动态尺寸优化后	提升程度	装箱顺序优化后	动态尺寸优化后	提升程度
Bin01	76.55	76.55	0.00	61.77	74.64	12.87
Bin02	77.16	77.16	0.00	74.51	81.02	6.51
Bin03	73.05	73.91	0.86	70.36	78.72	8.36
Bin04	62.08	68.56	6.48	71.88	75.36	3.48
Bin05	76.26	76.26	0.00	74.41	77.55	3.14
Bin06	70.71	74.53	3.82	75.99	81.09	5.10
Bin07	75.16	75.23	0.07	71.62	77.20	5.58
Bin08	74.03	74.03	0.00	71.74	79.35	7.61
Bin09	76.2	76.20	0.00	76.72	80.63	3.91
Bin10	62.8	65.80	3.00	60.33	67.64	7.31
Bin11	75.54	75.54	0.00	76.29	80.52	4.23
Bin12	75.72	75.72	0.00	66.2	76.38	10.18
Bin13	66.97	71.03	4.06	67.72	76.37	8.65
Bin14	75.6	75.60	0.00	74.47	78.22	3.75
Bin15	67.58	69.41	1.83	77.31	80.35	3.04
Bin16	75.35	75.35	0.00	74.99	76.69	1.70
Bin17	74.64	74.64	0.00	75.25	79.64	4.39
Bin18	74.27	76.15	1.88	76.52	80.80	4.28
Bin19	76.4	76.45	0.05	76.94	80.39	3.45
Bin20	72.98	75.79	2.81	75.38	79.71	4.33
Bin21	76.37	76.37	0.00	74.67	79.04	4.37
Bin22	67.76	69.25	1.49	75.8	79.78	3.98
类别平均值	72.87	74.07	1.20	72.77	78.23	5.47

根据 IPS-SOA 算法系列与 VNS-SOA 算法系列在 22 种箱型尺寸优化方面的最优表现，得到每种箱型尺寸的具体数值（如表 8-19 所示）。

表 8-19　装箱顺序优化与动态尺寸优化的箱型尺寸

箱型种类	case4：箱型尺寸		case11：箱型尺寸	
	IPS-SOA 算法系列（装箱顺序优化）	VNS-SOA 算法系列（动态尺寸优化）	IPS-SOA 算法系列（装箱顺序优化）	VNS-SOA 算法系列（动态尺寸优化）
Bin01	［1 183，144，144］	［1 183，144，144］	［243，223，203］	［237，197，195］
Bin02	［985，144，144］	［985，144，144］	［749，252，252］	［747，244，240］
Bin03	［2 203，144，144］	［2 194，145，142］	［252，234，222］	［252，218，213］
Bin04	［3 481，144，135］	［2 986，152，135］	［318，252，252］	［317，248，245］
Bin05	［1 271，144，144］	［1 271，144，144］	［352，252，252］	［353，248，245］
Bin06	［662，144，144］	［659，142，140］	［556，252，252］	［549，246，245］
Bin07	［1 037，144，144］	［1 036，144，144］	［258，250，235］	［259，234，232］
Bin08	［1 862，144，144］	［1 862，144，144］	［283，252，252］	［286，247，230］
Bin09	［1 638，144，144］	［1 638，144，144］	［517，252，252］	［510，248，247］
Bin10	［375，144，144］	［374，147，135］	［211，202，168］	［220，177，164］
Bin11	［1 447，144，144］	［1 447，144，144］	［439，252，252］	［440，246，244］
Bin12	［1 746，144，144］	［1 746，144，144］	［255，232，192］	［245，235，171］
Bin13	［2 848，144，144］	［2 801，143，139］	［271，251，210］	［260，240，203］
Bin14	［1 361，144，144］	［1 361，144，144］	［252，250，249］	［255，242，242］
Bin15	［532，144，144］	［518，144，144］	［462，252，252］	［459，250，246］
Bin16	［1 110，144，144］	［1 110，144，144］	［384，252，252］	［380，253，248］
Bin17	［2 007，144，144］	［2 007，144，144］	［600，252，252］	［588，253，242］
Bin18	［852，144，144］	［832，149，139］	［486，252，252］	［483，247，245］
Bin19	［923，144，144］	［916，145，144］	［941，252，252］	［930，251，245］
Bin20	［766，144，144］	［764，143，140］	［856，252，252］	［853，248，243］
Bin21	［1 541，144，144］	［1 541，144，144］	［663，252，252］	［652，249，245］
Bin22	［2 481，144，144］	［2 479，144，141］	［412，252，252］	［421，243，243］

　　具体分析每种箱型尺寸的前后变化可知，在二维尺寸固定的箱型尺寸计算结果基础上，物品装箱顺序的优化对箱型尺寸取值的变化影响较小，而基于动态尺寸优化的 VNS–SOA 算法对箱型尺寸进行优化调整的变动程度较大。另外，在 case4 情况下，虽然也可以通过优化物品装箱顺序和动态调整箱型尺寸得到更优的箱型尺寸取值，使得订单平均装载率水平进一步提高，但是从包装箱形状来看，case4 情况下的包装箱形状过于窄长，在实际中这种形状的包装箱非常少见，因为这种包装箱在装箱操作时由于形状特殊会给装箱作业带来困难，同时，当包装箱装入更大的容器（如车辆）时，也会带来操作不便。相比之下，case11 情况下计算得到的包装箱尺寸与实际情况更加相符，订单平均装载率也达到了很高的水平，更适合作为包装箱标准化的尺寸。由此也可以看出，虽然在二维尺寸固定的装箱策略下，case4 情况下的订单平均装载率水平高于 case11，但是经过智能算子的进一步优化，再加上考虑实际环境下各方面的具体要求，case11 情况下的包装箱尺寸优化策略相对更优。

　　综上所述，在电商仓储环境下，除了物品 SKU 尺寸、订单物品数量以及装箱策略之外，包装箱尺寸的优化也是影响装载率水平的重要因素。一般情况下，物品 SKU 尺寸和订单物品数量信息被认为是固定信息，不可改变。装箱策略是可以通过设计进行适当调整的，本书第 5 章与第 6 章设计了多种箱型三维装箱问题的不同算法，用于融合装箱过程中各个环节的装箱策略。虽然其中大部分策略或算子属于启发式策略，不一定能够保证求得最优解，但是通过多种算法的大量计算实验，基本可以验证和对比各种算法的有效性。包装箱尺寸的标准化策略也与这些已经被充分研究并验证的启发式策略算法及装箱策略紧密相关，基于装箱策略进行数据集中订单实例的物品堆叠和聚类，才能得到切实可行的包装箱尺寸。

　　在电商仓储的实践领域，往往根据装箱作业的现实条件或环境要求确定箱型种类数量。在此基础上，根据本书提出的包装箱尺寸标准化策略，可以优化包装箱尺寸，提升订单平均装载率。本书通过对数据集中订单实例的物品种类、尺寸以及数量方面因素的分析，对比无固定尺寸的包装箱尺寸优化策略、部分维度固定的包装箱尺寸优化策略以及带有智能算子的包装箱尺寸优化策略，选择适合具体订单信息特征以及装箱操作实践要求的包装箱尺寸优化策略。例如，对 JD 数据集进行计算实验可知，通过包装箱标准化尺寸的改进可以得到更高的订单平均装载率水平，相对于原箱型尺寸下表现最好的装箱算法提高了 10% 左右，而这种大幅度的装载率水平提升，是仅靠优化装箱算法而不改进包装箱标准化尺寸难以做到的。另外，二维尺寸固定的物品堆叠聚类策略在装载率提升方面发挥了明显的作用，最优的二维尺寸固定取值在相对偏小的情况下有利于提高装载率，但并非越小越好，这一点通过计算实验已经得到了验证。

8.5.4　箱型尺寸智能优化与改进策略应用

在电商仓储领域，包装箱标准化尺寸的确定是非常复杂的一项工作。现有的包装箱尺寸设计，一部分是按照邮政快递部门公布的基础模数分割得出的，脱离企业实际要求，另一部分是根据装箱操作的实践经验得出的，往往依靠装箱人员的感觉和估计，缺乏精确的计算。本书基于订单装箱的历史数据，通过物品堆叠与聚类算法严格计算得到包装箱标准化尺寸，并定期对订单信息的概率分布变化规律进行总结，提出改进箱型种类数量与尺寸大小的分析建议，提升装箱策略以匹配装箱任务的变化情况。

践行绿色发展理念，降低碳排放，促进"双碳"目标的实现，是本研究的重要导向。根据研究背景（见 1.1.1 节）部分对包装箱全生命周期的碳排放情况，结合快递包装箱回收成本-收益分析可知，在我国当前电商包裹总基数的前提下，包装箱装载率每提高 1 个百分点将带来电商装箱领域碳排放的大量降低。根据本书所采用的智能装箱策略和包装箱尺寸优化方法，单次物流过程可以提高 10% 以上的空间利用率，不仅带来包装耗材量的降低，也减少了配送过程的空载现象，节约了运力方面的碳排放量。如果采用包装箱尺寸优化方法作为包装箱标准化的手段，实现包装箱的回收和重复利用，以每个包装箱回收重复利用 5~10 次计算，电商包装箱环节的碳排放量将大大减少。因此，在这方面的研究和探索切实响应了国家绿色发展理念和"双碳"目标的要求，也是本研究的重要意义所在。

本章小结

本章主要研究了包装箱尺寸智能优化策略，将包装箱的尺寸优化纳入装箱问题的研究范围，建立了物品空间堆叠与聚类的混合整数规划模型，提出了除基础模数整数分割以外包装箱尺寸标准化的方法。本章的研究以前面关于装箱环节策略设计和装箱智能优化策略融合为基础，在箱型种类数量一定的情况下，打破原有各种箱型尺寸的限制，通过物品空间堆叠与聚类的方式得到新的包装箱尺寸，并且在研究了基本的无固定尺寸的物品空间堆叠与聚类策略之后，又分别设计了一维尺寸固定与二维尺寸固定的物品空间堆叠与聚类策略，发现二维尺寸固定的物品空间堆叠与聚类策略是现有启发式策略中表现最好的包装箱尺寸启发式优化策略。根据装箱问题的智能优化策略，本章在二维尺寸固定的物品空间堆叠与聚类启发式策略基础上进一步融合智能优化算法框架，提出了动态改进的包装箱尺寸智能标准化方法；将启发式的物品空间堆叠与聚类策略与混合遗传算法框架相结合，并设计了变邻域搜索算子，提升包装箱标准化尺寸方案的优化程度。对实际数据集的计算实验表明，在包装箱种类数量相同的情况下，单纯的启发式优化策略可以使优化后的包装箱尺寸比原有包装箱尺寸条件下的订单平均装载率提升5%左右，而智能优化策略下的包装箱尺寸可以比原有情况的订单平均装载率水平提升10%左右。由此可见，采用本书提出的包装箱尺寸标准化方法对原有包装箱尺寸进行优化，能够明显地改善电商仓储领域的装箱作业活动，提高订单的装载率水平。

第 9 章　基于空间颗粒模型的不规则物品智能装箱策略研究

习近平总书记指出，"要推进互联网、大数据、人工智能同实体经济深度融合，做大做强数字经济""新一代人工智能正在全球范围内蓬勃兴起，为经济社会发展注入了新动能，正在深刻改变人们的生产生活方式""要抓住产业数字化、数字产业化赋予的机遇，加快5G网络、数据中心等新型基础设施建设，抓紧布局数字经济、生命健康、新材料等战略性新兴产业、未来产业，大力推进科技创新，着力壮大新增长点、形成发展新动能"。在国内国际双循环的背景下，世界经济逐渐向数字化转型，电子商务产业也逐渐被视为战略性新兴产业并得到重大支持。在电商仓储领域，订单物品装箱出库往往是整个仓储管理的瓶颈环节之一。物品装箱操作速度高度依赖工作人员的经验和熟练程度，且装箱方案的空间利用率往往较低，造成运输环节成本增加。尤其在需求高峰时期，不仅订单数量暴增造成出库环节订单积压，每个订单包含的物品件数也会大幅度增加，使装箱方案的优化更加困难。笔者通过跟踪调研淘宝、天猫、拼多多等电商平台的包裹信息发现，电商平台所属的分销领域物品种类繁多、需求个性化特点突出，导致每个订单包含的物品数量不同、形状各异，经常出现不规则物品需要装箱出库的情况。装箱时可选择的箱型也比较多，不同数量、种类的箱子组合使用方案往往需要操作人员凭经验或试错的方式进行优化。尤其在对不规则物品进行装箱时，其装箱位置与方向相较于规则物品而言复杂度更高。

本章的研究角度与研究动机如下：

①三维装箱问题是组合优化领域公认的NP难问题，不规则物品的三维装箱难度更大，现有研究的不规则物品的装箱方案还可以进一步优化。

②现有研究对于装箱问题中箱子可装载空间的计算误差较大，导致装箱方案的空间利用率较低。

③由于3D点云中每个元素仅代表一个体积为零的三维空间点坐标，即便点云极其密集，也无法避免装箱物品位置重叠问题。当3D点云较为稀疏或空间分布不均匀时，物品的位置重叠问题会更加突出。

本章研究的创新与独特之处主要体现在以下三个方面：

①采用点云刻画不规则物品的形状，通过颗粒化的方法将稀疏不均匀的点云转化为不规则物品的空间颗粒凸包，并将箱子的装载空间进行颗粒化，

以解决不规则物品装箱时的位置重叠问题。

②构建了不规则物品三维装箱问题的空间颗粒模型，以提高装箱方案的空间利用率。

③提炼装箱活动实践操作的专家规则，设计了基于经验模拟的启发式算法，并结合 DQN 算法框架设计了针对不规则物品三维装箱问题的智能决策算法，以进一步优化现有研究的不规则物品的装箱方案。

对不规则物品形状的刻画是求解其装箱方案的前提，可以采用倾斜摄影技术获取 3D 点云，构建不规则物品三维实景模型。2019 年 8 月，康耐视公司推出了 3D-A1000 体积测量系统（如图 9-1 所示）。它使用了 3D 特征光技术（symbolic light），结合 2D 检测功能，能够通过一连串图像捕捉运动物体在各个瞬间的姿态，并生成 3D 点云数据，快速实现对物品形状的准确识别。以不规则物品的 3D 点云为数据基础，本研究聚焦电商仓储领域的不规则物品三维装箱问题，结合采集到的不规则物品 3D 点云，将整个装箱过程转化为对空间颗粒矩阵的操作，提出了不规则物品三维装箱的空间颗粒模型，能够非常方便地计算出箱子不同空间位置可容纳物品的体积。一般情况下，会通过在电商仓储包装箱内填充不同类型的填充物解决物品支撑问题，每件物品的体积相对较小，重量有限，相互挤压变形的可能性不大。因此，在计算装箱方案时暂不考虑支撑与挤压问题，重点优化提升箱子的空间利用率。

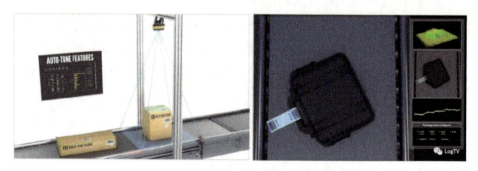

图 9-1 3D-A1000 不规则物品体积测量示意图

三维装箱问题是经典的一维和二维装箱问题的自然推广。近年来，在这一问题上的研究和出版物迅速增多。早期的研究较多地集中在二维装箱问题，包括形状规则或不规则的物品，或者将三维装箱问题转化为二维装箱问题进行研究，但是将二维装箱算法应用到三维装箱问题可能会导致较差的空间利用率。

三维装箱问题是一个 NP 难问题，通常采用精确算法来解决小尺度问题。目前有研究采用列生成算法，其中定价子问题是一个二维的层生成问题。另外，也有研究采用分支定价算法求解带时间窗的装箱问题。在大多数精确解中，通常不考虑物品方向旋转。装箱问题在不同的应用场景下会产生不同的实际约束，有些研究着重强调问题的实践性与特殊性，呈现出从侧重理论逐步过渡到侧重实际应用的趋势。关于三维装箱问题中的托盘装载问题（PLP）的完整解决方案，需要充分考虑实际约束的垂直支撑、承重、平面图排序和重量限制等，采用基于层的列生成方法，利用二阶锥规划解决垂直支撑问题，用图形表示来跟踪载荷分布以满足承载要求。

在现实中，启发式算法优先用于解决大规模问题。根据实际问题的不同，可以分阶段采用启发式方法求解复杂问题。除了基本启发式算法外，还有诸多增强启发式算法。有学者提出"复合块"的概念，后续研究基于此概念采用深度优先搜索，大大提高了算法的有效性。另外，也有学者根据牛顿运动定律推导出刚体静力平衡条件，作为新的静态稳定性判断依据，采用多种群有偏随机密钥遗传算法求解。随机密钥遗传算法也可以用来控制物品序列和物品的旋转，并且已有该算法并行实现的方法。

关于不规则物品的装箱问题，有很多研究集中于二维不规则物品的装箱，典型的例子包括服装、家具、皮革、玻璃或钣金切割，使用的模型包括混合整数线性规划模型、非线性规划模型和约束规划模型等。其中，在数学模型中采用了栅格点法、正交三角法、phi 函数法和非拟合多边形法。光栅渗透地图被应用在解决不规则物品的二维装箱问题上，以减少重叠值的在线计算成本；还使用了简单的点板模型，显示了采用离散布局的优点，可以应用于其他不规则布局问题。点状板模型允许货物在集装箱内自由移动，为不规则包装问题创造了一个大的连续解决空间，为了规避这一问题，可以使用虚线板模型，使放置空间受到网格的限制。有学者提出不适合栅格的新概念，设置受限的放置规则，该方法可以便捷地处理位置重叠约束，以减少搜索空间，并使用不匹配的栅格加速碰撞检测。二维装箱问题针对非拟合多边形的外部区域如何分区差异很大，比较有代表性的是水平切片法，该方法属于连续精确算法。凸分解项的鲁棒混合整数线性规划模型也被应用于求解装箱问题，得到了略微改进的结果后，学者又引入了新的对称破坏约束对模型进行了改进。

三维不规则装箱问题（也被称为嵌套问题）属于更一般的切割和包装问题，包括分配一组不规则和规则件到较大的矩形或不规则容器中，同时最小化材料或空间的浪费。对于不规则物品的三维装箱问题，无方向限定时物品可旋转任意角度，导致装箱方案变得十分复杂，为了简化计算常不考虑旋转的情况，采用启发式算法求解。第一篇解决不受限制旋转的不规则形状二维装箱题的论文来自对瓷砖行业的研究，但实际上要求每一块都有一个固定的方向，并跨箱分配物品位置，提出的改进局部搜索受到碎片大小和箱子大小之间比例的影响。基于最小总势能原理的三维不规则包装问题 HAPE3D 算法是新提出的启发式算法，涉及包装一组形状不规则的多面体到固定宽度和长度的容器中（但无约束高度）。该算法可以处理任意形状的多面体，其最突出的优点是不需要计算非拟合多面体。phi-函数和拟 phi-函数已被广泛而成功地应用于各种填充问题的建模，学者构造基本自由的拟 phi-函数来解析描述凹多面体的非重叠约束，并构造了调整后的拟 phi-函数来解析描述凹多面体之间的最小允许距离，建立了凹多面体最优装箱问题连续非线性规划问题的精确数学模型，考虑了旋转并计算得到五件物品的最佳空间布局。

装箱问题的研究趋势正在从二维规则物品的装箱转向三维不规则物品的装箱，这一转变过程中模型与算法都在发生重大变革。在模型方面，phi-函数技术成为构建三维不规则物品装箱模型的重要手段，已有研究多采用三维多面体的形式刻画不规则物品，几乎没有关于非多面体形状的极不规则物品的研究。关于装箱问题的算法设计，尚未有使用列生成或分支定价等精确算法求解不规则物品三维装箱问题的成熟研究。不论精确算法还是启发式算法，几乎都是基于规则驱动的算法，需要研究者洞察问题的规律和特点，改进规则的设计，算法的有效性才能不断提升。基于较少规则设计、重在数据驱动与自行寻优的智能算法已经开始兴起，阿里菜鸟物流的研究人员基于能够有效解决某些组合优化问题的深度强化学习方法（pointer network）来优化物品的放入顺序。物流装箱研究及人工智能相关算法在求解装箱问题上的研究是未来可能的研究热点。

鉴于上述情况，本研究在产业数字化、数字产业化的背景下，结合电商仓储中不规则物品装箱的具体情况，针对多箱型的不规则物品三维装箱问题，进行了以下几个方面的研究：

①提出了利用3D点云计算不规则物品三维多面体凸包与空间颗粒凸包的方法，并将箱子的装载空间也进行颗粒化。

②根据不规则物品的空间颗粒凸包求得物品装箱位置与可容纳的空间，非常简洁地处理物品位置重叠约束，将二维装箱问题的点板模型扩展到三维空间，建立多箱型不规则物品三维装箱问题的空间颗粒模型。

③根据电商仓储领域装箱操作的实践经验调研，总结装箱人员在工作过程中的经验规则，设计了经验模拟的启发式算法，并且基于DQN算法框架设计了智能装箱决策算法。

④鉴于多箱型的不规则物品装箱问题缺乏算法验证的数据平台，将经验模拟算法的计算结果作为算法有效性的参考依据，在不规则装箱基准实例的基础上开发了新的装箱基准实例，并通过大量算例模拟证明了算法的有效性。

9.1 装箱决策问题的空间颗粒模型

9.1.1 不规则物品的空间颗粒转化

用点云刻画物品形状是不规则物品体积测量领域的主流方法，可以快速计算不规则物品的体积。但是，对于三维装箱问题，直接使用不规则物品的点云进行计算存在较大问题，最重要的是难以避免物品之间的位置重叠。由于3D点云中每个元素仅代表一个体积为零的三维空间点坐标，即便点云极其密集，也无法避免装箱物品位置重叠问题。当3D点云较为稀疏或空间分布不均匀时，物品的位置重叠问题会更加突出。例如，长方体的8个顶点即为该物品最为稀疏的点云，而且该点云已经包含长方体所有的形状和体积信息，但是显然无法仅凭这些顶点，在不做任何处理的情况下避免装箱时的位置重叠，对于不规则物品的复杂情况更是如此。

为了避免物品位置重叠问题，可以采用将 3D 点云颗粒化的方法，即采用空间颗粒矩阵刻画不规则物品的形状和体积。每个空间颗粒可以被看作一个极小的正方体，其棱长可以根据计算的精度要求适当细化，在此统称为单位长度。当每个空间颗粒足够小的时候，则可以逼近不规则物品真正的形状，非多面体形状极不规则的物品也可以用空间颗粒组合表示。具体颗粒化的过程分为以下两种情况：

其一，当点云在三维空间分布均匀，且密集程度在单位空间内大于或等于 1 个数据元素时，可以将点云密集程度转化为仅保留一个数据元素的单位空间，然后将点云颗粒化，以点云中的每个点坐标为集合中心，分别向 x 轴、y 轴、z 轴的正负两个方向扩展 0.5 个单位长度，形成一个小的正方体，即为单位空间颗粒，由此将点云刻画的不规则物品形状转化为相应的空间颗粒组合。

其二，当点云分布不均匀或较为稀疏，单位空间中小于 1 个数据元素时（如图 9-2 中的子图（1）所示），可以利用该点云数据建立不规则物品的三维平面凸包（如图 9-2 中的子图（2）所示），然后将其转化为不规则物品的空间颗粒凸包（如图 2 中的子图（3）所示），从而实现点云数据的颗粒化，避免装箱物品空间重叠。在实际操作中，使点云适当稀疏化可以减少平面凸包的计算量。

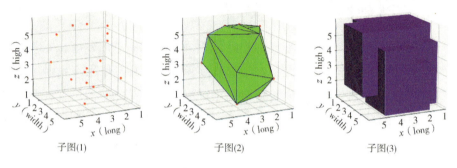

子图(1)　　　　　　子图(2)　　　　　　子图(3)

图 9-2　不规则物品稀疏点云颗粒化过程示意图

平面凸包的计算方法如下：

①根据三点确定一个平面的原理，利用空间三点确定平面的计算公式确定各平面解析方程。设 3D 点云中任意三点的三维坐标分别为 (x_1, y_1, z_1)，(x_2, y_2, z_2)，(x_3, y_3, z_3)，由此确定的平面方程为：

$$A \cdot x + B \cdot y + C \cdot z + D = 0 \tag{9-1}$$

$$A = y_2 \cdot z_3 - y_2 \cdot z_1 - y_1 \cdot z_3 - y_3 \cdot z_2 + y_1 \cdot z_2 + y_3 \cdot z_1 \tag{9-2}$$

$$B = x_3 \cdot z_2 - x_1 \cdot z_2 - x_3 \cdot z_1 - x_2 \cdot z_3 + x_2 \cdot z_1 + x_1 \cdot z_3 \tag{9-3}$$

$$C = x_2 \cdot y_3 - x_2 \cdot y_1 - x_1 \cdot y_3 - x_3 \cdot y_2 + x_3 \cdot y_1 + x_1 \cdot y_2 \tag{9-4}$$

$$D = x_1 \cdot y_3 \cdot z_2 + x_2 \cdot y_1 \cdot z_3 + x_3 \cdot y_2 \cdot z_1 - x_1 \cdot y_2 \cdot z_3 - x_3 \cdot y_1 \cdot z_2 - x_2 \cdot y_3 \cdot z_1 \tag{9-5}$$

②实际上，并非 3D 点云中的任意三点都能作为构成凸包的平面，有些平面穿过点云内部将点云分隔为两部分时，则不符合凸包平面的要求。可以通过代入点云中各点坐标的方式筛选符合要求的平面。将点云中的所有点坐标代入多项式：

$$A \cdot x + B \cdot y + C \cdot z + D \tag{9-6}$$

若结果均大于等于 0 或均小于等于 0，则：

$$A \cdot x + B \cdot y + C \cdot z + D = 0 \tag{9-7}$$

为凸包平面。经过筛选得到的所有满足条件的平面方程所围成的三维空间，即为不规则物品的三维平面凸包。

空间颗粒凸包的计算方法如下：

①由于颗粒的棱长为单位长度，并且以整数点为颗粒中心，为了避免颗粒凸包不能完全包裹不规则物体的情况，分别在 x 轴、y 轴和 z 轴的方向，以 0.5 单位的步长遍历三维平面凸包中的所有点，得到满足条件的空间颗粒点集。对该点集做进一步处理，将所有非整数坐标点均转换为整数坐标点。设平面凸包内的某一点坐标为 (x^0, y^0, z^0)，列举不同情况下的点集转换过程如下，$\lfloor \rfloor$ 表示向下取整。

当 $x^0 = x^0, y^0 = y^0, z^0 = z^0$ 时，$(x^0, y^0, z^0) \xrightarrow{\text{转换为}} \{(x^0, y^0, z^0)\}$ 　(9-8)

当 $x^0 \neq x^0, y^0 = y^0, z^0 = z^0$ 时，$(x^0, y^0, z^0) \xrightarrow{\text{转换为}} \{(x^0, y^0, z^0), (x^0 + 1, y^0, z^0)\}$

$$\tag{9-9}$$

当 $x^0 = x^0$, $y^0 \neq y^0$, $z^0 = z^0$ 时，$(x^0,\ y^0,\ z^0) \xrightarrow{\text{转换为}} \{(x^0,\ y^0,\ z^0),\ (x^0,\ y^0 + 1,\ z^0)\}$

$$(9-10)$$

当 $x^0 = x^0$, $y^0 = y^0$, $z^0 \neq z^0$ 时，$(x^0,\ y^0,\ z^0) \xrightarrow{\text{转换为}} \{(x^0,\ y^0,\ z^0),\ (x^0,\ y^0,\ z^0 + 1)\}$

$$(9-11)$$

当 $x^0 \neq x^0$, $y^0 \neq y^0$, $z^0 = z^0$ 时，

$$(x^0,\ y^0,\ z^0) \xrightarrow{\text{转换为}} \left\{ \begin{array}{l} (x^0,\ y^0,\ z^0),\ (x^0 + 1,\ y^0,\ z^0) \\ (x^0,\ y^0 + 1,\ z^0),\ (x^0 + 1,\ y^0 + 1,\ z^0) \end{array} \right\} \quad (9-12)$$

当 $x^0 = x^0$, $y^0 \neq y^0$, $z^0 \neq z^0$ 时，

$$(x^0,\ y^0,\ z^0) \xrightarrow{\text{转换为}} \left\{ \begin{array}{l} (x^0,\ y^0,\ z^0),\ (x^0,\ y^0,\ z^0 + 1) \\ (x^0,\ y^0 + 1,\ z^0),\ (x^0,\ y^0 + 1,\ z^0 + 1) \end{array} \right\} \quad (9-13)$$

当 $x^0 \neq x^0$, $y^0 = y^0$, $z^0 \neq z^0$ 时，

$$(x^0,\ y^0,\ z^0) \xrightarrow{\text{转换为}} \left\{ \begin{array}{l} (x^0,\ y^0,\ z^0),\ (x^0 + 1,\ y^0,\ z^0) \\ (x^0,\ y^0,\ z^0 + 1),\ (x^0 + 1,\ y^0,\ z^0 + 1) \end{array} \right\} \quad (9-14)$$

当 $x^0 \neq x^0$, $y^0 \neq y^0$, $z^0 \neq z^0$ 时，

$$(x^0,\ y^0,\ z^0) \xrightarrow{\text{转换为}} \left\{ \begin{array}{l} (x^0,\ y^0,\ z^0),\ (x^0 + 1,\ y^0,\ z^0) \\ (x^0,\ y^0 + 1,\ z^0),\ (x^0,\ y^0,\ z^0 + 1) \\ (x^0 + 1,\ y^0 + 1,\ z^0),\ (x^0 + 1,\ y^0,\ z^0 + 1) \\ (x^0,\ y^0 + 1,\ z^0 + 1),\ (x^0 + 1,\ y^0 + 1,\ z^0 + 1) \end{array} \right\} \quad (9-15)$$

②将转换后得到的所有点全部加入空间颗粒点集中，并将该集合去重得到最终的空间颗粒点集。以该点集中的各点为中心，分别向 x 轴、y 轴、z 轴的正负两个方向扩展 0.5 个单位长度，形成一个小的正方体，即为单位空间颗粒，由此得到转化后的空间颗粒凸包。

上述方法适用于物品为凸多面体的情况，当物品为凹多面体时，只需将其拆分为多个凸多面体的组合，对每个凸多面体分别计算后，再将空间颗粒汇总即可。转化后的空间颗粒凸包可以表示为矩阵的形式，即空间颗粒矩阵，可以用作刻画不规则物品的形状和体积，该矩阵元素则为每个空间颗粒中心点的整数坐标。

设有 m 件不规则物品，其中第 i 件对应的点云和相应的空间颗粒矩阵中包含的坐标数量为 R_i 和 T_i。则该物品初始状态的点云矩阵（$\boldsymbol{F}_i$）和空间颗粒矩

阵 (M_i) 可以表示为:

$$F_i = \left[\left(x_{r_i}^i,\ y_{r_i}^i,\ z_{r_i}^i \right) \right]_{R_i \times 1} \tag{9-16}$$

$$M_i = \left[\left(a_{t_i}^i,\ b_{t_i}^i,\ c_{t_i}^i,\ 1,\ 0,\ 0 \right) \right]_{T_i \times 1} \tag{9-17}$$

其中,$t_i \in \{ Z_+ | 1 \leqslant t_i \leqslant T_i \}$ 且 $r_i \in \{ Z_+ | 1 \leqslant r_i \leqslant R_i \}$,各元素的具体含义如下:

$x_{r_i}^i$,$y_{r_i}^i$,$z_{r_i}^i$ 分别表示第 i 种货物的点云坐标矩阵中第 r_i 个数据的三维整数坐标,x 轴坐标为 $x_{r_i}^i$,y 轴坐标为 $y_{r_i}^i$,z 轴坐标为 $z_{r_i}^i$。

$a_{t_i}^i$,$b_{t_i}^i$,$c_{t_i}^i$ 分别表示第 i 种货物的颗粒坐标矩阵中第 t_i 个空间颗粒中心点的三维整数坐标,x 轴坐标为 $a_{t_i}^i$,y 轴坐标为 $b_{t_i}^i$,z 轴坐标为 $c_{t_i}^i$。

第 i 种货物的颗粒矩阵坐标向量中第 4 个元素为 1,表示该坐标向量对应的空间颗粒状态为满,即已有货物装入。

第 i 种货物的颗粒矩阵坐标向量中设置第 5、6 个元素均为 0,主要是为了使该向量维度与各种类型箱子的空间颗粒向量坐标维度一致,方便对货物装箱移动过程中的向量坐标进行运算。

9.1.2 箱子的空间颗粒转化

设共有 n 种型号的箱子可供选择,均为大小不同的长方体形状。如图 9-3 所示,各种型号箱子的长、宽、高分别记为 L_j,W_j,H_j,其中,$j = 1$,2,…,n。如图 9-4 所示,建立三维空间坐标系,并将该三维空间颗粒化,即将其中的每个整数点坐标看作一个单位长度的立方体,则该三维空间可以看作由无穷多个单位大小的正方体组合而成。根据问题精度的要求不同,可以调整该三维空间内颗粒的细化程度,本书仅以单位大小的颗粒度进行说明。因此,任何放入该空间的物体均可以看作占据了多个单位立方体组合而成的部分空间。

假设选择装入货物的箱子总数量不超过 K 个,第 k 次选择第 j 种类型的箱子,将各种类型的箱子依次排列,并将其放入三维空间中 $x \geqslant 0$、$y \geqslant 0$ 且 $z \geqslant 0$ 的象限。为了充分表示箱子的空间颗粒状态,除了基本的三维空间坐标信息以外,还需要明确该空间是否被占用,以及该箱子为第几次选择的什么型号的箱子。因此,第 k 次选择的第 j 种类型箱子初始位置与大小可以用六维向量

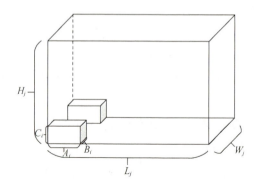

图 9-3　箱子与货物形状尺寸示意图

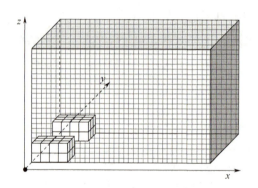

图 9-4　颗粒组合装箱示意图

所组成的空间颗粒矩阵表示，记为 N_{jk}。

$$N_{jk} = \left[(o^{jk}_{l_j w_j h_j} p^{jk}_{l_j w_j h_j} q^{jk}_{l_j w_j h_j}, \ d^{jk}_{l_j w_j h_j}, \ k) \right]_{L_j \times W_j \times H_j} \tag{9-18}$$

其中，各元素的具体含义如下：

$o^{jk}_{l_j w_j h_j}$、$p^{jk}_{l_j w_j h_j}$、$q^{jk}_{l_j w_j h_j}$ 分别表示第 k 次选择的第 j 种类型箱子的颗粒坐标矩阵中 x 轴坐标为 l_j、y 轴坐标为 w_j、z 轴坐标为 h_j 的坐标向量中第 1、2、3 个元素，取值分别为 l_j、w_j、h_j。

$d^{jk}_{l_j w_j h_j}$ 表示该空间颗粒装入货物的数量（$d^{jk}_{l_j w_j h_j} \in Z_+$）。若 $d^{jk}_{l_j w_j h_j} = 0$，表示该颗粒空间为空；若 $d^{jk}_{l_j w_j h_j} > 0$，表示该颗粒空间有货物装入。实践中，1 个空间颗粒位置最多允许装入 1 件货物，则有 $d^{jk}_{l_j w_j h_j} \leq 1$。

j 表示该空间颗粒坐标向量所属箱子的种类，$j = 1$，2，$\cdots$，n。

k 表示该空间颗粒坐标向量所属箱子是在哪一次被选择使用的，$k = 1$，2，$\cdots$，K。

9.1.3 空间颗粒模型构建

在上述装箱问题空间颗粒的描述与变量假设基础上，不规则物品装箱过程还需要考虑两个关键的问题：①装箱前物品相对空间位置的旋转变化；②装箱动作使物品相对于当前位置产生的移动向量。

（1）物品空间旋转情况

在物品旋转方向没有限制的情况下，物品可以分别绕 x 轴、y 轴、z 轴进行 $360°$ 旋转，并在相对空间位置上呈现出复杂的变化。为了避免空间颗粒坐标旋转后为非整数的情况，可以基于物品初始点云数据，在分别给定三个维度的旋转角度时计算出旋转后新的点云数据，进而对旋转后的点云颗粒化得到新的物品空间颗粒凸包，再进行装箱操作。

记 (x_i^*, y_i^*, z_i^*) 为第 i 件不规则物品长方体凸包的几何中心，则有：

$$x_i^* = 0.5 \cdot (\min\{x_{r_i}^i\} + \max\{x_{r_i}^i\}) \tag{9-19}$$

$$y_i^* = 0.5 \cdot (\min\{y_{r_i}^i\} + \max\{y_{r_i}^i\}) \tag{9-20}$$

$$z_i^* = 0.5 \cdot (\min\{z_{r_i}^i\} + \max\{z_{r_i}^i\}) \tag{9-21}$$

以 (x_i^*, y_i^*, z_i^*) 为第 i 件不规则物品的旋转中心，设其沿 x 轴、y 轴、z 轴方向旋转的弧度分别为 θ_i^x，θ_i^y，$\theta_i^z \in [0, 2\pi]$，则坐标 $(x_{r_i}^i, y_{r_i}^i, z_{r_i}^i)$ 的旋转移动过程为：

①沿 z 轴方向旋转 $z_{r_i}^i$ 不变，得到的新坐标为 $(\hat{x}_{r_i}^{iz}, \hat{y}_{r_i}^{iz}, z_{r_i}^i)$，其中：

$$\hat{x}_{r_i}^{iz} = x_i^* + (x_{r_i}^i - x_i^*) \cdot \cos(\theta_i^z) - (y_{r_i}^i - y_i^*) \cdot \sin(\theta_i^z) \tag{9-22}$$

$$\hat{y}_{r_i}^{iz} = y_i^* + (x_{r_i}^i - x_i^*) \cdot \sin(\theta_i^z) - (y_{r_i}^i - y_i^*) \cdot \cos(\theta_i^z) \tag{9-23}$$

②沿 y 轴方向旋转 $\hat{y}_{r_i}^{iz}$ 不变，得到的新坐标为 $(\hat{x}_{r_i}^{izy}, \hat{y}_{r_i}^{iz}, \hat{z}_{r_i}^{iz})$，其中：

$$\hat{z}_{r_i}^{iy} = z_i^* + (x_{r_i}^i - x_i^*) \cdot \sin(\theta_i^y) - (z_{r_i}^i - z_i^*) \cdot \cos(\theta_i^y) \tag{9-24}$$

$$\hat{x}_{r_i}^{izy} = x_i^* + (\hat{x}_{r_i}^{iz} - x_i^*) \cdot \cos(\theta_i^y) - (z_{r_i}^i - z_i^*) \cdot \sin(\theta_i^y) \tag{9-25}$$

③沿 x 轴方向旋转 $\hat{x}_{r_i}^{izy}$ 不变，得到的新坐标为 $(\hat{x}_{r_i}^{izy}, \hat{y}_{r_i}^{izx}, \hat{z}_{r_i}^{iyx})$，其中：

$$\hat{y}_{r_i}^{izy} = y_i^* + (\hat{y}_{r_i}^{iz} - y_i^*) \cdot \cos(\theta_i^x) - (z_{r_i}^{iy} - z_i^*) \cdot \sin(\theta_i^x) \qquad (9-26)$$

$$\hat{z}_{r_i}^{iyx} = z_i^{iy} + (\hat{y}_{r_i}^{iz} - y_i^*) \cdot \sin(\theta_i^x) - (z_{r_i}^{iy} - z_i^*) \cdot \cos(\theta_i^x) \qquad (9-27)$$

则第 i 件不规则物品点云坐标（$x_{r_i}^i$，$y_{r_i}^i$，$z_{r_i}^i$），旋转后为（$\hat{x}_{r_i}^{izy}$，$\hat{y}_{r_i}^{izx}$，$\hat{z}_{r_i}^{iyx}$），对应的空间颗粒坐标矩阵记为：

$$\bar{M}_i = [(\hat{a}_{t_i}^i，\hat{b}_{t_i}^i \hat{c}_{t_i}^i，1，0，0)]_{T_j \times 1} \qquad (9-28)$$

则 $\hat{M}_i$ 为实际装箱时计算不规则物品形状所采用的空间颗粒凸包。

（2）移动向量的作用

通过移动向量 $\boldsymbol{V}_{ijk}$ 与第 i 件货物的空间颗粒坐标矩阵中坐标向量的对应元素相加，可以实现货物空间颗粒矩阵的移动，完成装箱动作。其中，$\boldsymbol{V}_{ijk}$ 表示将货物 i 装入第 k 次选择的第 j 种类型箱子的颗粒坐标矩阵移动向量。每件货物只能装入箱子 1 次。

$$\boldsymbol{V}_i = \sum_{j=1}^{n} \sum_{k}^{K} \varepsilon_{ijk} \cdot G_{jk} \cdot (x_{ij}^V，y_{ij}^V，z_{ij}^V，0，j，k)，\varepsilon_{ijk} = \begin{cases} 1 & 装入 \\ 0 & 不装入 \end{cases} \qquad (9-29)$$

$$G_{jk} = \begin{cases} 1 选用，即 \sum_{l_j=1}^{L_j} \sum_{w_j=1}^{W_j} \sum_{h_j=1}^{H_j} d_{l_j w_j h_j}^{jk} \geq 1 \\ 0 不选用，即 \sum_{l_j=1}^{L_j} \sum_{w_j=1}^{W_j} \sum_{h_j=1}^{H_j} d_{l_j w_j h_j}^{jk} = 0 \end{cases} \quad \sum_{j=1}^{n} \sum_{k=1}^{k} \varepsilon_{ijk} \cdot G_{jk} = 1 \qquad (9-30)$$

其中，各元素的具体含义如下：

ε_{ijk}：表示是否第 i 件货物装入第 k 次选用的第 j 种类型的箱子。

G_{jk}：表示是否第 k 次选用第 j 种类型的箱子。

x_{ij}^V，y_{ij}^V，z_{ij}^V：分别表示第 i 件货物装入第 j 种类型箱子时 x、y、z 轴各方向移动的距离大小。

第 i 件货物的空间颗粒矩阵 $\boldsymbol{M}_i$ 移动向量 $\boldsymbol{V}_{ijk}$ 的作用下，装箱过程运算如下：

$$\boldsymbol{M}_i + \boldsymbol{V}_{ijk} = [(a_{ti}^i，b_{ti}^i，c_{ti}^i，1，0，0)]_{T_j \times 1}^n + \sum_{j=1}^{n} \sum_{k}^{K} E_{ijk} \cdot E_{ijk} \cdot (x_{ij}^v，y_{ij}^v，z_{ij}^v，0，i，k)$$

$$(9-31)$$

另设变量 $e_{l_j w_j h_j}^{ijk}$ 表示第 i 件货物装箱后是否占据了第 k 次选择的第 i 种类型箱子中 x、y、z 轴坐标分别为 l_j、w_j、h_j 的空间颗粒位置。将移动后的货物空间颗粒矩阵坐标与对应箱子的空间颗粒坐标逐一对比，当坐标信息完全相同时，说明该空间位置被当前货物占据，$e_{l_j w_j h_j}^{ijk}$ 取值为 0，否则取值为 1。

$$e_{l_j w_j h_j}^{ijk} = \begin{cases} 1 & 空间位置被第\,i\,件货物占据 \\ 0 & 空间位置为空 \end{cases} \qquad (9-32)$$

$$e_{l_i w_i f_i}^{ijk} = = \begin{cases} 1 & 空间位置被\,i\,件货物占据，即\,d_{l_j w_j h_j}^{jk} = \sum_{i=1}^{m} e_{l_j w_j h_j}^{ijk} \\ 0 & 空间位置为空 \end{cases} \qquad (9-33)$$

具体而言，将移动后的货物空间颗粒坐标与各个箱子的空间颗粒坐标分为四个部分，并将二者做差且取绝对值进行分析。设 D_{ijk}^{x}、D_{ijk}^{y}、D_{ijk}^{z}、D_{ijk}^{*} 分别表示空间颗粒坐标向量不同部分元素差值的绝对值。

$$D_{ijk}^{x} = \left| \hat{a}_{t_i}^{i} + \left(\sum_{j,\,k \in \Phi} \varepsilon_{ijk} \cdot G_{jk} \cdot x_{ij}^{V} \right) - o_{l_j w_j h_j}^{jk} \right| \qquad (9-34)$$

$$D_{ijk}^{y} = \left| \hat{b}_{t_i}^{i} + \left(\sum_{j,\,k \in \Phi} \varepsilon_{ijk} \cdot G_{jk} \cdot y_{ij}^{V} \right) - p_{l_j w_j h_j}^{jk} \right| \qquad (9-35)$$

$$D_{ijk}^{z} = \left| \hat{c}_{t_i}^{i} + \left(\sum_{j,\,k \in \Phi} \varepsilon_{ijk} \cdot G_{jk} \cdot z_{ij}^{V} \right) - q_{l_j w_j h_j}^{jk} \right| \qquad (9-36)$$

$$D_{ijk}^{*} = \left| \left(\sum_{j,\,k \in \Phi} \varepsilon_{ijk} \cdot G_{jk} \cdot j \right) - j \right| + \left| \left(\sum_{j,\,k \in \Phi} \varepsilon_{ijk} \cdot G_{jk} \cdot k \right) - k \right| \qquad (9-37)$$

$$D_{ijk}^{x} = \left| \hat{a}_{ijk}^{i} + \left(\sum_{j,\,k \in \varnothing} \varepsilon_{ijk} \cdot G_{jk} \cdot x_{jk}^{V} \right) - o_{l_i w_i h_i}^{jk} \right| \qquad (9-38)$$

$$D_{ijk}^{y} = \left| \hat{b}_{ijk}^{i} + \left(\sum_{j,\,k \in \varnothing} \varepsilon_{ijk} \cdot G_{jk} \cdot y_{jk}^{V} \right) - p_{l_i w_i h_i}^{jk} \right| \qquad (9-39)$$

$$D_{ijk}^{z} = \left| \hat{c}_{ijk}^{i} + \left(\sum_{j,\,k \in \varnothing} \varepsilon_{ijk} \cdot G_{jk} \cdot z_{jk}^{V} \right) - q_{l_i w_i h_i}^{jk} \right| \qquad (9-40)$$

$$D_{ijk}^{*} = \left| \left(\sum_{j,\,k \in \varnothing} \varepsilon_{ijk} \cdot G_{jk} \cdot j \right) - j \right| + \left| \left(\sum_{j,\,k \in \varnothing} \varepsilon_{ijk} \cdot G_{jk} \cdot k \right) - k \right| \qquad (9-41)$$

（3）模型建立

在以上前提条件即变量假设的基础上，构建装箱问题的数学模型如下：

$$\min \sum_{j,\,k \in \varphi} G_{jk} \cdot (L_j \cdot W_j \cdot H_j) - \sum_{j,\,k \in \varphi l_j,\,w_j,\,h_j \in \Omega} \sum_{i \in \psi} e_{l_j w_j h_j}^{ijk} \qquad (9-42)$$

$$1 - e_{l_j w_j h_j}^{ijk} \leqslant M^{*} \cdot (D_{ijk}^{x} + D_{ijk}^{y} + D_{ijk}^{z} + D_{ijk}^{*}) \qquad (9-43)$$

$$M^{*} \cdot (1 - e_{l_j w_j h_j}^{ijk}) \geqslant (D_{ijk}^{x} + D_{ijk}^{y} + D_{ijk}^{z} + D_{ijk}^{*}) \qquad (9-44)$$

$$\sum_{i \in \psi} e_{l_j w_j h_j}^{ijk} \leqslant 1 \qquad (9-45)$$

$$\sum_{j,\,k \in \varphi} \varepsilon_{ijk} \cdot G_{jk} = 1 \qquad (9-46)$$

$$\sum_{j \in \theta} G_{jk} = 1 \qquad (9-47)$$

$$G_{jk} \leqslant \sum_{l_j, \ w_j, \ h_j \in \Omega} \sum_{i \in \psi} e^{ijk}_{l_j w_j h_j} \tag{9-48}$$

$$M^* \cdot G_{jk} \geqslant \sum_{l_j, \ w_j, \ h_j \in \Omega} \sum_{i \in \psi} e^{ijk}_{l_j w_j h_j} \tag{9-49}$$

$$1 \leqslant \hat{a}^i_{t_i} + \left(\sum_{j, \ k \in \varphi} \varepsilon_{ijk} \cdot G_{jk} \cdot x^V_{ij} \right) \leqslant L_j + 1 \tag{9-50}$$

$$1 \leqslant \hat{b}^i_{t_i} + \left(\sum_{j, \ k \in \varphi} \varepsilon_{ijk} \cdot G_{jk} \cdot y^V_{ij} \right) \leqslant W_j + 1 \tag{9-51}$$

$$1 \leqslant \hat{c}^i_{t_i} + \left(\sum_{j, \ k \in \varphi} \varepsilon_{ijk} \cdot G_{jk} \cdot z^V_{ij} \right) \leqslant H_j + 1 \tag{9-52}$$

$$\varepsilon_{ijk}, \ G_{jk}, \ e^{ijk}_{l_j w_j h_j} \in B^1 \tag{9-53}$$

$$x^V_{ij}, \ y^V_{ij}, \ z^V_{ij}, \ i, \ j, \ k, \ l_j, \ w_j, \ h_j, \ \hat{a}_i, \ \hat{b}_i, \ \hat{c}_i \in Z_+ \tag{9-54}$$

$$\Omega = \{l_j, \ w_j, \ h_j \in Z_+ | \ 1 \leqslant l_j \leqslant L_j + 1, \ 1 \leqslant w_j \leqslant W_j + 1, \ 1 \leqslant h_j \leqslant H_j + 1\} \tag{9-55}$$

$$\varphi = \{j, \ k \in Z_+ | \ 1 \leqslant j \leqslant n, \ 1 \leqslant k \leqslant K\} \tag{9-56}$$

$$\psi = \{i \in Z_+ | \ 1 \leqslant i \leqslant m\} \tag{9-57}$$

$$\theta = \{j \in Z_+ | \ 1 \leqslant j \leqslant n\} \tag{9-58}$$

M^* 为足够大的正数。

在上述模型中，式（9-42）为目标函数，表示已经被选中进行装货的箱子在将所有货物全部装入后剩余空闲的空间体积之和，并以其最小化为优化目标；式（9-43）与式（9-44）表示将货物移动装入箱子后对应位置的状态发生的变化，已装入货物的空间颗粒状态值变为1，否则仍为0；式（9-45）表示箱子的空间颗粒状态最大值为1，即每个空间颗粒的位置最多允许装入1件货物，即货物装入箱子的位置不能重叠；式（9-46）与式（9-47）表示每次只选择一个一种型号的箱子用来装入货物；式（9-48）与式（9-49）表示当箱子的空间颗粒中存在状态值为1的情况时，则该箱子被选中用来装入货物；式（9-50）至式（9-52）表示移动装箱后各货物的空间颗粒全部在目标箱子的空间范围内；式（9-53）至式（9-58）表示模型中各变量的取值范围。

9.2　空间颗粒模型算法设计

多种箱型的不规则物品三维装箱决策问题研究较少，缺乏衡量装箱效果的基准数据。虽然本研究通过实际调研掌握了电商快递领域装箱情况的统计信息，但仍然缺少测试算法的数据平台。因此，本书考虑模拟熟练装箱操作人员的经验，针对生成的实例数据进行计算，并将其作为不规则物品多箱型装箱效果的基准水平，对比衡量智能装箱算法效果的优劣。

9.2.1　经验模拟装箱算法

针对三维装箱问题，设计启发式算法进行求解是被广泛应用的典型做法。本质上，经验模拟算法（ESA）也属于启发式算法，它通过观察现场工作人员的实际装箱操作，总结物品的装箱经验，提炼装箱操作的专家规则作为算法设计的依据。

规则1：少用箱子。由于不同箱型大小不同，存在不同的组合，装箱操作时尽量少使用箱子，当一个箱子装不下时才会选择使用两个或更多箱子。

规则2：密度贪婪。装箱的"密度"是指箱子中已装入物品的体积与其外接长方体体积之比，若涉及多个箱子，则为各个箱子物品体积之和与各个箱子中物品外接长方体总体积之比，这一概念主要衡量装箱物品相对位置的紧凑程度。所谓"密度贪婪"，是指物品装入箱子时尽量达到最大的紧凑程度。换句话说，优先选择装入后使密度增量较大的物品。

规则3：体积优先。所谓"体积优先"，是指操作人员在实际装箱时倾向于优先选择容纳体积较大的箱子，并装入体积较大的货物。

具体算法的设计思路主要包括以下几个方面：

①物品装箱顺序：根据每件待装箱物品的体积与装入后的密度增量确定装箱顺序，优先装入使密度增量较大的物品，密度增量相同时优先选择装入体积较大的物品。

②箱子类型、数量及使用顺序的选择：借鉴"组合块"的概念，对一个箱子至多个箱子的组合方案逐一尝试，优先选择箱子总体积较小且总数量较少的可行方案。具体操作步骤如下：

步骤一：计算所有待装箱货物的体积总和，转入步骤二。

步骤二：检查是否存在大于物品体积总和的单个箱子，如果存在则从满足条件的最小箱子开始尝试装箱，若可行则装箱成功，若不可行则尝试满足条件的次小箱子，依此类推直至全部尝试所有单个箱子的情况；如果不存在满足条件的单个箱子或尝试所有满足条件的箱子后没有可行方案，转入步骤三。

步骤三：排列组合 2 个箱子的所有情况（2 个箱子的型号可以相同），从中筛选出所有总装载容量大于待装箱物品体积总和的方案，从满足条件的总装载容积最小的方案开始尝试装箱，优先选择较大的箱子装入物品，当较大箱子装不下时，选择第二大的箱子装入，若所有货物均能顺利装入则方案可行，若有货物无法装入则改选总装载体积第二大的 2 个箱子，如果所有 2 个箱子的方案都不可行，转入步骤四。

步骤四：排列组合 3 种箱子的情况，并依次尝试，若存在可行方案则终止计算，否则依次尝试更多箱子数量的方案，直至找到可行方案为止。

③装箱位置及装箱方向的选择：根据密度贪婪原则，当不允许旋转物品方向时，在物品初始方向不变的情况下，优先选择使密度增量最大的装箱位置，如果物品方向可以旋转，则需要尝试旋转物品方向的情况，最终选择密度增量最大的装箱位置和物品方向。

不规则物品三维装箱问题 ESA 启发式算法伪代码如下：

Algorithm 1: Irregular Items 3D Bin Packing Empirical Simulation Algorithm

---

1: Denote the set of m items as I. Each item is irregular with different size.

2: Denote the set of m bins as B with length L, width W, height H.

3 Initialize the set of remaining items $\hat{I} = I$.

4: For t = 1 to m do

5: Generate the sequence $\hat{B}$ of t-bins combination from small to large.

6: For s = 1 to n do

7: Select bin combination set β with smallest volume larger than sum volume of I.

8: done = False

9: For u = 1 to r do

10: Select largest bin δ in β.

11: Select g with largest density increment & volume from $\hat{I}$.

12：	If g can be packed into δ
13：	$\hat{I} \leftarrow \hat{I} \setminus \{g\}$, and done = Ture
14：	Else：$\beta \leftarrow \beta \setminus \{\delta\}$ / * The next loop no longer traverses the current bin. * /
15：	If done
16：	break / * If an item cannot be put in, jump out of the current loop. * /
17：	If not done
18：	break / * If all items are loaded, stop the cycle, otherwise continue. * /

9.2.2 DQN 智能装箱算法

从空间颗粒模型的特点出发，本研究主要采用深度强化学习中的 DQN 算法框架，对箱子数量与型号的选择、货物的装箱顺序与装载方向进行智能优化；另外，在货物具体装入箱子时的装箱点选择方面设计了一定的启发式规则。具体算法设计的思路如下：

①在系统状态设计方面，本研究将初始状态设为"［0］"，后续状态转移则按照货物装入箱子的顺序依次添加相应的货物编号，从而组成以"0"为开端的货物编号列表。

②在全连接神经网络设计方面，本算法设置了 3 层全连接神经网络。为了避免过拟合与过早收敛陷入局部最优的状况，设置 dropout 为 0.1，输入层神经网络输入维度统一设置为 $(m+1)$，针对维度不够的状态信息，在其列表后用"0"补足；对于输出维度，则在统筹考虑初始状态"［0］"、货物数量、货物装载时的旋转方向（设有 f 种方向可供选择）及箱子数量的基础上，将输出层神经网络输出维度统一设置为 $(f \cdot m \cdot n + 1)$。

③在动作选择规则设计方面，为了避免货物被重复选中，需要将神经网络输出中代表已经选中货物的信息忽略掉，仅从尚未被选中的货物信息中确定接下来要装入箱子的货物，由于输出维度为 $(f \cdot m \cdot n + 1)$，除去第一个元素代表初始状态的对应信息外，其余输出信息中每 $(f \cdot n)$ 个元素对应 1 件货物，当选中输出信息中的某个选项时，即可确定与之对应的货物编号、大小

和方向。

④在将选中的货物装入箱子时，根据序列搜索算法的特点，本书设计了左下角策略与层构建结合的启发式规则。首先确定目标货物在目标箱子中是否存在可装载的位置，即计算可装载位置。如果存在多个可装载位置，则优先选择靠近箱子前左下方向的位置装入货物；如果当前目标箱子不存在可装载点，则取出相同型号的一个新箱子装入当前选中的货物；如果已经有多个与目标箱子相同型号的箱子有货物装入，再装入新货物时，优先选择较早拿出的目标型号箱子，装入当前选中的货物。

⑤在装箱系统状态转移和奖励值设计方面，本研究根据选中目标箱子装入目标货物的实际情况，针对空间颗粒坐标矩阵进行操作，即相应位置的空间颗粒状态信息变为"1"，表示已装入货物，每次装箱动作做出后得到的奖励值被设计为负值，即已装入箱子的货物总体积与已装入货物的所有箱子的总体积之差。该奖励值可以与 DQN 算法寻求累积奖励最大值的机制相匹配，从而实现箱子空间利用率最大化或剩余的空闲空间最小化。

不规则物品三维装箱问题 DQN 算法伪代码如下：

Algorithm 2: Irregular Items 3D Bin Packing DQN Algorithm
1: Initialize replay memory D to capacity N
2: Initialize action-value Linear Network Q with params θ
3: Initialize target Linear Network $\hat{Q}$ with params $\theta' = \theta$
4: Initialize number set include all of the items $\{0, 1, 2, \cdots, m\}$
5: For episode = 1, M do
6: Initialize Initial state $s_0 = [0]$
7: For t = 1 to T do
8: With probabilityε select a random action a_t, and Dropout（p=0.1）
9: otherwise select $a_t = argmaxQ(pad(s_t), \theta)$ removing selected actions
10: Execute action a_t and obtain reward r_t and s_{t+1}
11: Store transition $(pad(s_t), a_t, r_t, pad(s_{t+1}))$ in D

12：　Sample random minibatch of transitions $(pad(s_t)$, a_t , r_t , $pad(s_{t+1}))$ from D

13：　Set $y_j = \begin{cases} r_j & if\,episode\,determinates\,at\,step\,j+1 \\ r_j + \gamma? \ \max \hat{Q}(pad(s_{j+1}) , \theta') & otherwise \end{cases}$

14：　Perform a gradient descent step on $(y_j - Q(pad(s_t) , \theta))^2$ with respect to θ

15：　Every C step reset $\hat{Q} = Q$

16：　　End For

17：　End For

本书设计了 ESA 算法和 DQN 算法。其中，ESA 算法为启发式算法，基本结构为嵌套使用了两层 for 循环，外层循环从 m 个类型的包装箱中逐步搜寻满足条件的包装箱型号，内层循环依次将 n 件物品尝试进行装箱，遇到满足启发式规则能够将物品全部装下的最小包装箱型号，则结束循环，因此 ESA 算法的时间复杂度小于或等于 O $(m \cdot n)$；DQN 算法延续使用了经典算法框架，包含外层循环和内层的装箱尝试过程，外层循环次数为训练回合数（episode），内层装箱尝试过程的步数不超过 $(m \cdot n)$ 次，因此 DQN 算法的时间复杂度小于或等于 O $(episode \cdot m \cdot n)$。

9.3　装箱问题算例仿真

9.3.1　生成算例数据

关于三维装箱的数据信息，一般采用带有行业属性的实例生成器，加入实际物品特征用以生成算例数据。与规则物品在集装箱或托盘上的装箱问题不同，本书聚焦电商快递领域的不规则物品装箱问题，通过对圆通、韵达、邮政、百世、中通等快递发出的淘宝、天猫、拼多多等电商平台 500 个订单包裹进行调研发现，除单件物品装箱外，箱子尺寸与物品数量、大小的相关统计信息如表 9-1 所示。其中，对于不规则物品的大小以其长方体凸包的尺寸作为统计指标。

表 9-1　电商快递包裹及物品统计信息　　　　　　单位：cm

项　目	箱子尺寸			不规则物品尺寸（长方体凸包）			订单物品数量
	长	宽	高	长	宽	高	
最小值	8.0	5.0	2.0	5.0	5.0	2.0	2.0
最大值	50.0	35.0	30.5	26.0	18.0	10.0	24.0
均值	21.3	12.8	10.7	15.0	10.4	5.1	11.6
标准差	5.4	4.1	3.8	8.1	4.7	2.8	7.8

在分析上述实际行业数据和细分指标特征的基础上，以最小值、最大值、均值、标准差等指标作为构建概率分布的依据，分别设定 3、5、7 种箱子型号以及 3 个物品数量不同的订单随机生成实例数据。其中，每件不规则物品对应的点云为稀疏不均匀的三维点数据，每件数据量设定为 20，生成的 3 个订单包含的物品数量分别为 7 件、10 件和 23 件，箱子的尺寸数据见附录 C 表 C.1，不规则物品的实例数据见附录 C 表 C.2。

9.3.2　物品方向旋转设定

不规则物品在三维空间中的 360°任意方向旋转确实需要大量计算，因此已有文献中一般假定物品方向不可旋转。本书研究了两种情况：一是物品方向不可以旋转；二是物品保持原方向或绕 z 轴旋转 90°。这样设置物品的方向旋转条件，在一定程度上可以确保计算量不会过大。

不规则物品的方向旋转是三维装箱过程中不得不考虑的重要问题。实际上，物品可旋转的方向和角度并非完全没有限制，例如，带有朝上标志的物品不能上下翻转，只能左右旋转。但是，即便只允许在一个维度上任意旋转，求解也会非常复杂。为了能够进一步说明问题，本算例部分对于旋转方向的设定进一步简化，在物品装箱时仅允许其按照初始方向或沿 z 轴顺时针旋转 90°，这两种方向作为装箱时的可选择方向。则点云坐标 $(x_{r_i}^i, y_{r_i}^i, z_{r_i}^i)$ 绕中心点 (x_i^*, y_i^*, z_i^*) 旋转后，新坐标为 $(\hat{x}_{r_i}^i, \hat{y}_{r_i}^i, z_{r_i}^i)$，其中 z 轴坐标 $(z_{r_i}^i)$ 不变，其余坐标计算公式可以简化为：

$$\hat{x}^i_{r_i} = x^*_i + (y^i_{r_i} - y^*_i) \tag{9-59}$$

$$\hat{y}^i_{r_i} = y^*_i + (x^i_{r_i} - x^*_i) \tag{9-60}$$

如图 9-5 所示，其中子图（1）为某物品系数点云的初始位置，子图（2）为子图（1）中点云对应的空间颗粒凸包，子图（3）为子图（1）中的点云数据沿 z 轴方向顺时针旋转 90°后得到的新点云数据，子图（4）为子图（3）旋转后点云对应的空间颗粒凸包。

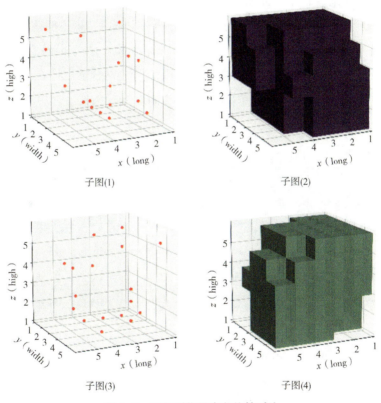

图 9-5　不规则物品方向旋转对比

9.3.3　算例结果与分析

根据实例生成器获得的数据，本书分别采用经验模拟算法与 DQN 智能算法，在装箱物品方向旋转和不旋转的两种情况下进行计算，算法效果如表 9-2、

表 9-3 所示。装箱算法指标中的剩余空间是指所有使用箱子的体积总和与全部物品体积总和之差；空间利用率是指全部物品与所有使用箱子的体积之比；装箱物品密度在经验模拟算法设计部分已有说明。

相比于经验模拟算法，DQN 智能算法具有明显的优势，除了个别算例中经验算法略优于 DQN 智能算法外，绝大部分情况下 DQN 智能算法更优。经过多算例反复测试后加权平均算法的各项指标中，不论物品装箱时方向可旋转与否，DQN 智能算法都具有明显的优势，且物品方向可旋转时 DQN 智能算法更优。尤其是在装箱物品密度这一指标上，DQN 智能算法优势更为突出，通过 5 000 个回合的训练可以达到 84% 以上的平均密度，这说明该算法可以使装箱物品的摆放更加紧密。另外，装箱物品密度指标均高于装箱空间利用率，这说明虽然算法可以使物品紧密摆放，但箱子尺寸不合适也会造成装载空间的浪费，导致物流成本增加。因此，电商仓储所采用的箱子尺寸也有待进一步优化，本研究暂不考虑这一部分。

表 9-2　不同箱型与货物数量算例结果对比（物品方向不旋转）

箱型种类	货物数量	经验模拟算法			DQN 智能算法		
		剩余空间（cm³）	利用率（%）	密度（%）	剩余空间（cm³）	利用率（%）	密度（%）
3 种箱型	7	874	37.57	41.74	446	54.11	77.92
	10	2 984	19.46	57.22	1 223	37.08	84.32
	23	2 142	42.18	49.85	1 353	53.60	83.18
5 种箱型	7	1 202	30.43	44.72	464	53.13	77.92
	10	1 007	41.72	55.63	1 259	36.41	84.32
	23	1 749	47.19	51.48	2 145	42.15	83.18
7 种箱型	7	1 531	25.57	46.88	1 058	33.20	77.92
	10	1 336	35.05	51.2	863	45.51	84.32
	23	1 461	51.68	51.68	1 605	49.33	83.18
加权平均值		1 680	40.51	50.78	1 372	45.92	82.54

表9-3 不同箱型与货物数量算例结果对比（物品方向可旋转）

箱型种类	货物数量	经验模拟算法			DQN 智能算法		
		剩余空间（cm³）	利用率（%）	密度（%）	剩余空间（cm³）	利用率（%）	密度（%）
3 种箱型	7	446	54.11	54.11	446	54.11	77.92
	10	679	51.5	55.46	1 223	37.08	86.76
	23	2 142	42.18	49.85	1 353	53.60	83.85
5 种箱型	7	1 202	30.43	44.72	464	53.13	79.33
	10	1 007	41.72	55.63	1 259	36.41	87.28
	23	1 749	47.19	51.48	1 407	52.62	84.21
7 种箱型	7	1 531	25.57	46.88	1 058	33.20	79.33
	10	1 336	35.05	51.2	881	45.00	86.76
	23	1 461	51.68	51.68	1 605	49.33	84.80
加权平均值		1 463	44.15	51.35	1 232	47.88	84.00

为了更加方便地表示物品的空间非重叠约束并计算物品装箱位置与装载空间，本研究采用空间颗粒模型计算得到不规则物品的三维装箱方案，用不规则物品的空间颗粒凸包表示相应物品。通过算法结果对比可知，DQN 智能算法的装箱物品密度较高，相较于经验模拟算法需要人为提炼专家规则而言，DQN 智能算法可以通过不断训练其中的神经网络模型自动寻优，使装箱方案不断改进。DQN 智能装箱算法的可视化结果如图9-6 至图9-23 所示，可以为装箱操作人员提供参考，并且参考方案可以实施更新优化。

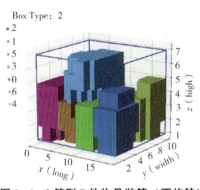

图9-6 3箱型7件物品装箱（不旋转）

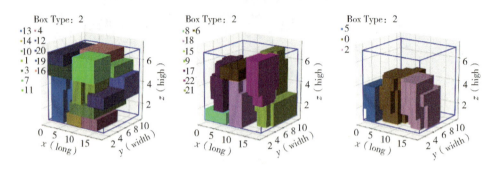

图 9-7　3 箱型 23 件物品装箱（不旋转）

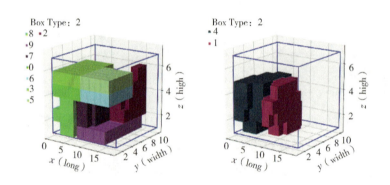

图 9-8　3 箱型 10 件物品装箱（不旋转）

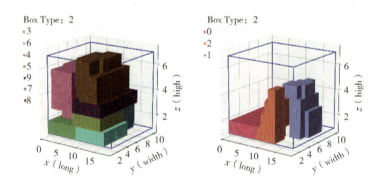

图 9-9　3 箱型 10 件物品装箱（可旋转）

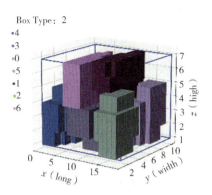

图 9-10　3 箱型 7 件物品装箱（可旋转）

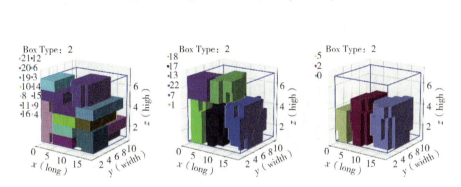

图 9-11　3 箱型 23 件物品装箱（可旋转）

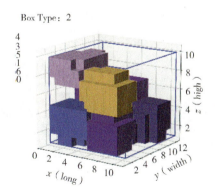

图 9-12　5 箱型 7 件物品装箱（不旋转）

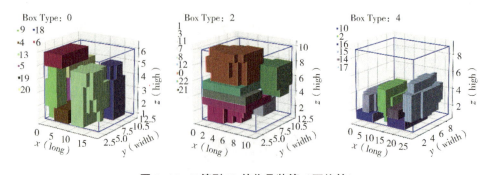

图 9-13 5 箱型 23 件物品装箱（不旋转）

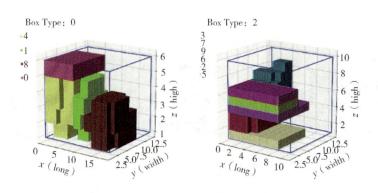

图 9-14 5 箱型 10 件物品装箱（不旋转）

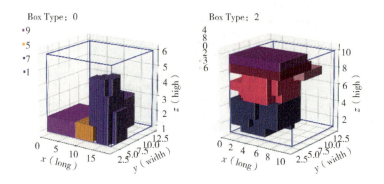

图 9-15 5 箱型 10 件物品装箱（可旋转）

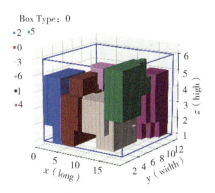

图 9-16　5 箱型 7 件物品装箱（可旋转）

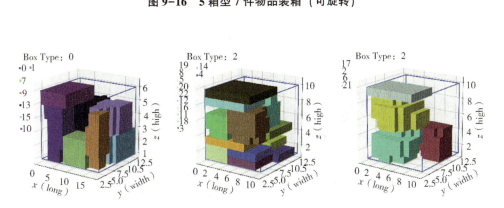

图 9-17　5 箱型 23 件物品装箱（可旋转）

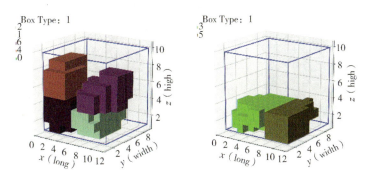

图 9-18　7 箱型 7 件物品装箱（不旋转）

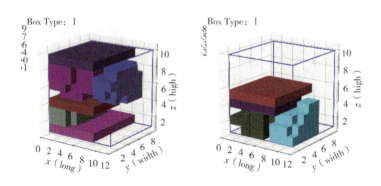

图 9-19　7 箱型 10 件物品装箱（不旋转）

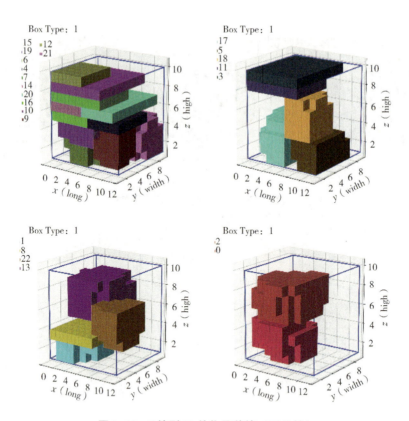

图 9-20　7 箱型 23 件物品装箱（不旋转）

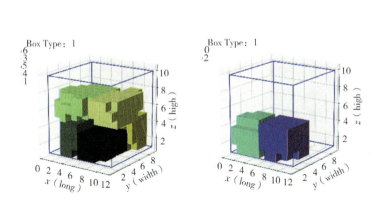

图 9-21 7 箱型 7 件物品装箱（可旋转）

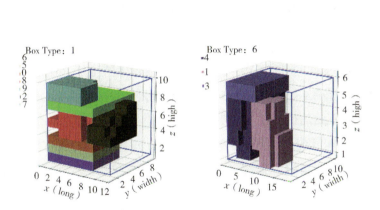

图 9-22 7 箱型 10 件物品装箱（可旋转）

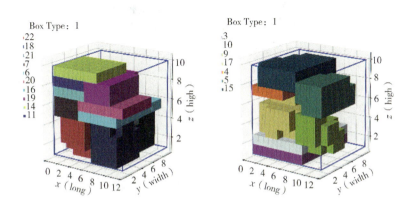

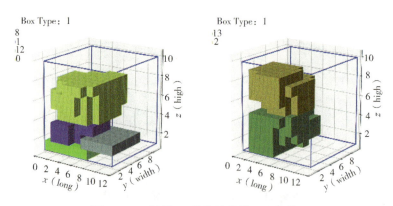

图9-23　7箱型23件物品装箱（可旋转）

DQN智能算法的优化过程如图9-24至图9-27所示。当箱型数量和物品数量都较少时，可以通过较少的训练次数得到较优的结果（见图9-24）。箱型数量增加（见图9-24、图9-25）或物品数量增加（见图9-25、图9-26），都会提升装箱方案的优化难度，需要大量数据与较多回合的训练。另外，通过不同参数条件下其损失函数值的变化（见图9-27），也可以看出DQN算法优化的可以迅速使求解方案达到较优的程度，并在较优的水平上不断微调，继续寻求更优的解。

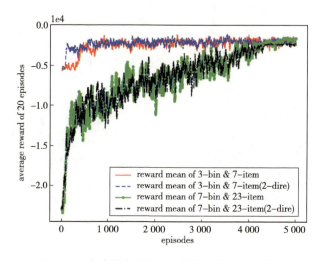

图9-24　少箱型少物品与多箱型多物品奖励均值

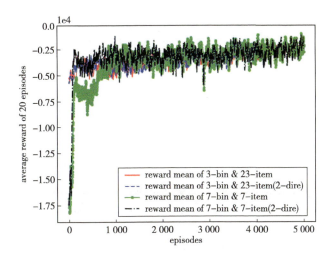

图9-25　少箱型多物品与多箱型少物品奖励均值

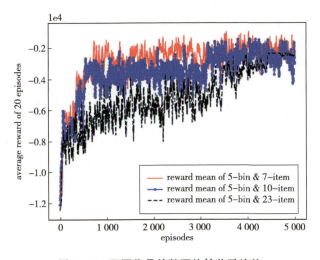

图9-26　不同物品件数不旋转奖励均值

如表9-4所示，在电商仓储行业实例特征的数据模拟器上，增加包装箱型号为10类，订单中物品个数为50个，分别采用ESA算法和DQN算法进行计算实验。在DQN算法基本超参数设置不变的情况下，将训练回合数增加至50 000次。结果表明，在数据规模超过电商仓储领域实际水平的情况下，

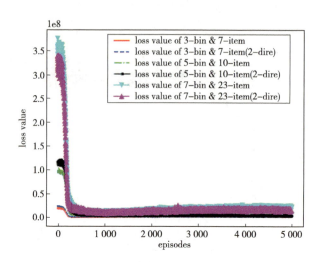

图 9-27　不同箱型数量与物品件数的损失值

DQN 算法依然有效，并且在物品方向不可旋转和可旋转两种情况下都表现出了较高的优化程度，使装箱方案的空间利用率远超行业实际水平。

表 9-4　不规则物品三维装箱问题较大规模算例

箱子类型数量	物品个数	物品方向是否可旋转	ESA			DQN		
			剩余空间（cm³）	利用率（%）	密度（%）	剩余空间（cm³）	利用率（%）	密度（%）
10	50	否	1348	55.42	61.23	844	66.51	93.41
10	50	是	1348	55.42	62.35	844	66.51	94.21

　　如图 9-28 所示，针对 10 种包装箱型号和 50 件物品的订单实例，DQN 算法经过 50 000 次迭代训练表现出明显的收敛趋势；随着训练回合数的增加，收敛程度逐渐趋于稳定。每个训练回合的奖励值逐渐趋于最大值，函数损失随着回合数的增加逐渐趋于最小值。这也在一定程度上验证了较大规模算例上 DQN 算法的有效性。

　　本书将提出的算法与斯托扬等（Stoyan et al.，2005）、埃厄布拉兹等（Egeblad et al.，2009）以及卡洛斯等（Carlos et al.，2022）的方法与经典数据集上的计算结果进行了比较。以斯托扬等提出的 3 个例子，即 Example1、

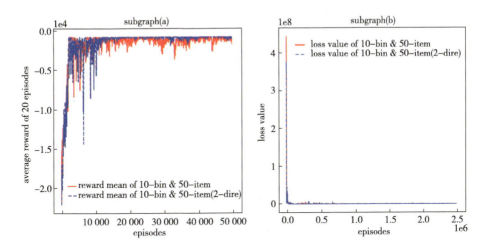

图 9-28　10 种箱子 50 件物品装箱算例平均奖励与损失函数值

Example2 和 Example3 作为算法对比的参照数据集，以现有文献中该数据集上已知计算结果作为参照对象，验证算法的有效性（见表 9-5）。

表 9-5　经典数据集 DQN 算法与其他算法结果比较

Example	Stoyan05		3DNest		Carlos						DQN	
	Height	Gap	Height	Gap	Height (ILS)	Gap (ILS)	Height (TS)	Gap (TS)	Height (VNS)	Gap (VNS)	Height	Gap
Example1	27	38.89%	19.31	14.55%	—	—	—	—	—	—	16.5	0.00%
Example2	30.92	35.87%	19.83	0.00%	22.72	12.72%	21.33	7.03%	21.23	6.59%	20.5	3.27%
Example3	45.86	35.11%	29.82	0.20%	34.99	14.95%	30.93	3.78%	29.76	0.00%	31.5	5.52%

　　从表 9-5 中可以看出，在 Stoyan05 数据集中的 3 个经典实例上，本书所提出的不规则物品装箱 DQN 算法达到了较高的优化程度，并且在 Example1 上的表现达到了最优，其他实例的计算结果与最优结果之间差距的 Gap 值在 3% 至 5%。而 DQN 算法最大的优势还在于其通过神经网络结构可以实现"端到端"的训练结果输出。换句话说，在 DQN 算法中神经网络训练成熟的前提下，可以根据物品和箱子尺寸的相关信息快速输出装箱方案，这一点要远远优于其他方法。

本章小结

在产业经济数字化转型的背景下，本章以电商仓储装箱决策问题为研究对象，基于不规则物品的3D点云刻画物品形状，提出采用空间颗粒凸包表示物品的非重叠约束，建立了多种箱型不规则物品空间颗粒三维装箱模型；根据实践工作中的操作经验，总结三维装箱的专家规则设计启发式算法，将其作为实践基准；采用DQN算法框架设计智能装箱算法，持续改进装箱方案，不断优化提升装箱空间利用率；根据实践调研，提出了电商快递领域的三维装箱实例生成器，生成实例数据，对比分析计算结果，验证算法的有效性；通过输入更多实例数据，训练更多回合次数，利用训练数据驱动DQN智能装箱算法不断地寻优，突破了人为设定启发式规则的局限，使装箱方案的优化程度持续改进。

多箱型不规则物品的三维装箱问题与电商仓储实践结合紧密，有许多问题本研究尚未涉及，例如装箱时对不同类型物品进行区分、针对空间区域加入平面分隔、最相似的物品应该尽可能打包（例如，生鲜、服装、饮料等）。在算法方面，本章采用的DQN智能算法为装箱序列搜索算法，对于装箱位置和物品方向均采用启发式方式得到，后续研究需进一步将物品装箱顺序、装箱位置与摆放方向结合起来考虑。

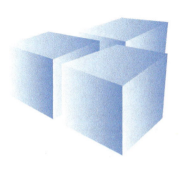

第 10 章　考虑订单拆分的规则物品智能装箱模型

对于较小订单物品，使用单个包装箱就能满足需要。而对于含有较多物品的订单，若想包装所有物品，则一个包装箱不能完成包装目标，此时，需要对订单进行拆分，并选择相应的包装箱。目前，仓库的打包环节还主要依赖人工，熟练工人会有较高的工作效率，并能根据物品选择合适的包装箱、物品的装箱顺序和装箱位置；非熟练工人在对物品装箱之前需要多次尝试不同包装箱的不同组合，这就使得打包效率降低。因此，本章在考虑订单拆分的情况下，对订单物品进行装箱。

10.1　问题描述

本章的装箱模型考虑订单拆分的情况：现有某一订单，订单内的物品数量、重量及物品的尺寸信息均已知，有一系列包装箱，其尺寸及承重能力信息均已知；将订单内的物品装入包装箱内，但是一个包装箱装载不下，需要对订单内的物品进行拆分，使得订单内的物品能够全部装入包装箱中，以进行下一步运输配送。拆分的要求为：在满足一定的约束条件下，使得包装成本最小化，从而实现公司的经济效益最大化。

长为 L、宽为 W、高为 H 的容器将 n 种物品全部装载，各个容器的尺寸为 (L_i, W_i, H_i)，$i = 1, 2, \cdots, N$，其中容器的数量用 N 表示，M_i 为每个容器的最大承重能力，n 个货物的三维尺寸（长、宽、高）和重量分别用 (l_j, w_j, h_j)，m_j，$j = 1, 2, \cdots, n$ 来表示。在满足约束条件的情况下，选择不同包装箱包装，使得包装成本最小化。

为了便于求解，对多箱型三维物品装箱问题做如下简化和假设：

①待装物品所占用体积是一个立方体，即待装物品是规则的，具有长、宽、高。

②订单中物品是同一客户所订的，即订单物品送往同一客户，物品的到站相同。

③物品的放置方向约束同第 5 章。

④包装箱在装入物品后的重心与包装箱的重心不可距离太大，以便保证包装箱的稳定性。

10.2　模型构建

10.2.1　订单的拆分原则

在对订单进行拆分时，需要考虑物品的易碎性、包装箱的尺寸及最大承重能力。以下为订单拆分的主要原则：

①订单中的易碎物品单独装箱，避免与其他物品发生挤压，出现物品破损情况。

②当订单中的物品尺寸大于用于包装的包装箱尺寸时，则将使用更大尺寸的包装箱；订单中最大尺寸物品一定有相应的包装箱进行包装，即一定存在包装箱的三维尺寸均大于最大物品的三维尺寸。

③对于订单中的物品，当所有物品的总体积大于包装箱的总体积时，要进行拆分。

④对于订单中的物品，当包装箱的最大承重能力小于所有物品的总重量时，则需要对订单中的物品进行拆分，使得每个包装箱都能够在实际承重能力的范围内对物品进行包装。

10.2.2　订单拆分优化模型

本书定义参数如下：

N：使用包装箱的数量。

P：包装箱的总个数。

L_j：第 j 个包装箱的长；$j = 1, 2, \cdots, N$。

W_j：第 j 个包装箱的宽；$i = 1, 2, \cdots, n$。

L_j：第 j 个包装箱的高；$j = 1, 2, \cdots, N$。

V_j：为第 j 个包装箱的体积；$j = 1, 2, \cdots, N$。

M_j：第 j 个包装箱的最大承重能力；$j = 1, 2, \cdots, N$。

S_j：第 j 个包装箱的表面积；$j = 1, 2, \cdots, N$。

C_j：第 j 个包装箱单位表面积成本；$j = 1, 2, \cdots, N$。

t_j：打包包装箱 j 需要的打包时间；$j = 1, 2, \cdots, N$。

n：订单物品的数量。

l_i：第 i 个物品的长；$i = 1, 2, \cdots, n$。

w_i：第 i 个物品的宽；$i = 1, 2, \cdots, n$。

h_i：第 i 个物品的高；$i = 1, 2, \cdots, n$。

v_i：第 i 个物品的体积；$i = 1, 2, \cdots, n$。

m_i：第 i 个物品的重量；$i = 1, 2, \cdots, n$。

$rt(io) = 0, 1$：其中 $o = 0, 1, 2, 3, 4, 5$，表示物品的放置方向，物品 i 的放置方向有 6 种，若放置方向为 1，则 $rt(i0) = 1$，$rt(i1) = rt(i2) = rt(i3) = rt(i4) = rt(i5) = 0$，其他情况亦然，即 $rt(i0) + rt(i1) + rt(i2) + rt(i3) + rt(i4) + rt(i5) = 1$。

l_i^r：考虑物品放置方向时物品的长。

w_i^r：考虑物品放置方向时物品的宽。

h_i^r：考虑物品放置方向时物品的高。

n^r：考虑物品的放置方向的物品数量。

以上是基础变量，决策变量和辅助变量定义同第 5 章。

当订单存在易碎物品或者单个包装箱不能完全装载订单物品时，则根据订单拆分原则，将订单中的物品进行拆分，以包装成本最小为其优化的目标。成本包括包装箱成本、封装成本及装箱时间成本。装箱后使得每个包装箱的空间利用率最大，载重量利用率最大。根据优化目标，建立数学模型如下：

$$\min Z = \alpha \sum_{j=1}^{N} (S_j \cdot c_j) + \beta \left(\sum_{j=1}^{N} V_j - \sum_{i=1}^{n} v_i \right) + \gamma \left(\sum_{j=1}^{N} M_j - \sum_{i=1}^{n} m_i \right) + \delta \sum_{j=1}^{N} t_i \quad (10\text{-}1)$$

$$S_j = 2(L_j \cdot W_j + L_j \cdot H_j + H_j \cdot W_j) \quad (10\text{-}2)$$

约束条件为：

$$\sum_{i \in p} l_i^r \leq L_j, \quad \sum_{i \in p} w_i^r \leq W_j, \quad \sum_{i \in p} h_i^r \leq H_j \quad (10\text{-}3)$$

$$\sum_{k \in sp} l_k^r \leq L_j, \quad \sum_{k \in sp} w_k^r \leq W_j, \quad \sum_{k \in sp} h_k^r \leq H_j \quad (10\text{-}4)$$

$$p = \{S\} \quad (10\text{-}5)$$

$$sp = \{S_{ui} \cup S_{ri} \cup S_{fi}\} \quad (10\text{-}6)$$

$$\sum_{i \in b} l_i \cdot w_i \cdot h_i \leq \sum_{j=1}^{N} L_j \cdot W_j \cdot H_j \quad (10\text{-}7)$$

$$o - p = l_i^r, \ s - q = w_i^r, \ t - r = h_i^r \qquad (10\text{-}8)$$

$$\sum_{i=1}^{n} m_i \leq M_j, \ j = 1, \ 2, \ \cdots, \ N \qquad (10\text{-}9)$$

$$rt(io) = 1, 0, \ o = 0, \ 1, \ 2, \ 3, \ 4, \ 5 \qquad (10\text{-}10)$$

$$\sum_{0=0}^{5} rt(io) = 1 \qquad (10\text{-}11)$$

$$x_{ij}^{pqrost} = 1, 0 \qquad (10\text{-}12)$$

$$p \in \{x \mid 0 < x \leq L_j - l_i^r\} \qquad (10\text{-}13)$$

$$q \in \{y \mid 0 < y \leq W_j - w_i^r\} \qquad (10\text{-}14)$$

$$r \in \{z \mid 0 < z \leq H_j - h_i^r\} \qquad (10\text{-}15)$$

$$\alpha + \beta + \gamma + \delta = 1, 0 < \alpha, \ \beta, \ \gamma, \ \delta < 1 \qquad (10\text{-}16)$$

式（10-1）为目标函数，表示最小化包装成本；式（10-2）表示包装箱 j 的表面积公式；式（10-3）表示在包装箱 j 中，i 物品的长、宽、高均小于要包装的包装箱的长、宽、高；式（10-4）表示在包装箱 j 中，k 物品的长、宽、高均小于要包装的包装箱的长、宽、高；式（10-5）表示物品 i 的位置可选整个包装箱空间 S；式（10-6）表示物品 k 的位置可选除物品 i 占用空间的剩余空间，表示物品 i 和物品 k 不重叠；式（10-7）表示在包装箱 j 中所有包装物品的总体积小于包装箱的体积；式（10-8）表示物品平行或正交装载到包装箱内；式（10-9）表示物品的总重量小于包装箱的承重能力；式（10-10）为物品的旋转方向的取值，选择其中一种旋转方式，则 $rt(io)$ 为 1，其他放置方式 $rt(io)$ 为 0，$rt(io)$ 为 0-1 变量；式（10-11）表示物品在装箱时只能选取六种放置方式中的一种；式（10-12）表示若物品 i 放置到包装箱 j 中 x_{ij}^{pqrost} = 1，否则 $x_{ij}^{pqrost} = 0$、p、q、r、o、s、t 表示坐标点的坐标；式（10-13）、式（10-14）、式（10-15）表示坐标值 p、q、r 的取值范围；式（10-16）表示 α、β、γ、δ 的取值范围。

10.3　订单拆分优化算法设计

订单拆分的目的是实现装箱效益最大化。其中，每个订单至少包含一种物品，订单拆分最差的情况是将订单中的每个物品均采用单个包装箱进行装载，这也是订单拆分的最低限，但在现实情况下，一般不会出现此种情况。因此，本部分设计了一个新的订单拆分规则，以实现装箱成本最小化为目标。

定义包装箱的尺寸：长 $L = max(X, Y, Z)$，高 $H = min(X, Y, Z)$；物品的尺寸：长 $l = max(x, y, z)$，高 $h = min(x, y, z)$；计算订单中已打包物品的体积 $V = \sum_{i=n}^{r} v_i$，重量为 $M = \sum_{i=n}^{r} m_i$。

①根据各个包装箱及订单物品尺寸信息，形成包装箱与物品的装载判断矩阵，单个物品能够装载到包装箱中，记为1，否则记为0（如图10-1所示）。

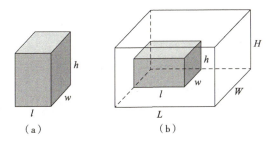

图 10-1　物品与包装箱匹配

图10-1中，（a）是原物体，通过旋转，使得最长边为 l，并与包装箱的长 L 相比较，最短边为与 h 包装箱的 H 相比较，中间边长 w 与包装箱的宽 W 相比较，若均小于包装箱的各维度尺寸，在物品装载判断矩阵中标记1，否则为0。物品按照体积从小到大排列，包装箱按照体积从大到小排列，通过判断物品和包装箱的三维尺寸，形成物品装载判断矩阵，其中0、1不一定是连续的，取决于物品尺寸和包装箱尺寸对应。物品装载判断矩阵如表10-1所示。

②判断物品性质，即待装物品中是否有易碎品。若存在易碎品，根据判断矩阵，搜寻适合包装物品的最小包装箱，易碎物品用此包装箱进行包装。具体做法为：找到物品所在列，寻找最下方"1"所属的包装箱，此包装箱即为所要寻找的用于打包易碎品的包装箱；对其余物品继续进行操作。例如：假设第 $(r-1)$ 个物品为易碎品，在 $(r-1)$ 列匹配"4"号包装箱为最小装载包装箱，即用"4"号包装箱包装易碎品"$r-1$"。

表 10-1　物品装载判断矩阵

项　目		物品　小 ——————————————————————→ 大							
		1	2	⋯	$r-1$	r	⋯	$n-1$	n
包装箱 大	1	1	1	⋯	1	1	⋯	1	1
	2	1	1	⋯	1	1	⋯	1	1
	3	1	1	⋯	1	1	⋯	1	0
	4	1	1	⋯	1	1	⋯	0	0
	5	1	1	⋯	0	0	⋯	0	0
	⋮	⋮	⋮	⋮	⋮	⋮	⋮	⋮	⋮
	$p-1$	1	1	0	0	0	⋯	0	0
小	p	0	0	0	0	0	⋯	0	0

③依据判断矩阵，将物品分为 p 类，即每一行标记为"1"的所属物品为一类。具体来说，第 i 类物品用集合 Ai 表示。

$$A1 = \{g \mid 1, 2, 3, \cdots, n\},$$

$$A2 = \{g \mid 1, 2, 3, \cdots, n\},$$

$$A3 = \{g \mid 1, 2, 3, \cdots, n-1\}, \cdots,$$

$$A(p-1) = \{g \mid 1, 2\},$$

$$Ap = \{\varnothing\}$$

④考虑每个包装箱的总体积 V_j、总承重能力 M_j 以及装箱过程中物品尺寸与包装箱尺寸匹配问题为约束条件，即 $M = \sum\limits_{i=n}^{u} m_i < M_j$，$M = \sum\limits_{i=n}^{u} m_i > V_j$，或 $V = \sum\limits_{i=n}^{r} v_i < V_j$，$V = \sum\limits_{i=n}^{r-1} v_i > V_j$ 时，运用第 5 章启发式算法进行装箱，具体做法为：对于集合 $A1$ 中的物品，运用启发式算法进行装箱，物品按体积降序进行装箱，在集合 $A1$ 中先包装第 n 个物品，即体积最大的物品，其中，每次装箱一定能够将最大物品装载；其次，根据包装箱的实际情况选择其余待装物品进行装箱。

更新矩阵时，删除已包装的物品，更新类别集合 Ai 及判断矩阵，判断矩阵如表 10-2 所示。

表 10-2 判断矩阵

项 目		物品 小 ────────────────────────────→ 大							
		1	2	…	$r-1$	r	…	$n-1$	n
包装箱 大	1	1	1	…	1	1	…	1	1
	2	1	1	…	1	1	…	1	1
	3	1	1	…	0	1	…	1	0
	4	1	1	…	1	1	…	0	0
	5	1	1	…	1	0	…	0	0
	⋮	⋮	⋮	⋮	⋮	⋮	⋮	⋮	⋮
↓	$p-1$	1	1	0	0	0	…	0	0
小	p	0	0	0	0	0	…	0	0

⑤依次重复③和④步骤，直至所有物品均装入包装箱，实现打包。

⑥遍历所有包装拆分的可能，以装箱成本最小为目标，选择使装箱成本最小的装箱方案。装箱拆分算法和启发式算法的具体流程如图 10-2 所示。

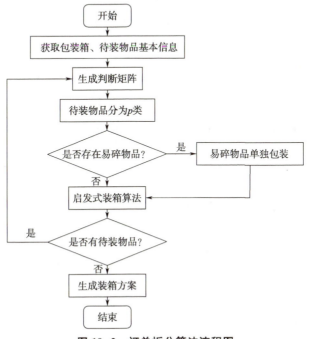

图 10-2 订单拆分算法流程图

10.4　算例分析

随机生成20种物品的尺寸与重量，以第3章标准化的包装箱为物品打包的包装箱，假设易碎性物品数量占物品总数量的10%，下面进行算例分析。

（1）生成判断矩阵

判断矩阵如表10-3所示。

表10-3　判断矩阵（1）

包装箱	物品（g）																			
	1	2	3	4	5	6	7	8	9	10	11	12	13	14	15	16	17	18	19	20
1	1	1	1	1	1	1	1	1	1	1	1	1	1	1	1	1	1	1	1	1
2	1	1	1	1	1	1	1	1	1	1	1	1	1	1	1	0	0	1	0	0
3	1	1	1	1	1	1	1	1	1	1	1	1	1	1	0	1	1	0	0	0
4	1	1	1	1	1	1	1	1	1	1	1	1	1	0	1	0	0	0	0	0
5	1	1	1	1	0	1	1	1	1	1	1	0	1	0	1	0	0	0	0	0
6	1	1	1	1	1	1	1	1	0	1	1	1	1	0	1	0	0	0	0	0
7	1	1	1	1	1	1	1	1	1	1	1	1	1	0	0	0	0	0	0	0
8	1	1	1	1	0	1	1	1	1	1	1	1	0	0	0	0	0	0	0	0
9	1	1	1	1	1	1	1	0	1	1	1	1	0	0	0	0	0	0	0	0
10	1	1	1	1	1	1	1	0	1	1	1	0	0	0	0	0	0	0	0	0
11	1	1	1	1	1	1	1	1	1	1	1	0	1	0	1	0	0	0	0	0
12	1	1	1	1	1	1	1	1	1	0	1	0	0	0	0	0	0	0	0	0
13	1	1	1	1	1	1	1	1	0	1	1	0	0	0	0	0	0	0	0	0
14	1	1	1	1	0	1	1	1	0	1	1	0	0	0	0	0	0	0	0	0
15	1	1	1	1	0	1	1	0	1	1	0	0	0	0	0	0	0	0	0	0
16	1	1	1	1	0	1	1	1	0	0	0	0	0	0	0	0	0	0	0	0
17	1	1	1	1	0	1	1	0	1	1	0	0	0	0	0	0	0	0	0	0

续表

包装箱	物品（g）																			
	1	2	3	4	5	6	7	8	9	10	11	12	13	14	15	16	17	18	19	20
18	1	1	1	1	1	1	0	0	0	0	0	1	0	0	0	0	0	0	0	0
19	1	1	1	1	1	1	1	0	0	0	0	0	0	0	0	0	0	0	0	0
20	1	1	1	1	0	1	1	0	0	1	0	0	0	0	0	0	0	0	0	0
21	1	1	1	1	0	1	1	0	0	0	0	0	0	0	0	0	0	0	0	0
22	1	1	1	1	0	1	1	0	1	0	0	0	0	0	0	0	0	0	0	0
23	1	1	1	1	0	1	0	0	0	0	0	0	0	0	0	0	0	0	0	0
24	1	1	1	0	1	1	0	0	0	0	0	0	0	0	0	0	0	0	0	0
25	1	1	1	1	0	0	0	0	0	0	0	0	0	0	0	0	0	0	0	0
26	1	1	1	1	0	0	0	0	0	0	0	0	0	0	0	0	0	0	0	0
27	1	1	1	0	0	1	0	0	0	0	0	0	0	0	0	0	0	0	0	0
28	1	1	1	1	1	0	0	0	0	0	0	0	0	0	0	0	0	0	0	0
29	1	0	1	1	0	0	0	0	0	0	0	0	0	0	0	0	0	0	0	0
30	1	1	1	0	0	0	0	0	0	0	0	0	0	0	0	0	0	0	0	0

（2）筛选易碎物品

由于假设易碎物品的数量占物品总数量的 10%，因此，此待装物品中有两件是易碎物品。随机选择其中两件物品，例如选中物品"6"和物品"14"。在判断矩阵中，选择物品"6"和物品"14"所在列标记为 1 的最小包装箱，即物品"6"和物品"14"所选择的包装箱。因此，物品"6"选择"27"号包装箱，物品"14"选择"3"号包装箱。

（3）依据判断矩阵，将物品进行分类

类别集合 Ai 中，此算例共将物品分为 30 类，各类中物品会有交集，但不影响装箱方案的生成，各类别集合如下：

$$A1 = \{g \mid 1,\ 2,\ 3,\ \cdots,\ 20\}$$
$$A2 = \{g \mid 1,\ 2,\ 3,\ \cdots,\ 15,\ 18\}$$

$$A3 = \{g \mid 1, 2, 3, \cdots, n-1\}, \cdots,$$

$$\vdots$$

$$A29 = \{g \mid 1, 3, 4\}$$

$$A30 = \{g \mid 1, 2, 3\}$$

其集合中的物品均不包括物品 "6" 和物品 "14"。

(4) 依据判断矩阵，生成装箱方案

根据判断矩阵可知，物品 "20" 属于第一类，所以，"1" 号包装箱在此打包过程中为必选。因此，根据启发式算法进行计算得出，"1" 号包装箱中装入物品 2、5、8、19、20（如表 10-4 所示）。

表 10-4　包装箱物品装箱方案（1）　　　　　　单位：mm

包装顺序	物品编号	（长，高，宽）	包装位置 (x, y, z)	包装方向	调整后（长，高，宽）
1	20	(220, 190, 190)	(0, 0, 0)	rt (0)	(220, 190, 190)
2	19	(160, 220, 210)	(0, 0, 190)	rt (2)	(220, 210, 160)
3	8	(200, 40, 160)	(0, 190, 0)	rt (0)	(200, 40, 160)
4	5	(235, 30, 65)	(0, 230, 0)	rt (3)	(65, 30, 235)
5	2	(150, 15, 75)	(200, 190, 0)	rt (2)	(15, 75, 150)

更新判断矩阵（如表 10-5 所示）：

表 10-5　判断矩阵（2）

包装箱	物品（g）												
	1	3	4	7	9	10	11	12	13	15	16	17	18
1	1	1	1	1	1	1	1	1	1	1	1	1	1
2	1	1	1	1	1	1	1	1	1	1	0	0	1
3	1	1	1	1	1	1	1	1	1	1	0	1	1
4	1	1	1	1	1	1	1	1	1	1	0	0	0
5	1	1	1	1	1	1	0	1	1	1	0	0	0
6	1	1	1	1	1	1	1	1	1	1	0	0	0

续表

包装箱	物品（g）												
	1	3	4	7	9	10	11	12	13	15	16	17	18
7	1	1	1	1	1	1	1	1	0	0	0	0	0
8	1	1	1	1	1	1	1	0	0	0	0	0	0
9	1	1	1	1	1	1	1	1	0	0	0	0	0
10	1	1	1	1	1	1	1	1	0	0	0	0	0
11	1	1	1	1	1	1	1	0	1	1	0	0	0
12	1	1	1	1	0	1	1	1	0	0	0	0	0
13	1	1	1	1	1	1	1	1	0	0	0	0	0
14	1	1	1	1	1	1	0	0	0	0	0	0	0
15	1	1	1	1	1	1	0	0	0	0	0	0	0
16	1	1	1	1	0	0	0	0	0	0	0	0	0
17	1	1	1	1	1	1	0	0	0	0	0	0	0
18	1	1	1	0	0	0	1	0	0	0	0	0	0
19	1	1	1	0	0	0	0	0	0	0	0	0	0
20	1	1	1	1	0	1	0	0	0	0	0	0	0
21	1	1	1	1	0	0	0	0	0	0	0	0	0
22	1	1	1	1	1	0	0	0	0	0	0	0	0
23	1	1	1	0	0	0	0	0	0	0	0	0	0
24	1	1	0	0	0	0	0	0	0	0	0	0	0
25	1	1	1	0	0	0	0	0	0	0	0	0	0
26	1	1	1	0	0	0	0	0	0	0	0	0	0
27	1	1	0	0	0	0	0	0	0	0	0	0	0
28	1	1	1	0	0	0	0	0	0	0	0	0	0
29	1	1	1	0	0	0	0	0	0	0	0	0	0
30	1	1	0	0	0	0	0	0	0	0	0	0	0

更新类别集合 Ai：

$$A1 = \{g \mid 1, 3, 4, 7, 9, 10, 11, 12, 13, 15, 16, 17, 18\}$$

$$A2 = \{g \mid 1, 3, 4, 7, 9, 10, 11, 12, 13, 15, 18\}$$

$$A3 = \{g \mid 1, 3, 4, 7, 9, 10, 11, 12, 13, 15, 17, 18\}$$

$$\vdots$$

$$A29 = \{g \mid 1, 3, 4\}$$

$$A30 = \{g \mid 1, 3\}$$

根据判断矩阵可知，物品"18"属于类别集合 $A1$、$A2$、$A3$，所以，会产生三个装箱方案的分支，又因为物品"17"属于类别集合 $A1$、$A3$，而物品"16"只属于类别集合 $A1$，优先选择"1"号包装箱，根据启发式算法可得，"1"号包装箱装入物品1、12、16、17、18（如表10-6所示）。

表10-6　包装箱物品装箱方案（2）　　　　　单位：mm

包装顺序	物品编号	（长，高，宽）	包装位置 (x, y, z)	包装方向	调整后（长，高，宽）
1	18	(195, 150, 230)	(0, 0, 0)	rt (0)	(195, 150, 230)
2	17	(235, 90, 225)	(0, 150, 0)	rt (5)	(235, , 225, 90)
3	16	(270, 230, 65)	(0, 0, 230)	rt (1)	(230, 270, 65)
4	12	(115, 80, 230)	(0, 0, 295)	rt (4)	(230, 115, 230)
5	1	(110, 50, 15)	(195, 0, 0)	rt (3)	(15, 50, 110)

继续更新判断矩阵（如表10-7所示）：

表10-7　判断矩阵（3）

包装箱	物品（g）							
	3	4	7	9	10	11	13	15
1	1	1	1	1	1	1	1	1
2	1	1	1	1	1	1	1	1
3	1	1	1	1	1	1	1	1
4	1	1	1	1	1	1	1	1

续表

包装箱	物品（g）							
	3	4	7	9	10	11	13	15
5	1	1	1	1	1	1	1	1
6	1	1	1	1	1	1	1	1
7	1	1	1	1	1	1	0	0
8	1	1	1	1	1	1	0	0
9	1	1	1	1	1	1	0	0
10	1	1	1	1	1	1	0	0
11	1	1	1	1	1	1	1	1
12	1	1	1	0	1	1	0	0
13	1	1	1	1	1	1	0	0
14	1	1	1	1	1	0	0	0
15	1	1	1	1	1	0	0	0
16	1	1	1	0	0	0	0	0
17	1	1	1	1	1	0	0	0
18	1	1	0	0	0	1	0	0
19	1	1	0	0	0	0	0	0
20	1	1	1	0	1	0	0	0
21	1	1	1	0	0	0	0	0
22	1	1	1	1	0	0	0	0
23	1	1	0	0	0	0	0	0
24	1	0	0	0	0	0	0	0
25	1	1	0	0	0	0	0	0
26	1	1	0	0	0	0	0	0
27	1	0	0	0	0	0	0	0
28	1	1	0	0	0	0	0	0
29	1	1	0	0	0	0	0	0
30	1	0	0	0	0	0	0	0

更新类别集合 A_i：

$$A1 = \{g \mid 3, 4, 7, 9, 10, 11, 13, 15\}$$
$$A2 = \{g \mid 3, 4, 7, 9, 10, 11, 13, 15\}$$
$$A3 = \{g \mid 3, 4, 7, 9, 10, 11, 13, 15\} \vdots$$
$$\vdots$$
$$A29 = \{g \mid 3, 4\}$$
$$A30 = \{g \mid 3\}$$

物品"15"属于多个类别，此时，又会产生多个不同的装箱方案，因此进行不同的装箱试验。依此类推，直到将所有物品均打包，并计算出各个装箱方案的装箱成本，选择最小装箱成本的装箱方案。图10-3为装箱成本曲线图。

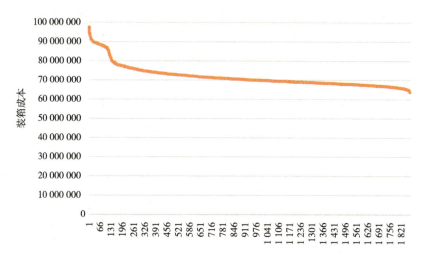

图10-3　装箱成本曲线图

(5) 确定装箱方案，并将装箱方案可视化

具体装箱方案如下：

"6"号和"14"号物品为易碎品，单独装箱。"27"号包装箱（55，175，145）：物品6（见表10-8）。

表10-8　包装箱物品装箱方案（3）　　　　单位：mm

包装顺序	物品编号	（长，高，宽）	包装位置（x, y, z）	包装方向	调整后（长，高，宽）
1	6	（45，130，105）	（0，0，0）	rt（0）	（45，130，105）

"3"号包装箱（150，240，240）：物品14（见表10-9）。

表10-9　包装箱物品装箱方案（4）　　　　单位：mm

包装顺序	物品编号	（长，高，宽）	包装位置（x, y, z）	包装方向	调整后（长，高，宽）
1	14	（75，240，185）	（0，0，0）	rt（0）	（75，240，185）

"1"号包装箱（230，270，375）：物品2、5、8、19、20（见表10-10）。

表10-10　包装箱物品装箱方案（5）　　　　单位：mm

包装顺序	物品编号	（长，高，宽）	包装位置（x, y, z）	包装方向	调整后（长，高，宽）
1	20	（220，190，190）	（0，0，0）	rt（0）	（220，190，190）
2	19	（160，220，210）	（0，0，190）	rt（2）	（220，210，160）
3	8	（200，40，160）	（0，190，0）	rt（0）	（200，40，160）
4	5	（235，30，65）	（0，230，0）	rt（3）	（65，30，235）
5	2	（150，15，75）	（200，190，0）	rt（2）	（15，75，150）

"1"号包装箱（230，270，375）：物品1、12、16、17、18（见表10-11）。

表10-11　包装箱物品装箱方案（6）　　　　单位：mm

包装顺序	物品编号	（长，高，宽）	包装位置（x, y, z）	包装方向	调整后（长，高，宽）
1	18	（195，150，230）	（0，0，0）	rt（0）	（195，150，230）
2	17	（235，90，225）	（0，150，0）	rt（3）	（225，90，235）

续表

包装顺序	物品编号	(长，高，宽)	包装位置 (x, y, z)	包装方向	调整后 (长，高，宽)
3	16	(270, 230, 65)	(0, 0, 310)	rt (1)	(230, 270, 65)
4	12	(115, 80, 230)	(0, 0, 195)	rt (4)	(230, 115, 80)
5	1	(110, 50, 15)	(195, 0, 0)	rt (3)	(15, 50, 110)

"2"号包装箱（150，220，355）：物品3、4、13、15（见表10-12）。

表 10-12　包装箱物品装箱方案（7）　　　　单位：mm

包装顺序	物品编号	(长，高，宽)	包装位置 (x, y, z)	包装方向	调整后 (长，高，宽)
1	15	(185, 125, 145)	(0, 0, 0)	rt (1)	(125, 185, 145)
2	13	(125, 170, 145)	(0, 0, 145)	rt (0)	(125, 170, 145)
3	4	(85, 85, 60)	(0, 0, 290)	rt (0)	(85, 85, 60)
4	3	(75, 45, 115)	(0, 170, 145)	rt (3)	(115, 45, 75)

"8"号包装箱（120，200，210）：物品9、11（见表10-13）。

表 10-13　包装箱物品装箱方案（8）　　　　单位：mm

包装顺序	物品编号	(长，高，宽)	包装位置 (x, y, z)	包装方向	调整后 (长，高，宽)
1	11	(105, 85, 210)	(0, 0, 0)	rt (0)	(105, 85, 210)
2	9	(100, 105, 165)	(0, 85, 0)	rt (0)	(100, 105, 165)

"20"号包装箱（100，150，160）：物品10（见表10-14）。

表 10-14　包装箱物品装箱方案（9）　　　　单位：mm

包装顺序	物品编号	(长，高，宽)	包装位置 (x, y, z)	包装方向	调整后 (长，高，宽)
1	10	(90, 125, 155)	(0, 0, 0)	rt (0)	(90, 125, 155)

"22"号包装箱（100，115，175）：物品7（见表10-15）。

表 10-15　包装箱物品装箱方案（10）　　　　　单位：mm

包装顺序	物品编号	（长，高，宽）	包装位置（x, y, z）	包装方向	调整后（长，高，宽）
1	7	(120, 115, 70)	(0, 0, 0)	rt（3）	(70, 115, 120)

将启发式算法和经验模拟算法进行对比，如表 10-16 所示。

表 10-16　算法对比分析

项　目		经验模拟算法				启发式算法			
箱型种类	货物数量	剩余空间（cm³）	利用率（%）	使用箱子个数	运行时间（s）	剩余空间（cm³）	利用率（%）	使用箱子个数	运行时间（s）
30	20	15 700	67.29	4	1 589.42	25 299.13	67.47	8	4.82

通过算法对比发现，在剩余空间和使用箱子个数方面，经验模拟算法比启发式算法更优，剩余空间较小，使用的箱子较少，主要原因在于，经验模拟算法设计以使用较少箱子为基础，而启发式算法以最小装箱成本为目标，因此，在体积利用率上，启发式算法比经验模拟算法的优势更为明显。启发式算法还将物品性质考虑在内，装箱时，先把易碎物品匹配到相应包装箱中，然后对普通物品进行装箱操作，这也是启发式算法使用箱子个数相对较多的原因。在算法运行时间上，启发式算法具有一定优势。下面是根据启发式算法得出的装箱方案的可视化（如图 10-4 所示）。

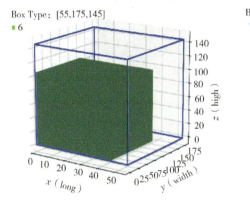

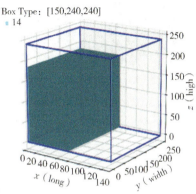

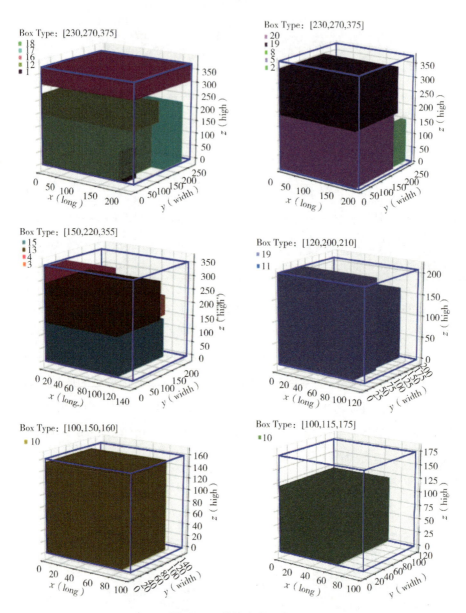

图 10-4　装箱方案示意图

本章小结

　　本章构建了考虑订单拆分的规则物品智能装箱模型，考虑物品的三维尺寸和重量与包装箱的三维尺寸及最大承重能力的关系，引入 0-1 判断矩阵，在判断矩阵的基础上，运用启发式算法对装箱模型进行求解，从体积和重量两个角度对订单物品进行实时拆分，从装箱方案中寻求最小装箱成本方案。从算例中可以得出，本章提出的考虑订单拆分的规则物品智能装箱模型具有可行性，且与经验模拟算法相比效果更为明显。

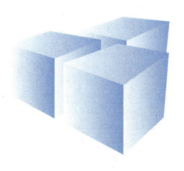

第 11 章　三维在线装箱
　　　　模型构建研究

在线三维装箱问题是非确定性多项式难题，与离线三维装箱问题不同的是，在线三维装箱中仅能获取当前传送带物品和已装入物品的信息，装箱方案不允许回溯，并且不知道订单中物品的到达次序。本章采用启发式算法进行在线装箱的算法设计，考虑实际业务场景，加入物品组合放置的规则，对三维在线装箱问题进行求解。

11.1　问题描述

假设有多个订单，订单中每个物品都是规则的，具有长、宽、高，现在从传送带按照订单顺序传送物品，装载时仅知道已装物品及待装有限个物品的信息。在线装箱场景示意图如图 11-1 所示。

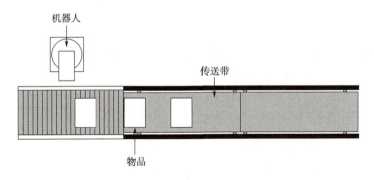

图 11-1 在线装箱示意图

11.1.1　假设条件

为了方便求解，现对三维在线装箱问题进行如下假设：

①包装箱和物品都是规则的立方体，都具有长、宽、高，且包装箱可以承受订单物品的重量。

②每一个物品都可以单独装入包装箱内。

③传送带上物品按照订单顺序依次传送，订单间不进行交叉传送。

④物品一旦放入包装箱内不允许调整。

⑤物品在放置时不考虑挤压的情况。

11.1.2　约束条件

根据问题描述，本节提出以下约束条件：

①物品体积约束。单个物品的体积不能超过包装箱体积。

②放置方向约束。从传送带传过来的物品不能上下翻转，物品的放置方向只有 2 种，并且在放置时需要物品的边与包装箱的边平行或垂直，不可以斜向摆放。

③正交摆放约束。物品放置时需要与包装箱的边长平行或垂直。

④放置顺序约束。物品放置顺序与传送带传送次序一致。

11.2　模型构建

根据上述假设条件，本书考虑在线装箱的实际应用场景进行模型构建，包括变量设置、目标函数及约束。

11.2.1　变量设置

c：订单包含的物品数量。

B：订单使用的包装箱集合。

m：订单使用的数量。

i：订单使用的第 i 个包装箱，i = 1，2，3，…，c。

S_i：订单使用的第 i 个包装箱装入的物品集合。

j：订单使用的第 i 个包装箱装入的第 j 个物品，j = 1，2，3，…，c。

r：物品的放置方向。

$r(ja)$：0–1 变量，其中 ja 表示物品 j 选择放置方向 a 中的一种，a = 1，2。

V_i：订单使用的第 i 个包装箱的体积。

L_i：订单使用的第 i 个包装箱的长。

W_i：订单使用的第 i 个包装箱的宽。

H_i：订单使用的第 i 个包装箱的高。

v_j : 订单中第 j 个物品的体积。

l_j : 订单中第 j 个物品的长。

w_j : 订单中第 j 个物品的宽。

h_j : 订单中第 j 个物品的高。

v_{ij} : 订单使用的第 i 个包装箱装入的第 j 个物品的体积。

l_{ij}^r : 订单使用的第 i 个包装箱装入的第 j 个物品考虑放置方向时的长。

w_{ij}^r : 订单使用的第 i 个包装箱装入的第 j 个物品考虑放置方向时的宽。

h_{ij}^r : 订单使用的第 i 个包装箱装入的第 j 个物品考虑放置方向时的高。

定义（xStart，yStart，zStart）表示物品左后下角坐标，（xEnd，yEnd，

zEnd）表示物品前右上角的坐标，$\begin{bmatrix} \text{xStart} & \text{xEnd} \\ \text{yStart} & \text{yEnd} \\ \text{zStart} & \text{zEnd} \end{bmatrix}$ 表示订单中物品在包装箱中

的位置。

11.2.2　目标函数及约束

$$\max f = \frac{\sum_{i \in B} \dfrac{\sum_{j \in S_i} v_{ij}}{V_i}}{m} \qquad (11\text{-}1)$$

$$l_{ij}^r \leqslant L_i, \ w_{ij}^r \leqslant W_i, \ h_{ij}^r \leqslant H_i, \ j \in S_i, \ i \in B \qquad (11\text{-}2)$$

$$\sum_{j \in S_i} v_{ij} \leqslant V_i \qquad (11\text{-}3)$$

$$\text{xEnd} - \text{xStart} = l_j^r, \ \text{yEnd} - \text{yStart} = w_j^r, \ \text{zEnd} - \text{zStart} = h_j^r \qquad (11\text{-}4)$$

$$r(ja) = 0 - 1, \ a = 1, 2 \qquad (11\text{-}5)$$

$$\sum_{a=1}^{2} r(ja) = 1 \qquad (11\text{-}6)$$

$$v_j = l_j \cdot w_j \cdot h_j \qquad (11\text{-}7)$$

$$V_i = L_i \cdot W_i \cdot H_i \qquad (11\text{-}8)$$

$$0 \leqslant \text{xStart} < \text{xEnd} \leqslant L_i \qquad (11\text{-}9)$$

$$0 \leqslant \text{yStart} < \text{yEnd} \leqslant W_i \qquad (11\text{-}10)$$

$$0 \leqslant \text{zStart} < \text{zEnd} \leqslant H_i \qquad (11\text{-}11)$$

$$i = 1, 2, 3, \cdots, c ; j = 1, 2, 3, \cdots, c \qquad (11\text{-}12)$$

式（11-1）表示目标函数，使订单物品的平均装载率最高；式（11-2）表示订单使用的第 i 个耗材装入的第 j 个物品考虑放置方向时的长、宽、高均小于耗材的长、宽、高；式（11-3）表示在订单使用的包装箱中所有物品的总体积小于包装箱的体积；式（11-4）表示物品不斜放在装箱空间中，并且用坐标表示出物品在耗材中的位置；式（11-5）为物品放置方向的取值，为 0-1 变量，选择其中一种放置方向，则为 1，其他放置方向为 0；式（11-6）表示物品只能选取一种放置方式；式（11-7）和式（11-8）分别表示物品与耗材的体积均为各自长、宽、高的乘积；式（11-9）、式（11-10）和式（11-11）表示物品起始点坐标的取值范围；式（11-12）表示变量 i 和 j 的取值范围。

11.3　算法设计

11.3.1　启发式算法基本思路

针对上述在线装箱问题的数学模型，本节基于启发式算法进行算法设计，主要考虑物品稳定性、包装箱选择和物品放入包装箱后放置点和放置空间的生成。基本流程为订单中的物品从传送带传输，拣选台的机器人或拣选人员挑选合适的包装箱，在拣选台根据传输顺序按照放置规则依次装箱，装箱过程中不断更新放置点和放置空间，各订单物品分别装箱，物品放置时优先考虑已装物品的包装箱，如果当前物品无法放置在所有的剩余放置空间，则选择新的包装箱进行装箱，直至将订单所有物品装箱完成。

11.3.2　物品"组合规则"设定

不同于一般在线装箱问题仅知道一个待装物品信息的规则，本书研究的算法结合在线装箱的实际业务场景，在传送带上方安装一个三维物体识别仪器，可识别传送带上 K 个物品的信息，在装箱时可对 K 个物品进行提前组合，一起放置到包装箱内；同时，为了提高空间利用率，保证物品装载的稳定性，制定物品"组合规则"。由于物品不允许翻转，所以引入底面积吻合率 a。底

面积吻合率 a 是两个物品底面积之比（底面积比值默认小于等于1）。如果底面积的比值比 a 大，则满足组合条件，可进行提前组合一起装箱；如果底面积比值比 a 小，则不满足组合条件，需单独装箱。底面积吻合平面示意图如图 11-2 所示，底面积吻合立体示意图如图 11-3 所示。

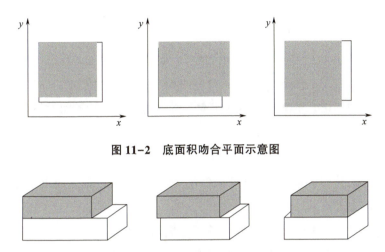

图 11-2 底面积吻合平面示意图

图 11-3 底面积吻合立体示意图

11.3.3 算法具体步骤

步骤一：获取包装箱尺寸信息，其三维尺寸为 (L_i, W_i, H_i)，得到包装箱集合，并计算包装箱的体积，生成包装箱体积集合列表。

步骤二：获取订单数据，考虑在线装箱实际业务场景，依次获取物品的尺寸信息并计算体积，其三维尺寸为 (l_j, w_j, h_j)，其中 $l_j > w_j > h_j$，考虑物品装载的重心稳定性，将长与宽围成的面作为向上的面（如图 11-4 所示）。

图 11-4 物品放置方向示意图

步骤三：包装箱选择。按照订单物品总体积选择包装箱。首先求得订单中物品的总体积，如果比体积最大的包装箱大，则选择最大的包装箱进行装载；如果介于两个型号包装箱之间或者比最小体积型号包装箱小，则选择较大包装箱进行装载。由于装箱方案不允许回溯，所以在装箱过程中，如果选择的包装箱不能装下订单中的物品，则需再选择最小包装箱进行装箱，直至装入订单内所有物品。

步骤四：放置点的生成与选择。第一个物品放置在左后下角（0，0，0），然后产生三个新的放置点。三个放置空间分别为前空间、右空间、上空间，依次按从左到右、从后到前、从下到上的顺序进行搜索放置，如果满足尺寸和体积约束则停止，不满足则继续搜索，所有的放置点均不可放置该物品时，则选择新的包装箱。

当 $g_i = 1$ 时，放置点为 $(0，0，0)$，将物品放入所选择的耗材类型，从第一种放置方式开始尝试，如果可以放置，则放弃探索，如果不能放置，则选择第二种放置方式。

当 $g_i \geq 2$ 时，按照物品的放置顺序，优先考虑右空间，从第一种放置方式开始尝试，判断此装载点的放置方式是否可以正常装载，判断是否与其他物品交叉、重叠，如果可以放置，则放弃探索，如果不能放置，则选择第二种放置方式，如果两种放置方式都不可以放置物品，则将物品放置在其他放置点，优先考虑前空间的放置点进行放置，如果不行则考虑上空间，依次循环，直至该箱子无法再继续装载物品，选择新箱子继续装箱。

步骤五：物品组合放置。获取传送带上 K 个物品的信息，按照传送顺序依次判断两个物品是否满足底面积吻合的条件，如果满足则进行组合放置，不满足则单独放置，在拣选台上不得超过 K 个物品，即如果传送带上的 K 个物品均不可组合，则按照顺序依次放置。

步骤六：选择连续型装载策略，按照随机获取物品尺寸信息的顺序进行装箱，直至所有物品都装入包装箱，装载完毕，并记录物品在包装箱中的位置。

步骤七：按照启发式搜索规则进行装箱，可以得到装载方案，在包装箱的空间直角坐标系中可以获得每个物品的装载位置以及装载方向，也可得到该装箱方案所使用的包装箱数量以及空间利用率。图 11-5 是订单物品装箱的启发式搜索算法流程图。

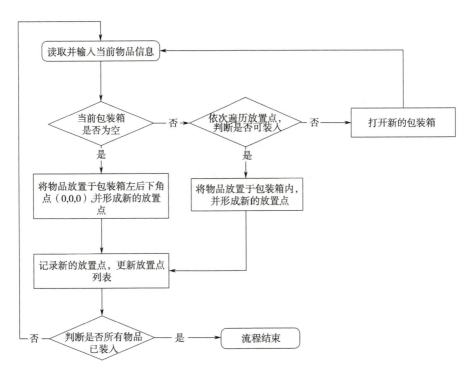

图 11-5 在线装箱算法流程图

11.4 算例分析

本节以企业提供的订单数据、包装箱数据和物品数据为例,采用传送带随机传送,依次放置物品的策略模拟在线装箱的实际场景。为了保证物品放置稳定性,设置底面积吻合率 a 为 80%,$K=3$,即在传送带上最多可识别 3 个待装物品的尺寸信息,对满足组合条件的物品进行组合摆放。装箱结果示意图如图 11-6 所示。由实验结果可见,使用启发式算法规定物品的放置方向、筛选可放置点,加上组合放置规则的算法设计是可行的。

为了评价该启发式算法的性能,笔者将其与改进之前每次仅获得一个物品信息的算法进行对比,在同一台计算机上各自运行算法程序,计算结果如

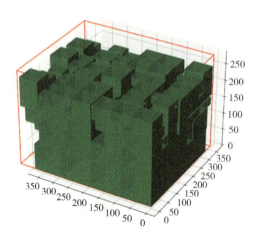

图 11-6　三维在线装箱结果示意图

表 11-1 所示。

表 11-1　实验结果对比

实验指标	$K=1$	$K=3$
包装箱种类（个）	22	22
平均空间利用率	57.68%	60.74%
剩余物品个数（个）	0	0
平均计算时长（s）	1.6	1.7

　　由上述实验结果可知，每次获取 3 个物品信息并提前组合进行放置的算法，其平均空间利用率明显高于每次获取 1 个物品信息的算法，平均空间利用率高了 3.06 个百分点，并且程序的运行时长没有明显增加。所以，在启发式算法里加入组合放置规则使装箱效果提升明显，可以为企业提供参考。

本章小结

　　本章针对三维在线装箱问题，考虑实际业务场景，构建了规则物品多箱形三维在线装箱模型，使用启发式算法，考虑传送带随到随装、物品信息少的情况，加入物品组合放置的规则，对 K 取不同值时的装箱效果进行了对比，结果发现对物品提前组合再放置的效果优于每次仅装一个物品的效果，以此作为在线装箱问题一个新的研究方向。

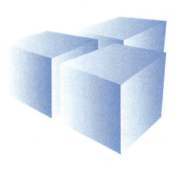

第 12 章　结论与展望

12.1 结论

12.1.1 本书的主要工作

(1) 装箱策略体系与绿色低碳发展模式研究

本书基于装箱问题领域已有的研究成果，通过梳理装箱问题相关研究的发展脉络，结合电商仓储领域的装箱实践问题，提出了电商仓储快递包装箱的绿色发展模式，并将提升装箱方案的智能装箱策略作为深入研究的关键环节。本书从电商仓储领域的实际情况出发，进一步针对装箱操作环节所面临的问题特点，明确界定所研究的电商仓储领域实践问题，提出了解决装箱实践问题的方法，并对具体算法体系的设计思路以及算法之间相互融合提升的框架进行整体梳理，提高了装箱问题解决方法落地实践的可行性。在电商仓储装箱策略的应用方面，本书探索研发了三维装箱可视化系统，用于指导装箱操作人员的实际工作，针对电商仓储企业包装箱型号尺寸的具体设计与优化提出了应对方案，并设计了基于增强现实（AR）技术的装箱操作辅助装置，用于改善装箱方案的可视化效果，使智能装箱策略下的算法结果得到更加有效的应用。

(2) 装箱问题模型构建与过程环节算法设计

本书针对电商仓储领域的多种箱型三维装箱问题，分析三维空间物品摆放的基本性质与多种箱型可供选择的特殊情况，构建混合整数规划的数学模型，对目标问题中的现实约束条件进行了准确描述。为了有效求解多种箱型三维装箱问题的数学模型，本书从订单物品装箱过程的角度分析计算装箱方案所需的每个环节，设计带有特殊功能性特征的环节策略算子集合，并针对装箱过程中的不同环节采用不同的环节策略算子，构成环节策略算子启发式策略的装箱环节算法系统。在行业实例数据集（JD 数据集）与完全异构的模拟生成数据集（CH 数据集）上，本书从装箱环节算法中的不同算法、不同算子以及不同参数设置等从多个层面进行了丰富的计算实验，通过对计算结果进行对比分析验证了各种启发算法的有效性。其中，在 JD 数据集上动态复合块装箱的 S 类算法表现最优，也成为后续算法升级的基本算法框架，而在 CH 数据集上基于装载点理论和 ESA 框架的 P 类算法表现最优，这说明数据集中订单物品信息与箱型尺寸大小的不同，将导致不同算法的装箱方案效果不同，需要针对不同特点的电商仓储实际情况，有针对性地选择适合具体要求的算法。

（3）电商仓储装箱问题算法融合与对比分析

本书通过装箱环节算法系列的基本设计，对不同装箱动作环节的启发式策略算子进行组合，得到适用于电商仓储实践情境下不同订单实例特征的启发式策略算法。为了进一步增强算法的有效性，提高订单平均装载率水平，本书在适当放宽装箱方案计算耗时的条件下，融入智能算法的优化机制。关于装箱环节算法与智能算法融合方面，本书将装箱过程不同算子组合得到的多种启发式策略算法（主要是动态复合块装箱的 S 类算法），与群体智能算法中的混合遗传算法、树搜索算法中的蒙特卡洛树搜索算法以及人工智能算法中的深度强化学习算法进行融合，通过优化物品装箱顺序提高订单平均装载率水平。通过 JD 数据集上的大量计算实验结果分析可知，带有初始种群优选算子的混合遗传算法在订单平均装载率方面表现最佳，但装箱方案计算耗时最长；而深度强化学习算法在节约订单装箱方案计算时间方面耗时最少，同时订单平均装载率水平提升程度最小；蒙特卡洛树搜索算法在装载率与计算耗时方面均处于中等水平。

（4）电商仓储多种箱型标准化尺寸改进策略

关于装箱问题的研究仅从装箱策略的角度出发，通过优化装箱算法提升订单平均装载率水平的做法，对于全面改善装箱方案、减少装箱空间浪费而言是相对片面的。另外，电商仓储领域包装箱型号种类较多，尺寸不一，但是在包装箱标准化尺寸设计时并未充分考虑订单物品尺寸与数量特征。本书将包装箱尺寸标准化纳入电商仓储装箱领域的研究范围，通过设计包装箱标准化尺寸的优化策略，结合装箱策略的基本启发式策略与装箱方案智能优化算法的基本框架，改进多种箱型种类数量下的包装箱尺寸，使得优化后多种箱型三维装箱方案的装载率水平更高。在 JD 数据集上的一系列计算实验，也进一步验证了不同包装箱尺寸优化策略的有效性。其中，二维尺寸固定的包装箱尺寸优化策略，在固定维度尺寸相对较小（case4）时表现优于其他启发式策略，当包装箱尺寸优化的启发式策略算法与智能算法融合时，通过优化物品装箱顺序与包装箱尺寸动态变化，最终的订单平均装载率水平得到了更大幅度的提高，并且远高于数据集中原有箱型尺寸条件下的订单平均装载率水平。这说明基于电商仓储装箱策略的包装箱标准化尺寸优化，使得订单平均装载率水平达到了仅靠改进装箱算法所无法达到的高度。

12.1.2 研究内容总结

随着电子商务的迅猛发展，在线网络购物已成为人们生活中不可缺少的一部分。但是，网购行为的日常化，尤其像"618""双十一"这种促销节日的流行，在推动网络消费、繁荣电商行业的同时，也带来了巨大挑战。在货物出库打包环节，由于缺乏自动化作业，货物出库时间加长，货物出库效率降低。因此，研究物品的三维装箱具有重大的现实意义。大量网购还导致了快递包装垃圾问题，快递包装箱尺寸标准化能有效解决这一问题。由于中国电子商务的蓬勃发展，快递业务量也逐渐增多，装箱问题的研究也成为行业所趋。三维装箱问题的研究能够在极大程度上节约企业的包装材料成本，还能够提升包装箱的空间使用率，从而降低企业的运输成本，对于规范快递包装市场也具有积极作用。此外，包装尺寸标准化可以提高货运效率和货物的运输质量，有利于合理使用材料和包装成品的回收再使用；它也是进行仓储工作现代化的重要基础，还可以推动包装材料产业的发展和改进包装材料设计。

本书的研究内容主要有 6 个方面。

①快递包装箱尺寸标准化。本书首先通过实际调研得到普件快递包装箱尺寸数据，运用 K 聚类算法，结合相关的国家标准，对普件快递包装箱尺寸进行标准化，得出 30 类包装箱尺寸，并对京东自营电商的快递包装箱尺寸进行了调整，减少了包装箱种类。

②规则物品智能装箱模型。规则物品智能装箱分为不考虑订单拆分和考虑订单拆分两种情况，分别构建智能装箱模型。本书针对不考虑订单拆分的情况，以剩余最小包装箱体积为目标，考虑物品的尺寸、方向、重量信息构

建模型，并提出启发式装箱算法；考虑订单拆分的情况，以最小包装成本为目标，构建模型，并引入0-1判断矩阵，运用启发式算法进行模型求解。

③不规则物品智能装箱模型。本书将空间和物品进行颗粒化，用单位颗粒的聚集来表示包装空间和物品，并考虑不规则物品的旋转问题，构建模型；然后，结合DQN算法框架设计了针对不规则物品装箱问题的智能算法，实现订单物品的自动拆单并装箱；最后，给出可视化的装箱方案。

④物流包装标准化。本书考虑两种方式对物流包装进行标准化处理：一是从包装箱角度出发，结合快递封装用品包装箱标准，通过实地调研具体包装箱尺寸的使用情况，对大量历史订单进行统计分析，使用K-M聚类算法，制定合理大小的包装箱尺寸；二是从货物本身出发进行标准化，首先将订单物品按照一定规则堆叠为近似的立方体，然后通过遗传算法进行模型构建与求解，把评价指标作为适应度函数值，随机生成 n 个个体，计算每个个体的适应度函数值，经过不断的优化迭代，最终得到 n 个优化后的包装箱尺寸。本书基于企业提供的订单数据和包装物数据，分别进行算例分析，将22种包装箱优化为10种，发现从物品本身角度出发的包装箱尺寸标准化效果优于从包装箱角度出发的标准化。

⑤规则物品离线装箱。本书对多箱型、多物品的三维装箱问题展开研究，针对多箱型三维装箱，考虑物品放置的方向和位置、包装箱种类和大小等因素，以放置物品后剩余空间最小为目标，构建智能装箱模型，运用启发式算法进行求解，最终获得使目标函数值最大的装箱方案，最后通过算例验证算法的有效性。

⑥规则物品在线装箱。在线装箱时事先不知道物品的信息，只能按照货物的到达顺序随到随装。比如一个机器人在一个箱子旁边工作，一个传送带按照顺序传送包裹，机器人只能看到几个即将到来的物品，类似于俄罗斯方块，并且在物品到达后要在规定时间内立即装箱，装箱策略不允许回溯。在线装箱问题可以抽象为一个马尔可夫决策过程，本书采用启发式算法进行三维在线装箱方案的算法设计。

12.2 创新点

本书聚焦电商仓储领域的装箱作业实践活动，深入分析装箱问题的潜在前提与关键因素，提出了更为有效的装箱策略，改善了模型构建和算法设计的相关工作，并通过计算实验分析了影响装箱问题的各种前提条件和参数指标，为电商仓储领域的装箱操作提供了一定的建议与对策。本书的特色与创新之处主要包括以下几个方面：

12.2.1 从复杂装箱实践问题出发的策略体系构建

针对电商仓储领域多种箱型三维装箱问题的复杂性，本书提出从实践出发，将装箱过程划分为多个环节，逐一研究每个装箱环节的启发式策略，并进行策略组合设计装箱环节启发式策略组合方法体系，明确了装箱问题过程化的研究途径。

本书将策略提高到装箱问题解决方法顶层设计的高度，以启发式装箱策略为基础构建整体研究框架，与电商仓储领域装箱问题的实践性与复杂性高度契合。策略导向的装箱问题研究本质上是实验导向的研究范式，与纯粹基于数学理论和公式推导的运筹最优化思路不同。很多复杂实践问题的研究恰恰仅从数学模型性质出发，而不从实践问题出发，一定程度上阻碍了多元化问题的研究。当研究者发现数学工具不能很好地解决所面临的复杂情况时，往往选择提出很多苛刻的假设条件，使研究的问题与实际情况脱离。因此，通过创造性地进行策略设计、策略组合以及策略体系的构建，有效地解决复杂现实问题，成为本书重要的研究角度。

12.2.2 多种箱型三维装箱策略与智能算法融合

本书根据空间划分的思想与物品非重叠非越界约束设计启发式策略，针对多种箱型的三维装箱问题，基于多种启发式策略算子集合与组合设计，提出装箱环节启发式策略组合体系，并将其作为算法升级的基础。装箱策略组合体系本身也保证了装箱方案的装载率水平与计算耗时能够满足现实需要，达到了秒级的响应速度。本书设计的"多元共生"算法系统（BSAS），面对电商仓储装箱问题的复杂情况时，能够智能选择其中适合当前订单信息特点的具体算法。

关于智能装箱算法，本书设计了带有特殊算子的混合遗传算法，并通过数据集实例验证了本书所提出的"点位变换"算子优于已有研究的"随机密钥偏置"算子，提高了订单平均装载率水平；启发式策略组合体系还进一步与蒙特卡洛树搜索算法框架相结合，将物品装箱顺序转化为树搜索过程，加入神经网络算子，通过基本的强化学习算法框架对神经网络进行训练，以优化蒙特卡洛树搜索过程中"选择"与"扩展"环节的操作，使得订单平均装载率提高的同时，装箱方案的计算耗时降低；并从设计优化物品装箱顺序的时序动作分类模型与选择装箱环节策略算子组合两个角度，分别搭建相应的神经网络结构，使之适应电商仓储装箱问题的特殊性。虽然深度强化学习算法前期需要较长时间的训练，但是在神经网络训练成熟后，其决策响应速度是非常快的，与启发式策略组合方法相比计算耗时几乎没有明显的增加，提高了装箱方案的智能化程度。

12.2.3　基于物品堆叠与聚类的包装箱尺寸优化方法

本书将包装箱尺寸优化纳入装箱问题的研究范围，把包装箱尺寸动态变化作为装箱问题的前提条件，提出了新的包装箱尺寸优化方法：从历史订单信息和物品尺寸形状的角度出发对包装箱尺寸进行优化，而不仅仅从已有的尺寸中进行简单的增减或聚类，或根据标准化的托盘尺寸进行简单的模数分割。作为研究包装箱尺寸优化并改善电商仓储装箱效果的新角度，该方法也有利于构建电商仓储领域包装箱回收与重复利用的绿色低碳模式。

基于历史订单的包装箱尺寸优化具有较强的动态性，最优的包装箱尺寸数据随着订单特征的变化会存在一定程度的改变。另外，包装箱型号数量的多少也会影响包装箱尺寸的计算。针对这种情况，本书的研究目标并不是计算得到某个具体的包装箱尺寸数值，而是提出一种优化包装箱尺寸的方法。本书通过比较不同的物品堆叠与聚类策略发现，二维尺寸固定的启发式策略有利于初步得到较优的包装箱尺寸，但是仍有很大的优化空间。因此，本书在启发式策略的基础上进一步结合群体智能算法中的混合遗传算法，对初步得到的包装箱尺寸进行进一步优化，得到了更优的包装箱尺寸及相应的订单装箱方案，相较于原有包装箱尺寸条件下的装箱方案，订单平均装载率提升了10%以上。

12.2.4 多种现实场景下的模型构建与应用创新

关于不规则物品智能装箱问题，本研究将空间和待装不规则物品进行颗粒化，建立不规则物品智能装箱模型，运用DQN算法对模型进行训练，实现不规则物品智能装箱的目的，并将装箱方案可视化，可视化结果可为装箱人员提供一定的装箱参考。关于带有订单拆分的装箱模型的构建，本研究将装箱应用到物流领域，实现智能打包。带有订单拆分的装箱模型能够根据订单内容及包装箱的大小，在获取订单物品尺寸、重量及系统已有的包装箱尺寸信息的同时，以最小装箱成本为目标，快速匹配相应的包装箱以及物品的包装顺序和位置；最后，选择相应的填充物，保证包装的稳定性。因此，该方法可以提高企业打包环节效率，节约企业包装成本。关于在线装箱模型的构建，目前针对三维在线装箱问题，大多数算法设计的规则为一次仅获取一个物品信息，本书结合实际的装箱业务场景，考虑在线装箱的约束，基于启发式算法，增加组合放置的规则，设计出一种与传统规则不一样的研究思路，从而为相关企业在线装载策略优化提供了依据。

12.2.5 电商仓储领域的智能装箱应用系统设计

本书聚焦电商仓储领域三维装箱操作实践，从实际行业属性出发，基于获取的真实数据集提出装箱优化策略，并以实际应用为导向，设计秒级时间响应的算法，建立电商仓储三维装箱辅助决策系统，将增强现实（AR）技术与电商仓储领域的装箱操作实践相结合，提升三维装箱活动效率。

仓储领域的拣选自动化技术已经越来越成熟，但是订单物品装箱出库环节仍然需要大量的人工操作，且高度依赖装箱操作人员的经验，制约了电商仓储"无人化"与"智能化"的发展。电商仓储自动化智能装箱系统设计，为突破电商订单物品装箱出库环节的最后瓶颈提供了切实可行的研究方案。

12.3 未来研究展望

12.3.1 基于智能装箱策略的优化算法有待持续改进

在算法优化方面,本书仅对过程环节算法体系中的某些单个算法环节进行了智能化改造,加入了智能算法的优化机制。对于多个算法环节共同联合优化,由于求解搜索空间过于庞大,存在更大的优化空间与可能性,后续研究可以进一步基于过程环节算法体系,进行多个算法环节联合优化的算法改进。

基于神经网络的智能装箱算法有待进一步深入研究。本书关于智能算法应用的一个隐含前提是:订单信息中装箱物品的数量、尺寸(长、宽、高)数值服从相同的分布。在生成订单数据时,带有行业属性的实例生成器是基于真实行业数据的最大值、最小值、均值和方差进行数据生成并用于计算实验的。现实中,电商仓储领域的订单物品信息非常复杂,如何提取分布特征生成实例数据进行算法训练仍需进一步研究。例如,对所有类型的订单装箱数据进行统一分析提取统计特征,还是在对实际数据进行分类的基础上再提炼数据统计特征,需要后续做出更加多样化的计算实验进行验证。

12.3.2 包装箱标准化尺寸对装箱策略的反向影响有待研究

在包装箱尺寸标准化方面,本书采用先进行物品堆叠再聚类的方法确定包装箱尺寸的策略。之所以这样做,主要是基于计算实验的结果,根据贪婪原则,每个后续步骤都是在前面最优的计算结果基础上继续优化。但是,先根据订单物品体积之和对订单进行聚类,再进行物品堆叠并优化包装箱尺寸的策略,是否能够达到更优的效果,仍有待进一步深入研究。

虽然物品堆叠问题这一阶段的主要目的是设计优化的包装箱尺寸,对本阶段问题本身的计算时间没有严格要求,但是考虑到物品堆叠策略与将来基于此得到的包装箱尺寸有关,而包装箱优化后的包装箱尺寸能否在实际中应用又与装箱策略是否匹配有关,而装箱策略与物品堆叠策略又有联系,因而对于包装箱标准化尺寸与订单物品装箱策略之间的关系需要进一步研究。

12.3.3 电商仓储更多装箱实践场景下的研究有待深入

对于本书所提出的电商仓储智能装箱策略，如果想同样适用于在线装箱的情况，需要进行适当改进，主要集中在箱型选择与订单拆箱（当 1 个箱子无法装下时，需将订单装入多个箱子）的情况。另外，对于半在线装箱（当前物品装箱时可以对 1 件或多件已装箱物品进行位置调整）的情况，也有待进一步研究。具体而言，每种算法在计算过程中会实时保存当前步骤下已装箱物品的 SKU、数量以及相对空间位置信息，针对尚未装箱的物品需要动态计算后续的装箱方案，物品装箱位置与方向的选择都可以采用本书提出的算法，但是在线装箱的实时性对每个订单箱型选择与拆箱策略提出了更高的要求。

在物品装箱实践作业过程中，还存在部分物品可以轻度挤压的情况。针对可以挤压的物品，在可承受的尺寸挤压范围内，如何采取适当的挤压策略提升物品装箱方向的效果，也是与实际密切相关的问题。另外，目前仅将研究问题集中于订单物品装入包装箱的阶段，订单物品打包后还需要装入车辆中进行配送和运输。本书尚未考虑包装箱装车环节的空间利用率，后续将继续深入研究订单物品装箱与装车两阶段联合优化问题。

12.3.4 后续工作展望

后续的研究可以从以下几个方面着手：

①普件快递包装箱标准化是从包装箱尺寸的角度出发的，标准化后的包装箱在体积利用率方面有了一定的提升，但是还存在一定的局限性，下一步工作可以在调研数据方面进行扩充，然后从包装箱内部的物品尺寸出发，对包装箱进行标准化。

②规则物品智能装箱模型使用了传统数学方法，下一步可以尝试运用强化学习等智能算法进行研究。另外，在物品装箱时可以考虑更多物品的性质，例如单件物品的承重能力等。

③在不规则物品智能装箱模型部分，求解装箱方案时采用的 DQN 智能算

法为装箱序列搜索算法，对于装箱位置和物品方向均采用启发式方式得到，后续研究需进一步将物品装箱顺序、装箱位置与摆放方向结合起来考虑。

④人工智能算法在装箱问题的应用。随着计算机科学的蓬勃发展，人工智能算法的应用范围也日益深入，人工智能算法能够对数据进行高效处理，智能地学习不同的知识，而且能够高效地处理多类复杂的智能问题，当前存在的一些算法有神经网络、深度学习、强化学习等。目前针对规则物品三维装箱问题，研究方法以传统数学方法为主，在下一步的研究中，可以尝试将人工智能算法应用于装箱问题的研究中，使装箱的实际业务场景尽可能地取代人力，实现更加智能化的装箱。另外，在物品装箱时，可以考虑更多物品的性质，例如单件物品的承重能力、物品的易腐蚀性等。

⑤快递包装箱绿色治理。如果能将数量巨大的快递包装箱进行回收和循环利用，不仅减轻了环保压力，而且节约了快递包装资源，可谓一举两得。经调查发现，很多包装箱在一次性使用之后依然完好。尤其是拥有自建物流的平台，例如京东、苏宁等，物流服务过程中对包装箱的装卸搬运比较谨慎，使得包装箱在物流过程中很少受到严重损害，完全可以进行回收和循环利用。本书针对快递包装箱处理以及政策落实中可能出现的情况，拟定以下对策建议：

快件包装物绿化整治要坚持标本兼治，积极推动环境综合治理工作。要以快件包装物绿化整治工作台账实施为重点，加速推动绿色包装应用；以建立健全与绿化生态理念相适应的法律标准政策体制为保证，逐步形成绿色生态管理的长效机制；以发展信息化、智能技术为引导，不断增强绿色生态管理的内生发展动力。另外，还要坚持共建共治，主动贯彻中央和各地政府财政事权调整与经费责任分配的有关改革规定，推动政府履行属地负责，强化部门协同，加强宣传带动，为行业生态建设环境保护管理工作营造良好环境。

参考文献

［1］曹国荣，许文才. 包装标准化基础［M］. 北京：中国轻工业出版社，2006：80-87.

［2］陈丙成，李艳华. 基于混合遗传算法的多航空集装器装箱优化设计［J］. 包装工程，2021，42（5）：181-186.

［3］陈丙成，李艳华. 基于启发式算法的单航空集装器的装箱优化设计［J］. 包装工程，2020，41（17）：244-251.

［4］陈红，王义邴，徐露，等. 三维装箱边长优化和数量优化方法的比较研究［J］. 宁波工程学院学报，2020，32（1）：37-41.

［5］陈嬿，张国川. 经典一维装箱问题近似算法的研究进展［J］. 运筹学学报，2022，26（1）：69-84.

［6］陈元文. 基于优先保持策略遗传算法的三维装箱问题［J］. 包装工程，2021，42（15）：211-218.

［7］崔会芬，许佳瑜，朱鸿国，等. 基于改进遗传算法的三维单箱装箱问题研究［J］. 工业工程与管理，2018，23（1）：86-89.

［8］邓裕晨，汪传雷，李宇璠，等. 基于协调原理的农产品冷链物流包装标准化分析［J］. 中国储运，2021（11）：109-111.

［9］丁纺，侯兆烽，赵凯芳. 多种货物三维装箱问题研究［J］. 中国设备工程，2021（4）：222-224.

［10］杜振，宫会丽. 解决约束三维装箱问题的混合粒子群算法［J］. 计算机光盘软件与应用，2014，17（22）：115-116.

［11］冯梦珂，曹国荣，程玲，等. 快递包装的现状与绿色化［J］. 北京印刷学院学报，2016，24（2）：22-25.

［12］冯文健. 求解二维矩形件装箱问题的布谷鸟算法［J］. 南宁师范大学学报（自然科学版），2021，38（1）：68-72.

［13］高伟，杨鼎强. 基于空间优化的 3 维装箱问题求解方法［J］. 信息

与控制，2014，43（6）：757-761.

[14] 桂黎红，李俚. 面向多点卸货的箱柜类货物的装箱策略研究 [J].
包装工程，2020，41（11）：209-213.

[15] 郭靖. 网络购物产品包装设计现状及方法研究 [D]. 无锡：江南大
学，2015.

[16] 郭向阳，杨冰峰，张春和. 基于蚁群算法的军用车辆器材装箱配载
问题 [J]. 包装工程，2016，37（11）：195-198.

[17] 郭晓雯，杨鼎强. 单一货物摆放无约束三维装箱优化方法 [J]. 信
息通信，2019（6）：23-25.

[18] 郭晓雯，杨鼎强. 在线约束性可变尺寸球体三维装箱 [J]. 计算技
术与自动化，2019，38（3）：92-95.

[19] 何利文，唐澄澄，周睿，等. 基于遗传算法的 SDN 增强路径装箱问
题研究 [J]. 计算机技术与发展，2019，29（7）：150-154.

[20] 何利文，张幸宁. 基于遗传算法的 SDN 网络装箱问题研究 [J]. 计
算机与数字工程，2020，48（3）：633-637.

[21] 胡锦超，贾春玉. 单一规格物体二维矩形条带装箱问题解法研究
[J]. 成组技术与生产现代化，2017，34（2）：6-8.

[22] 胡智莹，周翔，李建伶，等. 基于混合模拟退火算法的多约束装箱
问题研究 [J]. 无线互联科技，2019，16（23）：113-114.

[23] 姜丽，亓晓莹，郭天娇. 二维矩形条带装箱问题的重构模型 [J].
武汉理工大学学报，2017，39（1）：85-92.

[24] 金启明，李菲菲. BFD 混合禁忌搜索在一维装箱问题中的应用
[J]. 青海交通科技，2020，32（1）：34-38.

[25] 李波. 汽车零部件取货物流中的包装标准化 [J]. 物流技术与应
用，2010（4）：85-87.

[26] 李克强主持召开国务院常务会议 [EB/OL]. （2018－11－22）
[2022－11－12]. http：//politics. people. com. cn/GB/n1/2018/1122/c1024－
30414541. html.

[27] 李梦迪. 某企业产品物流包装尺寸标准化及装箱优化研究 [D]. 南

京：南京大学，2020.

[28] 李明，张曼曼，亓晓莹，等. 二维矩形条带装箱问题的离散化左下角定位模型 [J]. 武汉科技大学学报，2016，39（6）：468-471.

[29] 李孙寸，施心陵，张松海，等. 基于多元优化算法的三维装箱问题的研究 [J]. 自动化学报，2018，44（1）：106-115.

[30] 李伟，杨超宇，孟祥瑞. 基于混合遗传算法的多品种货物装箱问题研究 [J]. 包装与食品机械，2020（1）：51-56.

[31] 李伟，杨超宇，孟祥瑞. 基于混合遗传算法的多品种货物装箱问题研究 [J]. 包装与食品机械，2020，38（3）：51-56.

[32] 李哲宇. 类椭球形果蔬在线装箱问题的算法研究 [D]. 福州：福建农林大学，2019.

[33] 廖星，袁景凌，陈旻骋. 一种自适应权重的并行 PSO 快速装箱算法 [J]. 计算机科学，2018，45（3）：233-236，275.

[34] 刘立琼. 网购快递包装标准化的研究 [D]. 天津：天津科技大学，2017.

[35] 刘明明，童小娇，戴彧虹. 装箱问题的算法及最新进展 [J]. 计算数学，2016，38（3）：257-280.

[36] 刘胜，沈大勇，商秀芹，等. 求解三维装箱问题的多层树搜索算法 [J]. 自动化学报，2020，46（6）：1178-1187.

[37] 刘胜，朱凤华，吕宜生，等. 求解三维装箱问题的启发式正交二叉树搜索算法 [J]. 计算机学报，2015，38（8）：1530-1543.

[38] 柳赛男. 基于云文化算法的装箱优化算法 [J]. 工业工程与管理，2016，21（4）：93-99.

[39] 吕雪菊，倪静. 基于自适应空间划分策略的三维装箱问题 [J]. 系统工程，2020，38（4）：95-102.

[40] 罗飞，任强，丁炜超，等. 基于最小松弛量的启发式一维装箱算法 [J]. 计算机科学，2019，46（9）：315-320.

[41] 马鑫，廖哲文. 装箱问题在物流领域的研究回顾与分析：基于美国科学情报研究所科研数据库的科学计量分析 [J]. 科技促进发展，2019，7

（1）：33-41.

[42] 莫森，胡立德. 运输包装尺寸标准化研究 [J]. 物流科技，2008（4）：4-6.

[43] 那日萨，崔雪莲，韩琪玮. 基于实际约束的三维装箱问题优化算法 [J]. 工业工程与管理，2017，22（4）：10-16.

[44] 宁爱兵，熊小华，马良. 城市物流配送中的三维装箱算法 [J]. 计算机工程与应用，2009，45（9）：207-208，211.

[45] 彭勇，罗佳，刘星，等. 带二维装箱约束的需求可拆分车辆路径问题模型及算法研究 [J]. 科学技术与工程，2017，17（19）：268-272.

[46] 彭煜. 求解三维装箱问题的启发式分层搜索算法 [D]. 厦门：厦门大学，2016.

[47] 蒲荣雪，吴铃，李国柳，等. 单一货物摆放无约束三维装箱简便快速优化装箱方法 [J]. 技术与创新管理，2017，38（2）：132-135.

[48] 任岳淼，陈贤富，刘斌. 面向梯形箱子的三维装箱问题算法研究 [J]. 微型机与应用，2015，34（9）：18-21，25.

[49] 尚正阳，顾寄南，丁卫，等. 求解二维矩形装箱问题的启发式算法 [J]. 计算机集成制造系统，2018，24（3）：583-590.

[50] 尚正阳，顾寄南，唐仕喜，等. 高效求解三维装箱问题的剩余空间最优化算法 [J]. 计算机工程与应用，2019，55（5）：44-50.

[51] 尚正阳，黄秋妍，康正阳，等. 一刀切约束下的二维装箱问题高效求解算法 [J]. 包装工程，2021，42（7）：231-238.

[52] 宋敏，路欢欢. 电商时代推进快递绿色包装标准化建设研究 [J]. 中国质量与标准导报，2020（2）：34-36，63.

[53] 隋树林，邵巍，高自友. 同一尺寸货物三维装箱问题的一种启发式算法 [J]. 信息与控制，2005（4）：490-494.

[54] 孙宝凤，王帅，郑黎黎，等. 考虑货物冲突关系的二维装箱问题研究 [J]. 宁波大学学报（理工版），2020，33（2）：79-85.

[55] 孙棣华，涂平，彭光含，等. 基于遗传算法的单车运输配载研究 [J]. 计算机仿真，2008（3）：285-288.

［56］孙光晨. 物联网时代下的网购包装设计研究［D］. 株洲：湖南工业大学，2015.

［57］田冉，孙林夫，唐慧佳，等. 基于最大最小蚁群算法的多卸载点车载装箱模型研究［J］. 重庆交通大学学报（自然科学版），2016，35（2）：156-162.

［58］王程，陈正鸣，吕嘉. 面向纸板三维装箱问题的剩余空间最优算法［J］. 计算机与现代化，2021（3）：28-34.

［59］王帅，洪振宇. 基于强化学习的机场行李装箱优化方法［J］. 包装工程，2022，43（3）：257-263.

［60］王素欣，温恒，卢福强，等. 货物三维装箱问题建模及其乌鸦搜索算法优化［J］. 湖南大学学报（自然科学版），2020（8）：21-30.

［61］王岩，潘卫平，张俊晖. 单一尺寸长方体三维装箱问题的一种求解算法［J］. 包装工程，2015，36（11）：96-99.

［62］王艳芳. 航空行李在线码放规划及垛型稳定性评估［D］. 天津：中国民航大学，2020.

［63］王祎楼. 基于货物组合的三维装箱启发式算法［J］. 物流工程与管理，2018，40（12）：73-75.

［64］王永胜，万龙，李胜胜. 基于改进的禁忌搜索算法求解带2维装箱约束的低碳车辆路径问题［J］. 江西师范大学学报（自然科学版），2017，41（4）：354-359，366.

［65］魏丽军. 求解装箱问题的启发式策略算法研究［D］. 厦门：厦门大学，2008.

［66］邢斌，杨信廷，钱建平，等. 基于遗传算法的规则包装农产品三维装箱模型［J］. 农业工程学报，2011，27（8）：237-241.

［67］徐翔斌，李志鹏. 强化学习在运筹学的应用：研究进展与展望［J］. 运筹与管理，2020，29（5）：231-243.

［68］颜瑞，张群，胡睿. 考虑三维装箱约束的多车场车辆路径问题［J］. 管理工程学报，2016，30（1）：108-116.

［69］阳名钢，陈梦烦，杨双远，等. 求解二维装箱问题的强化学习启发

式算法 [J]. 软件学报, 2021, 32 (12): 3684-3697.

[70] 杨婷, 罗飞, 丁炜超, 等. 一种自适应优化松弛量的装箱算法 [J]. 计算机科学, 2020, 47 (4): 211-216.

[71] 杨砚砚, 王延海, 李明, 等. 绿色物流视角下的电力物资包装标准化及仓储单元化研究 [J]. 物流技术, 2018, 37 (10): 17-19, 35.

[72] 姚涵菁, 苗慧, 倪长虹, 等. 循环经济视角下快递包装标准化策略探析 [J]. 中小企业管理与科技 (中旬刊), 2021 (5): 86-87.

[73] 姚汝林, 尹石军, 郭蕴华. 变尺寸装箱问题的迭代/贪婪动态规划算法 [J]. 江苏船舶, 2021, 38 (1): 1-4, 6.

[74] 姚鑫. 医药物流配送中心药品三维装箱优化及其模拟 [D]. 武汉: 武汉理工大学, 2010.

[75] 姚怡. 二维装箱问题的启发式策略算法研究 [D]. 广州: 华南理工大学, 2016.

[76] 姚怡, 赖朝安. 一种带剪切约束的启发式二维装箱算法 [J]. 图学学报, 2015, 36 (6): 879-886.

[77] 游伟, 雷定猷, 朱向. 三维装箱问题的偏随机密钥混合遗传算法 [J]. 计算机工程与应用, 2014, 50 (22): 265-270.

[78] 于明正, 徐斌, 陈佳. 基于双层启发式遗传算法的三维装箱问题 [J]. 科学技术与工程, 2020, 20 (5): 2042-2047.

[79] 喻玼, 陈恩繁, 潘丏多, 等. 绿色物流视角下的电力物资包装标准化及仓储单元化研究 [J]. 质量与市场, 2021 (20): 157-159.

[80] 袁春雨. 基于禁忌搜索算法的二维装箱问题研究 [J]. 山西能源学院学报, 2017, 30 (3): 214-217.

[81] 岳卫东. 汽车零件物流包装尺寸标准化 [J]. 汽车物流, 2008, (12): 39.

[82] 曾敏刚, 朱佳. 汽车零部件运输包装尺寸标准化研究 [J]. 工业工程与管理, 2013, 18 (2): 31-38.

[83] 曾烁瑶, 洪诗婷, 叶世昌, 等. 绿色包装标准体系构建与发展 [J]. 质量探索, 2020, 17 (2): 22-28.

［84］翟钰，孙小明. 多种物品三维装箱问题的一种启发式算法［J］. 上海交通大学学报，2007（8）：1244-1247.

［85］张长勇，刘佳瑜，王艳芳. 求解货物在线装箱问题的融合算法［J］. 科学技术与工程，2021，21（11）：4513-4518.

［86］张长勇，吴智博. 基于 K-means 与关键点的组合行李码放算法［J］. 包装工程，2019（1）：90-95.

［87］张长勇，翟一鸣，张倩倩，等. 考虑装载顺序约束的航空货物装箱问题研究［J］. 包装工程，2021，42（1）：150-156.

［88］张德富，彭煜，张丽丽. 求解三维装箱问题的多层启发式搜索算法［J］. 计算机学报，2017，35（12）：2553-2561.

［89］张德富，魏丽军，陈青山，等. 三维装箱问题的组合启发式算法［J］. 软件学报，2007（9）：2083-2089.

［90］张浩东，吴建华. 基于深度强化学习的机器人推拨优化装箱问题研究［J］. 空间控制技术与应用，2021，47（6）：52-58.

［91］张钧，贺可太. 求解三维装箱问题的混合遗传模拟退火算法［J］. 计算机工程与应用，2019，55（14）：32-39，47.

［92］张梅娟，吴铃，顾婷婷，等. 单一货物摆放无约束三维装箱优化方法［J］. 宁波工程学院学报，2018，30（1）：33-38.

［93］张明会. 在线装箱与混合流水调度问题近似算法研究［D］. 大连：大连理工大学，2019.

［94］张平，薛新华. 基于遗传算法的多维度物资装箱算法［J］. 指挥信息系统与技术，2016，7（5）：102-106.

［95］张岐山，郑快生. 考虑客户满意度的三维装箱绿色车辆路径研究［J］. 江苏科技大学学报（自然科学版），2016，30（3）：286-292.

［96］张帅. B2C 网购服装、鞋帽类包装的设计探索［J］. 中国包装工业，2012（19）：17-18.

［97］张伟，郭彦峰. 瓦楞纸箱运输包装系统设计［J］. 包装工程，2002，（1）：25-27.

［98］张晓蕊，刘向东. 具有承载能力约束的装箱问题的蚁群算法［J］.

大连民族学院学报, 2015, 17 (3): 265-269.

[99] 张孝利, 李学工. 电商冷链保鲜包装标准化研究 [J]. 标准科学, 2018 (8): 102-105.

[100] 张旭, 王莉莉, 杨博韬. 带有一刀切约束的二维非规则装箱算法 [J]. 计算机科学, 2020, 47 (5): 212-216.

[101] 张雅舰, 刘勇, 谢松江. 一种求解装箱问题的改进遗传算法 [J]. 控制工程, 2016, 23 (3): 327-331.

[102] 钟石泉, 王雪莲. 多箱型三维装箱问题及其优化研究 [J]. 计算机工程与应用, 2009, 45 (22): 197-199.

[103] 周雨菁, 陈国卫. 摆放约束的二维装箱研究 [J]. 装备制造技术, 2020 (7): 137-140.

[104] 朱贝特. 八部门推进快递绿色包装标准化 [J]. 绿色包装, 2020 (9): 14.

[105] 朱庆, 张琳琳, 胡翰, 等. 精细建筑物碎片化纹理优化的二维装箱方法 [J]. 西南交通大学学报, 2021, 56 (2): 306-313.

[106] 朱向, 雷定猷. 带平衡约束三维装箱问题的双层混合遗传算法 [J]. 交通运输系统工程与信息, 2015, 15 (2): 203-209.

[107] 左先旺, 荣先钊. 基于二叉树算法的三维装箱求解 [J]. 科技与创新, 2019 (14): 138-139.

[108] 2020 年快递业务量将超 740 亿件快递物流业最近半月发布了哪些政策? [EB/OL]. (2020-04-09) [2022-12-10]. https://www.yunshuren.com/article-22707.html.

[109] ABEYSOORIYA R P, BENNELL J A, MARTINEZ-SYKORA A. Jostle heuristics for the 2D-irregular shapes bin packing problems with free rotation [J]. International journal of production economics, 2017, 195 (1): 12-26.

[110] ALONSO M T, ALVAREZ-VALDES R, IORI M, et al. Mathematical models for multi container loading problems with practical constraints [J]. Computers & industrial engineering, 2019, 127 (1): 722-733.

[111] ALVAREZ-VALDES R, MARTINEZ A, TAMARIT J M. A branch &

bound algorithm for cutting and packing irregularly shaped pieces [J]. International journal of production economics, 2013, 145 (2): 463-477.

[112] AMARO J B, PINHEIRO P R, COELHO P V. A parallel biased random-key genetic algorithm with multiple populations applied to irregular strip packing problems [J]. Mathematical problems in engineering, 2017 (1).

[113] ANA A, MARISA B. A particular approach for the three-dimensional packing problem with additional constraints [J]. Computers & operations research, 2010, 37 (11): 1968-1976.

[114] ARAYA I, GUERRERO K, NUNEZ E. VCS: a new heuristic function for selecting boxes in the single container loading problem [J]. Computers & operations research, 2017, 82 (6): 27-35.

[115] ARAYA I, RIFF M C. A beam search approach to the container loading problem [J]. Computers & operations research, 2014, 43 (5): 100-107.

[116] ARBIB C, MARINELLI F. Maximum lateness minimization in one-dimensional bin packing [J]. Omega, 2017, 68 (1): 76-84.

[117] BALOGH J, BÉKÉSI J, DÓSA G, et al. Online bin packing with cardinality constraints resolved [J]. Journal of computer and system sciences, 2020, 112 (1): 34-49.

[118] BALOGH J, BÉKÉSI J, GALAMBOS G, et al. Improved lower bounds for semi-online bin packing problems [J]. Computing, 2009, 84 (1-2): 139-148.

[119] BENNELL J A, OLIVEIRA J F. The geometry of nesting problems: a tutorial [J]. European journal of operational research, 2008, 184 (1): 397-415.

[120] BISCHOFF E E. Three-dimensional packing of items with limited load bearing strength [J]. European journal of operational research, 2006, 168 (3): 952-966.

[121] BOHM M, DÓSA G, EPSTEIN L, et al. Colored bin packing: online algorithms and lower bounds [J]. Algorithmica, 2018, 80 (1): 155-184.

[122] BONFIM A J, ROGÉRIO P P, VERAS C P . A parallel biased

random-key genetic algorithm with multiple populations applied to irregular strip packing problems [J]. Mathematical problems in engineering, 2017, 2017 (1): 1-11.

[123] BORGES Y, MIYAZAWA F K, SCHOUERY R, et al. Exact algorithms for class-constrained packing problems [J]. Computers & industrial engineering, 2020, 144 (1).

[124] BORTFELDT A, GEHRING H, MACK D. A parallel tabu search algorithm for solving the container loading problem [J]. Parallel computing, 2003, 29 (5): 641-662.

[125] BURKE E K, GENDREAU M, HYDE M, et al. Hyper-heuristics: a survey of the state of the art [J]. Journal of the operational research society, 2013, 64 (12): 1695-1724.

[126] BURKE E K, SOUBEIGA G K. A tabu-search hyperheuristic for timetabling and rostering [J]. Journal of heuristics, 2003, 9 (6): 451-470.

[127] CHE C H, HUANG W, LIM A, et al. The multiple container loading cost minimization problem [J]. European journal of operational research, 2011, 214 (3): 501-511.

[128] CHEN C S, LEE S M, SHEN Q S. An analytical model for the container loading problem [J]. European journal of operational research, 1995, 80 (1): 68-76.

[129] CHERRI L H, MUNDIM L R, ANDRETTA M, et al. Robust mixed-integer linear programming models for the irregular strip packing problem [J]. European journal of operational research, 2016, 253 (3): 570-583.

[130] CHRISTENSEN H I, KHAN A, POKUTTA S, et al. Approximation and online algorithms for multidimensional bin packing: a survey [J]. Computer science review, 2017, 24 (May): 63-79.

[131] CORRECHER J F, ALONSO M T, PARREÑO F, et al. Solving a large multicontainer loading problem in the car manufacturing industry [J]. Computers & operations research, 2017, 82 (1): 139-152.

[132] COSTA M T, GOMES A M, OLIVEIRa J F. Heuristic approaches to large‐scale periodic packing of irregular shapes on a rectangular sheet [J]. European journal of operational research, 2009, 192 (1): 29–40.

[133] CRAINIC T, PERBOLI G, TADEI R. Extreme point‐based heuristics for three‐dimensional bin packing [J]. Informs journal on computing, 2008, 20 (3): 368–384.

[134] CRAINIC T, PERBOLI G, TADEI R. Ts 2 pack: a two‐level tabu search for the three‐dimensional bin packing problem [J]. European journal of operational research, 2009, 195 (3): 744–760.

[135] DELIGNETTE‐MULLER M, DUTANG C. Fitdistrplus: an R package for fitting distributions [J]. Journal of statistical software, 2015, 64 (4): 1–34 .

[136] DELL A M, FURINI F, IORI M . A branch‐and‐price algorithm for the temporal bin packing problem [J]. Computers & operations research, 2020, 114 (2): 10.

[137] DOKEROGLU T, COSAR A. Optimization of one‐dimensional bin packing problem with island parallel grouping genetic algorithms [J]. Computers & industrial engineering, 2014, 75 (1): 176–186.

[138] DONALD R S. Dimensional standardization of shipping containers, pallets, and transport equipment [J]. Agricultural research service, 2000 (1): 91–102.

[139] DYCKHOFF H. A typology of cutting and packing problems [J]. General information, 1990, 44 (2): 145–159.

[140] ELEY M. Solving container loading problems by block arrangement [J]. European journal of operational research, 2002, 141 (2): 393–409.

[141] ELHEDHLI S, GZARA F, YILDIZ B. Three‐dimensional bin packing and mixed‐case palletization [J]. Informs journal on optimization, 2019, 1 (4): 323–351.

[142] EPSTEIN L, FAVRHOLDT L M, KOHRT J S. Comparing online algorithms for bin packing problems [J]. Journal of scheduling, 2012, 15 (1):

13-21.

[143] EPSTEIN L, STEE R V. Online bin packing with resource augmentation [J]. Discrete optimization, 2007, 4 (3): 322-333.

[144] FANSLAU T, BORTFELDT A. A tree search algorithm for solving the container loading problem [J]. Informs journal on computing, 2010, 22 (2): 222-235.

[145] FAROE O, PISINGER D, ZACHARIASEN M. Guided local search for the three-dimensional bin-packing problem [J]. Informs journal on computing, 2003, 15 (3): 267-283.

[146] FATMA G, SAMIR E, BURAK C Y. The pallet loading problem: three-dimensional bin packing with practical constraints [J]. European journal of operational research, 2020, 287 (1): 1062-1074.

[147] FEKETE S P, SCHEPERS J, VAN DER VEEN J C. An exact algorithm for higher-dimensional orthogonal packing [J]. Operations research, 2007, 55 (3): 569-587.

[148] FIRA H, ALPASLAN N. An effective approach to the two-dimensional rectangular packing problem in the manufacturing industry [J]. Computers & industrial engineering, 2020, 148 (1).

[149] FLESZAR K, CHARALAMBOUS C. Average-weight-controlled bin-oriented heuristics for the one-dimensional bin-packing problem [J]. European journal of operational research, 2011, 210 (2): 176-184.

[150] FLESZAR K, HINDI K S. New heuristics for one-dimensional bin-packing [J]. Computers & operations research, 2002, 29 (7): 821-839.

[151] GALRÃO R A, OLIVEIRA J F, GONÇALVES J F, et al. A container loading algorithm with static mechanical equilibrium stability constraints [J]. Transportation research part B, 2016, 91 (1): 565-581.

[152] GEORGE J A, ROBINSON D F. A heuristic for packing boxes into a container [J]. Computers & operations research, 1980, 7 (3): 147-156.

[153] GILMORE P C, GOMORY R E. A linear programming approach to the

cutting-stock problem [J]. Operations research, 1961, 9 (6): 849-859.

[154] GOMES A M. Irregular packing problems: industrial applications and new directions using computational geometry [J]. IFAC proceedings volumes, 2013, 46 (7): 378-383.

[155] GOMES A M, OLIVEIRA J F. Solving irregular strip packing problems by hybridising simulated annealing and linear programming [J]. European journal of operational research, 2006, 171 (3): 811-829.

[156] GONCALVES J F, RESENDE M. A biased random key genetic algorithm for 2D and 3D bin packing problems [J]. International journal of production economics, 2013, 145 (2): 500-510.

[157] GONCALVES J F, RESENDE M G C. A parallel multi-population biased random-key genetic algorithm for a container loading problem [J]. Computers & operations research, 2012, 39 (2): 179-190.

[158] GUPTA J D, HO J. A new heuristic algorithm for the one-dimensional bin-packing problem [J]. Production planning&control, 1999, 10 (6): 598-603.

[159] GZARA F, ELHEDHLI S, YILDIZ B C. The pallet loading problem: three-dimensional bin packing with practical constraints [J]. European journal of operational research, 2020, 287 (3): 1062-1074.

[160] HUANG Y H, HWANG F J, LU H C. An effective placement method for the single container loading problem [J]. Computers & industrial engineering, 2016, 97 (1): 212-221.

[161] HU Q, ZHU W, QIN H, et al. A branch-and-price algorithm for the two-dimensional vector packing problem with piecewise linear cost function [J]. European journal of operational research, 2017, 260 (1): 70-80.

[162] IMAMICHI T, YAGIURA M, NAGAMOCHI H. An iterated local search algorithm based on nonlinear programming for the irregular strip packing problem [J]. Discrete optimization, 2009, 6 (4): 345-361.

[163] IWASAWA H, HU Y, HASHIMOTO H, et al. A heuristic algorithm for the container loading problem with complex loading constraints [J]. Journal of

advanced mechanical design systems & manufacturing, 2016, 10 (3): 1–12.

［164］JAMRUS T, CHIEN C F. Extended priority – based hybrid genetic algorithm for the less–than–container loading problem ［J］. Computers & industrial engineering, 2016, 96 (6): 227–236.

［165］JOANNA J, GRZEGORZ P, ERWIN P, et al. Fast truck–packing of 3D boxes ［J］. Engineering management in production and services, 2018, 10 (2): 29–40.

［166］JUNIOR A N, SILVA E, GOMES M, et al. Data mining based framework to assess solution quality for the rectangular 2D strip – packing problem ［J］. Expert systems with application, 2019, 118 (3): 365–380.

［167］JUNIOR B A, PINHEIRO P R, SARAIVA R D. A hybrid methodology for tackling the irregular strip packing problem ［J］. IFAC proceedings volumes, 2013, 46 (7): 396–401.

［168］JUNQUEIRA L, MORABITO R, YAMASHITA D S. MIP – based approaches for the container loading problem with multi – drop constraints ［J］. Annals of operations research, 2012, 199 (10): 51–75.

［169］JUNQUEIRA L, MORABITO R, YAMASHITA D S. Three – dimensional container loading models with cargo stability and load bearing constraints ［J］. Computers & operations research, 2012, 39 (1): 74–85.

［170］KANG K, MOON I, WANG H. A hybrid genetic algorithm with a new packing strategy for the three – dimensional bin packing problem ［J］. Applied mathematics and computation, 2017, 219 (3): 1287–1299.

［171］KANTOROVICH L V. Mathematical methods of organizing and planning production ［J］. Management science, 1990 (6): 366–422.

［172］KUCUKYILMAZA T, KIZILOZ H E. Cooperative parallel grouping genetic algorithm for the one–dimensional bin packing problem ［J］. Computers & industrial engineering, 2018, 125 (1): 157–170.

［173］LAABADI S, NAIMI M, AMRI H E, et al. A binary crow search algorithm for solving two – dimensional bin packing problem with fixed orientation

[J]. Procedia computer science, 2020, 167 (1): 809-818.

[174] LAZAREV D O, KUZYURIN N N. On online algorithms for bin, strip, and box packing, and their worst – case and average – case analysis [J]. Programming and computer software, 2019, 45 (8): 448-457.

[175] LEAO A A S, TOLEDO F M B, OLIVEIRA J F, et al. Irregular packing problems: a review of mathematical models [J]. European journal of operational research, 2020, 282 (1): 803-822.

[176] LEAO A, TOLEDO F, OLIVEIRA J F, et al. Irregular packing problems: a review of mathematical models [J]. European journal of operational research, 2020, 282 (3): 803-822.

[177] LI K, CHENG K H. Heuristic algorithms for on-line packing in three dimensions [J]. Journal of algorithms, 1992, 13 (4): 589-605.

[178] LIM A, RODRIGUES B, YANG Y. 3-D container packing heuristics [J]. Applied intelligence, 2005, 22 (2): 125-134.

[179] LIN M, LIN Z, XU J. Almost optimal solutions for bin coloring problems [J]. Journal of combinatorial optimization, 2008, 16 (1): 16-27.

[180] LITVINCHEV I, PANKRATOV A, ROMANOVA T. 3D irregular packing in an optimized cuboid container [J]. IFAC papers, 2019 (13).

[181] LIU D, TENG H. An improved BL-algorithm for genetic algorithm of the orthogonal packing of rectangles [J]. European journal of operational research, 2007, 112 (2): 413-420.

[182] LIU X, LIU J, CAO A, et al. HAPE3D – A new constructive algorithm for the 3D irregular packing problem [J]. Frontiers of information technology & electronic engineering, 2015, 16 (5): 380-390.

[183] LODI A, MARTELLO S, VIGO D. Heuristic algorithms for the three-dimensional bin packing problem [J]. European journal of operational research, 2002, 141 (2): 410-420.

[184] LOH K H, GOLDEN B, WASIL E. Solving the one-dimensional bin packing problem with a weight annealing heuristic [J]. Computers & operations

research, 2008, 35 (7): 2283-2291.

[185] MARTELLO S, MONACI M, VIGO D. An exact approach to the strip-packing problem [J]. Informs journal on computing, 2003, 15 (3): 310-319.

[186] MARTELLO S, PISINGER D, VIGO D. The three-dimensional bin packing problem [J]. Operations research, 2000, 48 (2): 256-267.

[187] MARTINEZ-SYKORA A, ALVAREZ-VALDES R, BENNELL J A, et al. Matheuristics for the irregular bin packing problem with free rotations [J]. European journal of operational research, 2017, 258 (1): 440-455.

[188] MUNDIM L R, ANDRETTA M, DE QUEIROZ T A. A biased random key genetic algorithm for open dimension nesting problems using no-fit raster [J]. Expert systems with applications, 2017, 81 (1): 358-371.

[189] NAREYEK A. Choosing search heuristics by non-stationary reinforcement learning [J]. In matheuristics: computer decision-making, 2003 (1).

[190] NGOI B K A, TAY M L, CHUA E S. Applying spatial representation techniques to the container packing problem [J]. International journal of production research, 1994, 32 (1): 111-123.

[191] NING W, LIM A, ZHU W. A multi-round partial beam search approach for the single container loading problem with shipment priority [J]. International journal of production economics, 2013, 145 (2): 531-540.

[192] PADBERG M. Packing small boxes into a big box [J]. Mathematical methods of operations research, 2000, 52 (1): 1-21.

[193] PAQUAY C, LIMBOURG S, SCHYNS M. A tailored two-phase constructive heuristic for the three-dimensional multiple bin size bin packing problem with transportation constraints [J]. European journal of operational research, 2018, 267 (1): 52-64.

[194] PAQUAY C, LIMBOURG S, SCHYNS M. A tailored two-phase constructive heuristic for the three-dimensional multiple bin size bin packing problem with transportation constraints [J]. European journal of operational

research, 2018, 267 (1): 52-64.

[195] PAQUAY C, SCHYNS M, LIMBOURG S. A mixed integer programming formulation for the three-dimensional bin packing problem deriving from an air cargo application [J]. International transactions in operational research, 2014, 23 (1-2): 1-27.

[196] PARREÑO F, ALVAREZ-VALDES R, TAMARIT J M, et al. A maximal-space algorithm for the container loading problem [J]. Informs journal on computing, 2008, 20 (3): 412-422.

[197] PINHEIRO P R, AMARO J B, SARAIVA R D. A random-key genetic algorithm for solving the nesting problem [J]. International journal of computer integrated manufacturing, 2016, 29 (11): 1159-1165.

[198] PISINGER D. Heuristics for the container loading problem [J]. European journal of operational research, 2002, 141 (2): 143-153.

[199] POLYAKOVSKIY S, HALLAH R. A hybrid feasibility constraints-guided search to the two-dimensional bin packing problem with due dates [J]. European journal of operational research, 2018, 266 (3): 819-839.

[200] RAMOS A G, SILVA E, OLIVEIRA J F. A new load balance methodology for container loading problem in road transportation [J]. European journal of operational research, 2018, 266 (3): 1140-1152.

[201] REMDE S, DAHAL K, COWLING P, et al. Binary exponential back off for tabu tenure in hyperheuristics [J]. In European conference on evolutionary computation in combinatorial optimization, 2009 (1).

[202] RENAULT M P, ADI R, STEE R V. Onlinealgorithms with advice for bin packing and scheduling problems [J]. Theoretical computer science, 2015, 600 (1): 155-170.

[203] RODRIGUES M O, CHERRI L H, MUNDIM L R. MIP models for the irregular strip packing problem: new symmetry breaking constraints [J]. In proceedings of the ITM web conference, 2017 (14).

[204] ROMANOVA T, BENNELL J B, STOYAN Y, et al. Packing of

concave polyhedra with continuous rotations using nonlinear optimization [J]. European journal of operational research, 2018, 268 (1): 37-53.

[205] SATO A K, MARTINS T C, GOMES A M, et al. Raster penetration map applied to the irregular packing problem [J]. European journal of operational research , 2019, 279 (1): 657-671.

[206] SATO A K, MARTINS T D C, TSUZUKI M D S G. Placement heuristics for irregular packing to create layouts with exact placements for two moveable items [J]. IFAC proceedings volumes, 2013, 46 (7): 384-389.

[207] SCHWERIN P, WASCHER G. The bin-packing problem: a problem generator and some numerical experiments with FFD packing and MTP [J]. International transactions in operational research, 1997, 4 (5): 377-389.

[208] SHIAU J Y, LEE M C. A warehouse management system with sequential picking for multi-container deliveries [J]. Journal of computers & industrial engineering, 2010, 58 (3): 382-392.

[209] SILVA E F, TOFFOLO T M , WAUTERS T . Exact methods for three-dimensional cutting and packing: a comparative study concerning single container problems [J]. Computers & operations research, 2019, 109 (9): 12-27.

[210] SILVA E, OLIVEIRA J F, WSCHER G. The pallet loading problem: a review of solution methods and computational experiments [J]. International transactions in operational research, 2016, 23 (1-2): 147-172.

[211] STOYAN Y, CHUGAY A. Packing cylinders and rectangular parallelepipeds with distances between them into a given region [J]. European journal of operational research, 2009, 197 (2): 446-455.

[212] STOYAN Y, PANKRATOV A, ROMANOVA T. Quasi phi-functions and optimal packing of ellipses [J]. Journal of global optimization, 2016, 65 (2): 283-307.

[213] SUTTON R, BARTO A. Reinforcement learning: an introduction second edition [M]. Cambridge: MIT Press, 2019.

[214] SUY, YEY, CHEN S, et al. A hybrid chemical reaction optimisation

algorithm for solving 3D packing problem [J]. International journal of autonomous and adaptive communications systems, 2021, 14 (1-2): 117-131.

[215] TIAN T, ZHU W, LIM A, et al. The multiple container loading problem with preference [J]. European journal of operational research, 2015, 248 (1): 84-94.

[216] TOFFOLO T, ESPRIT E, WAUTERS T, et al. A two-dimensional heuristic decomposition approach to a three-dimensional multiple container loading problem [J]. European journal of operational research, 2017, 257 (2): 526-538.

[217] TOLEDO F M, CARRAVILLA M A, RIBEIRO C, et al. The dotted-board model: a new MIP model for nesting irregular shapes [J]. International journal of production economics, 2013, 145 (2): 478-487.

[218] TWIGG A, XAVIER E C. Locality-preserving allocations problems and coloured bin packing [J]. Theoretical computer science, 2015, 596 (1): 12-22.

[219] VERKHOTUROV M, PETUNIN A, ERKHOTUROVA G, et al. The 3D object packing problem into a parallelepiped container based on discrete-logical representation [J]. IFAC-papers on line, 2016, 49 (12): 1-5.

[220] WASCHER G, HAUSNH S. An improved typology of cutting and packing problems [J]. European journal of operational research, 2007, 183 (3): 1109-1130.

[221] WEI L, HU Q, LIM A, et al. A best-fit branch-and-bound heuristic for the unconstrained two-dimensional non-guillotine cutting problem [J]. European journal of operational research, 2018, 270 (2): 448-474.

[222] WEI L, LAI M, LIM A, et al. A branch-and-price algorithm for the two-dimensional vector packing problem [J]. European journal of operational research, 2020, 281 (1): 25-35.

[223] WEI L, LIM A. A bidirectional building approach for the 2D constrained guillotine knapsack packing problem [J]. European journal of operational research, 2015, 242 (1): 63-71.

［224］WEI L, TIAN T, ZHU W, et al. A block – based layer building approach for the 2D guillotine strip packing problem ［J］. European journal of operational research, 2014, 239（1）: 58-69.

［225］WU H, LEUNG C H S, SI Y, et al. Three-stage heuristic algorithm for three-dimensional irregular packing problem ［J］. Applied mathematical modelling, 2017, 41（1）: 431-444.

［226］WU L, ZHANG L, XIAO W, et al. A novel heuristic algorithm for two-dimensional rectangle packing area minimization problem with central rectangle ［J］. Computers & industrial engineering, 2016, 102（1）: 208-218.

［227］WU T, LI W, GOH M, et al. Three-dimensional bin packing problem with variable bin height ［J］. European journal of operational research, 2016, 202（2）: 347-355.

［228］YANG J, ZHOU L, LIU H. Hybrid genetic algorithm – based optimisation of the batch order picking in a dense mobile rack warehouse ［J］. PLOS ONE, 2021, 16（1）: 1-25.

［229］ZHANG D F, PENG Y, LEUNG S C H. A heuristic block – loading algorithm based on multi – layer search for the container loading problem ［J］. Computers & operations research, 2012, 39（1）: 2267-2276.

［230］ZHANG D, SHI L, LEUNG S, et al. A priority heuristic for the guillotine rectangular packing problem ［J］. Information processing letters, 2016, 116（1）: 15-21.

［231］ZHANG D, WEI L, LEUNG S C H, et al. A binary search heuristic algorithm based on randomized local search for the rectangular strip-packing problem ［J］. Informs journal on computing, 2013, 25（2）: 332-345.

［232］ZHANG G, CAI X, WONG C K. Linear time approximation algorithms for bin packing ［J］. Operations research letters, 2000, 26（5）: 217-222.

［233］ZHAO X, BENNELLA J A, BEKTAS T, et al. A comparative review of 3D container loading algorithms ［J］. International transactions in operational research. 2016, 23（1）: 287-320.

[234] ZHUK S N. On-line algorithms for packing rectangles into several strips [J]. Dma, 2007, 17 (5): 517-531.

[235] ZHU W, HUANG W, LIM A. A prototype column generation strategy for the multiple container loading problem [J]. European journal of operational research, 2012, 223 (1): 27-39.

[236] ZHU W, LIM A. A new iterative – doubling Greedy – Lookahead algorithm for the single container loading problem [J]. European journal of operational research, 2012, 222 (3): 408-417.

[237] ZHU W, ZHANG Z, OON W, et al. Space defragmentation for packing problems [J]. European journal of operational research, 2012, 222 (3): 452-463.

附录 A

表 A.1　多种箱型三维装箱节算法体系

算子集合	具体算子	ESA-SHA-S1	ESA-SHA-S2	ESA-SHA-S3	ESA-SHA-S4	ESA-SHA-S5	ESA-SHA-S6	ESA-SHA-P1	ESA-SHA-P2	CDA-SHA-P1	CDA-SHA-P2
$Oper\_geom\_set$	$oper_1^{geom}$							√	√	√	√
	$oper_2^{geom}$							√	√	√	√
	$oper_3^{geom}$									√	√
$Oper\_bin\_set$	$oper_1^{bin}$	√	√	√	√	√	√	√	√	√	√
	$oper_2^{bin}(\beta)$										
$Oper\_form\_set$	$oper_1^{form}$	√	√	√				√	√	√	√
	$oper_2^{form}(size)$				√	√	√				
$Oper\_sequ\_set$	$oper_1^{sequ}$	√	√	√	√	√	√	√	√	√	√
	$oper_2^{sequ}(\varphi^{sequ})$										
$Oper\_space\_set$	$oper_1^{space}$	√			√						
	$oper_2^{space}$		√			√					
	$oper_3^{space}$			√			√				
$Oper\_point\_set$	$oper_1^{point}$							√		√	
	$oper_2^{point}$								√		√
$Oper\_dire\_set$	$oper_1^{dire}$	√	√	√	√	√	√				
	$oper_2^{dire}$							√	√	√	
	$oper_3^{dire}(\varphi^{dire})$										√

表 A.2　JD 数据集实例计算结果：ESA-SHA-S1 算法

订单批次	物品总体积（m³）	箱子总体积（m³）	批次平均装载率（%）	订单平均装载率（%）	订单平均尝试箱子数量（个）	订单平均计算耗时（s）
batch01	2.27	3.89	58.38	60.93	2.27	0.27
batch02	2.24	3.70	60.47	61.92	2.19	0.26
batch03	2.11	3.61	58.52	60.24	2.37	0.24
batch04	2.25	3.85	58.48	60.27	2.37	0.26
batch05	2.26	3.91	57.93	59.87	2.33	0.26
batch06	2.23	3.78	59.05	60.06	2.41	0.26
batch07	2.11	3.41	61.74	62.86	2.15	0.21
batch08	2.23	3.93	56.77	59.54	2.42	0.27
batch09	2.15	3.59	59.89	61.94	2.21	0.25
batch10	2.21	3.76	58.96	60.39	2.42	0.28
均值	2.21	3.74	59.02	60.80	2.31	0.26

表 A.3　JD 数据集实例计算结果：ESA-SHA-S2 算法

订单批次	物品总体积（m³）	箱子总体积（m³）	批次平均装载率（%）	订单平均装载率（%）	订单平均尝试箱子数量（个）	订单平均计算耗时（s）
batch01	2.27	4.21	54.05	56.15	2.55	0.64
batch02	2.24	4.06	55.18	56.47	2.55	0.62
batch03	2.11	3.75	56.33	57.48	2.59	0.50
batch04	2.25	4.05	55.56	57.30	2.57	0.57
batch05	2.26	3.97	56.99	57.85	2.49	0.57
batch06	2.23	3.98	56.08	57.55	2.53	0.56
batch07	2.11	3.79	55.65	57.19	2.52	0.48
batch08	2.23	4.13	54.00	56.63	2.65	0.59
batch09	2.15	3.89	55.34	57.60	2.49	0.56
batch10	2.21	3.88	56.99	58.32	2.61	0.62
均值	2.21	3.97	55.62	57.25	2.56	0.57

表 A.4　JD 数据集实例计算结果：ESA-SHA-S3 算法

订单批次	物品总体积（m³）	箱子总体积（m³）	批次平均装载率（%）	订单平均装载率（%）	订单平均尝试箱子数量（个）	订单平均计算耗时（s）
batch01	2.27	4.76	47.71	50.95	2.95	0.65
batch02	2.24	4.69	47.74	51.42	2.82	0.64
batch03	2.11	4.13	51.18	53.50	2.90	0.50
batch04	2.25	4.53	49.66	52.89	2.84	0.56
batch05	2.26	4.38	51.71	54.47	2.73	0.55
batch06	2.23	4.31	51.74	54.90	2.79	0.52
batch07	2.11	4.22	49.90	53.26	2.83	0.47
batch08	2.23	4.60	48.46	52.53	2.95	0.61
batch09	2.15	4.51	47.75	51.55	2.88	0.59
batch10	2.21	4.48	49.43	53.21	2.91	0.63
均值	2.21	4.46	49.53	52.87	2.86	0.57

表 A.5　JD 数据集实例计算结果：ESA-SHA-S4 算法

订单批次	物品总体积（m³）	箱子总体积（m³）	批次平均装载率（%）	订单平均装载率（%）	订单平均尝试箱子数量（个）	订单平均计算耗时（s）
batch01	2.27	3.29	69.03	69.20	1.72	0.14
batch02	2.24	3.31	67.67	68.20	1.74	0.16
batch03	2.11	3.17	66.58	67.78	1.89	0.16
batch04	2.25	3.38	66.64	66.96	1.91	0.17
batch05	2.26	3.26	69.48	69.97	1.67	0.16
batch06	2.23	3.26	68.44	69.08	1.82	0.17
batch07	2.11	3.16	66.70	67.81	1.74	0.14
batch08	2.23	3.33	66.87	67.31	1.97	0.18
batch09	2.15	3.15	68.27	68.16	1.78	0.16
batch10	2.21	3.31	66.88	67.72	1.96	0.19
均值	2.21	3.26	67.66	68.22	1.82	0.16

表 A.6　JD 数据集实例计算结果：ESA-SHA-S6 算法

订单批次	物品总体积（m³）	箱子总体积（m³）	批次平均装载率（%）	订单平均装载率（%）	订单平均尝试箱子数量（个）	订单平均计算耗时（s）
batch01	2.27	3.34	68.10	69.00	1.72	0.14
batch02	2.24	3.29	68.18	68.76	1.69	0.15
batch03	2.11	3.19	66.25	67.26	1.88	0.14
batch04	2.25	3.31	68.05	68.07	1.85	0.16
batch05	2.26	3.31	68.46	68.85	1.74	0.14
batch06	2.23	3.27	68.30	69.02	1.81	0.14
batch07	2.11	3.14	67.12	67.62	1.76	0.12
batch08	2.23	3.35	66.47	67.31	1.93	0.15
batch09	2.15	3.16	68.03	67.81	1.78	0.13
batch10	2.21	3.32	66.68	67.10	1.98	0.17
均值	2.21	3.27	67.56	68.08	1.81	0.14

表 A.7　JD 数据集实例计算结果：ESA-SHA-P1 算法

订单批次	物品总体积（m³）	箱子总体积（m³）	批次平均装载率（%）	订单平均装载率（%）	订单平均尝试箱子数量（个）	订单平均计算耗时（s）
batch01	2.27	3.42	66.37	67.64	1.79	21.50
batch02	2.23	3.40	65.59	65.95	1.86	21.22
batch03	2.11	3.22	65.53	66.49	1.92	17.69
batch04	2.24	3.37	66.47	66.87	1.96	21.72
batch05	2.26	3.42	66.08	66.83	1.86	20.75
batch06	2.23	3.39	65.78	67.13	1.94	19.23
batch07	2.10	3.20	65.63	66.65	1.85	15.76
batch08	2.22	3.44	64.53	65.88	2.05	22.53
batch09	2.15	3.25	66.15	66.45	1.89	20.31
batch10	2.21	3.42	64.62	65.21	2.12	22.58
均值	2.20	3.35	65.68	66.51	1.92	20.33

表 A. 8　JD 数据集实例计算结果：ESA-SHA-P2 算法

订单批次	物品总体积（m³）	箱子总体积（m³）	批次平均装载率（%）	订单平均装载率（%）	订单平均尝试箱子数量（个）	订单平均计算耗时（s）
batch01	2.27	3.61	63.03	64.78	2.00	15.92
batch02	2.24	3.47	64.63	64.66	1.98	14.40
batch03	2.11	3.32	63.62	64.31	2.08	12.44
batch04	2.25	3.64	61.74	62.28	2.23	15.76
batch05	2.26	3.57	63.47	64.51	2.02	14.79
batch06	2.23	3.55	62.87	63.79	2.14	13.90
batch07	2.11	3.30	63.86	64.76	1.98	11.20
batch08	2.23	3.62	61.61	62.78	2.22	16.16
batch09	2.15	3.44	62.54	63.65	2.08	14.94
batch10	2.21	3.55	62.44	63.31	2.22	16.76
均值	2.21	3.51	62.98	63.88	2.10	14.63

表 A. 9　JD 数据集实例计算结果：CDA-SHA-P1 算法

订单批次	物品总体积（m³）	箱子总体积（m³）	批次平均装载率（%）	订单平均装载率（%）	订单平均尝试箱子数量（个）	订单平均计算耗时（s）
batch01	2.27	3.48	65.23	66.03	1.86	15.82
batch02	2.23	3.45	64.64	64.56	1.92	15.69
batch03	2.11	3.30	63.94	64.29	2.04	12.56
batch04	2.24	3.51	63.82	64.04	2.10	15.71
batch05	2.26	3.56	63.48	64.21	1.98	14.64
batch06	2.23	3.53	63.17	63.74	2.08	13.09
batch07	2.10	3.32	63.25	63.95	1.97	11.73
batch08	2.22	3.55	62.54	63.50	2.15	15.38
batch09	2.15	3.34	64.37	64.91	1.94	14.35
batch10	2.21	3.57	61.90	62.37	2.23	16.32
均值	2.20	3.46	63.63	64.16	2.03	14.53

表 A.10　JD 数据集实例计算结果：CDA-SHA-P2 算法

订单批次	物品总体积 （m³）	箱子总体积 （m³）	批次平均 装载率 （%）	订单平均 装载率 （%）	订单平均 尝试箱子数量 （个）	订单平均 计算耗时 （s）
batch01	2.27	3.69	61.68	62.96	2.08	13.77
batch02	2.24	3.55	63.12	63.07	2.03	13.03
batch03	2.11	3.37	62.70	63.67	2.10	11.14
batch04	2.25	3.70	60.82	61.05	2.30	13.30
batch05	2.26	3.71	60.92	62.00	2.14	12.94
batch06	2.23	3.63	61.43	62.02	2.21	11.54
batch07	2.11	3.34	63.05	64.00	2.00	10.12
batch08	2.23	3.59	62.02	62.76	2.21	13.53
batch09	2.15	3.47	61.99	62.76	2.11	12.82
batch10	2.21	3.60	61.47	61.79	2.29	14.40
均值	2.21	3.57	61.92	62.61	2.15	12.66

表 A.11　Part（1）特定概率分布生成实例数据

Part(1)：Probability Distribution Data Generator

```
1:     // Input statistical indicator data:Min, Mean, Max, Std
2:     defmy_distribution(Min, Mean, Max, Std):
3:         scale ← Max-Min
4:         location ← Min
5:         // Mean and standard deviation of the unscaled beta distribution
6:         unscaled_mean ← (Mean-Min) / scale
7:         unscaled_var ← (Std / scale) ** 2
8:         // Computation of alpha and beta can be derived from mean and variance formulas
9:         t ←unscaled_mean / (1-unscaled_mean)
10:        beta←((t/unscaled_var)-(t*t)-(2*t)-1)/((t*t*t)+(3*t*t)+(3*t)+1)
11:        alpha ← beta * t
12:        // Make scaled beta distribution with computed parameters
13:        returnscipy.stats.beta(alpha, beta, scale=scale, loc=location)
```

表 A. 12   Part （2）SKU 信息生成环节

Part(2)：SKU Information Data Generator
1： // Calling functionmy_distribution from Part （1）
2： fromPart（1）importmy_distribution
3： // Obtain the statistical index of length, width and height of SKU
4： Get SKU statistical indicators：min_sku_L, mean_sku_L, max_sku_L, std_sku_L
5： Get SKU statistical indicators：min_sku_W, mean_sku_W, max_sku_W, std_sku_W
6： Get SKU statistical indicators：min_sku_H, mean_sku_H, max_sku_H, std_sku_H
7： sku_L_gener ← my_distribution（min_sku_L, mean_sku_L, max_sku_L, std_sku_L）
8： sku_W_gener ← my_distribution（min_sku_W, mean_sku_W, max_sku_W, std_sku_W）
9： sku_H_gener ← my_distribution（min_sku_H, mean_sku_H, max_sku_H, std_sku_H）
10 // Integrate the generated length, width and height data of SKU size
11： sku_size_gener_set ← ［sku_L_gener, sku_W_gener, sku_H_gener］
12： // Save data aspkl file
13： pickle. dump（sku_size_gener_set, open（'sku_data_gener. pkl', 'wb'））

表 A. 13   Part （3） 箱子尺寸数据生成环节

Part(3)：Bin Size Data Generator
1： // Calling functionmy_distribution from Part （1）
2： fromPart（1）importmy_distribution
3： // Obtain the statistical index of length, width and height of Bin
4： Get Bin statistical indicators：min_bin_L, mean_bin_L, max_bin_L, std_bin_L
5： Get Bin statistical indicators：min_bin_W, mean_ bin _W, max_bin_W, std_bin_W
6： Get Bin statistical indicators：min_bin_H, mean_bin_H, max_bin_H, std_bin_H
7： bin_L_gener ← my_distribution（min_bin_L, mean_bin_L, max_bin_L, std_bin_L）
8： bin_W_gener ← my_distribution（min_bin_W, mean_bin_W, max_bin_W, std_bin_W）
9： bin_H_gener ← my_distribution（min_bin_H, mean_bin_H, max_bin_H, std_bin_H）
10 // Integrate the generated length, width and height data of bin size
11： bin_size_gener_set ← ［bin_L_gener, bin_W_gener, bin_H_gener］
12： // Save data aspkl file
13： pickle. dump（bin_size_gener_set, open（'bin_data_gener. pkl', 'wb'））

表 A.14 Part(4)订单整体信息生成环节

Part(4): Order Information Data Generator
1: // Calling functionmy_distribution from Part (1)
2: fromPart(1) importmy_distribution
3: // Obtain the minimum, mean, maximum and standard deviation of order information
4: Get SKU quantity of order statistical indicators: min_SQ, mean_SQ, max_SQ, std_SQ
5: Get Item quantity of order statistical indicators: min_IQ, mean_IQ, max_IQ, std_IQ
6: // Number of SKUs in the generated order
7: sku_num_gener ← my_distribution(min_SQ, mean_SQ, max_SQ, std_SQ)
8: // Read SKU data information fromPart(2)
9: sku_data_gener ← pickle. load(open('sku_data_gener. pkl','rb'))
10: order_sku_gener ← random. choice(sku_data_gener, sku_num_gener)
11: fori = 1, sku_num_gener do
12: item_num_gener ← my_distribution(min_IQ, mean_IQ, max_IQ, std_IQ)
13: end for
14: // Integration into order information
15: order_data_gener ←integration about [order_sku_gener, item_num_gener]
16: // Save data aspkl file
17: pickle. dump(order_data_gener, open('order_data_gener. pkl', 'wb'))

表 A.15 EAR 算子的伪代码

EAR: Selection operator design
1: def EAR(g,fit_value_set, group_info):
2: index_seq_min2max ←argsort(fit_value_set)
3: fit_value_set ← fit_value_set[index_seq_min2max] + arange(g) * 10
4: fit_sum_set, fit_sum = [], 0
5: For t = 1 tolen(fit_value_set) do
6: fit_sum ← fit_sum + fit_value_set[t]
7: fit_sum_set. append(fit_sum)
8: End For

9:	fit_prob_set ← asarray(fit_sum_set) / sum(fit_value_set)
10:	random_num_set = random. random(g)
11:	Fori = 1 to len(random_num_set) do
12:	For j = 1 to g do
13:	ifrandom_num_set[i] <fit_prob_set[j]:
14:	sele_index_set. append(j) and break
15:	End For
16:	End For
17:	sele_info_set ← group_info[sele_index_set]
18:	returnsele_info_set

表 A. 16 算子组合选择的神经网络伪代码

*NN_*5: Operator Combination Selection Neural Network	
1:	Initialize each part information of*State_5*
2:	Splicing information of each part, get the vector of*State_5*
3:	The functional modules of neural network are as follows:
4:	linear_1 = FCNN (input_size_oper,128)
5:	linear_2 = FCNN (128, 64)
6:	out = FCNN (64,algor_num)
7:	dropout = Dropout(p=0. 02)
8:	activate =ReLU( )
9:	The forward propagation process of neural network is as follows:
10:	fori =1, 2 do
11:	x inputlinear_i
12:	perform dropout operation
13:	pass through the activation functionReLU
14:	end for
15:	*Out_sku* ← out(x)
16:	return*Out_sku*

表 A. 17　OCS-DRL 算法伪代码

OCS-DRL：3D Bin Packing DQN Algorithm of Operator Combination Selection

1： Initialize replay memory D to capacity N

2： Initialize action-value Linear Network Q_NN5 with params θ

3： Initialize target Linear Network $\hat{Q}$_NN5 with params $θ' = θ$

4： For episode = 1 to M do

5： Initialize system status $State\_5$, and initialize initial state $s_0 = State\_5$

6： For t = 1 to T do

7： With probability $ε$ select a random action a_t, and Dropout(p=0. 02)

8： otherwise select $a_t = argmaxQ(pad(s_t),θ)$ removing selected actions

9： Execute action a_t and obtain reward r_t and s_{t+1}

10： Store transition $(pad(s_t),a_t,r_t,pad(s_{t+1}))$ in D

11： Sample random minibatch of transitions $(pad(s_t),a_t,r_t,pad(s_{t+1}))$ from D

12： Set $y_j = \begin{cases} r_j & if episode determinates at step j + 1 \\ r_j + γ \cdot max\hat{Q}(pad(s_{j+1}),θ') & otherwise \end{cases}$

13： Perform a gradient descent step on $(y_j - Q(pad(s_t),θ))^2$ with respect to θ

14： Every C step update network parameters of $\hat{Q}$_NN5：$θ' = τ \cdot θ + (1 - τ) \cdot θ'$

15： End For

16： End For

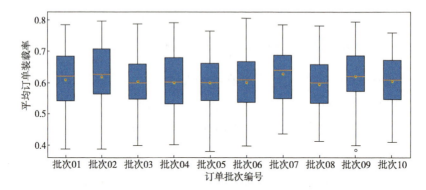

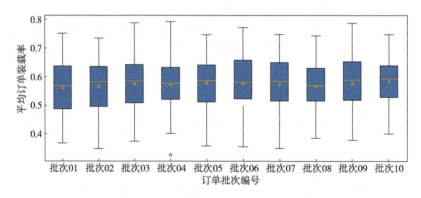

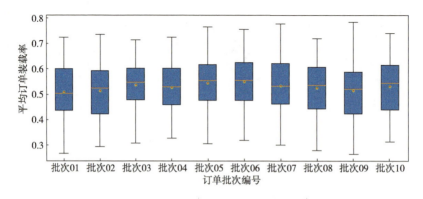

图 B.1 ESA-SHA-S1算法批次订单平均装载率箱线图

图 B.2 ESA-SHA-S2算法批次订单平均装载率箱线图

图 B.3 ESA-SHA-S3算法批次订单平均装载率箱线图

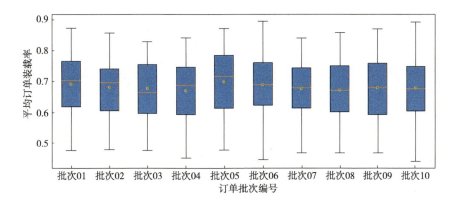

图 B.4　ESA-SHA-S4 算法批次订单平均装载率箱线图

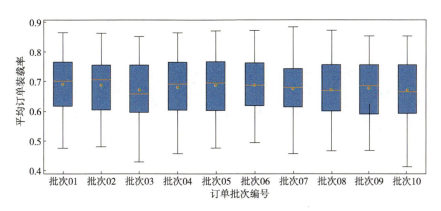

图 B.5　ESA-SHA-S6 算法批次订单平均装载率箱线图

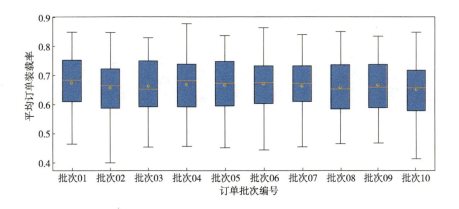

图 B.6　ESA-SHA-P1 算法批次订单平均装载率箱线图

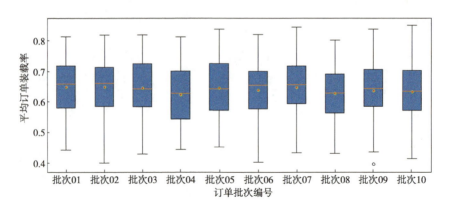

图 B.7　ESA-SHA-P2 算法批次订单平均装载率箱线图

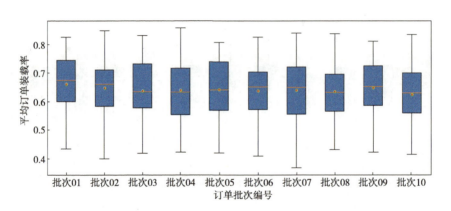

图 B.8　CDA-SHA-P1 算法批次订单平均装载率箱线图

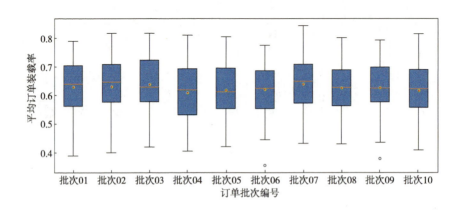

图 B.9　CDA-SHA-P2 算法批次订单平均装载率箱线图

批次01：订单平均装载率最小

批次02：订单平均装载率最小

批次03：订单平均装载率最小

批次04：订单平均装载率最小

批次05：订单平均装载率最小

批次06：订单平均装载率最小

批次07：订单平均装载率最小

批次08：订单平均装载率最小

批次09：订单平均装载率最小

批次10：订单平均装载率最小

批次01：订单平均装载率最大

批次02：订单平均装载率最大

批次03：订单平均装载率最大

批次04：订单平均装载率最大

批次05：订单平均装载率最大

批次06：订单平均装载率最大

批次07：订单平均装载率最大

批次08：订单平均装载率最大
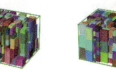
批次09：订单平均装载率最大

批次10：订单平均装载率最大

图 B. 10　ESA-SHA-S1 算法批次订单平均装载率最小与最大情况可视化

批次01：订单平均装载率最小

批次02：订单平均装载率最小

批次03：订单平均装载率最小

批次04：订单平均装载率最小

批次05：订单平均装载率最小

批次06：订单平均装载率最小

批次07：订单平均装载率最小

批次08：订单平均装载率最小

批次09：订单平均装载率最小

批次10：订单平均装载率最小

批次01：订单平均装载率最大

批次02：订单平均装载率最大

批次03：订单平均装载率最大

批次04：订单平均装载率最大

批次05：订单平均装载率最大

批次06：订单平均装载率最大

批次07：订单平均装载率最大

批次08：订单平均装载率最大

批次09：订单平均装载率最大

批次10：订单平均装载率最大

图 B.11　ESA-SHA-S2 算法批次订单平均装载率最小与最大情况可视化

批次01：订单
平均装载率最小

批次02：订单
平均装载率最小

批次03：订单
平均装载率最小

批次04：订单
平均装载率最小

批次05：订单
平均装载率最小

批次06：订单
平均装载率最小

批次07：订单
平均装载率最小

批次08：订单
平均装载率最小

批次09：订单
平均装载率最小

批次10：订单
平均装载率最小

批次01：订单
平均装载率最大

批次02：订单
平均装载率最大

批次03：订单
平均装载率最大

批次04：订单
平均装载率最大

批次05：订单
平均装载率最大

批次06：订单
平均装载率最大

批次07：订单
平均装载率最大

批次08：订单
平均装载率最大

批次09：订单
平均装载率最大

批次10：订单
平均装载率最大

图 B.12　ESA-SHA-S3 算法批次订单平均装载率最小与最大情况可视化

批次01：订单
平均装载率最小

批次02：订单
平均装载率最小

批次03：订单
平均装载率最小

批次04：订单
平均装载率最小

批次05：订单
平均装载率最小

批次06：订单
平均装载率最小

批次07：订单
平均装载率最小

批次08：订单
平均装载率最小

批次09：订单
平均装载率最小

批次10：订单
平均装载率最小

批次01：订单
平均装载率最大

批次02：订单
平均装载率最大

批次03：订单
平均装载率最大

批次04：订单
平均装载率最大

批次05：订单
平均装载率最大

批次06：订单
平均装载率最大

批次07：订单
平均装载率最大

批次08：订单
平均装载率最大

批次09：订单
平均装载率最大

批次10：订单
平均装载率最大

图 B.13　ESA-SHA-S4 算法批次订单平均装载率最小与最大情况可视化

批次01：订单
平均装载率最小

批次02：订单
平均装载率最小

批次03：订单
平均装载率最小

批次04：订单
平均装载率最小

批次05：订单
平均装载率最小

批次06：订单
平均装载率最小

批次07：订单
平均装载率最小

批次08：订单
平均装载率最小

批次09：订单
平均装载率最小

批次10：订单
平均装载率最小

批次01：订单
平均装载率最大

批次02：订单
平均装载率最大

批次03：订单
平均装载率最大

批次04：订单
平均装载率最大

批次05：订单
平均装载率最大

批次06：订单
平均装载率最大

批次07：订单
平均装载率最大

批次08：订单
平均装载率最大

批次09：订单
平均装载率最大

批次10：订单
平均装载率最大

图 B. 14　ESA-SHA-S6 算法批次订单平均装载率最小与最大情况可视化

批次01：订单平均装载率最小

批次02：订单平均装载率最小

批次03：订单平均装载率最小

批次04：订单平均装载率最小

批次05：订单平均装载率最小

批次06：订单平均装载率最小

批次07：订单平均装载率最小

批次08：订单平均装载率最小

批次09：订单平均装载率最小

批次10：订单平均装载率最小

批次01：订单平均装载率最大

批次02：订单平均装载率最大

批次03：订单平均装载率最大

批次04：订单平均装载率最大

批次05：订单平均装载率最大

批次06：订单平均装载率最大

批次07：订单平均装载率最大

批次08：订单平均装载率最大

批次09：订单平均装载率最大

批次10：订单平均装载率最大

图 B.15　ESA-SHA-P1 算法批次订单平均装载率最小与最大情况可视化

批次01：订单
平均装载率最小

批次02：订单
平均装载率最小

批次03：订单
平均装载率最小

批次04：订单
平均装载率最小

批次05：订单
平均装载率最小

批次06：订单
平均装载率最小

批次07：订单
平均装载率最小

批次08：订单
平均装载率最小

批次09：订单
平均装载率最小

批次10：订单
平均装载率最小

批次01：订单
平均装载率最大

批次02：订单
平均装载率最大

批次03：订单
平均装载率最大

批次04：订单
平均装载率最大

批次05：订单
平均装载率最大

批次06：订单
平均装载率最大

批次07：订单
平均装载率最大

批次08：订单
平均装载率最大

批次09：订单
平均装载率最大

批次10：订单
平均装载率最大

图 B.16　ESA-SHA-P2 算法批次订单平均装载率最小与最大情况可视化

批次01：订单平均装载率最小

批次02：订单平均装载率最小

批次03：订单平均装载率最小

批次04：订单平均装载率最小

批次05：订单平均装载率最小

批次06：订单平均装载率最小

批次07：订单平均装载率最小

批次08：订单平均装载率最小

批次09：订单平均装载率最小

批次10：订单平均装载率最小

批次01：订单平均装载率最大

批次02：订单平均装载率最大

批次03：订单平均装载率最大

批次04：订单平均装载率最大

批次05：订单平均装载率最大

批次06：订单平均装载率最大

批次07：订单平均装载率最大

批次08：订单平均装载率最大

批次09：订单平均装载率最大

批次10：订单平均装载率最大

图 B.17　CDA-SHA-P1 算法批次订单平均装载率最小与最大情况可视化

批次01：订单
平均装载率最小

批次02：订单
平均装载率最小

批次03：订单
平均装载率最小

批次04：订单
平均装载率最小

批次05：订单
平均装载率最小

批次06：订单
平均装载率最小

批次07：订单
平均装载率最小

批次08：订单
平均装载率最小

批次09：订单
平均装载率最小

批次10：订单
平均装载率最小

批次01：订单
平均装载率最大

批次02：订单
平均装载率最大

批次03：订单
平均装载率最大

批次04：订单
平均装载率最大

批次05：订单
平均装载率最大

批次06：订单
平均装载率最大

批次07：订单
平均装载率最大

批次08：订单
平均装载率最大

批次09：订单
平均装载率最大

批次10：订单
平均装载率最大

图 B.18　CDA-SHA-P2 算法批次订单平均装载率最小与最大情况可视化

附录 C

表 C.1 箱子尺寸实例数据

箱型数量	编号	箱子尺寸($[l,h,w]$)	箱型数量	编号	箱子尺寸($[l,h,w]$)
3 种	Box_Type:0	$[19, 15, 13]$	7 种	Box_Type:0	$[17, 11, 11]$
	Box_Type:1	$[14, 10, 10]$		Box_Type:1	$[11, 8, 9]$
	Box_Type:2	$[18, 9, 6]$		Box_Type:2	$[36, 12, 17]$
5 种	Box_Type:0	$[18, 11, 5]$		Box_Type:3	$[14, 18, 12]$
	Box_Type:1	$[19, 18, 19]$		Box_Type:4	$[27, 22, 11]$
	Box_Type:2	$[10, 11, 9]$		Box_Type:5	$[21, 12, 17]$
	Box_Type:3	$[23, 12, 12]$		Box_Type:6	$[18, 9, 5]$
	Box_Type:4	$[27, 8, 8]$			

表 C.2 不规则物品 3D 点云实例数据

物品数量	编号	3D 点云($[x,y,z]$)
7 件	0	$[[3, 1, 1], [5, 2, 3], [2, 1, 3], [2, 1, 2], [3, 4, 3], [1, 4, 2], [1, 2, 3], [3, 1, 3], [3, 4, 4], [5, 3, 3], [4, 4, 2], [4, 1, 2], [5, 2, 1], [3, 3, 3], [2, 1, 1], [5, 4, 3], [1, 3, 3], [3, 2, 2], [5, 2, 3], [2, 3, 4]]$
	1	$[[4, 3, 3], [4, 1, 2], [1, 6, 1], [2, 7, 3], [1, 1, 3], [3, 4, 1], [2, 6, 1], [2, 7, 3], [3, 3, 1], [4, 6, 3], [2, 6, 1], [2, 4, 1], [1, 1, 3], [3, 6, 3], [1, 3, 1], [4, 1, 2], [2, 5, 2], [3, 6, 3], [4, 5, 2], [2, 3, 1]]$
	2	$[[4, 4, 1], [4, 3, 1], [3, 2, 3], [5, 3, 2], [1, 2, 4], [3, 2, 2], [2, 4, 4], [3, 1, 3], [4, 2, 4], [3, 2, 2], [2, 3, 1], [5, 4, 4], [1, 1, 4], [5, 1, 3], [3, 3, 3], [4, 1, 4], [1, 3, 4], [1, 2, 4], [2, 1, 2], [2, 1, 1]]$
	3	$[[1, 5, 2], [6, 7, 2], [1, 3, 3], [5, 6, 1], [7, 5, 3], [2, 2, 1], [6, 6, 2], [2, 5, 1], [1, 6, 1], [5, 5, 2], [1, 3, 2], [4, 6, 1], [4, 1, 2], [3, 7, 1], [7, 4, 2], [7, 2, 3], [5, 7, 2], [6, 5, 3], [4, 5, 3], [4, 2, 2]]$
	4	$[[2, 3, 2], [4, 1, 1], [4, 3, 3], [1, 5, 4], [1, 3, 4], [3, 3, 1], [4, 2, 3], [4, 1, 1], [2, 2, 3], [1, 2, 1], [4, 2, 1], [3, 3, 1], [1, 3, 1], [1, 5, 2], [1, 5, 3], [1, 1, 2], [4, 4, 3], [2, 4, 1], [4, 2, 2], [3, 1, 3]]$

续表

物品数量	编号	3D 点云（$[x,y,z]$）
7件	5	$[[2, 5, 3], [2, 6, 3], [1, 4, 2], [3, 1, 3], [2, 6, 2], [1, 1, 3], [2, 2, 1], [4, 1, 1], [1, 1, 2], [1, 2, 2], [1, 4, 3], [2, 7, 2], [2, 1, 2], [4, 2, 3], [3, 2, 1], [2, 6, 2], [3, 5, 2], [2, 3, 1], [3, 6, 2], [4, 1, 2]]$
	6	$[[4, 2, 3], [6, 3, 2], [3, 2, 2], [4, 4, 1], [2, 2, 2], [2, 3, 1], [2, 5, 3], [6, 5, 3], [3, 4, 1], [4, 1, 1], [1, 3, 2], [2, 5, 2], [6, 4, 4], [3, 4, 1], [4, 5, 4], [3, 4, 3], [3, 1, 1], [2, 4, 2], [1, 5, 1], [5, 4, 1]]$
10件	0	$[[3, 4, 1], [2, 4, 1], [3, 6, 1], [5, 3, 1], [7, 5, 1], [2, 5, 1], [7, 4, 1], [5, 4, 1], [1, 4, 1], [2, 7, 1], [6, 2, 1], [6, 6, 1], [1, 3, 1], [6, 1, 1], [3, 5, 1], [7, 4, 1], [7, 7, 1], [5, 3, 1], [7, 5, 1], [5, 3, 1]]$
	1	$[[1, 2, 2], [1, 2, 2], [4, 5, 1], [4, 5, 2], [4, 3, 2], [3, 3, 2], [4, 5, 1], [3, 3, 4], [3, 2, 3], [3, 5, 2], [4, 1, 3], [3, 3, 4], [1, 5, 1], [1, 5, 4], [3, 4, 4], [1, 7, 1], [3, 6, 2], [2, 7, 1], [3, 5, 1], [4, 6, 3]]$
	2	$[[2, 2, 2], [2, 5, 3], [1, 1, 2], [2, 4, 3], [2, 3, 2], [4, 5, 1], [1, 1, 1], [3, 1, 1], [1, 1, 2], [1, 1, 2], [3, 4, 2], [3, 4, 2], [4, 2, 1], [4, 2, 1], [3, 4, 2], [4, 5, 2], [4, 5, 4], [3, 1, 1], [3, 3, 3], [3, 2, 1]]$
	3	$[[7, 6, 1], [7, 3, 1], [6, 2, 1], [1, 5, 1], [3, 4, 1], [5, 1, 1], [1, 4, 1], [4, 2, 1], [3, 5, 1], [4, 1, 1], [7, 1, 1], [7, 5, 1], [4, 3, 1], [5, 5, 1], [3, 4, 1], [2, 1, 1], [3, 4, 1], [1, 2, 1], [2, 2, 1], [7, 3, 1]]$
	4	$[[2, 6, 4], [5, 3, 2], [7, 2, 4], [2, 2, 2], [7, 2, 4], [4, 3, 3], [3, 6, 2], [4, 3, 4], [2, 2, 4], [1, 1, 3], [4, 7, 1], [3, 2, 1], [6, 3, 2], [7, 7, 2], [7, 7, 4], [3, 4, 1], [2, 4, 4], [2, 7, 1], [2, 4, 1], [7, 2, 3]]$
	5	$[[6, 3, 1], [3, 3, 1], [6, 3, 1], [2, 3, 1], [4, 1, 1], [3, 1, 1], [3, 4, 1], [2, 2, 1], [1, 4, 1], [6, 1, 1], [7, 1, 1], [3, 1, 1], [6, 3, 1], [1, 4, 1], [2, 1, 1], [4, 3, 1], [3, 4, 1], [4, 1, 1], [7, 4, 1], [4, 2, 1]]$
	6	$[[2, 2, 1], [4, 2, 1], [1, 1, 1], [4, 1, 1], [7, 4, 1], [1, 1, 1], [4, 3, 1], [6, 4, 1], [5, 2, 1], [3, 1, 1], [6, 2, 1], [7, 4, 1], [7, 4, 1], [7, 4, 1], [6, 1, 1], [3, 3, 1], [7, 2, 1], [5, 3, 1], [5, 1, 1], [2, 4, 1]]$
	7	$[[4, 4, 2], [4, 7, 1], [4, 3, 2], [4, 4, 2], [2, 7, 2], [2, 1, 2], [2, 3, 2], [2, 7, 2], [1, 1, 2], [2, 1, 2], [3, 6, 2], [1, 4, 1], [3, 7, 1], [1, 5, 1], [3, 3, 1], [3, 6, 2], [2, 2, 1], [4, 3, 1], [3, 2, 1], [3, 7, 2]]$

续表

物品数量	编号	3D 点云 ([x,y,z])
10件	8	[[2, 5, 1], [3, 6, 3], [1, 7, 1], [3, 6, 2], [6, 6, 2], [6, 5, 1], [3, 5, 1], [4, 3, 2], [5, 4, 2], [6, 2, 3],[2, 6, 1], [1, 4, 2], [7, 3, 3], [7, 7, 1], [4, 4, 1], [1, 1, 2], [6, 1, 3], [2, 4, 2], [6, 1, 1], [2, 5, 1]]
	9	[[4, 4, 1], [3, 7, 1], [2, 3, 1], [4, 5, 1], [4, 2, 1], [1, 5, 1], [1, 1, 1], [7, 6, 1], [1, 2, 1], [5, 3, 1],[1, 1, 1], [6, 2, 1], [4, 7, 1], [2, 2, 1], [5, 3, 1], [6, 5, 1], [5, 7, 1], [3, 4, 1], [2, 5, 1], [4, 5, 1]]
23件	0	[[5, 2, 4], [7, 6, 2], [1, 2, 2], [5, 2, 1], [5, 3, 2], [6, 5, 2], [6, 6, 4], [4, 5, 3], [3, 6, 3], [7, 7, 4],[7, 6, 1], [4, 6, 1], [1, 4, 4], [5, 1, 4], [3, 2, 1], [7, 3, 4], [4, 3, 2], [1, 4, 2], [7, 4, 1], [1, 4, 3]]
	1	[[2, 2, 2], [1, 6, 1], [2, 5, 2], [3, 3, 1], [4, 5, 1], [4, 7, 1], [5, 4, 1], [2, 3, 2], [1, 5, 2], [4, 4, 1],[4, 6, 2], [2, 1, 1], [2, 2, 1], [4, 2, 2], [7, 3, 2], [1, 7, 2], [6, 2, 2], [5, 2, 2], [2, 4, 1], [5, 4, 2]]
	2	[[2, 4, 3], [2, 4, 4], [2, 5, 3], [1, 7, 1], [2, 3, 2], [6, 6, 1], [1, 5, 3], [6, 6, 3], [6, 2, 1], [3, 4, 4],[2, 4, 1], [2, 4, 3], [1, 6, 2], [1, 2, 3], [6, 1, 4], [4, 2, 2], [2, 2, 4], [7, 4, 2], [3, 4, 3], [2, 5, 2]]
	3	[[7, 1, 1], [1, 7, 1], [5, 4, 1], [3, 1, 1], [7, 5, 1], [3, 2, 1], [1, 4, 1], [6, 2, 1], [4, 4, 1], [5, 4, 1],[6, 5, 1], [6, 5, 1], [5, 5, 1], [2, 2, 1], [6, 7, 1], [3, 7, 1], [3, 7, 1], [7, 4, 1], [7, 7, 1], [4, 2, 1]]
	4	[[1, 3, 1], [2, 2, 1], [3, 1, 1], [4, 4, 1], [4, 2, 1], [2, 1, 1], [3, 3, 1], [3, 3, 1], [2, 3, 1], [4, 1, 1],[1, 1, 1], [2, 1, 1], [1, 2, 1], [2, 3, 1], [3, 1, 1], [2, 2, 1], [1, 3, 1], [2, 2, 1], [2, 3, 1], [2, 3, 1]]
	5	[[3, 5, 3], [1, 6, 1], [1, 4, 2], [2, 3, 2], [2, 1, 1], [1, 6, 1], [1, 2, 3], [4, 2, 1], [4, 1, 1], [2, 1, 2],[4, 4, 2], [4, 1, 2], [2, 2, 1], [3, 5, 2], [4, 6, 1], [4, 6, 1], [4, 2, 2], [3, 4, 1], [4, 1, 3], [3, 2, 2]]
	6	[[2, 2, 1], [1, 4, 1], [4, 1, 1], [1, 3, 1], [2, 3, 1], [5, 1, 1], [3, 5, 1], [2, 6, 1], [2, 3, 1], [1, 1, 1],[1, 6, 1], [1, 4, 1], [4, 4, 1], [3, 5, 1], [5, 7, 1], [3, 4, 1], [5, 3, 1], [1, 6, 1], [2, 5, 1], [2, 3, 1]]
	7	[[4, 3, 2], [3, 3, 2], [7, 4, 1], [4, 1, 2], [3, 3, 1], [2, 3, 2], [4, 4, 2], [7, 2, 1], [7, 3, 2], [6, 4, 2],[7, 1, 2], [1, 4, 1], [1, 1, 1], [3, 3, 2], [3, 3, 2], [5, 2, 1], [2, 1, 1], [3, 2, 2], [1, 2, 2], [6, 3, 2]]

物品数量	编号	3D 点云（$[x,y,z]$）
23 件	8	$[[7, 7, 1], [2, 7, 1], [7, 4, 1], [2, 3, 1], [6, 6, 1], [5, 7, 1], [5, 2, 1], [7, 4, 1], [6, 4, 1], [2, 2, 1], [4, 2, 1], [3, 5, 1], [4, 4, 1], [2, 2, 1], [7, 6, 1], [2, 4, 1], [3, 6, 1], [6, 3, 1], [3, 3, 1], [5, 5, 1]]$
	9	$[[3, 4, 3], [3, 3, 2], [2, 2, 3], [3, 4, 3], [3, 4, 3], [4, 1, 3], [4, 1, 2], [3, 3, 3], [2, 2, 2], [2, 2, 3], [1, 1, 2], [1, 2, 3], [2, 1, 2], [4, 1, 4], [1, 4, 1], [2, 3, 3], [1, 1, 3], [4, 2, 3], [1, 2, 2], [2, 1, 3]]$
	10	$[[2, 7, 1], [1, 7, 1], [4, 1, 1], [1, 2, 1], [6, 4, 1], [4, 6, 1], [3, 2, 1], [5, 1, 1], [3, 7, 1], [2, 2, 1], [7, 1, 1], [7, 2, 1], [4, 5, 1], [5, 7, 1], [5, 3, 1], [1, 2, 1], [7, 1, 1], [3, 7, 1], [7, 7, 1], [6, 7, 1]]$
	11	$[[4, 4, 1], [1, 3, 1], [4, 3, 1], [6, 4, 1], [4, 4, 1], [3, 3, 1], [2, 3, 1], [7, 3, 1], [5, 4, 1], [7, 1, 1], [2, 3, 1], [3, 4, 1], [5, 4, 1], [5, 3, 1], [3, 4, 1], [7, 1, 1], [3, 3, 1], [5, 1, 1], [4, 1, 1], [1, 3, 1]]$
	12	$[[4, 3, 1], [4, 1, 1], [3, 4, 1], [3, 2, 1], [2, 1, 1], [2, 3, 1], [2, 1, 1], [1, 4, 1], [4, 1, 1], [3, 3, 1], [3, 2, 1], [1, 1, 1], [1, 3, 1], [1, 2, 1], [3, 3, 1], [3, 4, 1], [4, 1, 1], [1, 1, 1], [2, 1, 1], [3, 2, 1]]$
	13	$[[6, 2, 2], [7, 2, 4], [2, 1, 3], [4, 5, 1], [2, 1, 3], [2, 3, 4], [6, 5, 4], [3, 1, 4], [2, 1, 1], [4, 2, 3], [5, 3, 2], [6, 6, 2], [3, 6, 4], [4, 1, 4], [1, 5, 3], [1, 6, 2], [3, 1, 1], [6, 6, 3], [3, 2, 3], [7, 5, 2]]$
	14	$[[2, 4, 1], [3, 3, 1], [2, 5, 1], [3, 2, 1], [2, 3, 1], [2, 5, 1], [3, 7, 1], [3, 6, 1], [2, 5, 1], [2, 6, 1], [1, 2, 1], [4, 7, 1], [4, 2, 1], [4, 4, 1], [1, 2, 1], [1, 5, 1], [4, 7, 1], [2, 1, 1], [3, 4, 1], [1, 1, 1]]$
	15	$[[6, 1, 1], [2, 5, 2], [7, 3, 2], [4, 5, 2], [3, 4, 2], [6, 5, 2], [7, 7, 2], [6, 1, 2], [2, 6, 2], [4, 7, 1], [5, 3, 2], [2, 2, 2], [2, 3, 2], [3, 5, 1], [6, 4, 1], [1, 4, 2], [7, 6, 1], [1, 7, 1], [4, 5, 1], [4, 3, 1]]$
	16	$[[2, 3, 1], [4, 4, 1], [4, 3, 1], [3, 2, 1], [7, 3, 1], [5, 3, 1], [3, 4, 1], [4, 2, 1], [6, 1, 1], [1, 2, 1], [5, 1, 1], [5, 1, 1], [3, 2, 1], [1, 1, 1], [3, 2, 1], [3, 4, 1], [4, 3, 1], [6, 2, 1], [7, 3, 1], [6, 4, 1]]$
	17	$[[5, 6, 1], [5, 4, 3], [2, 4, 1], [1, 6, 4], [5, 2, 1], [7, 6, 3], [3, 3, 2], [3, 1, 3], [3, 3, 2], [4, 2, 1], [6, 1, 1], [6, 1, 3], [3, 3, 4], [5, 2, 3], [3, 3, 4], [7, 6, 2], [2, 4, 1], [1, 4, 1], [3, 1, 3], [5, 7, 3]]$

续表

物品数量	编号	3D 点云（[x,y,z]）
23 件	18	[[5, 2, 1], [4, 2, 4], [1, 4, 3], [5, 4, 2], [2, 1, 4], [4, 3, 2], [2, 2, 3], [2, 1, 3], [2, 1, 4], [4, 2, 4], [5, 3, 1], [1, 4, 4], [3, 1, 1], [1, 4, 2], [5, 1, 2], [2, 3, 2], [5, 3, 4], [2, 2, 1], [2, 3, 2], [3, 2, 4]]
	19	[[1, 2, 2], [6, 4, 2], [7, 3, 1], [7, 2, 1], [4, 4, 1], [7, 4, 2], [6, 3, 2], [3, 2, 2], [7, 3, 2], [6, 4, 1], [7, 1, 2], [7, 1, 1], [6, 3, 1], [4, 2, 1], [2, 4, 1], [2, 3, 2], [3, 4, 2], [5, 4, 2], [2, 3, 1], [2, 4, 1]]
	20	[[2, 3, 1], [1, 6, 1], [2, 7, 1], [1, 1, 1], [1, 2, 1], [4, 3, 1], [1, 2, 1], [2, 5, 1], [3, 5, 1], [2, 2, 1], [4, 4, 1], [1, 4, 1], [3, 5, 1], [3, 4, 1], [1, 3, 1], [4, 6, 1], [1, 1, 1], [2, 2, 1], [2, 3, 1], [2, 5, 1]]
	21	[[4, 2, 1], [2, 4, 1], [1, 2, 2], [4, 2, 2], [1, 2, 4], [2, 3, 1], [1, 2, 3], [3, 1, 4], [3, 2, 1], [4, 2, 1], [1, 1, 2], [3, 2, 3], [1, 2, 1], [1, 3, 4], [4, 4, 3], [1, 4, 2], [4, 4, 1], [1, 4, 1], [1, 4, 3], [1, 3, 4]]
	22	[[5, 1, 2], [3, 4, 1], [5, 3, 4], [1, 3, 4], [2, 2, 4], [5, 3, 4], [5, 2, 4], [2, 2, 3], [5, 5, 2], [2, 4, 4], [1, 3, 2], [5, 1, 4], [3, 5, 2], [1, 3, 2], [5, 3, 2], [4, 5, 4], [4, 4, 3], [4, 3, 1], [4, 5, 4], [5, 5, 3]]

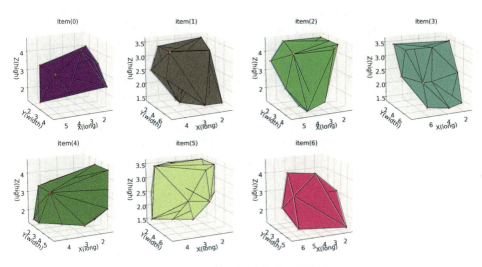

图 C.1 7 件不规则物品三维图形

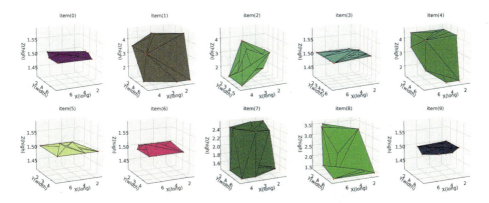

图 C.2　10 件不规则物品三维图形

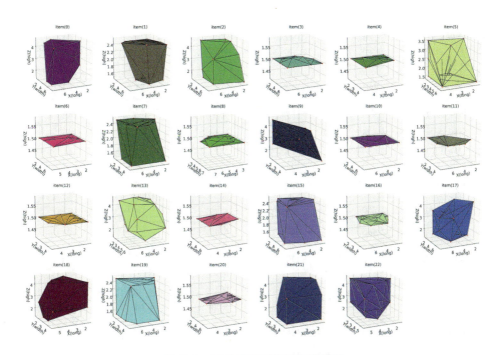

图 C.3　23 件不规则物品三维图形

附录 D

表 D.1 京东包装箱尺寸数据

名称	内长（mm）	内宽（mm）	内高（mm）	重量（g）	价格（元）
纸箱 1 号	165	120	55	47	0.5
纸箱 2 号	165	120	55	56	0.5
纸箱 3 号	210	150	20	35	0.5
纸箱 4 号	300	70	60	50	0.5
纸箱 5 号	70	60	300	50	0.5
纸箱 6 号	120	120	360	175	1
纸箱 7 号	165	150	110	77	1
纸箱 8 号	180	140	70	74	1
纸箱 9 号	200	140	140	103	1
纸箱 10 号	200	140	140	94	1
纸箱 11 号	200	140	70	67	1
纸箱 12 号	200	150	150	103	1
纸箱 13 号	220	160	140	134	1
纸箱 14 号	260	190	20	50	1
纸箱 15 号	260	190	50	116	1
纸箱 16 号	260	190	60	110	1
纸箱 17 号	265	120	90	88	1
纸箱 18 号	270	120	90	82	1
纸箱 19 号	270	145	90	96	1
纸箱 20 号	280	130	120	101	1
纸箱 21 号	300	120	120	100	1
纸箱 22 号	130	130	360	127	1.5
纸箱 23 号	150	150	360	163	1.5
纸箱 24 号	160	160	350	160	1.5

名称	内长(mm)	内宽(mm)	内高(mm)	重量(g)	价格(元)
纸箱 25 号	230	230	100	147	1.5
纸箱 26 号	260	175	130	155	1.5
纸箱 27 号	265	200	90	143	1.5
纸箱 28 号	270	200	90	132	1.5
纸箱 29 号	280	200	170	186	1.5
纸箱 30 号	300	210	100	153	1.5
纸箱 31 号	300	220	70	159	1.5
纸箱 32 号	350	80	260	145	1.5
纸箱 33 号	250	130	360	183	2
纸箱 34 号	280	150	360	228	2
纸箱 35 号	300	200	170	179	2
纸箱 36 号	350	240	130	189	2
纸箱 37 号	350	240	130	314	2
纸箱 38 号	350	260	80	195	2
纸箱 39 号	380	100	370	324	2
纸箱 40 号	450	180	100	205	2
纸箱 41 号	260	230	230	195	2.5
纸箱 42 号	260	250	360	299	2.5
纸箱 43 号	270	250	230	240	2.5
纸箱 44 号	290	180	310	267	2.5
纸箱 45 号	340	270	220	286	2.5
纸箱 46 号	340	270	220	307	2.5
纸箱 47 号	380	275	150	266	2.5
纸箱 48 号	380	275	150	286	2.5
纸箱 49 号	380	290	75	302	2.5
纸箱 50 号	380	300	120	273	2.5

续表

名称	内长（mm）	内宽（mm）	内高（mm）	重量（g）	价格（元）
纸箱 51 号	460	100	360	300	2.5
纸箱 52 号	400	270	220	380	3
纸箱 53 号	440	300	200	377	3
纸箱 54 号	550	100	350	414	3
纸箱 55 号	170	170	260	171	3.5
纸箱 56 号	400	330	220	382	3.5
纸箱 57 号	440	360	100	456	3.5
纸箱 58 号	550	100	350	250	3.5
纸箱 59 号	470	430	130	569	5
纸箱 60 号	550	400	250	584	5
纸箱 61 号	290	255	215	294	6
纸箱 62 号	330	170	260	249	6
纸箱 63 号	330	330	260	443	6
纸箱 64 号	550	330	250	706	6
纸箱 65 号	410	350	360	744	6.5
纸箱 66 号	410	350	360	792	6.5
纸箱 67 号	600	500	120	626	7
纸箱 68 号	360	265	155	301	7.5
纸箱 69 号	550	400	400	1036	9
纸箱 70 号	550	400	400	1109	9.5
纸箱 71 号	400	175	150	221	10.5
纸箱 72 号	650	550	400	1650	13.5
纸箱 73 号	650	550	400	2363	13.5
纸箱 74 号	300	200	200	224.4	2
纸箱 75 号	290	160	350	258.8	2.5
纸箱 76 号	447	177	94	254.7	2.5

名称	内长（mm）	内宽（mm）	内高（mm）	重量（g）	价格（元）
纸箱 77 号	260	250	360	346.6	3
纸箱 78 号	267	247	224	356	3
纸箱 79 号	457	97	354	372.4	3
纸箱 80 号	377	272	144	395.4	3.5
纸箱 81 号	420	350	140	415.6	3.5
纸箱 82 号	547	97	344	421.4	3.5
纸箱 83 号	337	267	214	424.7	3.5
纸箱 84 号	460	400	180	547.3	4
纸箱 85 号	397	327	214	566.8	4.5
纸箱 86 号	467	427	124	706.8	6

表 D.2　调研数据 500 条部分展示

包装箱编号	包装箱长（mm）	包装箱宽（mm）	包装箱高（mm）	货品的长（mm）	货品的宽（mm）	货品的高（mm）	体积利用率（%）	货品的种类	货品的来源	填充物的类型
1	230	200	170	200	160	150	61.38	化妆品	天猫	气泡袋
2	225	125	160	200	120	155	82.67	手提灯	淘宝自营	废纸团
3	215	145	135	210	130	120	77.84	化妆品	淘宝自营	气泡袋
4	290	170	190	260	150	170	70.78	零食	淘宝自营	无
5	147	86	106	120	34	58	17.66	药品	淘宝自营	无
6	236	124	159	145	140	112	48.86	化妆器具	淘宝自营	无
7	355	237	205	240	86	150	17.95	洗发水	京东	气泡袋
8	300	155	100	280	140	90	75.87	减肥用品	淘宝自营	无
9	500	205	150	490	200	143	91.15	体育用品	淘宝自营	无
10	165	85	70	160	80	66	86.05	食品	淘宝自营	无
11	245	48	52	240	45	48	84.77	护理用品	京东	无
12	210	150	30	203	136	6.8	19.87	照片	淘宝自营	气泡信封

续表

包装箱编号	包装箱长（mm）	包装箱宽（mm）	包装箱高（mm）	货品的长（mm）	货品的宽（mm）	货品的高（mm）	体积利用率（%）	货品的种类	货品的来源	填充物的类型
13	327	232	148	326	231	147	98.59	纸类	淘宝自营	无
14	280	350	100	150	150	230	52.81	饮料	淘宝自营	纸板
15	350	205	230	140	10	14	0.12	护理用品	淘宝自营	气泡袋
16	220	150	150	150	120	100	36.36	日用品	京东	气泡袋
17	150	100	50	120	90	10	14.40	电子器械	京东	无
18	250	130	70	230	110	50	55.60	护理用品	淘宝自营	无
19	300	250	150	290	244	142	89.31	方便面	京东	无
20	360	250	250	120	30	50	0.80	耳机	顺丰循环箱	无
21	500	400	150	350	350	120	49.00	扫地机器人	小米商城	无
22	297	207	52	152	211	6	6.02	纸类	海淘	气泡袋
23	288	268	67	257	185	48	44.13	视频	淘宝自营	无
24	190	128	33	68	50	24	10.17	耳机	淘宝自营	无
25	205	116	106	156	72	72	32.08	化妆品	天猫	气泡袋
26	478	330	95	450	296	60	53.33	音像制品	淘宝自营	气泡袋
27	112	175	98	110	173	95	94.12	护理用品	淘宝自营	无
28	275	173	50	210	148	10	13.07	日用品	淘宝自营	气泡袋
29	275	173	50	215	157	11	15.61	书籍	淘宝自营	气泡袋
30	133	104	88	115	85	56	44.97	护理用品	淘宝自营	无
31	183	187	124	195	65	120	35.84	食品	淘宝自营	无
32	308	280	170	330	170	135	51.66	护理用品	淘宝自营	无
33	141	105	97	69	69	122	40.45	药品	京东	无
34	260	240	250	260	240	200	80.00	衣物	淘宝自营	无
35	320	270	167	229	288	106	48.45	音像制品	淘宝自营	气泡袋
36	248	173	205	167	202	39	14.96	音像制品	闲鱼	气泡袋

续表

包装箱编号	包装箱长（mm）	包装箱宽（mm）	包装箱高（mm）	货品的长（mm）	货品的宽（mm）	货品的高（mm）	体积利用率（%）	货品的种类	货品的来源	填充物的类型
37	140	195	110	88	88	88	22.69	化妆品	淘宝自营	泡沫塑料
38	300	223	50	188	246	30	41.48	音像制品	闲鱼	气泡袋
39	364	264	62	300	225	40	45.32	音像制品	闲鱼	气泡袋
40	131	82	100	19	19	74	2.49	化妆品	淘宝自营	气泡袋
41	264	353	83	224	311	54	48.63	音像制品	海淘	气泡袋
42	207	110	88	184	40	40	14.69	化妆品	淘宝自营	气泡袋
43	201	254	182	188	246	60	29.86	音像制品	海淘	气泡袋
44	272	308	109	197	260	67	37.58	音像制品	海淘	气泡袋
45	191	136	110	72	100	8	2.02	药品	淘宝自营	气泡袋
46	284	210	30	256	183	10	26.18	书籍	淘宝自营	气泡袋
47	280	215	95	203	157	45	25.08	音像制品	海淘	气泡袋
48	465	255	90	238	165	48	17.66	音像制品	海淘	气泡袋
49	407	320	27	100	148	3	1.26	药品	淘宝自营	气泡袋
50	277	181	47	210	150	15	20.05	书籍	淘宝自营	气泡袋
51	83	243	150	10	235	10	0.78	日用品	海淘	气泡袋
52	218	194	147	114	56	70	7.19	日用品	淘宝自营	气泡袋
53	247	113	110	125	70	70	19.95	药品	淘宝自营	气泡袋
54	185	185	127	121	172	66	31.60	食品	淘宝自营	无
55	222	134	60	170	97	97	89.62	护理用品	淘宝自营	无
56	224	159	106	162	121	44	22.85	护理用品	淘宝自营	气泡袋
57	410	225	75	142	210	28	12.07	书籍	淘宝自营	气泡袋
58	287	218	50	70	73	15	2.45	音像制品	海淘	气泡袋
59	276	169	50	152	210	35	47.90	书籍	淘宝自营	气泡袋
60	200	113	25	59	80	11	9.19	日用品	淘宝自营	气泡袋

表 D.3 数据集中 20 件物品尺寸

物品编号	长（mm）	宽（mm）	高（mm）	重量（g）
0	210	105	85	3
1	165	105	100	3
2	155	125	90	3
3	170	145	125	3
4	120	115	70	3
5	85	85	60	3
6	185	145	125	3
7	115	75	45	3
8	230	195	150	3
9	235	225	90	3
10	110	50	15	3
11	200	160	40	3
12	240	185	75	3
13	235	65	30	3
14	220	210	160	3
15	150	75	15	3
16	270	230	65	3
17	230	115	80	3
18	130	105	45	3
19	220	190	190	3

附录 E

表 E.1 本书所用到的模型变量

序号	变量名称	变量含义
1	m , n	分别表示 1 个订单中的物品件数，以及箱子型号的种类数量
2	i , j	为下标符号，$i = 1, 2, \cdots, m$；$j = 1, 2, \cdots, n$
3	l_i^I , w_i^I , h_i^I	分别表示第 i 件物品的长、宽、高
4	l_j^B , w_j^B , h_j^B	分别表示第 j 种箱子的长、宽、高
5	X_j^B	为 0-1 变量，等于 1 表示当前订单选中装入第 j 种箱子，等于 0 表示不装入第 j 种箱子
6	l^{B^*} , w^{B^*} , h^{B^*}	分别表示当前订单选中箱子的长、宽、高
7	B_i	表示第 i 件物品在三维空间中初始左后下角位置坐标，$B_i = (b_{i1}, b_{i2}, b_{i3})$
8	$B'_{i'}$	表示物品装箱的第 i' 个位置的坐标，$B'_{i'} = (b'_{i'1}, b'_{i'2}, b'_{i'3})$
9	$\boldsymbol{P}$	表示物品装载位置选择的 0-1 矩阵
10	B_i^*	表示第 i 件物品在箱子中的最终装载位置坐标，$B_i^* = (b_{i1}^*, b_{i2}^*, b_{i3}^*)$
11	$\boldsymbol{R}_i$	表示第 i 件物品装箱方向 0-1 选择矩阵
12	l_i^{IR} , w_i^{IR} , h_i^{IR}	分别表示第 i 件物品装箱旋转方向后的长、宽、高尺寸
13	$Dire$	表示物品装载尺寸与旋转方向集合
14	$Dist$	表示所有可行方向下的物品与空间平面距离集合
15	fit_value^1	表示多种箱型三维装箱问题混合遗传算法适应度函数值
16	UCB	表示蒙特卡洛树搜索算法中选择（selection）环节能够最大化置信上限值

序号	变量名称	变量含义
17	$(S,\ A,\ P,\ R,\ \gamma)$	表示马尔可夫决策过程的基本五元素
18	G_t	表示马尔可夫决策过程第 t 步的累加奖励
19	T	表示一个实例计算过程中的最大选择步数，即该订单中的 SKU 数量
20	$\boldsymbol{P}_{ss'}^{a}$	表示马尔可夫决策过程的状态转移概率矩阵
21	$p(a\mid s)$	表示神经网络拟合的装箱动作选择策略
22	$V_\pi(s)\,,Q_\pi(s,\ a)$	分别表示在装箱动作选择策略 π 下的状态价值函数和动作价值函数
23	$m^{\max}$	表示每个订单中最多包含的物品数量
24	Q	表示数据集整批订单中包含的订单数量
25	n^*	表示需要聚类得到的箱子型号种类数量
26	m_q	表示数据集中第 q 个订单中包含的物品件数
27	$Y_{qj^*}^{C}$	为 0-1 变量，取值为 1 表示第 q 个订单归入第 j^* 种箱子，取值为 0 表示第 q 个订单不归入第 j^* 种箱子
28	$up\_\,size^1$	表示一维尺寸固定时的固定维度尺寸上限取值
29	$up\_\,size^2$	表示二维尺寸固定时的固定维度尺寸上限取值
30	$up\_\,size^3$	表示一维或二维尺寸固定时的固定维度尺寸上限取值
31	$us_1^1\,,us_2^1\,,us_3^1$	为 0-1 变量，表示用于判断长、宽、高三个维度中哪一个维度受到固定取值 $up\_\,size^1$ 的约束
32	$us_1^2\,,us_2^2\,,us_3^2$	为 0-1 变量，表示用于判断长、宽、高三个维度中哪两个维度受到固定取值 $up\_\,size^2$ 的约束
33	$us_1^3\,,us_2^3\,,us_3^3$	为 0-1 变量，表示用于判断长、宽、高三个维度中哪一个或两个维度受到固定取值 $up\_\,size^3$ 的约束
34	$fit\_\,value^2$	表示基于装箱顺序的包装箱尺寸智能优化算法中，将当前种类箱型下的订单平均装载率作为适应度函数

续表

序号	变量名称	变量含义
35	$(A_1,\ A_2,\ A_3)$	表示次邻域搜索范围在长、宽、高三个维度上的最大增量幅度
36	$(a_1^{neig},\ a_2^{neig},\ a_3^{neig})$	表示随机确定的次近邻增量
37	N	表示使用包装箱的数量
38	P	表示包装箱的总个数
39	$L_j,\ W_j,\ L_j,\ V_j$	表示第 j 个包装箱的长、宽、高以及体积
40	M_j	表示第 j 个包装箱的最大承重能力
41	$S_j,\ C_j,\ \mathfrak{t}_j$	表示第 j 个包装箱的表面积、单位表面积成本、打包时间
42	$l_i,\ w_i,\ h_i,\ v_i$	表示第 i 个物品的长、宽、高以及体积
43	m_i	第 i 个物品的重量
44	$l_i^r,\ w_i^r,\ h_i^r,\ n^r$	表示考虑物品放置方向时的物品的长、宽、高以及数量
45	c	表示订单包含的物品数量
46	B	表示订单使用的包装箱集合
47	m	表示订单使用的数量
48	i	表示订单使用的第 i 个包装箱
49	S_i	表示订单使用的第 i 个包装箱装入的物品集合
50	j	表示订单使用的第 i 个包装箱装入的第 j 个物品
51	r	表示物品的放置方向
52	$r(ja)$	是 0-1 变量，其中 ja 表示物品 j 选择放置方向 a 中的一种
53	$V_i,\ L_i,\ W_i,\ H_i$	表示订单使用的第 i 个包装箱的体积、长、宽、高
54	$v_j,\ l_j,\ w_j,\ h_j$	表示订单使用的第 j 个物品的体积、长、宽、高
55	v_{ij}	表示订单使用的第 i 个包装箱装入的第 j 个物品的体积

序号	变量名称	变量含义
56	l_{ij}^r	表示订单使用的第 i 个包装箱装入的第 j 个物品考虑放置方向时的长
57	w_{ij}^r	表示订单使用的第 i 个包装箱装入的第 j 个物品考虑放置方向时的宽
58	h_{ij}^r	表示订单使用的第 i 个包装箱装入的第 j 个物品考虑放置方向时的高
59	(xStart, yStart, zStart)	表示物品左后下角坐标
60	(xEnd, yEnd, zEnd)	表示物品前右上角的坐标
61	$\begin{bmatrix} xStart & xEnd \\ yStart & yEnd \\ zStart & zEnd \end{bmatrix}$	表示订单中物品在包装箱中的位置

注：45~61 为第 11 章出现的模型符号。

表 E.2　装箱环节启发式策略集合名称

序号	启发式策略集合符号	启发式策略集合含义	具体策略算子
1	$Oper\_geom\_set$	表示基本空间几何性质算子集合	包括非越界算子 $oper_1^{geom}$、非重叠算子 $oper_2^{geom}$、空间切割算子 $oper_3^{geom}$
2	$Oper\_bin\_set$	表示包装箱型号选择算子集合	包括简单箱型容积升序选择算子 $oper_1^{bin}$、系数箱型选择算子 $oper_2^{bin}(\beta)$，其中 β 为订单物品总体积膨胀系数
3	$Oper\_form\_set$	表示物品装箱形式选择算子集合	包括单件物品形式装箱算子 $oper_1^{form}$、物品动态复合块形式装箱算子 $oper_2^{form}(size)$，其中 $size$ 规定了空间长、宽、高三个尺寸中的两个或三个维度的取值

续表

序号	启发式策略集合符号	启发式策略集合含义	具体策略算子
4	$Oper\_sequ\_set$	表示物品装箱顺序选择算子集合	包括物品体积降序选择算子 $oper_1^{sequ}$、物品装箱顺序函数选择算子 $oper_2^{sequ}(\varphi^{sequ})$，其中 φ^{sequ} 可以是计算物品装箱顺序的某种启发式策略，也可以是某种算法的物品装箱顺序计算结果
5	$Oper\_space\_set$	表示空间划分与组合算子集合	包括空间利用率最高算子 $oper_1^{space}$、空间膨胀算子 $oper_2^{space}$（按照"柱—墙—块"的顺序装载相同 SKU 的物品）、"原点距离最近"算子 $oper_3^{space}$（也称为"紧凑"原则）
6	$Oper\_point\_set$	表示装载点生成算子集合	包括空间膨胀算子 $oper_1^{point}$（按照"柱—墙—块"的顺序装载相同 SKU 的物品）、"原点距离最近"算子 $oper_2^{point}$
7	$Oper\_dire\_set$	表示物品装箱方向选择算子集合	包括空间边距最小算子 $oper_1^{dire}$、外接长方体最小算子 $oper_2^{dire}$、物品装箱方向函数选择算子 $oper_3^{dire}(\varphi^{dire})$，其中 φ^{dire} 表示算法函数，计算并选择物品装箱方向

附录 F

基于空间划分理论的 S 类算法，包括单件物品装箱的 S 类算法和动态复合块装箱的 S 类算法。单件物品装箱的 S 类算法包括：ESA–SHA–S1 算法、ESA–SHA–S2 算法和 ESA–SHA–S3 算法。动态复合块装箱的 S 类算法包括：ESA–SHA–S4 算法、ESA–SHA–S5 算法和 ESA–SHA–S6 算法。

基于装载点理论的 P 类算法，包括基于 ESA 框架的 P 类算法和基于 CDA 框架的 P 类算法。基于 ESA 框架的 P 类算法主要包括：ESA–SHA–P1 算法和 ESA–SHA–P2 算法。基于 CDA 框架的 P 类算法主要包括：CDA–SHA–P1 算法和 CDA–SHA–P2 算法。

动态复合块装箱的装箱顺序优化的混合遗传算法（PSO–HGA 算法）系列，具体包括：PSO–HGA–S1 算法、PSO–HGA–S2 算法和 PSO–HGA–S3 算法。

带有改进算子的混合遗传算法，包括初始群体优选的混合遗传算法（PSO–HGA 算法）、带邻域搜索算子的混合遗传算法（NSO–HGA 算法）、综合多种算子的混合遗传算法（IMO–HGA 算法）。PSO–HGA 算法包括：IPO–HGA–S1 算法、IPO–HGA–S2 算法和 IPO–HGA–S3 算法；NSO–HGA 算法包括：NSO–HGA–S1 算法、NSO–HGA–S2 算法、NSO–HGA–S3 算法；IMO–HGA 算法包括：IMO–HGA–S1 算法、IMO–HGA–S2 算法和 IMO–HGA–S3 算法。

基于随机偏置算子的混合遗传算法（RBO–HGA 算法）系列，具体包括：RBO–HGA–S1 算法、RBO–HGA–S2 算法和 RBO–HGA–S3 算法。

物品装箱顺序与装箱方向两环节联合优化的 TLO–HGA 算法系列，具体包括：TLO–HGA–S1 算法、TLO–HGA–S2 算法和 TLO–HGA–S3 算法。

装箱顺序优化的蒙特卡洛树搜索算法（PSO–MCTS 算法），具体包括：PSO–MCTS–S1 算法、PSO–MCTS–S2 算法和 PSO–MCTS–S3 算法。

基于深度强化学习的蒙特卡洛树搜索算法（DRL–MCTS 算法），具体包括：DRL–MCTS–S1 算法、DRL–MCTS–S2 算法和 DRL–MCTS–S3 算法。

多种箱型三维装箱问题的深度强化学习算法包括：基于装箱顺序选择的

深度强化学习算法（OPO-DRL算法）和策略组合选择的深度强化学习算法（OCS-DRL算法）。OPO-DRL算法具体包括：OPO-DRL-S1算法、OPO-DRL-S2算法和OPO-DRL-S3算法。

动态箱子尺寸的三维空间物品堆叠算法（ISA算法）系列包括：CDA-ISA-P1算法和CDA-ISA-P2算法。

包装箱尺寸聚类算法（SCA算法）系列，包括：ISA-SCA-P1算法与ISA-SCA-P2算法。

一维尺寸固定的物品堆叠聚类算法（ODF-SCA算法）系列包括：ODF-SCA-P1算法与ODF-SCA-P2算法。

二维尺寸固定的物品堆叠聚类算法（TDF-SCA算法）系列具体包括：TDF-SCA-P1算法与TDF-SCA-P2算法。

物品装箱顺序优化的包装箱尺寸标准化算法（IPS-SOA算法）系列具体包括：IPS-SOA-S1算法、IPS-SOA-S2算法与IPS-SOA-S3算法。

基于变邻域搜索的包装箱尺寸优化算法（VNS-SOA算法）系列具体包括：VNS-SOA-S1算法、VNS-SOA-S2算法与VNS-SOA-S3算法。